AF276824

# Ley de Propiedad Horizontal y Ley de Arrendamientos Urbanos

Lefebvre

Decimotercera Edición: Julio de 2025

ISBN: 979-13-87732-16-5
Depósito legal: M-14779-2025
PVP:    11,02 € ( IVA incluido)
Imprime: Printing'94

© Lefebvre-El Derecho, S.A.
CIF: A79216651
Monasterios de Suso y Yuso, 34.28049 Madrid. Tfno.: 91 210 80 00
clientes@lefebvre.es
www.efl.es

**Accede gratis a este Código Básico en nuestras aplicaciones móviles**

**1. Apunta y escanea**

Abre la cámara de tu smartphone y apúntala al código QR que encontrarás en esta página.

**2. Descarga nuestra app (si aún no la tienes)**

- Si es la primera vez que escaneas nuestro QR, te llevaremos directamente a la tienda de aplicaciones de tu dispositivo (Google Play o App Store).
- Descarga nuestra app gratuita Códigos Lefebvre con un solo clic.
- Una vez instalada, ábrela y tendrás acceso inmediato al contenido actualizado del Código que acabas de escanear.

**3. Para usuarios que ya tienen la app**

- Si ya tienes nuestra app instalada pero nunca la has usado, simplemente escanea el código QR desde la pantalla de inicio de sesión.
- ¿Ya has utilizado nuestra app antes? Abre el menú lateral y selecciona "Escanear código QR" para acceder al nuevo Código

Este acceso estará disponible hasta el 1 de septiembre de 2026, fecha en que se publicarán las nuevas ediciones en formato papel.

Todos los ejemplares se entregarán retractilados. No se admitirá ninguna devolución de Códigos sin esta protección.

# ÍNDICE

## 1. PROPIEDAD HORIZONTAL

## 2. ARRENDAMIENTOS URBANOS

# RELACIÓN DE REFORMAS DE LAS NORMAS PUBLICADAS

Decreto 393/1959, de 17 de marzo, por el que se modifican determinados artículos del Reglamento para la ejecución de la Ley Hipotecaria.

Ley 49/1960, de 21 de julio, sobre Propiedad Horizontal.

Ley 56/1961, de 22 de julio, sobre derechos políticos profesionales y de trabajo de la mujer.

Decreto 3736/1965, de 16 de diciembre, por el que se modifican los artículos 485, 497 y 506 del Reglamento Hipotecario.

Ley 10/1968, de 20 de junio, sobre atribución de competencia en material civil a las Audiencias Provinciales.

Ley 18/1974, de 27 de junio, sobre modificación y derogación de determinados artículos del Texto Refundido de la Ley de Arrendamientos Urbanos.

Real Decreto 2556/1977, de 27 de agosto, por el que se modifican determinados artículos del Reglamento Hipotecario.

Real Decreto 1320/1979, de 10 de mayo, por el que se modifica el artículo 3 del Decreto 469/1972, de 24 de febrero, sobre Expedición de Cédulas de Habitabilidad.

Ley 46/1980, de 1 de octubre, sobre limitación de determinadas Rentas.

Real Decreto 3215/1982, de 12 de noviembre, por el que se reforman determinados artículos del Reglamento para la ejecución de la Ley Hipotecaria, como consecuencia de la Ley 11/1981, de 13 de mayo.

Real Decreto 3503/1983, de 21 de diciembre, de reforma del Reglamento Hipotecario.

Ley 2/1984, de 24 de enero, por la que se modifica el artículo 24 de la Ley de Arrendamientos Urbanos.

Ley 6/1984, de 31 de marzo, de modificación de determinados artículos de los Códigos Civil y de Comercio y de las leyes hipotecarias, de Enjuiciamiento Criminal y de Régimen Jurídico de las Sociedades Anónimas, sobre Interdicción.

Real Decreto 2388/1984, de 10 de octubre, por el que se modifican determinados artículos del Reglamento para la ejecución de la Ley Hipotecaria.

Real Decreto 129/1985, de 23 de enero, por el que se Modifican los Decretos 462/1971, de 11 de marzo, y 469/1972, de 24 de febrero, referentes a Dirección de Obras de Edificación y Cédula de Habitabilidad.

Real Decreto 1727/1985, de 5 de junio, por el que se modifican determinados artículos del reglamento para la ejecución de la Ley Hipotecaria.

Ley 19/1986, de 14 de mayo, de Reforma de los Procedimientos de Ejecución Hipotecaria.

Real Decreto 1752/1987, de 30 de diciembre, por el que se modifican determinados artículos del Reglamento Hipotecario relativos al horario de apertura de Oficinas Registrales y al sistema de Oposiciones al Cuerpo de Aspirantes a Registradores de la Propiedad y Mercantiles.

Ley 2/1988, de 23 de febrero, de reforma de la Ley 49/1960, de 21 de julio, sobre Propiedad Horizontal.

Real Decreto 1526/1988, de 16 de diciembre, por el que se modifica el título XII del Reglamento Hipotecario sobre Responsabilidad Disciplinaria de los Registradores de la Propiedad.

Ley 19/1989, de 25 de julio, de Reforma parcial y Adaptación de la Legislación Mercantil a las Directivas de la Comunidad Económica Europea en materia de Sociedades.

Real Decreto 1427/1989, de 17 de noviembre, por el que se Aprueba el Arancel de los Registradores de la Propiedad.

Real Decreto 430/1990, de 30 de marzo, por el que se modifica el Reglamento Hipotecario en materia de Informatización, Bases Gráficas y presentación de Documentos por Telecopia.

Ley 3/1990, de 21 de junio, por la que se modifica la Ley 49/1960, de 21 de julio, de Propiedad Horizontal, para facilitar la adopción de acuerdos que tengan por finalidad la adecuada Habitabilidad de Minusválidos en el Edificio de su Vivienda.

Real Decreto 1728/1991, de 29 de noviembre, por el que se modifican determinados artículos del Reglamento Hipotecario y del Reglamento Notarial, relativos a las oposiciones al título de Notario y al Cuerpo de Aspirantes a Registradores de la Propiedad y Mercantiles.

Real Decreto 115/1992, de 14 de febrero, por el que se modifican los artículos 490 y 515 del Reglamento Hipotecario, sobre Desempeño de Interinidades por los Aspirantes a Registradores de la Propiedad.

Real Decreto 290/1992, de 27 de marzo, por el que se modifica el Reglamento Hipotecario en materia de Ejecución Extrajudicial de Hipotecas.

Ley 10/1992, de 30 de abril, de Medidas Urgentes de Reforma Procesal.

Real Decreto 1368/1992, de 13 de noviembre, por el que se modifican determinados artículos del Reglamento Hipotecario y del Reglamento Notarial.

Real Decreto 1558/1992, de 18 de diciembre, de modificación de los Reglamentos Notarial e Hipotecario sobre colaboración entre las Notarías y los Registros de la Propiedad para la seguridad del tráfico jurídico inmobiliario.

Ley de Arrendamientos Urbanos. Ley 29/1994, de 24 de noviembre, de Arrendamientos Urbanos.

Real Decreto 2537/1994, de 29 de diciembre, por el que se modifican determinados artículos de los Reglamentos Notarial e Hipotecario sobre Colaboración entre las Notarias y los Registros de la Propiedad para la Seguridad del Tráfico Jurídico Inmobiliario.

Ley 2/1995, de 23 de marzo, de Sociedades de Responsabilidad Limitada.

Ley 7/1996, de 15 de enero, de Ordenación del Comercio Minorista.

Ley 13/1996, de 30 de diciembre, de Medidas Fiscales, Administrativas y del Orden Social.

Ley 7/1998, de 13 de abril, sobre Condiciones generales de la Contratación.

Sentencia 402/1998 del Tribunal Supremo, Sala 1ª, de 4 de Mayo de 1998

Real Decreto 1867/1998, de 4 de septiembre, por el que se modifican determinados artículos del Reglamento Hipotecario.

Ley 50/1998, de 30 de diciembre, de Medidas Fiscales, Administrativas y del Orden Social.

Ley 8/1999, de 6 de abril, de Reforma de la Ley 49/1960, de 21 de julio, sobre Propiedad Horizontal.

Ley 38/1999, de 5 de noviembre, de Ordenación de la Edificación.

Ley 55/1999, de 29 de diciembre, de Medidas fiscales, administrativas y del orden social.

Ley 1/2000, de 7 de enero. Ley de Enjuiciamiento Civil.

Sentencia de 24 de febrero de 2000, de la Sala Tercera del Tribunal Supremo, por la que se anulan los artículos 16.2.c), 155, párrafo cuarto, y 355.2, inciso final, del Reglamento Hipotecario, modificados por Real Decreto 1867/1998, de 4 de septiembre, y la disposición adicional única de éste.

Sentencia de 22 de mayo de 2000, de la Sala Tercera del Tribunal Supremo, por la que se anula el artículo 1 del Real Decreto 1867/1998, de 4 de septiembre, en cuanto modifica y da nueva redacción a los artículos 112, ordinal 3º y párrafo último, 113, 114, 115, 116, 118, 119, 120, 121, 122, 123, 124, 127, 128, 129 y 131 del Reglamento Hipotecario.

Sentencia de 12 de diciembre de 2000, de la Sala Tercera del Tribunal Supremo, por la que se anula el artículo 332.6, párrafo primero, del Reglamento Hipotecario, modificado por Real Decreto 1867/1998, de 4 de septiembre.

Sentencia de 31 de enero de 2001, de la Sala Tercera del Tribunal Supremo, por la que se anula el artículo primero del Real Decreto 1867/1998, de 4 de septiembre, en cuanto modifica y redacta diversos artículos del Reglamento Hipotecario.

Ley 24/2001, de 27 de diciembre, de Medidas Fiscales, Administrativas y del Orden Social.

Ley 53/2002, de 30 de diciembre, de Medidas Fiscales, Administrativas y del Orden Social.

Ley 22/2003, de 9 de julio, Concursal.

Real Decreto 1039/2003, de 1 de agosto, por el que se regula el derecho de los interesados para instar la intervención de registrador sustituto.

Ley Orgánica 15/2003, de 25 de noviembre, por la que se modifica la Ley Orgánica 10/1995, de 23 de noviembre, del Código Penal.

Ley 51/2003, de 2 de diciembre, de igualdad de oportunidades, no discriminación y accesibilidad universal de las personas con discapacidad.

Ley 62/2003, de 30 de diciembre, de medidas fiscales, administrativas y del orden social.

Ley 2/2004, de 27 de diciembre, de Presupuestos Generales del Estado para el año 2005.

Ley 10/2005, de 14 de junio, de Medidas Urgentes para el Impulso de la Televisión Digital Terrestre, de Liberalización de la Televisión por Cable y de Fomento del Pluralismo.

Ley 24/2005, de 18 de noviembre, de reformas para el impulso a la productividad.

Ley 36/2006, de 29 de noviembre, de medidas para la prevención del fraude fiscal.

Ley 42/2006, de 28 de diciembre, de Presupuestos Generales del Estado para el año 2007.

Ley Orgánica 4/2007, de 12 de abril, por la que se modifica la Ley Orgánica 6/2001, de 21 de diciembre, de Universidades.

Ley 16/2007, de 4 de julio, de reforma y adaptación de la legislación mercantil en materia contable para su armonización internacional con base en la normativa de la Unión Europea.

Ley Orgánica 8/2007, de 4 de julio, sobre financiación de los partidos políticos.

Ley 35/2007, de 15 de noviembre, por la que se establece la deducción por nacimiento o adopción en el Impuesto sobre la Renta de las Personas Físicas y la prestación económica de pago único de la Seguridad Social por nacimiento o adopción.

Ley 41/2007, de 7 de diciembre, por la que se modifica la Ley 2/1981, de 25 de marzo, de Regulación del Mercado Hipotecario y otras normas del sistema hipotecario y financiero, de regulación de las hipotecas inversas y el seguro de dependencia y por la que se establece determinada norma tributaria.

Ley 51/2007, de 26 de diciembre, de Presupuestos Generales del Estado para el año 2008.

Ley 55/2007, de 28 de diciembre, del Cine.

Real Decreto-Ley 2/2008, de 21 de abril, de medidas de impulso a la actividad económica.

Ley 10/2008, de 10 de julio, del libro cuarto del Código civil de Cataluña, relativo a las sucesiones.

Ley 2/2008, de 23 de diciembre, de Presupuestos Generales del Estado para el año 2009.

Real Decreto-ley 3/2009, de 27 de marzo, de medidas urgentes en materia tributaria, financiera y concursal ante la evolución de la situación económica.

Ley 11/2009, de 26 de octubre, por la que se regulan las Sociedades Anónimas Cotizadas de Inversión en el Mercado Inmobiliario.

Ley 13/2009, de 3 de noviembre, de reforma de la legislación procesal para la implantación de la nueva Oficina judicial.

Ley 19/2009, de 23 de noviembre, de medidas de fomento y agilización procesal del alquiler y de la eficiencia energética de los edificios.

Ley 22/2009, de 18 de diciembre, por la que se regula el sistema de financiación de las Comunidades Autónomas de régimen común y Ciudades con Estatuto de Autonomía y se modifican determinadas normas tributarias.

Ley 25/2009, de 22 de diciembre, de modificación de diversas leyes para su adaptación a la Ley sobre el libre acceso a las actividades de servicios y su ejercicio.

Ley 26/2009, de 23 de diciembre, de Presupuestos Generales del Estado para el año 2010.

Ley 27/2009, de 30 de diciembre, de medidas urgentes para el mantenimiento y el fomento del empleo y la protección de las personas desempleadas.

Ley 2/2010, de 1 de marzo, por la que se trasponen determinadas Directivas en el ámbito de la imposición indirecta y se modifica la

Ley del Impuesto sobre la Renta de no Residentes para adaptarla a la normativa comunitaria.

Real Decreto-ley 6/2010, de 9 de abril, de medidas para el impulso de la recuperación económica y el empleo.

Real Decreto-ley 8/2010, de 20 de mayo, por el que se adoptan medidas extraordinarias para la reducción del déficit público.

Ley 25/2010, de 29 de julio, del libro segundo del Código civil de Cataluña, relativo a la persona y la familia.

Real Decreto-ley 13/2010, de 3 de diciembre, de actuaciones en el ámbito fiscal, laboral y liberalizadoras para fomentar la inversión y la creación de empleo.

Ley 39/2010, de 22 de diciembre, de Presupuestos Generales del Estado para el año 2011.

Ley 40/2010, de 29 de diciembre, de almacenamiento geológico de dióxido de carbono.

Real Decreto 253/2011, de 28 de febrero, sobre régimen jurídico de los Notarios y Registradores de la Propiedad y Mercantiles adscritos a la Dirección General de los Registros y del Notariado.

Ley 2/2011, de 4 de marzo, de Economía Sostenible.

Real Decreto-ley 5/2011, de 29 de abril, de medidas para la regularización y control del empleo sumergido y fomento de la rehabilitación de viviendas.

Ley 13/2011, de 27 de mayo, de regulación del juego.

Real Decreto-ley 8/2011, de 1 de julio, de medidas de apoyo a los deudores hipotecarios, de control del gasto público y cancelación de deudas con empresas y autónomos contraídas por las entidades locales, de fomento de la actividad empresarial e impulso de la rehabilitación y de simplificación administrativa.

Ley 20/2011, de 21 de julio, del Registro Civil.

Ley 26/2011, de 1 de agosto, de adaptación normativa a la Convención Internacional sobre los Derechos de las Personas con Discapacidad.

Ley 27/2011, de 1 de agosto, sobre actualización, adecuación y modernización del sistema de Seguridad Social.

Real Decreto-ley 20/2011, de 30 de diciembre, de medidas urgentes en materia presupuestaria, tributaria y financiera para la corrección del déficit público.

Real Decreto-ley 6/2012, de 9 de marzo, de medidas urgentes de protección de deudores hipotecarios sin recursos.

Real Decreto-ley 12/2012, de 30 de marzo, por el que se introducen diversas medidas tributarias y administrativas dirigidas a la reducción del déficit público.

Real Decreto-ley 18/2012, de 11 de mayo, sobre saneamiento y venta de los activos inmobiliarios del sector financiero

Real Decreto-ley 19/2012, de 25 de mayo, de medidas urgentes de liberalización del comercio y de determinados servicios.

Ley 2/2012, de 29 de junio, de Presupuestos Generales del Estado para el año 2012.

Ley 3/2012, de 6 de julio, de medidas urgentes para la reforma del mercado laboral.

Real Decreto-ley 20/2012, de 13 de julio, de medidas para garantizar la estabilidad presupuestaria y de fomento de la competitividad.

Ley 7/2012, de 29 de octubre, de modificación de la normativa tributaria y presupuestaria y de adecuación de la normativa financiera para la intensificación de las actuaciones en la prevención y lucha contra el fraude.

Ley 8/2012, de 30 de octubre, sobre saneamiento y venta de los activos inmobiliarios del sector financiero.

Ley 9/2012, de 14 de noviembre, de reestructuración y resolución de entidades de crédito.

Ley 12/2012, de 26 de diciembre, de medidas urgentes de liberalización del comercio y de determinados servicios.

Ley 13/2012, de 26 de diciembre, de lucha contra el empleo irregular y el fraude a la Seguridad Social.

Ley 16/2012, de 27 de diciembre, por la que se adoptan diversas medidas tributarias dirigidas a la consolidación de las finanzas públicas y al impulso de la actividad económica.

Ley 17/2012, de 27 de diciembre, de Presupuestos Generales del Estado para el año 2013.

Ley 1/2013, de 14 de mayo, de medidas para reforzar la protección a los deudores hipotecarios, reestructuración de deuda y alquiler social.

Ley 4/2013, de 4 de junio, de medidas de flexibilización y fomento del mercado del alquiler de viviendas.

Ley 8/2013, de 26 de junio, de rehabilitación, regeneración y renovación urbanas.

Ley 11/2013, de 26 de julio, de medidas de apoyo al emprendedor y de estímulo del crecimiento y de la creación de empleo.

Ley 14/2013, de 27 de septiembre, de apoyo a los emprendedores y su internacionalización.

Ley 16/2013, de 29 de octubre, por la que se establecen determinadas medidas en materia de fiscalidad medioambiental y se adoptan otras medidas tributarias y financieras.

Ley 22/2013, de 23 de diciembre, de Presupuestos Generales del Estado para el año 2014.

Ley 26/2013, de 27 de diciembre, de cajas de ahorros y fundaciones bancarias.

Ley 27/2013, de 27 de diciembre, de racionalización y sostenibilidad de la Administración Local.

Real Decreto-ley 2/2014, de 21 de febrero, por el que se adoptan medidas urgentes para reparar los daños causados en los dos primeros meses de 2014 por las tormentas de viento y mar en la fachada atlántica y la costa cantábrica.

Ley 9/2014, de 9 de mayo, General de Telecomunicaciones.

Ley 18/2014, de 15 de octubre, de aprobación de medidas urgentes para el crecimiento, la competitividad y la eficiencia.

Ley 26/2014, de 27 de noviembre, por la que se modifican la Ley 35/2006, de 28 de noviembre, del Impuesto sobre la Renta de las Personas Físicas, el texto refundido de la Ley del Impuesto sobre la Renta de no Residentes, aprobado por el Real Decreto Legislativo 5/2004, de 5 de marzo, y otras normas tributarias.

Ley 36/2014, de 26 de diciembre, de Presupuestos Generales del Estado para el año 2015.

Real Decreto-ley 17/2014, de 26 de diciembre, de medidas de sostenibilidad financiera de las comunidades autónomas y entidades locales y otras de carácter económico.

Ley 2/2015, de 30 de marzo, de desindexación de la economía española.

Ley 5/2015, de 13 de mayo, de modificación del libro quinto del Código civil de Cataluña, relativo a los derechos reales.

Ley 6/2015, de 13 de mayo, de armonización del Código civil de Cataluña.

Real Decreto-ley 6/2015, de 14 de mayo, por el que se modifica la Ley 55/2007, de 28 de diciembre, del Cine, se conceden varios créditos extraordinarios y suplementos de créditos en el presupuesto del Estado y se adoptan otras medidas de carácter tributario.

Ley 13/2015, de 24 de junio, de Reforma de la Ley Hipotecaria aprobada por Decreto de 8 de febrero de 1946 y del texto refundido de la Ley de Catastro Inmobiliario, aprobado por Real Decreto Legislativo 1/2004, de 5 de marzo.

Ley 15/2015, de 2 de julio, de la Jurisdicción Voluntaria.

Real Decreto-ley 9/2015, de 10 de julio, de medidas urgentes para reducir la carga tributaria soportada por los contribuyentes del Impuesto sobre la Renta de las Personas Físicas y otras medidas de carácter económico.

Ley 19/2015, de 13 de julio, de medidas de reforma administrativa en el ámbito de la Administración de Justicia y del Registro Civil.

Ley 20/2015, de 14 de julio, de ordenación, supervisión y solvencia de las entidades aseguradoras y reaseguradoras.

Ley 25/2015, de 28 de julio, de mecanismo de segunda oportunidad, reducción de la carga financiera y otras medidas de orden social.

Ley 19/2015, de 29 de julio, de incorporación de la propiedad temporal y de la propiedad compartida al libro quinto del Código civil de Cataluña.

Ley 29/2015, de 30 de julio, de cooperación jurídica internacional en materia civil.

Ley 41/2015, de 5 de octubre, de modificación de la Ley de Enjuiciamiento Criminal para la agilización de la justicia penal y el fortalecimiento de las garantías procesales.

Ley 42/2015, de 5 de octubre, de reforma de la Ley 1/2000, de 7 de enero, de Enjuiciamiento Civil.

Ley 48/2015, de 29 de octubre, de Presupuestos Generales del Estado para el año 2016.

Real Decreto-ley 1/2017, de 20 de enero, de medidas urgentes de protección de consumidores en materia de cláusulas suelo.

Ley 3/2017, de 15 de febrero, del libro sexto del Código civil de Cataluña, relativo a las obligaciones y los contratos, y de modificación de los libros primero, segundo, tercero, cuarto y quinto.

Real Decreto 195/2017, de 3 de marzo, por el que se modifica la demarcación de los Registros de la Propiedad, Mercantiles y de Bienes Muebles.

Ley 3/2017, de 27 de junio, de Presupuestos Generales del Estado para el año 2017.

Ley 6/2017, de 24 de octubre, de Reformas Urgentes del Trabajo Autónomo.

Ley 9/2017, de 8 de noviembre, de Contratos del Sector Público, por la que se transponen al ordenamiento jurídico español las Directivas del Parlamento Europeo y del Consejo 2014/23/UE y 2014/24/UE, de 26 de febrero de 2014.

Real Decreto-ley 20/2017, de 29 de diciembre, por el que se prorrogan y aprueban diversas medidas tributarias y otras medidas urgentes en materia social.

Real Decreto-ley 1/2018, de 23 de marzo, por el que se prorroga para 2018 el destino del superávit de las corporaciones locales para inversiones financieramente sostenibles y se modifica el ámbito objetivo de éstas.

Ley 6/2018, de 3 de julio, de Presupuestos Generales del Estado para el año 2018.

Real Decreto-ley 21/2018, de 14 de diciembre, de medidas urgentes en materia de vivienda y alquiler.

Real Decreto-ley 26/2018, de 28 de diciembre, por el que se aprueban medidas de urgencia sobre la creación artística y la cinematografía.

Real Decreto-ley 27/2018, de 28 de diciembre, por el que se adoptan determinadas medidas en materia tributaria y catastral.

Resolución de 22 de enero de 2019, del Congreso de los Diputados, por la que se ordena la publicación del Acuerdo de derogación del Real Decreto-ley 21/2018, de 14 de diciembre, de medidas urgentes en materia de vivienda y alquiler.

Real Decreto-ley 7/2019, de 1 de marzo, de medidas urgentes en materia de vivienda y alquiler.

Ley 5/2019, de 15 de marzo, reguladora de los contratos de crédito inmobiliario.

Decreto Ley 9/2019, de 21 de mayo, de medidas urgentes en materia de contención de rentas en los contratos de arrendamiento de vivienda y de modificación del libro quinto del Código civil de Cataluña en el ámbito de la prenda.

Acuerdo de derogación del Decreto ley 9/2019, de 21 de mayo, de medidas urgentes en materia de contención de rentas en los contratos de arrendamiento de vivienda y de modificación del libro quinto del Código civil de Cataluña en el ámbito de la prenda.

Real Decreto-ley 18/2019, de 27 de diciembre, por el que se adoptan determinadas medidas en materia tributaria, catastral y de seguridad social.

Real Decreto-ley 3/2020, de 4 de febrero, de medidas urgentes por el que se incorporan al ordenamiento jurídico español diversas directivas de la Unión Europea en el ámbito de la contratación pública en determinados sectores; de seguros privados; de planes y fondos de pensiones; del ámbito tributario y de litigios fiscales.

Ley 5/2020, de 29 de abril, de medidas fiscales, financieras, administrativas y del sector público y de creación del impuesto sobre las instalaciones que inciden en el medio ambiente.

Real Decreto 937/2020, de 27 de octubre, por el que se aprueba el Reglamento de la Caja General de Depósitos.

Ley 8/2020, de 16 de diciembre, por la que se adoptan determinadas medidas urgentes en materia de agricultura y alimentación.

Real Decreto-ley 35/2020, de 22 de diciembre, de medidas urgentes de apoyo al sector turístico, la hostelería y el comercio y en materia tributaria.

Ley 11/2020, de 30 de diciembre, de Presupuestos Generales del Estado para el año 2021.

Ley 8/2021, de 2 de junio, por la que se reforma la legislación civil y procesal para el apoyo a las personas con discapacidad en el ejercicio de su capacidad jurídica.

Ley 11/2021, de 9 de julio, de medidas de prevención y lucha contra el fraude fiscal, de transposición de la Directiva (UE) 2016/1164, del Consejo, de 12 de julio de 2016, por la que se establecen normas contra las prácticas de elusión fiscal que inciden directamente en el funcionamiento del mercado interior, de modificación de diversas normas tributarias y en materia de regulación del juego.

Real Decreto-ley 19/2021, de 5 de octubre, de medidas urgentes para impulsar la actividad de rehabilitación edificatoria en el contexto del Plan de Recuperación, Transformación y Resiliencia.

Real Decreto-ley 25/2021, de 8 de noviembre, de medidas en materia de Seguridad Social y otras medidas fiscales de apoyo social.

Real Decreto-ley 26/2021, de 8 de noviembre, por el que se adapta el texto refundido de la Ley Reguladora de las Haciendas Locales, aprobado por el Real Decreto Legislativo 2/2004, de 5 de marzo, a la reciente jurisprudencia del Tribunal Constitucional respecto del Impuesto sobre el Incremento de Valor de los Terrenos de Naturaleza Urbana.

Ley 17/2021, de 15 de diciembre, de modificación del Código Civil, la Ley Hipotecaria y la Ley de Enjuiciamiento Civil, sobre el régimen jurídico de los animales.

Decreto Ley 28/2021, de 21 de diciembre, de modificación del libro quinto del Código civil de Cataluña, con el fin de incorporar la regulación de las instalaciones para la mejora de la eficiencia energética o hídrica y de los sistemas de energías renovables en los edificios sometidos al régimen de propiedad horizontal, y de modificación del Decreto ley 10/2020, de 27 de marzo, por el que se establecen nuevas medidas extraordinarias para hacer frente al impacto sanitario, económico y social de la COVID-19, en el ámbito de las personas jurídicas de derecho privado sujetas a las disposiciones del derecho civil catalán.

Real Decreto-ley 29/2021, de 21 de diciembre, por el que se adoptan medidas urgentes en el ámbito energético para el fomento de la movilidad eléctrica, el autoconsumo y el despliegue de energías renovables.

Ley 22/2021, de 28 de diciembre, de Presupuestos Generales del Estado para el año 2022.

Ley 2/2022, de 24 de febrero, de medidas financieras de apoyo social y económico y de cumplimiento de la ejecución de sentencias.

Ley 5/2022, de 9 de marzo, por la que se modifican la Ley 27/2014, de 27 de noviembre, del Impuesto sobre Sociedades, y el texto refundido de la Ley del Impuesto sobre la Renta de no Residentes, aprobado mediante Real Decreto Legislativo 5/2004, de 5 de marzo, en relación con las asimetrías híbridas.

Ley Orgánica 2/2022, de 21 de marzo, de mejora de la protección de las personas huérfanas víctimas de la violencia de género.

Real Decreto-ley 6/2022, de 29 de marzo, por el que se adoptan medidas urgentes en el marco del Plan Nacional de respuesta a las consecuencias económicas y sociales de la guerra en Ucrania.

Ley 7/2022, de 8 de abril, de residuos y suelos contaminados para una economía circular.

Ley 10/2022, de 14 de junio, de medidas urgentes para impulsar la actividad de rehabilitación edificatoria en el contexto del Plan de Recuperación, Transformación y Resiliencia.

Ley 12/2022, de 30 de junio, de regulación para el impulso de los planes de pensiones de empleo, por la que se modifica el texto refundido de la Ley de Regulación de los Planes y Fondos de Pensiones, aprobado por Real Decreto Legislativo 1/2002, de 29 de noviembre.

Real Decreto-ley 13/2022, de 26 de julio, por el que se establece un nuevo sistema de cotización para los trabajadores por cuenta propia o autónomos y se mejora la protección por cese de actividad.

Ley 16/2022, de 5 de septiembre, de reforma del texto refundido de la Ley Concursal, aprobado por el Real Decreto Legislativo 1/2020, de 5 de mayo, para la transposición de la Directiva (UE) 2019/1023 del Parlamento Europeo y del Consejo, de 20 de junio de 2019, sobre marcos de reestructuración preventiva, exoneración de deudas e inhabilitaciones, y sobre medidas para aumentar la eficiencia de los procedimientos de reestructuración, insolvencia y exoneración de deudas, y por la que se modifica la Directiva (UE) 2017/1132 del Parlamento Europeo y del Consejo, sobre determinados aspectos del Derecho de sociedades (Directiva sobre reestructuración e insolvencia).

Real Decreto-ley 18/2022, de 18 de octubre, por el que se aprueban medidas de refuerzo de la protección de los consumidores de energía y de contribución a la reducción del consumo de gas natural en aplicación del "Plan + seguridad para tu energía (+SE)", así como medidas en materia de retribuciones del personal al servicio del sector público y de protección de las personas trabajadoras agrarias eventuales afectadas por la sequía.

Ley 28/2022, de 21 de diciembre, de fomento del ecosistema de las empresas emergentes.

Ley 30/2022, de 23 de diciembre, por la que se regulan el sistema de gestión de la Política Agrícola Común y otras materias conexas.

Ley 31/2022, de 23 de diciembre, de Presupuestos Generales del Estado para el año 2023.

Real Decreto-Ley 20/2022, de 27 de diciembre, de medidas de respuesta a las consecuencias económicas y sociales de la Guerra de Ucrania y de apoyo a la reconstrucción de la isla de La Palma y a otras situaciones de vulnerabilidad.

Ley 1/2023, de 15 de febrero, de modificación de la Ley 18/2007, del derecho a la vivienda, y del libro quinto del Código civil de Cataluña, relativo a los derechos reales, en relación con la adopción de medidas urgentes para afrontar la inactividad de los propietarios en los casos de ocupación ilegal de viviendas con alteración de la convivencia vecinal.

Ley 3/2023, de 16 de marzo, de medidas fiscales, financieras, administrativas y del sector público para el 2023.

Ley 6/2023, de 17 de marzo, de los Mercados de Valores y de los Servicios de Inversión.

**Ley 11/2023, de 8 de mayo,** de trasposición de Directivas de la Unión Europea en materia de accesibilidad de determinados productos y servicios, migración de personas altamente cualificadas, tributaria y digitalización de actuaciones notariales y registrales; y por la que se modifica la Ley 12/2011, de 27 de mayo, sobre responsabilidad civil por daños nucleares o producidos por materiales radiactivos.

**Ley 12/2023, de 24 de mayo,** por el derecho a la vivienda.

**Real Decreto-ley 5/2023, de 28 de junio,** por el que se adoptan y prorrogan determinadas medidas de respuesta a las consecuencias económicas y sociales de la Guerra de Ucrania, de apoyo a la reconstrucción de la isla de La Palma y a otras situaciones de vulnerabilidad; de transposición de Directivas de la Unión Europea en materia de modificaciones estructurales de sociedades mercantiles y conciliación de la vida familiar y la vida profesional de los progenitores y los cuidadores; y de ejecución y cumplimiento del Derecho de la Unión Europea.

**Real Decreto-ley 8/2023, de 27 de diciembre,** por el que se adoptan medidas para afrontar las consecuencias económicas y sociales derivadas de los conflictos en Ucrania y Oriente Próximo, así como para paliar los efectos de la sequía.

**Real Decreto-ley 4/2024, de 26 de junio,** por el que se prorrogan determinadas medidas para afrontar las consecuencias económicas y sociales derivadas de los conflictos en Ucrania y Oriente Próximo y se adoptan medidas urgentes en materia fiscal, energética y social.

**Ley 7/2024, de 20 de diciembre,** por la que se establecen un Impuesto Complementario para garantizar un nivel mínimo global de imposición para los grupos multinacionales y los grupos nacionales de gran magnitud, un Impuesto sobre el margen de intereses y comisiones de determinadas entidades financieras y un Impuesto sobre los líquidos para cigarrillos electrónicos y otros productos relacionados con el tabaco, y se modifican otras normas tributarias.

**Real Decreto-ley 9/2024, de 23 de diciembre,** por el que se adoptan medidas urgentes en materia económica, tributaria, de transporte, y de Seguridad Social, y se prorrogan determinadas medidas para hacer frente a situaciones de vulnerabilidad social.

Ley Orgánica 1/2025, de 2 de enero, de medidas en materia de efciencia del Servicio Público de Justicia.

Resolución de 22 de enero de 2025, del Congreso de los Diputados, por la que se ordena la publicación del Acuerdo de derogación del Real Decreto-ley 9/2024, de 23 de diciembre, por el que se adoptan medidas urgentes en materia económica, tributaria, de transporte, y de Seguridad Social, y se prorrogan determinadas medidas para hacer frente a situaciones de vulnerabilidad social.

Real Decreto-ley 7/2025, de 24 de junio, por el que se aprueban medidas urgentes para el refuerzo del sistema eléctrico.

Resolución de 22 de julio de 2025, del Congreso de los Diputados, por la que se ordena la publicación del Acuerdo de derogación del Real Decreto-ley 7/2025, de 24 de junio, por el que se aprueban medidas urgentes para el refuerzo del sistema eléctrico.

# INDICE DE PRECEPTOS AFECTADOS POR LAS REFORMAS

Art. 2 . . . . . . . . . . . . . . . . . . . . . Ley 8/2013, de 26 de junio
Art. 553.1 a 553.24 . . . . . . . . . Ley 5/2015, de 13 de mayo
Art. 553.25 . . . . . . . . . . . . . . . . Ley 3/2023, de 16 de marzo
Art. 553.26 . . . . . . . . . . . . . . . . Decreto Ley 28/2021, de 21 de diciembre
Art. 553.27 a 553.29 . . . . . . . . Ley 5/2015, de 13 de mayo
Art. 553.30 . . . . . . . . . . . . . . . . Decreto Ley 28/2021, de 21 de diciembre
Art. 553.31 a 553.39 . . . . . . . . Ley 5/2015, de 13 de mayo
Art. 553.40 . . . . . . . . . . . . . . . . Ley 1/2023, de 15 de febrero
Art. 553.41 . . . . . . . . . . . . . . . . Ley 5/2015, de 13 de mayo
Art. 553.42 a 553.44 . . . . . . . . Decreto Ley 28/2021, de 21 de diciembre
Art. 553.45 a 553.59 . . . . . . . . Ley 5/2015, de 13 de mayo
Art. 4 y 5 . . . . . . . . . . . . . . . . . Real Decreto-Ley 7/2019, de 1 de marzo
Art. 11 . . . . . . . . . . . . . . . . . . . Ley 4/2013, de 4 de junio
Art. 13 y 14 . . . . . . . . . . . . . . . Real Decreto-Ley 7/2019, de 1 de marzo
Art. 15 . . . . . . . . . . . . . . . . . . . Ley 4/2013, de 4 de junio
Art. 16, 18 y 19 . . . . . . . . . . . . Real Decreto-Ley 7/2019, de 1 de marzo
Art. 23 y 24 . . . . . . . . . . . . . . . Ley 4/2013, de 4 de junio
Art. 25 . . . . . . . . . . . . . . . . . . . Real Decreto-Ley 7/2019, de 1 de marzo
Art. 27 y 35 . . . . . . . . . . . . . . . Ley 4/2013, de 4 de junio
Art. 38 a 40 . . . . . . . . . . . . . . . Ley 1/2000, de 7 de enero
Art. 24 . . . . . . . . . . . . . . . . . . . Ley 2/1984, de 24 de enero
Art. 31 . . . . . . . . . . . . . . . . . . . Ley 19/1989, de 25 de julio
Art. 108 . . . . . . . . . . . . . . . . . . Ley 46/1980, de 1 de octubre
Art. 122 . . . . . . . . . . . . . . . . . . Ley 10/1992, de 30 de abril
Art. 123 . . . . . . . . . . . . . . . . . . Derogado por Ley 10/1992, de 30 de abril
Art. 125 a 128 . . . . . . . . . . . . . Ley 10/1992, de 30 de abril
Art. 130 . . . . . . . . . . . . . . . . . . Derogado por Ley 10/1992, de 30 de abril
Art. 131 . . . . . . . . . . . . . . . . . . Ley 10/1992, de 30 de abril
Art. 132 a 134 . . . . . . . . . . . . . Ley 10/1968, de 20 de junio

# 1. PROPIEDAD HORIZONTAL

## I. Ley 49/1960, de 21 de julio, sobre Propiedad Horizontal.

*Última reforma de la presente disposición inducida por Res. de 22 julio 2025 que deroga el RDL 7/2025, de 24 de junio, lo que implica la reversión de los cambios por él introducidos*

## PREÁMBULO

Si en términos generales toda ordenación jurídica no puede concebirse ni instaurarse a espaldas de las exigencias de la realidad social a que va destinada, tanto más ha de ser así cuando versa sobre una institución que, como la propiedad horizontal, ha adquirido, sobre todo en los últimos años, tan pujante vitalidad, pese a no encontrar más apoyo normativo que el abiertamente insuficiente representado por el art. 396 del Código Civil. La presente ley pretende, pues, seguir la realidad social de los hechos. Pero no en el simple sentido de convertir en norma cualquier dato obtenido de la práctica, sino con un alcance más amplio y profundo. De un lado, a causa de la dimensión de futuro inherente a la ordenación jurídica, que impide entenderla como mera sanción de lo que hoy acontece y obliga a la previsión de lo que puede acontecer. Y de otro lado, porque si bien el punto de partida y el destino inmediato de las normas es regir las relaciones humanas, para lo cual importa mucho su adecuación a las concretas e históricas exigencias y contingencias de la vida, no hay que olvidar tampoco que su finalidad última, singularmente cuando se concibe el Derecho positivo en función del Derecho natural, es lograr un orden de convivencia presidido por la idea de la justicia, la cual, como virtud moral, se sobrepone tanto a la realidad de los hechos como a las determinaciones del legislador, que siempre han de hallarse limitadas y orientadas por ella.

Hay un hecho social básico que en los tiempos modernos ha influido sobre manera en la ordenación de la propiedad urbana. Se manifiesta a través de un factor constante, cual es la insuprimible necesidad de las edificaciones, tanto para la vida de la persona y la familia como para el desarrollo de fundamentales actividades, constituidas por el comercio, la industria y, en general, el ejercicio de las profesiones. Junto a ese factor, que es constante en el sentido de ser connatural a todo sistema de vida y de convivencia dentro de una elemental civilización, se ofrece hoy, provocado por muy diversas determinaciones, otro factor que se exterioriza en términos muy acusados, y es el representado por las dificultades que entraña la adquisición, la disponibilidad y el disfrute de los locales habitables. La acción del Estado ha considerado y atendido a esta situación real en tres esferas, aunque diversas, muy directamente relacionadas: en la esfera de la construcción impulsándola a virtud de medidas indirectas e incluso, en ocasiones, afrontando de modo directo la empresa; en la esfera del arrendamiento, a través de una legislación frecuentemente renovada, que restringe el poder autónomo de la voluntad con el fin de asegurar una permanencia en el disfrute de las viviendas y los locales de negocio en condiciones económicas sometidas a un sistema de intervención y revisión, y en la esfera de la propiedad, a virtud principalmente de la llamada propiedad horizontal, que proyecta esta titularidad sobre determinados espacios de la edificación. La esencial razón de ser del régimen de la propiedad horizontal descansa en la finalidad de lograr el acceso a la propiedad urbana mediante una inversión de capital que, al poder quedar circunscrita al espacio y elementos indispensables para atender a las propias necesidades, es menos cuantiosa y, por lo mismo, más asequible a todos y la única posible para grandes sectores de personas. Siendo ello así, el régimen de la propiedad horizontal no sólo precisa ser reconocido, sino que además requiere que se le aliente y encauce, dotándole de una ordenación completa y eficaz. Y más aún si se observa que, por otra parte, mientras las disposiciones legislativas vigentes en materia de arrendamientos urbanos no pasan de ser remedios ocasionales, que resuelven el conflicto de intereses de un modo imperfecto, puesto que el fortalecimiento de la institución arrendaticia se consigue imponiendo a la propiedad una carga que difícilmente puede sobrellevar; en cambio, conjugando las medidas dirigidas al incremento de la construcción con un bien organizado régimen de la propiedad horizontal, se afronta el problema de la vivienda y los conexos a él en un plano más adecuado, que permite soluciones estables; y ello a la larga redundará en ventaja del propio régimen arrendaticio, que podrá, sin la presión de unas exigencias acuciantes, liberalizarse y cumplir normalmente su función económico-social.

La ley representa, más que una reforma de la legalidad vigente, la ordenación «ex novo», de manera completa, de la propiedad por pisos. Se lleva a cabo mediante una ley de carácter general, en el sentido de ser de aplicación a todo el territorio nacional. El art. 396 del Código Civil, como ocurre en supuestos análogos recoge las notas esenciales de este régimen de propiedad y, por lo demás, queda reducido a norma de remisión. El carácter general de la ley viene aconsejado, sobre todo, por la razón de política legislativa derivada de que la necesidad a que sirve se manifiesta por igual en todo el territorio; pero también se ha tenido en cuenta una razón de técnica legislativa, como es la de que las disposiciones en que se traduce, sin descender a lo reglamentario, son a veces de una circunstanciada concreción que excede de la tónica propia de un Código Civil.

La propiedad horizontal hizo su irrupción en los ordenamientos jurídicos como una modalidad de la comunidad de bienes. El progresivo desenvolvimiento de la institución ha tendido principalmente a subrayar los perfiles que la independizan de la comunidad. La modificación que introdujo la Ley de 26 de octubre de 1939 en el texto del art. 396 del Código Civil ya significó un avance en ese sentido, toda vez que reconoció la propiedad privativa o singular del piso o local, quedando la comunidad, como accesoria, circunscrita a lo que se ha venido llamando elementos comunes. La ley -que recoge el material preparado con ponderación y cuidado por la Comisión de Códigos-, dando un paso más, pretende llevar al máximo posible la individualización de la propiedad desde el punto de vista del objeto. A tal fin, a este objeto de la relación, constituido por el piso o local, se incorpora el propio inmueble, sus pertenencias y servicios. Mientras sobre el piso «stricto sensu», o espacio, delimitado y de aprovechamiento independiente, el uso y disfrute son privativos, sobre el «inmueble», edificación, pertenencias y servicios -abstracción hecha de los particulares espacios- tales usos y disfrute han de ser, naturalmente, compartidos; pero unos y otros derechos, aunque distintos en su alcance, se reputan inseparablemente unidos, unidad que también mantienen respecto de la facultad de disposición. Con base en la misma idea se regula el coeficiente o cuota, que no es ya la participación en lo anteriormente denominado elementos comunes, sino que expresa, activa y también pasivamente, como módulo para cargas, el valor proporcional del piso y a cuanto él se considera unido, en el conjunto del inmueble, el cual, al mismo tiempo que se divide física y jurídicamente en pisos o locales se divide así económicamente en fracciones o cuotas.

En este propósito individualizador no hay que ver una preocupación dogmática y mucho menos la consagración de una ideología de signo individualista. Se trata de que no olvidando la ya aludida función social que cumple esta institución, entender que el designio de simplificar y facilitar el régimen de la propiedad horizontal se realiza así de modo más satisfactorio. Con el alejamiento del sistema de la comunidad de bienes resulta, ya no sólo congruente, sino tranquilizadora la expresa eliminación de los derechos de tanteo y retracto, reconocidos, con ciertas peculiaridades, en la hasta ahora vigente redacción del mencionado art. 396 . Ahora bien: tampoco en este caso ha sido esa sola consideración técnica la que ha guiado la ley. Decisivo influjo han ejercido tanto la notoria experiencia de que actualmente se ha hecho casi cláusula de estilo la exclusión de tales derechos como el pensamiento de que no se persigue aquí una concentración de la propiedad de los pisos o locales, sino, por el contrario, su más amplia difusión.

Motivo de especial estudio ha sido lo concerniente a la constitución del régimen de la propiedad horizontal y a la determinación del conjunto de deberes y derechos que la integran. Hasta ahora, y ello tiene una justificación histórica, esta materia ha estado entregada casi de modo total, en defecto de normas legales, a la autonomía privada reflejada en los Estatutos. Estos, frecuentemente, no eran fruto de las libres determinaciones recíprocas de los contratantes, sino que, de ordinario, los dictaba, con sujeción a ciertos tipos generalizados por la práctica, el promotor de la empresa de construcción, limitándose a prestar su adhesión las personas que ingresaban en el régimen de la propiedad horizontal. La ley brinda una regulación que, por un lado, es suficiente por sí -con las salvedades dejadas a la iniciativa privada- para constituir, en lo esencial, el sistema jurídico que presida y gobierne esta clase de relaciones, y, por otro lado, admite que, por obra de la voluntad, se especifiquen, completen y hasta modifiquen ciertos derechos y deberes, siempre que no se contravengan las normas de derecho necesario, claramente deducibles de los mismos términos de la ley. De ahí que la formulación de Estatutos no resultará indispensable, si bien podrán éstos cumplir la función de desarrollar la ordenación legal y adecuarla a las concretas circunstancias de los diversos casos y situaciones.

El sistema de derechos y deberes en el seno de la propiedad horizontal aparece estructurado en razón de los intereses en juego.

Los derechos de disfrute tienden a atribuir al titular las máximas posibilidades de utilización, con el límite representado tanto por la concurrencia de los derechos de igual clase de los demás cuanto por el interés general, que se encarna en la conservación del edificio y en la subsistencia del régimen de propiedad horizontal, que requiere una base material y objetiva. Por lo mismo, íntimamente unidos a los derechos de disfrute aparecen los deberes de igual naturaleza. Se ha tratado de configurarlos con criterios inspirados en las relaciones de vecindad, procurando dictar unas normas dirigidas a asegurar que el ejercicio del derecho propio no se traduzca en perjuicio del ajeno ni en menoscabo del conjunto, para así dejar establecidas las bases de una convivencia normal y pacífica.

Además de regular los derechos y deberes correspondientes al disfrute, la ley se ocupa de aquellos otros que se refieren a los desembolsos económicos a que han de atender conjuntamente los titulares, bien por derivarse de las instalaciones y servicios de carácter general, o bien por constituir cargas o tributos que afectan a la totalidad del edificio. El criterio básico tenido en cuenta para determinar la participación de cada uno en el desembolso a realizar es la expresada cuota o coeficiente asignado al piso o local, cuidándose de significar que la no utilización del servicio generador del gasto no exime de la obligación correspondiente.

Una de las más importantes novedades que contiene la ley es la de vigorizar en todo lo posible la fuerza vinculante de los deberes impuestos a los titulares, así por lo que concierne al disfrute del apartamento, cuanto por lo que se refiere al abono de gastos. Mediante la aplicación de las normas generales vigentes en la materia, el incumplimiento de las obligaciones genera la acción dirigida a exigir judicialmente su cumplimiento, bien de modo específico, esto es, imponiendo a través de la coacción lo que voluntariamente no se ha observado, o bien en virtud de la pertinente indemnización. Pero esta normal sanción del incumplimiento puede no resultar suficientemente eficaz en casos como los aquí considerados, y ello por diversas razones: una es la de que la inobservancia del deber trae repercusiones sumamente perturbadoras para grupos extensos de personas, al paso que dificulta el funcionamiento del régimen de propiedad horizontal; otra razón es la de que, en lo relativo a los deberes de disfrute, la imposición judicial del cumplimiento específico es prácticamente imposible por el carácter negativo de la obligación, y la indemnización no cubre la finalidad que se persigue de armonizar la convivencia. Por eso se prevé la posibilidad de la privación judicial del disfrute del piso o local cuando concurran circunstancias taxativamente señaladas, y por otra parte se asegura la contribución a los gastos comunes con una afectación real del piso o local al pago de este crédito considerado preferente.

La concurrencia de una colectividad de personas en la titularidad de derechos que, sin perjuicio de su sustancial individualización, recaen sobre fracciones de un mismo edificio y dan lugar a relaciones de interdependencia que afectan a los respectivos titulares, ha hecho indispensable en la práctica la creación de órganos de gestión y administración. La ley, que en todo momento se ha querido mostrar abierta a las enseñanzas de la experiencia, la ha tenido muy especialmente en cuenta en esta materia. Y fruto de ella, así como de la detenida ponderación de los diversos problemas, ha sido confiar normalmente el adecuado funcionamiento del régimen de propiedad horizontal a tres órganos: la Junta, el Presidente de la misma y el Administrador. La Junta, compuesta de todos los titulares, tiene los cometidos propios de un órgano rector colectivo, ha de reunirse preceptivamente una vez al año, y para la adopción de acuerdos válidos se requiere, por regla general, el voto favorable tanto de la mayoría numérica o personal cuanto de la económica, salvo cuando la trascendencia de la materia requiera la unanimidad, o bien cuando, por el contrario por la relativa importancia de aquélla, y para que la simple pasividad de los propietarios no entorpezca el funcionamiento de la institución, sea suficiente la simple mayoría de los asistentes. El cargo de Presidente, que ha de ser elegido del seno de la Junta, lleva implícita la representación de todos los titulares en juicio y fuera de él, con lo que se resuelve el delicado problema de legitimación que se ha venido produciendo. Y, finalmente, el Administrador, que ha de ser designado por la Junta y es amovible, sea o no miembro de ella, ha de actuar siempre en dependencia de la misma, sin perjuicio de cumplir en todo caso las obligaciones que directamente se le imponen.

Por otra parte se ha dado a esto una cierta flexibilidad para que el número de estas personas encargadas de la representación y gestión sea mayor o menor según la importancia y necesidad de la colectividad.

Por último, debe señalarse que la economía del sistema establecido tiene interesantes repercusiones en cuanto afecta al Registro de la

Propiedad y exige una breve reforma en la legislación hipotecaria. Se ha partido, en un afán de claridad, de la conveniencia de agregar dos párrafos al art. 8 de la vigente Ley Hipotecaria, el 4º y el 5º, que sancionan, en principio, la posibilidad de la inscripción del edificio en su conjunto, sometido al régimen de propiedad horizontal, y al mismo tiempo la del piso o local como finca independiente, con folio registral propio.

El número 4 del mencionado art. 8 prevé la hipótesis normal de constitución del régimen de propiedad horizontal, es decir, la construcción de un edificio por un titular que lo destine precisamente a la enajenación de pisos, y el caso, menos frecuente, de que varios propietarios de un edificio traten de salir de la indivisión de mutuo acuerdo, o construyan un edificio con ánimo de distribuirlo, «ab initio», entre ellos mismos, transformándose en propietarios singulares de apartamento o fracciones independientes. A título excepcional, con el mismo propósito de simplificar los asientos, se permite inscribir a la vez la adjudicación concreta de los repetidos apartamentos a favor de sus respectivos titulares, siempre que así lo soliciten todos ellos.

Y el número 5 del mismo art. 8 permite crear el folio autónomo e independiente de cada piso o local, siempre que consten previamente inscritos el inmueble y la constitución del régimen de propiedad horizontal.

En su virtud, y de conformidad con la propuesta elaborada por las Cortes Españolas,
DISPONGO:

## CAPÍTULO PRIMERO
### Disposiciones generales

**1.** [1] La presente Ley tiene por objeto la regulación de la forma especial de propiedad establecida en el art. 396 del Código Civil, que se denomina propiedad horizontal.

A efectos de esta Ley tendrán también la consideración de locales aquellas partes de un edificio que sean susceptibles de aprovechamien-

---

[1] Dada nueva redacción por art. 1 de Ley 8/1999 de 6 de abril de 1999, con vigencia desde 28/04/1999

to independiente por tener salida a un elemento común de aquél o a la vía pública [2] .

**2.** [3] Esta Ley será de aplicación:

a) A las comunidades de propietarios constituidas con arreglo a lo dispuesto en el art. 5.

b) A las comunidades que reúnan los requisitos establecidos en el art. 396 del Código Civil y no hubiesen otorgado el título constitutivo de la propiedad horizontal.

Estas comunidades se regirán, en todo caso, por las disposiciones de esta Ley en lo relativo al régimen jurídico de la propiedad, de sus partes privativas y elementos comunes, así como en cuanto a los derechos y obligaciones recíprocas de los comuneros.

c) A los complejos inmobiliarios privados, en los términos establecidos en esta Ley [4] .

d) A las subcomunidades, entendiendo por tales las que resultan cuando, de acuerdo con lo dispuesto en el título constitutivo, varios propietarios disponen, en régimen de comunidad, para su uso y disfrute exclusivo, de determinados elementos o servicios comunes dotados de unidad e independencia funcional o económica. [5]

e) A las entidades urbanísticas de conservación en los casos en que así lo dispongan sus estatutos. [6]

---

[2] Téngase en cuenta que, conforme la Ley 5/2006, de 10 mayo, del Libro Quinto del Código Civil de Cataluña, relativo a los Derechos Reales, la propiedad Horizontal en Cataluña cuenta con su propia regulación

[3] Dada nueva redacción por art. 2 de Ley 8/1999 de 6 de abril de 1999, con vigencia desde 28/04/1999

[4] Véase art. 24 de la presente Ley

[5] Añadida letra d por disposición final 1 apartado 1 de Ley 8/2013 de 26 de junio de 2013, con vigencia desde 28/06/2013

[6] Añadida letra e por disposición final 1 apartado 1 de Ley 8/2013 de 26 de junio de 2013, con vigencia desde 28/06/2013

## CAPÍTULO II
Del régimen de la propiedad por pisos o locales [7]

**3.** [8] En el régimen de propiedad establecido en el art. 396 del Código Civil corresponde a cada piso o local:

a) El derecho singular y exclusivo de propiedad sobre un espacio suficientemente delimitado y susceptible de aprovechamiento independiente, con los elementos arquitectónicos e instalaciones de todas clases, aparentes o no, que estén comprendidos dentro de sus límites y sirvan exclusivamente al propietario, así como el de los anejos que expresamente hayan sido señalados en el título, aunque se hallen situados fuera del espacio delimitado [9].

b) La copropiedad, con los demás dueños de pisos o locales, de los restantes elementos, pertenencias y servicios comunes [10].

A cada piso o local se atribuirá una cuota de participación con relación al total del valor del inmueble y referida a centésimas del mismo. Dicha cuota servirá de módulo para determinar la participación en las cargas y beneficios por razón de la comunidad. Las mejoras o menoscabos de cada piso o local no alterarán la cuota atribuida, que sólo podrá variarse de acuerdo con lo establecido en los arts. 10 y 17 de esta Ley [11].

Cada propietario puede libremente disponer de su derecho, sin poder separar los elementos que lo integran y sin que la transmisión del disfrute afecte a las obligaciones derivadas de este régimen de propiedad.

**4.** La acción de división no procederá para hacer cesar la situación que regula esta ley. Sólo podrá ejercitarse por cada propietario proindiviso sobre un piso o local determinado, circunscrita al mismo, y

---

[7] Dada nueva redacción por art. 3 de Ley 8/1999 de 6 de abril de 1999, con vigencia desde 28/04/1999

[8] Dada nueva redacción por disposición final 1 apartado 2 de Ley 8/2013 de 26 de junio de 2013, con vigencia desde 28/06/2013

[9] Véanse arts. 399 CC y 107.11 LH

[10] Véanse arts. 392 y 394 CC

[11] Véanse arts. 396 CC y 5 y 9 de la presente ley

siempre que la proindivisión no haya sido establecida de intento para el servicio o utilidad común de todos los propietarios [12] .

**5.** El título constitutivo de la propiedad por pisos o locales describirá, además del inmueble en su conjunto, cada uno de aquéllos al que se asignará número correlativo. La descripción del inmueble habrá de expresar las circunstancias exigidas en la legislación hipotecaria y los servicios e instalaciones con que cuente el mismo. La de cada piso o local expresará su extensión, linderos, planta en la que se hallare y los anejos, tales como garaje, buhardilla o sótano.

En el mismo título se fijará la cuota de participación que corresponde a cada piso o local, determinada por el propietario único del edificio al iniciar su venta por pisos, por acuerdo de todos los propietarios existentes, por laudo o por resolución judicial. Para su fijación se tomará como base la superficie útil de cada piso o local en relación con el total del inmueble, su emplazamiento interior o exterior, su situación y el uso que se presuma racionalmente que va a efectuarse de los servicios o elementos comunes [13] .

El título podrá contener, además, reglas de constitución y ejercicio del derecho y disposiciones no prohibidas por la ley en orden al uso o destino del edificio, sus diferentes pisos o locales, instalaciones y servicios, gastos, administración y gobierno, seguros, conservación y reparaciones, formando un estatuto privativo que no perjudicará a terceros si no ha sido inscrito en el Registro de la Propiedad [14] .

En cualquier modificación del título, y a salvo lo que se dispone sobre validez de acuerdos, se observarán los mismos requisitos que para la constitución [15] .

---

[12] Véanse art. 400 a 406 CC y 8 y 23 de la presente ley

[13] Véanse arts. 8 y 9 LH

[14] Véanse arts. 3 LH y 1280 CC

[15] En relación con instalaciones y servicios véanse las siguientes normas: - RD 203/2016 de 20 mayo. - RD 1428/1986, de 13 junio. - RD 615/1998, de 17 abril. - RD 742/2013, de 27 septiembre. En relación con la adaptación de estatutos a esta ley véanse arts. 14, 17 y disposición transitoria 1 de la presente ley y disposición final única Ley 8/1999, de 6 abril

**6.** Para regular los detalles de la convivencia y la adecuada utilización de los servicios y cosas comunes, y dentro de los límites establecidos por la ley y los estatutos, el conjunto de propietarios podrá fijar normas de régimen interior que obligarán también a todo titular mientras no sean modificadas en la forma prevista para tomar acuerdos sobre la administración [16].

**7.** [17] 1. El propietario de cada piso o local podrá modificar los elementos arquitectónicos, instalaciones o servicios de aquél cuando no menoscabe o altere la seguridad del edificio, su estructura general, su configuración o estado exteriores, o perjudique los derechos de otro propietario, debiendo dar cuenta de tales obras previamente a quien represente a la comunidad [18].

En el resto del inmueble no podrá realizar alteración alguna y si advirtiere la necesidad de reparaciones urgentes deberá comunicarlo sin dilación al administrador [19].

2. Al propietario y al ocupante del piso o local no les está permitido desarrollar en él o en el resto del inmueble actividades prohibidas en los estatutos, que resulten dañosas para la finca o que contravengan las disposiciones generales sobre actividades molestas, insalubres, nocivas, peligrosas o ilícitas.

El presidente de la comunidad, a iniciativa propia o de cualquiera de los propietarios u ocupantes, requerirá a quien realice las actividades prohibidas por este apartado la inmediata cesación de las mismas, bajo apercibimiento de iniciar las acciones judiciales procedentes.

Si el infractor persistiere en su conducta el Presidente, previa autorización de la Junta de propietarios, debidamente convocada al efecto, podrá entablar contra él acción de cesación que, en lo no previsto expresamente por este artículo, se sustanciará a través del juicio ordinario. [20]

---

[16] Véanse arts. 396 y 1255 CC y 17 de la presente Ley

[17] Dada nueva redacción por art. 4 de Ley 8/1999 de 6 de abril de 1999, con vigencia desde 28/04/1999

[18] Véanse arts. 23 LAU y 12 de la presente ley

[19] Véanse arts. 397 CC y 12 de la presente Ley

[20] Dada nueva redacción apartado 2 párrafo 3 por disposición final 1 apartado 1 de Ley 1/2000 de 7 de enero de 2000, con vigencia desde 08/01/2001

Presentada la demanda, acompañada de la acreditación del requerimiento fehaciente al infractor y de la certificación del acuerdo adoptado por la Junta de propietarios, el juez podrá acordar con carácter cautelar la cesación inmediata de la actividad prohibida, bajo apercibimiento de incurrir en delito de desobediencia. Podrá adoptar asimismo cuantas medidas cautelares fueran precisas para asegurar la efectividad de la orden de cesación. La demanda habrá de dirigirse contra el propietario y, en su caso, contra el ocupante de la vivienda o local.

Si la sentencia fuese estimatoria podrá disponer, además de la cesación definitiva de la actividad prohibida y la indemnización de daños y perjuicios que proceda, la privación del derecho al uso de la vivienda o local por tiempo no superior a tres años, en función de la gravedad de la infracción y de los perjuicios ocasionados a la comunidad. Si el infractor no fuese el propietario, la sentencia podrá declarar extinguidos definitivamente todos sus derechos relativos a la vivienda o local, así como su inmediato lanzamiento [21].

3. El propietario de cada vivienda que quiera realizar el ejercicio de la actividad a que se refiere la letra e) del art. 5 de la Ley 29/1994, de 24 de noviembre, de Arrendamientos Urbanos, en los términos establecidos en la normativa sectorial turística, deberá obtener previamente la aprobación expresa de la comunidad de propietarios, en los términos establecidos en el apartado 12 del artículo diecisiete de esta Ley. [22]

El presidente de la comunidad, a iniciativa propia o de cualquiera de los propietarios u ocupantes, requerirá a quien realice la actividad del apartado anterior, sin que haya sido aprobada expresamente, la inmediata cesación de las mismas, bajo apercibimiento de iniciar las acciones judiciales procedentes, siendo de aplicación lo dispuesto en el apartado anterior. [23]

---

[21] Véanse arts. 399 a 436 LEC

[22] Añadido apartado 3 párrafo 1 por disposición final 4 apartado 1 de Ley Orgánica 1/2025 de 2 de enero de 2025, con vigencia desde 03/04/2025

[23] Añadido apartado 3 párrafo 2 por disposición final 4 apartado 1 de Ley Orgánica 1/2025 de 2 de enero de 2025, con vigencia desde 03/04/2025

**8.** [24] (Derogado)

**9.** [25] 1. Son obligaciones de cada propietario:

a) Respetar las instalaciones generales de la comunidad y demás elementos comunes, ya sean de uso general o privativo de cualquiera de los propietarios, estén o no incluidos en su piso o local, haciendo un uso adecuado de los mismos y evitando en todo momento que se causen daños o desperfectos.

b) Mantener en buen estado de conservación su propio piso o local e instalaciones privativas, en términos que no perjudiquen a la comunidad o a los otros propietarios, resarciendo los daños que ocasione por su descuido o el de las personas por quienes deba responder.

c) Consentir en su vivienda o local las reparaciones que exija el servicio del inmueble y permitir en él las servidumbres imprescindibles requeridas para la realización de obras, actuaciones o la creación de servicios comunes llevadas a cabo o acordadas conforme a lo establecido en la presente Ley, teniendo derecho a que la comunidad le resarza de los daños y perjuicios ocasionados. [26]

d) Permitir la entrada en su piso o local a los efectos prevenidos en los tres apartados anteriores.

e) Contribuir, con arreglo a la cuota de participación fijada en el título o a lo especialmente establecido, a los gastos generales para el adecuado sostenimiento del inmueble, sus servicios, cargas y responsabilidades que no sean susceptibles de individualización [27].

Los créditos a favor de la comunidad derivados de la obligación de contribuir al sostenimiento de los gastos generales correspondientes a las cuotas imputables a la parte vencida de la anualidad en curso y los tres años anteriores tienen la condición de preferentes a efectos del art. 1.923 del Código Civil y preceden, para su satisfacción, a los citados en los números 3º, 4º y 5º de dicho precepto, sin perjuicio de

---

[24] Derogado por disposición derogatoria única apartado 1 de Ley 8/2013 de 26 de junio de 2013, con vigencia desde 28/06/2013

[25] Dada nueva redacción por art. 5 de Ley 8/1999 de 6 de abril de 1999, con vigencia desde 28/04/1999

[26] Dada nueva redacción apartado 1 letra c por disposición final 1 apartado 3 de Ley 8/2013 de 26 de junio de 2013, con vigencia desde 28/06/2013

[27] Véanse art. 16 Ley 38/1999 y 21 de la presente Ley

la preferencia establecida a favor de los créditos salariales en el texto refundido de la Ley del Estatuto de los Trabajadores, aprobado por el Real Decreto Legislativo 1/1995, de 24 de marzo [28] .

El adquirente de una vivienda o local en régimen de propiedad horizontal, incluso con título inscrito en el Registro de la Propiedad, responde con el propio inmueble adquirido de las cantidades adeudadas a la comunidad de propietarios para el sostenimiento de los gastos generales por los anteriores titulares hasta el límite de los que resulten imputables a la parte vencida de la anualidad en la cual tenga lugar la adquisición y a los tres años naturales anteriores. El piso o local estará legalmente afecto al cumplimiento de esta obligación.

En el instrumento público mediante el que se transmita, por cualquier título, la vivienda o local el transmitente, deberá declarar hallarse al corriente en el pago de los gastos generales de la comunidad de propietarios o expresar los que adeude. El transmitente deberá aportar en este momento certificación sobre el estado de deudas con la comunidad coincidente con su declaración, sin la cual no podrá autorizarse el otorgamiento del documento público, salvo que fuese expresamente exonerado de esta obligación por el adquirente. La certificación será emitida en el plazo máximo de siete días naturales desde su solicitud por quien ejerza las funciones de secretario, con el visto bueno del presidente, quienes responderán, en caso de culpa o negligencia, de la exactitud de los datos consignados en la misma y de los perjuicios causados por el retraso en su emisión. [29]

f) Contribuir, con arreglo a su respectiva cuota de participación, a la dotación del fondo de reserva que existirá en la comunidad de propietarios para atender las obras de conservación, de reparación y de rehabilitación de la finca, la realización de las obras de accesibilidad recogidas en el artículo diez.1.b) de esta ley, así como la realización de las obras de accesibilidad y eficiencia energética recogidas en el artículo diecisiete.2 de esta ley.

El fondo de reserva, cuya titularidad corresponde a todos los efectos a la comunidad, estará dotado con una cantidad que en ningún caso

---

[28] Véanse arts. 395 CC, 194 LH y 32 ET

[29] Dada nueva redacción apartado 1 letra e por disposición final 1 apartado 3 de Ley 8/2013 de 26 de junio de 2013, con vigencia desde 28/06/2013

podrá ser inferior al 10 por ciento de su último presupuesto ordinario. [30]

Con cargo al fondo de reserva la comunidad podrá suscribir un contrato de seguro que cubra los daños causados en la finca o bien concluir un contrato de mantenimiento permanente del inmueble y sus instalaciones generales. [31]

g) Observar la diligencia debida en el uso del inmueble y en sus relaciones con los demás titulares y responder ante éstos de las infracciones cometidas y de los daños causados.

h) Comunicar a quien ejerza las funciones de secretario de la comunidad, por cualquier medio que permita tener constancia de su recepción, el domicilio en España a efectos de citaciones y notificaciones de toda índole relacionadas con la comunidad. En defecto de esta comunicación se tendrá por domicilio para citaciones y notificaciones el piso o local perteneciente a la comunidad, surtiendo plenos efectos jurídicos las entregadas al ocupante del mismo.

Si intentada una citación o notificación al propietario fuese imposible practicarla en el lugar prevenido en el párrafo anterior, se entenderá realizada mediante la colocación de la comunicación correspondiente en el tablón de anuncios de la comunidad, o en lugar visible de uso general habilitado al efecto, con diligencia expresiva de la fecha y motivos por los que se procede a esta forma de notificación, firmada por quien ejerza las funciones de secretario de la comunidad, con el visto bueno del presidente. La notificación practicada de esta forma producirá plenos efectos jurídicos en el plazo de tres días naturales.

i) Comunicar a quien ejerza las funciones de secretario de la comunidad, por cualquier medio que permita tener constancia de su recepción, el cambio de titularidad de la vivienda o local.

Quien incumpliere esta obligación seguirá respondiendo de las deudas con la comunidad devengadas con posterioridad a la transmisión de forma solidaria con el nuevo titular, sin perjuicio del derecho de aquél a repetir sobre éste.

Lo dispuesto en el párrafo anterior no será de aplicación cuando cualquiera de los órganos de gobierno establecidos en el art. 13 haya tenido conocimiento del cambio de titularidad de la vivienda o local

---

[30] Téngase en cuenta la disp. trans. 2ª RDL 7/2019 de 1 marzo

[31] Dada nueva redacción apartado 1 letra f por art. 2 apartado 1 de Ley 10/2022 de 14 de junio de 2022, con vigencia desde 16/06/2022

por cualquier otro medio o por actos concluyentes del nuevo propietario, o bien cuando dicha transmisión resulte notoria.

2. Para la aplicación de las reglas del apartado anterior se reputarán generales los gastos que no sean imputables a uno o varios pisos o locales, sin que la no utilización de un servicio exima del cumplimiento de las obligaciones correspondientes, sin perjuicio de lo establecido en el art. 17.4. [32]

**10.** [33] 1. Tendrán carácter obligatorio y no requerirán de acuerdo previo de la Junta de propietarios, impliquen o no modificación del título constitutivo o de los estatutos, y vengan impuestas por las Administraciones Públicas o solicitadas a instancia de los propietarios, las siguientes actuaciones:

a) Los trabajos y las obras que resulten necesarias para el adecuado mantenimiento y cumplimiento del deber de conservación del inmueble y de sus servicios e instalaciones comunes, incluyendo en todo caso, las necesarias para satisfacer los requisitos básicos de seguridad, habitabilidad y accesibilidad universal, así como las condiciones de ornato y cualesquiera otras derivadas de la imposición, por parte de la Administración, del deber legal de conservación.

b) Las obras y actuaciones que resulten necesarias para garantizar los ajustes razonables en materia de accesibilidad universal y, en todo caso, las requeridas a instancia de los propietarios en cuya vivienda o local vivan, trabajen o presten servicios voluntarios, personas con discapacidad, o mayores de setenta años, con el objeto de asegurarles un uso adecuado a sus necesidades de los elementos comunes, así como la instalación de rampas, ascensores u otros dispositivos mecánicos y electrónicos que favorezcan la orientación o su comunicación con el exterior, siempre que el importe repercutido anualmente de las mismas, una vez descontadas las subvenciones o ayudas públicas, no exceda de doce mensualidades ordinarias de gastos comunes. No eliminará el carácter obligatorio de estas obras el hecho de que el resto

---

[32] Dada nueva redacción apartado 2 por disposición final 1 apartado 3 de Ley 8/2013 de 26 de junio de 2013, con vigencia desde 28/06/2013

[33] Dada nueva redacción por disposición final 1 apartado 4 de Ley 8/2013 de 26 de junio de 2013, con vigencia desde 28/06/2013

de su coste, más allá de las citadas mensualidades, sea asumido por quienes las hayan requerido. [34]

También será obligatorio realizar estas obras cuando las ayudas públicas a las que la comunidad pueda tener acceso alcancen el 75% del importe de las mismas. [35]

c) La ocupación de elementos comunes del edificio o del complejo inmobiliario privado durante el tiempo que duren las obras a las que se refieren las letras anteriores.

d) La construcción de nuevas plantas y cualquier otra alteración de la estructura o fábrica del edificio o de las cosas comunes, así como la constitución de un complejo inmobiliario, tal y como prevé el art. 17.4 del texto refundido de la Ley de Suelo, aprobado por el Real Decreto Legislativo 2/2008, de 20 de junio, que resulten preceptivos a consecuencia de la inclusión del inmueble en un ámbito de actuación de rehabilitación o de regeneración y renovación urbana.

e) Los actos de división material de pisos o locales y sus anejos para formar otros más reducidos e independientes, el aumento de su superficie por agregación de otros colindantes del mismo edificio, o su disminución por segregación de alguna parte, realizados por voluntad y a instancia de sus propietarios, cuando tales actuaciones sean posibles a consecuencia de la inclusión del inmueble en un ámbito de actuación de rehabilitación o de regeneración y renovación urbanas.

2. Teniendo en cuenta el carácter de necesarias u obligatorias de las actuaciones referidas en las letras a) a d) del apartado anterior, procederá lo siguiente:

a) Serán costeadas por los propietarios de la correspondiente comunidad o agrupación de comunidades, limitándose el acuerdo de la Junta a la distribución de la derrama pertinente y a la determinación de los términos de su abono.

b) Los propietarios que se opongan o demoren injustificadamente la ejecución de las órdenes dictadas por la autoridad competente responderán individualmente de las sanciones que puedan imponerse en vía administrativa.

c) Los pisos o locales quedarán afectos al pago de los gastos derivados de la realización de dichas obras o actuaciones en los mismos

---

[34] Véase RD 1414/2006, de 1 diciembre

[35] Dada nueva redacción apartado 1 letra b por art. 2 apartado 2 de Real Decreto-Ley 7/2019 de 1 de marzo de 2019, con vigencia desde 06/03/2019

términos y condiciones que los establecidos en el art. 9 para los gastos generales.

3. Estarán sujetas al régimen de autorización administrativa que corresponda:

a) La constitución y modificación del complejo inmobiliario a que se refiere el artículo 26.6 del texto refundido de la Ley de Suelo y Rehabilitación Urbana, aprobado por el Real Decreto Legislativo 7/2015, de 30 de octubre, en sus mismos términos.

b) Cuando así se haya solicitado, y de acuerdo con el régimen establecido en la legislación de ordenación territorial y urbanística, previa aprobación por la mayoría de propietarios que en cada caso proceda de acuerdo con esta Ley, la división material de los pisos o locales y sus anejos, para formar otros más reducidos e independientes, el aumento de su superficie por agregación de otros colindantes del mismo edificio o su disminución por segregación de alguna parte, la construcción de nuevas plantas y cualquier otra alteración de la estructura o fábrica del edificio, incluyendo el cerramiento de las terrazas y la modificación de la envolvente para mejorar la eficiencia energética, o de las cosas comunes.

En estos supuestos deberá constar el consentimiento de los titulares afectados y corresponderá a la Junta de Propietarios, de común acuerdo con aquéllos, y según la mayoría de los propietarios que en cada caso proceda de acuerdo con esta Ley, la determinación de la indemnización por daños y perjuicios que corresponda. La fijación de las nuevas cuotas de participación, así como la determinación de la naturaleza de las obras que se vayan a realizar, en caso de discrepancia sobre las mismas, requerirá la adopción del oportuno acuerdo de la Junta de Propietarios, por idéntica mayoría. A este respecto también podrán los interesados solicitar arbitraje o dictamen técnico en los términos establecidos en la Ley. [36]

## 11 y 12. [37] (Derogados)

---

[36] Dada nueva redacción apartado 3 por disposición final 5 apartado 1 de Real Decreto-Ley 8/2023 de 27 de diciembre de 2023, con vigencia desde 29/12/2023

[37] Derogado por disposición derogatoria única apartado 1 de Ley 8/2013 de 26 de junio de 2013, con vigencia desde 28/06/2013

**13.** [38] 1. Los órganos de gobierno de la comunidad son los siguientes:

a) La Junta de propietarios.

b) El presidente y, en su caso, los vicepresidentes.

c) El secretario.

d) El administrador.

En los estatutos, o por acuerdo mayoritario de la Junta de propietarios, podrán establecerse otros órganos de gobierno de la comunidad, sin que ello pueda suponer menoscabo alguno de las funciones y responsabilidades frente a terceros que esta Ley atribuye a los anteriores.

2. El presidente será nombrado, entre los propietarios, mediante elección o, subsidiariamente, mediante turno rotatorio o sorteo. El nombramiento será obligatorio, si bien el propietario designado podrá solicitar su relevo al juez dentro del mes siguiente a su acceso al cargo, invocando las razones que le asistan para ello. El juez, a través del procedimiento establecido en el artículo 17.7.ª, resolverá de plano lo procedente, designando en la misma resolución al propietario que hubiera de sustituir, en su caso, al presidente en el cargo hasta que se proceda a nueva designación en el plazo que se determine en la resolución judicial.

Igualmente podrá acudirse al juez cuando, por cualquier causa, fuese imposible para la Junta designar presidente de la comunidad. [39]

3. El presidente ostentará legalmente la representación de la comunidad, en juicio y fuera de él, en todos los asuntos que la afecten.

4. La existencia de vicepresidentes será facultativa. Su nombramiento se realizará por el mismo procedimiento que el establecido para la designación del presidente.

Corresponde al vicepresidente, o a los vicepresidentes por su orden, sustituir al presidente en los casos de ausencia, vacante o imposibilidad de éste, así como asistirlo en el ejercicio de sus funciones en los términos que establezca la Junta de propietarios.

5. Las funciones del secretario y del administrador serán ejercidas por el presidente de la comunidad, salvo que los estatutos o la Junta de propietarios por acuerdo mayoritario, dispongan la provisión de dichos cargos separadamente de la presidencia.

---

[38] Dada nueva redacción por art. 9 de Ley 8/1999 de 6 de abril de 1999, con vigencia desde 28/04/1999

[39] Dada nueva redacción apartado 2 por disposición final 2 de Ley 42/2015 de 5 de octubre de 2015, con vigencia desde 07/10/2015

6. Los cargos de secretario y administrador podrán acumularse en una misma persona o bien nombrarse independientemente.

El cargo de administrador y, en su caso, el de secretario-administrador podrá ser ejercido por cualquier propietario, así como por personas físicas con cualificación profesional suficiente y legalmente reconocida para ejercer dichas funciones. También podrá recaer en corporaciones y otras personas jurídicas en los términos establecidos en el ordenamiento jurídico.

7. Salvo que los estatutos de la comunidad dispongan lo contrario, el nombramiento de los órganos de gobierno se hará por el plazo de un año.

Los designados podrán ser removidos de su cargo antes de la expiración del mandato por acuerdo de la Junta de propietarios, convocada en sesión extraordinaria.

8. Cuando el número de propietarios de viviendas o locales en un edificio no exceda de cuatro podrán acogerse al régimen de administración del art. 398 del Código Civil, si expresamente lo establecen los estatutos [40].

**14.** [41] Corresponde a la Junta de propietarios:

a) Nombrar y remover a las personas que ejerzan los cargos mencionados en el artículo anterior y resolver las reclamaciones que los titulares de los pisos o locales formulen contra la actuación de aquéllos.

b) Aprobar el plan de gastos e ingresos previsibles y las cuentas correspondientes.

c) Aprobar los presupuestos y la ejecución de todas las obras de reparación de la finca, sean ordinarias o extraordinarias, y ser informada de las medidas urgentes adoptadas por el administrador de conformidad con lo dispuesto en el art. 20.c).

d) Aprobar o reformar los estatutos y determinar las normas de régimen interior.

---

[40] Véanse arts. 398 CC y 14 de la presente Ley

[41] Dada nueva redacción por art. 10 de Ley 8/1999 de 6 de abril de 1999, con vigencia desde 28/04/1999

e) Conocer y decidir en los demás asuntos de interés general para la comunidad, acordando las medidas necesarias o convenientes para el mejor servicio común [42].

**15.** [43] 1. La asistencia a la Junta de propietarios será personal o por representación legal o voluntaria, bastando para acreditar ésta un escrito firmado por el propietario [44].

Si algún piso o local perteneciese «pro indiviso» a diferentes propietarios éstos nombrarán un representantes para asistir y votar en las juntas.

Si la vivienda o local se hallare en usufructo, la asistencia y el voto corresponderá al nudo propietario, quien, salvo manifestación en contrario, se entenderá representado por el usufructuario, debiendo ser expresa la delegación cuando se trate de los acuerdos a que se refiere la regla primera del art. 17 o de obras extraordinarias y de mejora.

2. Los propietarios que en el momento de iniciarse la junta no se encontrasen al corriente en el pago de todas las deudas vencidas con la comunidad y no hubiesen impugnado judicialmente las mismas o procedido a la consignación judicial o notarial de la suma adeudada, podrán participar en sus deliberaciones si bien no tendrán derecho de voto. El acta de la Junta reflejará los propietarios privados del derecho de voto, cuya persona y cuota de participación en la comunidad no será computada a efectos de alcanzar las mayorías exigidas en esta Ley [45].

**16.** [46] 1. La Junta de propietarios se reunirá por lo menos una vez al año para aprobar los presupuestos y cuentas y en las demás ocasiones que lo considere conveniente el presidente o lo pidan la cuarta parte de los propietarios, o un número de éstos que representen al menos el 25 por 100 de las cuotas de participación.

---

[42] Véanse arts. 5, 6, 9, 11, 16, 20 y 21 de la presente Ley

[43] Dada nueva redacción por art. 11 de Ley 8/1999 de 6 de abril de 1999, con vigencia desde 28/04/1999

[44] Véanse arts. 162, 184 y 267 CC y 209 RDLeg. 1/2010, de 2 de julio, por el que se aprueba el texto refundido de la Ley de Sociedades de Capital

[45] Véanse arts. 467 a 470 CC

[46] Dada nueva redacción por art. 12 de Ley 8/1999 de 6 de abril de 1999, con vigencia desde 28/04/1999

2. La convocatoria de las Juntas la hará el presidente y, en su defecto, los promotores de la reunión, con indicación de los asuntos a tratar, el lugar, día y hora en que se celebrará en primera o, en su caso, en segunda convocatoria, practicándose las citaciones en la forma establecida en el art. 9 . La convocatoria contendrá una relación de los propietarios que no estén al corriente en el pago de las deudas vencidas a la comunidad y advertirá de la privación del derecho de voto si se dan los supuestos previstos en el art. 15.2.

Cualquier propietario podrá pedir que la Junta de propietarios estudie y se pronuncie sobre cualquier tema de interés para la comunidad; a tal efecto dirigirá escrito, en el que especifique claramente los asuntos que pide sean tratados, al presidente, el cual los incluirá en el orden del día de la siguiente Junta que se celebre.

Si a la reunión de la Junta no concurriesen, en primera convocatoria, la mayoría de los propietarios que representen, a su vez, la mayoría de las cuotas de participación se procederá a una segunda convocatoria de la misma, esta vez sin sujeción a "quórum".

La Junta se reunirá en segunda convocatoria en el lugar, día y hora indicados en la primera citación, pudiendo celebrarse el mismo día si hubiese transcurrido media hora desde la anterior. En su defecto, será nuevamente convocada, conforme a los requisitos establecidos en este artículo, dentro de los ocho días naturales siguientes a la Junta no celebrada, cursándose en este caso las citaciones con una antelación mínima de tres días.

3. La citación para la Junta ordinaria anual se hará, cuando menos, con seis días de antelación, y para las extraordinarias, con la que sea posible para que pueda llegar a conocimiento de todos los interesados. La Junta podrá reunirse válidamente aun sin la convocatoria del presidente, siempre que concurran la totalidad de los propietarios y así lo decidan [47].

**17.** [48] Los acuerdos de la Junta de propietarios se sujetarán a las siguientes reglas:

---

[47] Véase art. 5 CC

[48] Dada nueva redacción por disposición final 1 apartado 5 de Ley 8/2013 de 26 de junio de 2013, con vigencia desde 28/06/2013

1. La instalación de las infraestructuras comunes para el acceso a los servicios de telecomunicación regulados en el Real Decreto-ley 1/1998, de 27 de febrero, sobre infraestructuras comunes en los edificios para el acceso a los servicios de telecomunicación, o la adaptación de los existentes, así como la instalación de sistemas comunes o privativos, de aprovechamiento de energías renovables, o bien de las infraestructuras necesarias para acceder a nuevos suministros energéticos colectivos, podrá ser acordada, a petición de cualquier propietario, por un tercio de los integrantes de la comunidad que representen, a su vez, un tercio de las cuotas de participación. [49]

La comunidad no podrá repercutir el coste de la instalación o adaptación de dichas infraestructuras comunes, ni los derivados de su conservación y mantenimiento posterior, sobre aquellos propietarios que no hubieren votado expresamente en la Junta a favor del acuerdo. No obstante, si con posterioridad solicitasen el acceso a los servicios de telecomunicaciones o a los suministros energéticos, y ello requiera aprovechar las nuevas infraestructuras o las adaptaciones realizadas en las preexistentes, podrá autorizárseles siempre que abonen el importe que les hubiera correspondido, debidamente actualizado, aplicando el correspondiente interés legal.

No obstante lo dispuesto en el párrafo anterior respecto a los gastos de conservación y mantenimiento, la nueva infraestructura instalada tendrá la consideración, a los efectos establecidos en esta Ley, de elemento común.

2. Sin perjuicio de lo establecido en el artículo 10.1.b), la realización de obras o el establecimiento de nuevos servicios comunes que tengan por finalidad la supresión de barreras arquitectónicas que dificulten el acceso o movilidad de personas con discapacidad y, en todo caso, el establecimiento de los servicios de ascensor, incluso cuando impliquen la modificación del título constitutivo, o de los estatutos, requerirá el voto favorable de la mayoría de los propietarios, que, a su vez, representen la mayoría de las cuotas de participación.

Cuando se adopten válidamente acuerdos para la realización de obras de accesibilidad, la comunidad quedará obligada al pago de los gastos, aun cuando su importe repercutido anualmente exceda de doce mensualidades ordinarias de gastos comunes.

---

[49] Dada nueva redacción regla 1 párrafo 1 por Resolución de 22 de julio de 2025, recuperando la redacción previa a la modificación introducida por el RDL 7/2025 de 24 junio, debido a su derogación, con vigencia desde 24/07/2025

La realización de obras o actuaciones que contribuyan a la mejora de la eficiencia energética acreditables a través de certificado de eficiencia energética del edificio o la implantación de fuentes de energía renovable de uso común, incluyendo en su caso la modificación de la envolvente del edificio, así como la solicitud de ayudas y subvenciones, préstamos o cualquier tipo de financiación por parte de la comunidad de propietarios a entidades públicas o privadas para la realización de tales obras o actuaciones, requerirá el voto favorable de la mayoría simple de los propietarios, que, a su vez, representen la mayoría simple de las cuotas de participación, siempre que su importe repercutido anualmente, una vez descontadas las subvenciones o ayudas públicas y aplicada en su caso la financiación, no supere la cuantía de doce mensualidades ordinarias de gastos comunes. El propietario disidente no tendrá el derecho reconocido en el apartado 4 de este artículo y el coste de estas obras, o las cantidades necesarias para sufragar los préstamos o financiación concedida para tal fin, tendrán la consideración de gastos generales a los efectos de la aplicación de las reglas establecidas en la letra e) del artículo noveno.1 de esta ley. [50]

3. El establecimiento o supresión de los servicios de portería, conserjería, vigilancia u otros servicios comunes de interés general, supongan o no modificación del título constitutivo o de los estatutos, requerirán el voto favorable de las tres quintas partes del total de los propietarios que, a su vez, representen las tres quintas partes de las cuotas de participación.

Idéntico régimen se aplicará al arrendamiento de elementos comunes que no tengan asignado un uso específico en el inmueble y el establecimiento o supresión de equipos o sistemas, no recogidos en el apartado 1, que tengan por finalidad mejorar la eficiencia energética o hídrica del inmueble. En éste último caso, los acuerdos válidamente adoptados con arreglo a esta norma obligan a todos los propietarios. No obstante, si los equipos o sistemas tienen un aprovechamiento privativo, para la adopción del acuerdo bastará el voto favorable de un tercio de los integrantes de la comunidad que representen, a su vez, un tercio de las cuotas de participación, aplicándose, en este caso, el sistema de repercusión de costes establecido en dicho apartado.

4. Ningún propietario podrá exigir nuevas instalaciones, servicios o mejoras no requeridos para la adecuada conservación, habitabilidad,

---

[50] Dada nueva redacción regla 2 por disposición final 5 apartado 2 de Real Decreto-Ley 8/2023 de 27 de diciembre de 2023, con vigencia desde 29/12/2023

seguridad y accesibilidad del inmueble, según su naturaleza y características.

No obstante, cuando por el voto favorable de las tres quintas partes del total de los propietarios que, a su vez, representen las tres quintas partes de las cuotas de participación, se adopten válidamente acuerdos, para realizar innovaciones, nuevas instalaciones, servicios o mejoras no requeridos para la adecuada conservación, habitabilidad, seguridad y accesibilidad del inmueble, no exigibles y cuya cuota de instalación exceda del importe de tres mensualidades ordinarias de gastos comunes, el disidente no resultará obligado, ni se modificará su cuota, incluso en el caso de que no pueda privársele de la mejora o ventaja. Si el disidente desea, en cualquier tiempo, participar de las ventajas de la innovación, habrá de abonar su cuota en los gastos de realización y mantenimiento, debidamente actualizados mediante la aplicación del correspondiente interés legal.

Sin perjuicio de lo dispuesto en los apartados anteriores, estarán sujetas al voto favorable de las tres quintas partes del total de los propietarios que, a su vez, representen las tres quintas partes de las cuotas de participación, la división material de los pisos o locales y sus anejos, para formar otros más reducidos e independientes; el aumento de su superficie por agregación de otros colindantes del mismo edificio o su disminución por segregación de alguna parte; la construcción de nuevas plantas y cualquier otra alteración de la estructura o fábrica del edificio, incluyendo el cerramiento de las terrazas o la modificación de las cosas comunes.

No podrán realizarse innovaciones que hagan inservible alguna parte del edificio para el uso y disfrute de un propietario, si no consta su consentimiento expreso. [51]

5. La instalación de un punto de recarga de vehículos eléctricos para uso privado en el aparcamiento del edificio, siempre que éste se ubique en una plaza individual de garaje, sólo requerirá la comunicación previa a la comunidad. El coste de dicha instalación y el consumo de electricidad correspondiente serán asumidos íntegramente por el o los interesados directos en la misma.

6. Los acuerdos no regulados expresamente en este artículo, que impliquen la aprobación o modificación de las reglas contenidas en

---

[51] Dada nueva redacción regla 4 por disposición final 5 apartado 3 de Real Decreto-Ley 8/2023 de 27 de diciembre de 2023, con vigencia desde 29/12/2023

el título constitutivo de la propiedad horizontal o en los estatutos de la comunidad, requerirán para su validez la unanimidad del total de los propietarios que, a su vez, representen el total de las cuotas de participación.

7. Para la validez de los demás acuerdos bastará el voto de la mayoría del total de los propietarios que, a su vez, representen la mayoría de las cuotas de participación. En segunda convocatoria serán válidos los acuerdos adoptados por la mayoría de los asistentes, siempre que ésta represente, a su vez, más de la mitad del valor de las cuotas de los presentes.

Cuando la mayoría no se pudiere lograr por los procedimientos establecidos en los apartados anteriores, el Juez, a instancia de parte deducida en el mes siguiente a la fecha de la segunda Junta, y oyendo en comparecencia los contradictores previamente citados, resolverá en equidad lo que proceda dentro de veinte días, contados desde la petición, haciendo pronunciamiento sobre el pago de costas [52].

8. Salvo en los supuestos expresamente previstos en los que no se pueda repercutir el coste de los servicios a aquellos propietarios que no hubieren votado expresamente en la Junta a favor del acuerdo, o en los casos en los que la modificación o reforma se haga para aprovechamiento privativo, se computarán como votos favorables los de aquellos propietarios ausentes de la Junta, debidamente citados, quienes una vez informados del acuerdo adoptado por los presentes, conforme al procedimiento establecido en el art. 9 , no manifiesten su discrepancia mediante comunicación a quien ejerza las funciones de secretario de la comunidad en el plazo de 30 días naturales, por cualquier medio que permita tener constancia de la recepción.

9. Los acuerdos válidamente adoptados con arreglo a lo dispuesto en este artículo obligan a todos los propietarios.

10. En caso de discrepancia sobre la naturaleza de las obras a realizar resolverá lo procedente la Junta de propietarios. También podrán los interesados solicitar arbitraje o dictamen técnico en los términos establecidos en la Ley [53].

---

[52] Véanse art. 398 CC, Ley 15/1995, de 30 mayo, sobre límites del Dominio sobre Inmuebles para Eliminar Barreras Arquitectónicas a las Personas con Discapacidad y art. 10 de la presente Ley

[53] Véase RD 1417/2006, de 1 diciembre

11. Las derramas para el pago de mejoras realizadas o por realizar en el inmueble serán a cargo de quien sea propietario en el momento de la exigibilidad de las cantidades afectas al pago de dichas mejoras.

12. El acuerdo expreso por el que se apruebe, limite, condicione o prohíba el ejercicio de la actividad a que se refiere la letra e) del artículo 5 de la Ley 29/1994, de 24 de noviembre, de Arrendamientos Urbanos, en los términos establecidos en la normativa sectorial turística, suponga o no modificación del título constitutivo o de los estatutos, requerirá el voto favorable de las tres quintas partes del total de los propietarios que, a su vez, representen las tres quintas partes de las cuotas de participación. Asimismo, esta misma mayoría se requerirá para el acuerdo por el que se establezcan cuotas especiales de gastos o un incremento en la participación de los gastos comunes de la vivienda donde se realice dicha actividad, siempre que estas modificaciones no supongan un incremento superior al 20 %. Estos acuerdos no tendrán efectos retroactivos. [54]

**18.** [55] 1. Los acuerdos de la Junta de Propietarios serán impugnables ante los tribunales de conformidad con lo establecido en la legislación procesal general, en los siguientes supuestos:

a) Cuando sean contrarios a la ley o a los estatutos de la comunidad de propietarios.

b) Cuando resulten gravemente lesivos para los intereses de la propia comunidad en beneficio de uno o varios propietarios.

c) Cuando supongan un grave perjuicio para algún propietario que no tenga obligación jurídica de soportarlo o se hayan adoptado con abuso de derecho.

2. Estarán legitimados para la impugnación de estos acuerdos los propietarios que hubiesen salvado su voto en la Junta, los ausentes por cualquier causa y los que indebidamente hubiesen sido privados de su derecho de voto. Para impugnar los acuerdos de la Junta el propietario deberá estar al corriente en el pago de la totalidad de las deudas vencidas con la comunidad o proceder previamente a la consignación judicial de las mismas. Esta regla no será de aplicación para

[54] Dada nueva redacción regla 12 por disposición final 4 apartado 2 de Ley Orgánica 1/2025 de 2 de enero de 2025, con vigencia desde 03/04/2025

[55] Dada nueva redacción por art. 14 de Ley 8/1999 de 6 de abril de 1999, con vigencia desde 28/04/1999

la impugnación de los acuerdos de la Junta relativos al establecimiento o alteración de las cuotas de participación a que se refiere el art. 9 entre los propietarios.

3. La acción caducará a los tres meses de adoptarse el acuerdo por la Junta de propietarios, salvo que se trate de actos contrarios a la ley o a los estatutos, en cuyo caso la acción caducará al año. Para los propietarios ausentes dicho plazo se computará a partir de la comunicación del acuerdo conforme al procedimiento establecido en el art. 9.

4. La impugnación de los acuerdos de la Junta no suspenderá su ejecución, salvo que el juez así lo disponga con carácter cautelar, a solicitud del demandante, oída la comunidad de propietarios.

**19.** [56] 1. Los acuerdos de la Junta de propietarios se reflejarán en un libro de actas diligenciado por el Registrador de la Propiedad en la forma que reglamentariamente se disponga.

2. El acta de cada reunión de la Junta de propietarios deberá expresar, al menos, las siguientes circunstancias:

a) La fecha y el lugar de celebración.

b) El autor de la convocatoria y, en su caso, los propietarios que la hubiesen promovido.

c) Su carácter ordinario o extraordinario y la indicación sobre su celebración en primera o segunda convocatoria.

d) Relación de todos los asistentes y sus respectivos cargos, así como de los propietarios representados, con indicación, en todo caso, de sus cuotas de participación.

e) El orden del día de la reunión.

f) Los acuerdos adoptados, con indicación, en caso de que ello fuera relevante para la validez del acuerdo, de los nombres de los propietarios que hubieren votado a favor y en contra de los mismos, así como de las cuotas de participación que respectivamente representen.

3. El acta deberá cerrarse con las firmas del presidente y del secretario al terminar la reunión o dentro de los diez días naturales siguientes. Desde su cierre los acuerdos serán ejecutivos, salvo que la Ley previere lo contrario.

El acta de las reuniones se remitirá a los propietarios de acuerdo con el procedimiento establecido en el art. 9 .

---

[56] Dada nueva redacción por art. 14 de Ley 8/1999 de 6 de abril de 1999, con vigencia desde 28/04/1999

Serán subsanables los defectos o errores del acta siempre que la misma exprese inequívocamente la fecha y lugar de celebración, los propietarios asistentes, presentes o representados, y los acuerdos adoptados, con indicación de los votos a favor y en contra, así como las cuotas de participación que respectivamente suponga y se encuentre firmada por el presidente y el secretario. Dicha subsanación deberá efectuarse antes de la siguiente reunión de la Junta de propietarios, que deberá ratificar la subsanación.

4. El secretario custodiará los libros de actas de la Junta de propietarios. Asimismo deberá conservar, durante el plazo de cinco años, las convocatorias, comunicaciones, apoderamientos y demás documentos relevantes de las reuniones.

**20.** [57] Corresponde al administrador:

a) Velar por el buen régimen de la casa, sus instalaciones y servicios, y hacer a estos efectos las oportunas advertencias y apercibimientos a los titulares.

b) Preparar con la debida antelación y someter a la Junta el plan de gastos previsibles, proponiendo los medios necesarios para hacer frente a los mismos.

c) Atender a la conservación y entretenimiento de la casa, disponiendo las reparaciones y medidas que resulten urgentes, dando inmediata cuenta de ellas al presidente o, en su caso, a los propietarios.

d) Ejecutar los acuerdos adoptados en materia de obras y efectuar los pagos y realizar los cobros que sean procedentes.

e) Actuar, en su caso, como secretario de la Junta y custodiar a disposición de los titulares la documentación de la comunidad.

f) Todas las demás atribuciones que se confieran por la Junta [58].

**21.** *Impago de los gastos comunes, medidas preventivas de carácter convencional, reclamación judicial de la deuda y mediación y arbitraje.* [59] 1. La junta de propietarios podrá acordar medidas disua-

---

[57] Dada nueva redacción por art. 16 de Ley 8/1999 de 6 de abril de 1999, con vigencia desde 28/04/1999

[58] Véanse RD 581/2017, de 9 junio y arts. 13 y 14 de la presente Ley

[59] Dada nueva redacción por art. 2 apartado 3 de Ley 10/2022 de 14 de junio de 2022, con vigencia desde 16/06/2022

sorias frente a la morosidad por el tiempo en que se permanezca en dicha situación, tales como el establecimiento de intereses superiores al interés legal o la privación temporal del uso de servicios o instalaciones, siempre que no puedan reputarse abusivas o desproporcionadas o que afecten a la habitabilidad de los inmuebles. Estas medidas no podrán tener en ningún caso carácter retroactivo y podrán incluirse en los estatutos de la comunidad. En todo caso, los créditos a favor de la comunidad devengarán intereses desde el momento en que deba efectuarse el pago correspondiente y éste no se haga efectivo.

2. La comunidad podrá, sin perjuicio de la utilización de otros procedimientos judiciales, reclamar del obligado al pago todas las cantidades que le sean debidas en concepto de gastos comunes, tanto si son ordinarios como extraordinarios, generales o individualizables, o fondo de reserva, y mediante el proceso monitorio especial aplicable a las comunidades de propietarios de inmuebles en régimen de propiedad horizontal. En cualquier caso, podrá ser demandado el titular registral, a efectos de soportar la ejecución sobre el inmueble inscrito a su nombre. El secretario administrador profesional, si así lo acordare la junta de propietarios, podrá exigir judicialmente la obligación del pago de la deuda a través de este procedimiento.

3. Para instar la reclamación a través del procedimiento monitorio habrá de acompañarse a la demanda un certificado del acuerdo de liquidación de la deuda emitido por quien haga las funciones de secretario de la comunidad con el visto bueno del presidente, salvo que el primero sea un secretario-administrador con cualificación profesional necesaria y legalmente reconocida que no vaya a intervenir profesionalmente en la reclamación judicial de la deuda, en cuyo caso no será precisa la firma del presidente. En este certificado deberá constar el importe adeudado y su desglose. Además del certificado deberá aportarse, junto con la petición inicial del proceso monitorio, el documento acreditativo en el que conste haberse notificado al deudor, pudiendo también hacerse de forma subsidiaria en el tablón de anuncios o lugar visible de la comunidad durante un plazo de, al menos, tres días. Se podrán incluir en la petición inicial del procedimiento monitorio las cuotas aprobadas que se devenguen hasta la notificación de la deuda, así como todos los gastos y costes que conlleve la reclamación de la deuda, incluidos los derivados de la intervención del secretario administrador, que serán a cargo del deudor.

4. Cuando el deudor se oponga a la petición inicial del proceso monitorio, la comunidad podrá solicitar el embargo preventivo de

bienes suficientes de aquél, para hacer frente a la cantidad reclamada, los intereses y las costas.

El tribunal acordará, en todo caso, el embargo preventivo sin necesidad de que el acreedor preste caución. No obstante, el deudor podrá enervar el embargo prestando las garantías establecidas en la Ley procesal.

5. Cuando en la solicitud inicial del proceso monitorio se utilizaren los servicios profesionales de abogado y/o procurador para reclamar las cantidades debidas a la Comunidad, el deudor deberá pagar, con sujeción en todo caso a los límites establecidos en el apartado tercero del artículo 394 de la Ley de Enjuiciamiento Civil, los honorarios y derechos que devenguen ambos por su intervención, tanto si aquél atendiere el requerimiento de pago como si no compareciere ante el tribunal, incluidos los de ejecución, en su caso. En los casos en que exista oposición, se seguirán las reglas generales en materia de costas, aunque si la comunidad obtuviere una sentencia totalmente favorable a su pretensión se deberán incluir en ellas los honorarios del abogado y los derechos del procurador derivados de su intervención, aunque no hubiera sido preceptiva.

6. La reclamación de los gastos de comunidad y del fondo de reserva o cualquier cuestión relacionada con la obligación de contribuir en ellos, también podrá ser objeto de mediación-conciliación o arbitraje, conforme a la legislación aplicable.

**22.** [60] 1. La comunidad de propietarios responderá de sus deudas frente a terceros con todos los fondos y créditos a su favor. Subsidiariamente y previo requerimiento de pago al propietario respectivo, el acreedor podrá dirigirse contra cada propietario que hubiese sido parte en el correspondiente proceso por la cuota que le corresponda en el importe insatisfecho.

2. Cualquier propietario podrá oponerse a la ejecución si acredita que se encuentra al corriente en el pago de la totalidad de las deudas vencidas con la comunidad en el momento de formularse el requerimiento a que se refiere el apartado anterior.

---

[60] Añadido por art. 18 de Ley 8/1999 de 6 de abril de 1999, con vigencia desde 28/04/1999

Si el deudor pagase en el acto de requerimiento, serán de su cargo las costas causadas hasta ese momento en la parte proporcional que le corresponda.

**23.** [61] El régimen de propiedad horizontal se extingue:

1º) Por la destrucción del edificio, salvo pacto en contrario. Se estimará producida aquélla cuando el coste de la reconstrucción exceda del 50 por 100 del valor de la finca al tiempo de ocurrir el siniestro, a menos que el exceso de dicho coste esté cubierto por un seguro.

2º) Por conversión en propiedad o copropiedad ordinarias.


### CAPÍTULO III
Del régimen de los complejos inmobiliarios privados [62]

**24.** [63] 1. El régimen especial de propiedad establecido en el art. 396 del Código Civil será aplicable aquellos complejos inmobiliarios privados que reúnan los siguientes requisitos:

a) Estar integrados por dos o más edificaciones o parcelas independientes entre sí cuyo destino principal sea la vivienda o locales.

b) Participar los titulares de estos inmuebles, o de las viviendas o locales en que se encuentren divididos horizontalmente, con carácter inherente a dicho derecho, en una copropiedad indivisible sobre otros elementos inmobiliarios, viales, instalaciones o servicios.

2. Los complejos inmobiliarios privados a que se refiere el apartado anterior podrán:

a) Constituirse en una sola comunidad de propietarios a través de cualquiera de los procedimientos establecidos en el párrafo segundo del art. 5. En este caso quedarán sometidos a las disposiciones de esta Ley, que les resultarán íntegramente de aplicación.

b) Constituirse en una agrupación de comunidades de propietarios. A tal efecto, se requerirá que el título constitutivo de la nueva comuni-

---

[61] Añadido por art. 19 de Ley 8/1999 de 6 de abril de 1999 con el contenido del art. 21, con vigencia desde 28/04/1999

[62] Añadido por art. 20 de Ley 8/1999 de 6 de abril de 1999, con vigencia desde 28/04/1999

[63] Añadido por art. 20 de Ley 8/1999 de 6 de abril de 1999, con vigencia desde 28/04/1999

dad agrupada sea otorgado por el propietario único del complejo o por los presidentes de todas las comunidades llamadas a integrar aquélla, previamente autorizadas por acuerdo mayoritario de sus respectivas Juntas de propietarios. El título constitutivo contendrá la descripción del complejo inmobiliario en su conjunto y de los elementos, viales, instalaciones y servicios comunes. Asimismo fijará la cuota de participación de cada una de las comunidades integradas, las cuales responderán conjuntamente de su obligación de contribuir al sostenimiento de los gastos generales de la comunidad agrupada. El título y los estatutos de la comunidad agrupada serán inscribibles en el Registro de la Propiedad.

3. La agrupación de comunidades a que se refiere el apartado anterior gozará, a todos los efectos, de la misma situación jurídica que las comunidades de propietarios y se regirá por las disposiciones de esta Ley, con las siguientes especialidades:

a) La Junta de propietarios estará compuesta, salvo acuerdo en contrario, por los presidentes de las comunidades integradas en la agrupación, los cuales ostentarán la representación del conjunto de los propietarios de cada comunidad.

b) La adopción de acuerdos para los que la ley requiera mayorías cualificadas exigirá, en todo caso, la previa obtención de la mayoría de que se trate en cada una de las Juntas de propietarios de las comunidades que integran la agrupación.

c) Salvo acuerdo en contrario de la Junta no será aplicable a la comunidad agrupada lo dispuesto en el art. 9 de esta Ley sobre el fondo de reserva.

La competencia de los órganos de gobierno de la comunidad agrupada únicamente se extiende a los elementos inmobiliarios, viales, instalaciones y servicios comunes. Sus acuerdos no podrá menoscabar en ningún caso las facultades que corresponden a los órganos de gobierno de las comunidades de propietarios integradas en la agrupación de comunidades.

4. A los complejos inmobiliarios privados que no adopten ninguna de las formas jurídicas señaladas en el apartado 2 les serán aplicables, supletoriamente respecto de los pactos que establezcan entre sí los copropietarios, las disposiciones de esta Ley, con las mismas especialidades señaladas en el apartado anterior.

# DISPOSICIONES ADICIONALES [64]

**Disposición Adicional Primera.** [65] 1. Sin perjuicio de las disposiciones que en uso de sus competencias adopten las Comunidades Autónomas, la constitución del fondo de reserva regulado en el art. 9.1.f) se ajustará a las siguientes reglas:

a) El fondo deberá constituirse en el momento de aprobarse por la Junta de propietarios el presupuesto ordinario de la comunidad correspondiente al ejercicio anual inmediatamente posterior a la entrada en vigor de la presente disposición.

Las nuevas comunidades de propietarios constituirán el fondo de reserva al aprobar su primer presupuesto ordinario.

b) En el momento de su constitución el fondo estará dotado con una cantidad no inferior al 2,5 por 100 del presupuesto ordinario de la comunidad. A tal efecto, los propietarios deberán efectuar previamente las aportaciones necesarias en función de su respectiva cuota de participación.

c) Al aprobarse el presupuesto ordinario correspondiente al ejercicio anual inmediatamente posterior a aquel en que se constituya el fondo de reserva, la dotación del mismo deberá alcanzar la cuantía mínima establecida en el art. 9.

2. La dotación del fondo de reserva no podrá ser inferior, en ningún momento del ejercicio presupuestario, al mínimo legal establecido.

Las cantidades detraídas del fondo durante el ejercicio presupuestario para atender los gastos de las obras o actuaciones incluidas en el art. 10 se computarán como parte integrante del mismo a efectos del cálculo de su cuantía mínima.

Al inicio del siguiente ejercicio presupuestario se efectuarán las aportaciones necesarias para cubrir las cantidades detraídas del fondo de reserva conforme a lo señalado en el párrafo anterior.

---

[64] Añadido por art. 21 de Ley 8/1999 de 6 de abril de 1999, con vigencia desde 28/04/1999

[65] Renumerada por disposición final 4 apartado 3 de Ley Orgánica 1/2025 de 2 de enero de 2025 como disp. adic. 1.ª, con vigencia desde 03/04/2025

**Disposición Adicional Segunda.** [66] Aquel propietario de una vivienda que esté ejerciendo la actividad a que se refiere la letra e) del artículo 5 de la Ley 29/1994, de 24 de noviembre, de Arrendamientos Urbanos, con anterioridad a la entrada en vigor de la Ley Orgánica de medidas en materia de eficiencia del Servicio Público de Justicia, que se haya acogido previamente a la normativa sectorial turística, podrá seguir ejerciendo la actividad con las condiciones y plazos establecidos en la misma.

## DISPOSICIONES TRANSITORIAS

**Disposición Transitoria Primera.** La presente ley regirá todas las comunidades de propietarios, cualquiera que sea el momento en que fueron creadas y el contenido de sus estatutos, que no podrán ser aplicados en contradicción con lo establecido en la misma.

En el plazo de 2 años, a contar desde la publicación de esta ley en el «Boletín Oficial del Estado», las comunidades de propietarios deberán adaptar sus estatutos a lo dispuesto en ella en lo que estuvieren en contradicción con sus preceptos.

Transcurridos los 2 años, cualquiera de los propietarios podrá instar judicialmente la adaptación prevenida en la presente disposición por el procedimiento señalado en el núm. 2º art. 16 [67] .

**Disposición Transitoria Segunda.** En los actuales estatutos reguladores de la propiedad por pisos, en los que esté establecido el derecho de tanteo y retracto en favor de los propietarios, se entenderán los mismos modificados en el sentido de quedar sin eficacia tal derecho, salvo que, en nueva junta, y por mayoría que represente, al menos, el 80 por 100 de los titulares, se acordare el mantenimiento de los citados derechos de tanteo y retracto en favor de los miembros de la comunidad [68] .

---

[66] Añadida por disposición final 4 apartado 3 de Ley Orgánica 1/2025 de 2 de enero de 2025, con vigencia desde 03/04/2025

[67] Téngase en cuenta disposición final única apartado 2 Ley 8/1999, de 6 abril

[68] Véase art. 396 CC

# DISPOSICIÓN FINAL

**Disposición Final.** Quedan derogadas cuantas disposiciones se opongan a lo establecido en esta ley.

**II. Decreto de 8 de febrero de 1946 por el que se aprueba la nueva redacción oficial de la Ley Hipotecaria. (Fragmento)**

...

**8.** Cada finca tendrá desde que se inscriba por primera vez un número diferente y correlativo.

Las inscripciones que se refieran a una misma finca tendrán otra numeración correlativa y especial.

Se inscribirán como una sola finca bajo un mismo número:

1º) El territorio, término redondo o lugar de cada foral en Galicia o Asturias, siempre que reconozcan un solo dueño directo o varios proindiviso, aunque esté dividido en suertes o porciones, dadas en dominio útil o foro a diferentes colonos, si su conjunto se halla comprendido dentro de los linderos de dicho término.

Se estimará único el señorío directo para los efectos de la inscripción, aunque sean varios los que, a título de señores directos, cobren rentas o pensiones de un foral o lugar, siempre que la tierra aforada no se halle dividida entre ellos por el mismo concepto.

2º) Toda explotación agrícola, con o sin casa de labor, que forme una unidad orgánica, aunque esté constituida por predios no colindantes, y las explotaciones industriales que formen un cuerpo de bienes unidos o dependientes entre sí.

3º) Las fincas urbanas y edificios en general, aunque pertenezcan a diferentes dueños en dominio pleno o menos pleno. [69]

4º) Los edificios en régimen de propiedad por pisos cuya construcción esté concluida o, por lo menos, comenzada.

En la inscripción se describirán, con las circunstancias prescritas por la Ley, además del inmueble en su conjunto, sus distintos pisos o locales susceptibles de aprovechamiento independiente, asignando a éstos un número correlativo, escrito en letra y la cuota de participación que a cada uno corresponde en relación con el inmueble. En la inscripción del solar o del edificio en conjunto se harán constar los pisos meramente proyectados.

Se incluirán además aquellas reglas contenidas en el título y en los estatutos que configuren el contenido y ejercicio de esta propiedad.

---

[69] Dada nueva redacción apartado 3 por art. 2 de Ley 49/1960 de 21 de julio de 1960, con vigencia desde 12/08/1960

La inscripción se practicará a favor del dueño del inmueble constituyente del régimen o de los titulares de todos y cada uno de sus pisos o locales. [70]

5º) Los pisos o locales de un edificio en régimen de propiedad horizontal, siempre que conste previamente en la inscripción del inmueble la constitución de dicho régimen. [71]

...

**107.** Podrán también hipotecarse:

1º) El derecho de usufructo, pero quedando extinguida la hipoteca, cuando concluya el mismo usufructo por un hecho ajeno a la voluntad del usufructuario. Si concluyere por su voluntad, subsistirá la hipoteca hasta que se cumpla la obligación asegurada, o hasta que venza el tiempo en que el usufructo habría naturalmente concluido a no mediar el hecho que le puso fin.

2º) La mera propiedad, en cuyo caso, si el usufructo se consolidare con ella en la persona del propietario, no sólo subsistirá la hipoteca, sino que se extenderá también al mismo usufructo, como no se haya pactado lo contrario.

3º) Los bienes anteriormente hipotecados, aunque lo estén con el pacto de no volverlos a hipotecar.

4º) El derecho de hipoteca voluntaria, pero quedando pendiente la que se constituya sobre él, de la resolución del mismo derecho.

5º) Los derechos de superficie, pastos, aguas, leñas y otros semejantes de naturaleza real.

6º) Las concesiones administrativas de minas, ferrocarriles, canales, puentes y otras obras destinadas al servicio público, y los edificios o terrenos que, no estando directa y exclusivamente destinados al referido servicio, pertenezcan al dominio particular, si bien se hallen agregados a aquellas obras, quedando pendiente la hipoteca, en el primer caso, de la resolución del derecho del concesionario.

7º) Los bienes vendidos con pacto de retro o a carta de gracia, si el comprador o su causahabiente limita la hipoteca a la cantidad que deba recibir en caso de resolverse la venta, dándose conocimiento del

---

[70] Añadido apartado 4 por art. 2 de Ley 49/1960 de 21 de julio de 1960, con vigencia desde 12/08/1960

[71] Añadido apartado 5 por art. 2 de Ley 49/1960 de 21 de julio de 1960, con vigencia desde 12/08/1960

contrato al vendedor, a fin de que si se retrajeren los bienes antes de cancelarse la hipoteca, no devuelva el precio sin conocimiento del acreedor, a no mediar para ello precepto judicial.

8º) El derecho de retracto convencional, si bien el acreedor no podrá repetir contra los bienes hipotecados sin retraerlos previamente en nombre del deudor, en el tiempo en que éste tenga derecho y anticipando la cantidad que para ello fuere necesaria.

Si el vendedor ejercita el derecho de retracto no sólo subsistirá la hipoteca, sino que ésta recaerá directamente sobre los bienes retraídos.

9º) Los bienes litigiosos, si la demanda origen del pleito se ha anotado preventivamente, o si se hace constar en la inscripción que el acreedor tenía conocimiento del litigio, pero en cualquiera de los dos casos la hipoteca quedará pendiente de la resolución del pleito.

10º) Los bienes sujetos a condiciones resolutorias expresas, quedando extinguida la hipoteca al resolverse el derecho del hipotecante.

11º) Los pisos o locales de un edificio en régimen de propiedad horizontal inscritos conforme a lo que determina el art. 8. [72]

12º) El derecho del rematante sobre los inmuebles subastados en un procedimiento judicial. Una vez satisfecho el precio del remate e inscrito el dominio en favor del rematante, la hipoteca subsistirá, recayendo directamente sobre los bienes adjudicados. [73]

...

---

[72] Dada nueva redacción apartado 11 por art. 2 de Ley 49/1960 de 21 de julio de 1960 , con vigencia desde 12/08/1960

[73] Añadido apartado 12 por disposición adicional 9 apartado 3 de Ley 1/2000 de 7 de enero de 2000, con vigencia desde 08/01/2001

## III. Decreto de 14 de febrero de 1947, por el que se aprueba el Reglamento Hipotecario. (Fragmento)

...

**16.** [74] 1. Para su eficaz constitución, deberá inscribirse a favor del superficiario el derecho de construir edificios en suelo ajeno y el de levantar nuevas construcciones sobre el vuelo o efectuarlas bajo el suelo de fundos ajenos. Los títulos públicos en que se establezca dicho derecho de superficie deberán reunir, además de las circunstancias generales necesarias para la inscripción, las siguientes:

a) Plazo de duración del derecho de superficie, que no excederá de cincuenta años. Transcurrido el plazo, lo edificado pasará a ser propiedad del dueño del suelo. salvo pacto en contrario.

b) Determinación del canon o precio que haya de satisfacer el superficiario, si el derecho se constituyere a título oneroso, pudiéndose estipular, la reversión del todo o parte de lo edificado a favor del dueño del suelo expirar el plazo convenido.

c) Plazo señalado para realizar la edificación, que no podrá exceder de cinco años; sus características generales, destino y costo del presupuesto.

d) Pactos relativos a la realización de actos de disposición por el superficiario.

e) Garantías de trascendencia real con que se asegure el cumplimiento de los pactos del contrato.

No serán inscribibles las estipulaciones que sujeten el derecho de superficie a comiso. [75]

2. El derecho de elevar una o más plantas sobre un edificio o el de realizar construcciones bajo su suelo, haciendo suyas las edificaciones resultantes, que, sin constituir derecho de superficie, se reserve el propietario en caso de enajenación de todo o parte de la finca o transmita a un tercero, será inscribible conforme a las normas del apartado 3º del art. 8 de la Ley y sus concordantes. En la inscripción se hará constar:

a) Las cuotas que hayan de corresponder a las nuevas plantas en los elementos y gastos comunes o las normas para su establecimiento.

---

[74] Dada nueva redacción por art. 1 de Real Decreto 1867/1998 de 4 de septiembre de 1998, con vigencia desde 29/10/1998

[75] Anulado apartado 1 por apartado 2 de Sentencia de 31 de enero de 2001, en su redacción dada por RD 1867/1998 de 4 septiembre, recuperando su redacción anterior, con vigencia desde 02/04/2001

*Apartado 2 letra b (Derogada)* [76]
*Apartado 2 letra c (Derogada)* [77]
d) Las normas de régimen de comunidad, si se señalaren, para el caso de hacer la construcción.

...

**218.** Cuando los diferentes pisos o departamentos de una casa pertenezcan a diversos propietarios, conforme a lo establecido en el art. 396 del Código Civil, podrán acordar los dueños de aquéllos la constitución de una sola hipoteca sobre la totalidad de la finca, sin que sea necesaria la previa distribución entre los pisos.

Esta hipoteca se inscribirá en la forma siguiente:

a) Si los pisos estuvieren inscritos bajo el mismo número que la casa a que pertenezcan, se inscribirá en el mismo número de ésta.

b) Si la casa estuviera inscrita en su conjunto y, además e independientemente, lo estuvieren bajo número diferente, todos los pisos o departamentos de la misma, se hará una inscripción extensa de la hipoteca en el mismo número que tenga la casa en el Registro, e inscripciones concisas en el número que corresponda a cada piso.

c) Si estuvieren inscritos los pisos separadamente, pero no el edificio en su conjunto, se practicará la inscripción extensa en el número que corresponda a cualquiera de aquéllos, extendiéndose las inscripciones concisas en los demás.

El acreedor hipotecario sólo podrá hacer efectivo su derecho en estos casos, dirigiéndose contra la totalidad del edificio.

...

**415.** [78] En las comunidades y subcomunidades de propietarios de inmuebles o conjuntos inmobiliarios a que sea aplicable el art. 17 de la Ley 49/1960, de 21 de julio, sobre Propiedad Horizontal, los libros de actas de las juntas serán diligenciados con arreglo a las siguientes reglas:

---

[76] Anulada apartado 2 letra b por apartado 2 de Sentencia de 31 de enero de 2001, con vigencia desde 02/04/2001

[77] Anulada apartado 2 letra c por Sentencia de 24 de febrero de 2000, con vigencia desde 24/04/2000

[78] Añadido por art. 1 apartado 9 de Real Decreto 1368/1992 de 13 de noviembre de 1992, con vigencia desde 07/01/1993

1ª) Los libros deberán diligenciarse necesariamente antes de su utilización.

No podrá diligenciarse un nuevo libro mientras no se acredite la íntegra utilización del anterior. En caso de pérdida o extravío del libro anterior, podrá diligenciarse un nuevo libro siempre que el Presidente o el Secretario de la comunidad afirme, bajo su responsabilidad, en acta notarial o ante el Registrador, que ha sido comunicada la desaparición o destrucción a los dueños que integran la comunidad o que ha sido denunciada la substracción.

2ª) Será competente para la diligencia el Registrador de la Propiedad en cuyo distrito radique el inmueble sujeto a la Ley de Propiedad Horizontal.

3ª) La solicitud de la diligencia se efectuará mediante instancia en la que se expresarán:

a) Las menciones de identidad del solicitante y la afirmación de que actúa por encargo del Presidente de la comunidad.

b) Las menciones que identifiquen a la respectiva comunidad de propietarios y, en su caso, los datos de su identificación registral.

c) Las fechas de la apertura y cierre del último libro de actas. No serán necesarias estas circunstancias si el solicitante afirma, bajo su responsabilidad, que no ha sido antes diligenciado ningún otro libro.

Todas las hojas del libro que se presente para diligenciar habrán de estar numeradas con caracteres indelebles. El libro podrá ser de hojas móviles.

4ª) Presentada la instancia y el libro, se practicará en el Diario el correspondiente asiento. En el asiento se harán constar la fecha de la presentación y la identificación del solicitante y de la comunidad de propietarios.

5ª) La diligencia será extendida en la primera hoja con expresión de la fecha, datos de identificación de la comunidad -incluyendo, en su caso, los datos registrales-, número que cronológicamente corresponda al libro dentro de los diligenciados por el Registrador en favor de la comunidad, número de hojas de que se componga y que todas ellas tienen el sello del Registrador, indicándose el sistema de sellado. La diligencia será firmada por el Registrador. En el caso de que haya sido diligenciado un nuevo libro sin haberse presentado el libro anterior por alegarse que se ha extraviado o perdido, en la diligencia se expresará esta circunstancia y que en el anterior, aunque aparezca, no podrán extenderse nuevas actas.

El sello del Registrador se pondrá mediante impresión o estampillado, perforación mecánica o por cualquier otro procedimiento que garantice la autenticidad de la diligencia.

Si los libros se componen de hojas móviles habrá de hacerse constar con caracteres indelebles en todas ellas, además del sello, la fecha, a no ser que se emplee un procedimiento de sellado que garantice que cada una de las hojas pertenece al libro diligenciado.

6ª) El Registrador practicará la diligencia dentro de los cinco días siguientes a la solicitud realizada en debida forma, o de los quince días si existiere justa causa.

Contra la denegación cabe recurso directamente durante quince días hábiles ante la Dirección General.

7ª) Practicada la diligencia, se pondrá en el folio abierto en el Libro de inscripciones al edificio o conjunto sometido al régimen de propiedad horizontal, nota marginal expresiva del número de orden del libro diligenciado, hojas de que se compone y, en su caso, que se expide en sustitución de uno anterior desaparecido. De no estar inscrita la comunidad, se consignarán estos datos en un libro-fichero, que podrá llevarse por medios informáticos.

Practicada o denegada la diligencia, se extenderán seguidamente las oportunas notas de despacho al pie de la instancia y al margen del asiento de presentación.

Transcurridos seis meses desde la presentación del libro sin que fuera retirado, el Registrador procederá a su destrucción, haciéndolo constar así en el folio del edificio o conjunto o, en su defecto, en el libro-fichero y, además, al pie de la instancia y del asiento de presentación.

...

# IV. Ley 15/1995, de 30 de mayo, sobre Límites del Dominio sobre Inmuebles para Eliminar Barreras Arquitectónicas a las Personas con Discapacidad.

## EXPOSICIÓN DE MOTIVOS

El art. 49 de la Constitución Española establece como uno de los principios que han de regir la política social y económica de los poderes públicos, el de llevar a cabo una política de integración de las personas con discapacidad amparándolas especialmente para el disfrute de los derechos que el Título I otorga a todos los ciudadanos. Entre estos derechos, el art. 47 consagra el de disfrutar de una vivienda digna y adecuada. En consonancia con ambos preceptos constitucionales, la Ley 13/1982, de 7 de abril, de Integración Social de los Minusválidos, se ocupa de la movilidad y de las barreras arquitectónicas.

Dentro de este marco constitucional, y haciendo uso de la facultad que el art. 33 de la Constitución le concede de delimitar el contenido del derecho de propiedad, en atención a su función social, el legislador ha dado ya buena muestra de su decidida voluntad de facilitar la movilidad de las personas minusválidas mediante la progresiva eliminación de las barreras arquitectónicas. En esta línea cabe citar la Ley 3/1990, de 21 de junio, que modifica la Ley 49/1960, de 21 de julio, de Propiedad Horizontal, suavizando el régimen de adopción de acuerdos por las juntas de propietarios para la realización de obras de supresión de barreras arquitectónicas, y la Ley 29/1994, de 24 de noviembre, de Arrendamientos Urbanos, que en su art. 24 faculta a los arrendatarios con minusvalía a efectuar reformas en el interior de la vivienda para mejorar su habitabilidad.

La presente Ley pretende dar un paso más en este camino, ampliando el ámbito de la protección y estableciendo un procedimiento que tiene como objetivo, que el interesado y el propietario o la comunidad o mancomunidad de propietarios lleguen a un acuerdo sobre la forma de ejecución de las obras de adaptación.

**1.** 1. La presente Ley tiene por objeto, de acuerdo con la función social que ha de cumplir la propiedad, hacer efectivo a las personas minusválidas el derecho de los españoles a disfrutar de una vivienda digna y adecuada, de conformidad con los arts. 47 y 49 de la Constitución Española y, en consecuencia, con lo establecido en la Ley 13/1982, de 7 de abril, de Integración Social de los Minusválidos.

2. Las obras de adecuación de fincas urbanas ocupadas por personas minusválidas que impliquen reformas en su interior, si están destinadas a usos distintos del de la vivienda, o modificación de elementos comunes del edificio que sirvan de paso necesario entre la finca urbana y la vía pública, tales como escaleras, ascensores, pasillos, portales o cualquier otro elemento arquitectónico, o las necesarias para la instalación de dispositivos electrónicos que favorezcan su comunicación con el exterior, se realizarán de acuerdo con lo prevenido en la presente Ley.

3. Los derechos que esta Ley reconoce a las personas con minusvalía física podrán ejercitarse por los mayores de setenta años sin que sea necesario que acrediten su discapacidad con certificado de minusvalía.

**2.** 1. Serán beneficiarios de las medidas previstas en la presente Ley, quienes, padeciendo una minusvalía de las descritas en el artículo siguiente, sean titulares de fincas urbanas en calidad de propietarios, arrendatarios, subarrendatarios o usufructuarios, o sean usuarios de las mismas.

2. A los efectos de esta Ley se considera usuario al cónyuge, a la persona que conviva con el titular de forma permanente en análoga relación de afectividad, con independencia de su orientación sexual, y a los familiares que con él convivan.

Igualmente se considerarán usuarios a los trabajadores minusválidos vinculados por una relación laboral con el titular.

3. Quedan exceptuadas del ámbito de aplicación de esta Ley las obras de adecuación del interior de las viviendas instadas por los arrendatarios de las mismas que tengan la condición de minusválidos o que convivan con personas que ostenten dicha condición en los términos del art. 24 de la Ley 29/1994, de 24 de noviembre, de Arrendamientos Urbanos, que se regirán por ésta.

**3.** 1. Los titulares y usuarios a los que se refiere el artículo anterior tendrán derecho a promover y llevar a cabo las obras de adecuación de la finca urbana y de los accesos a la misma desde la vía pública, siempre que concurran los siguientes requisitos:

a) Ser el titular o el usuario de la vivienda minusválido con disminución permanente para andar, subir escaleras o salvar barreras arquitectónicas, se precise o no el uso de prótesis o de silla de ruedas.

b) Ser necesarias las obras de reforma en el interior de la finca urbana o en los pasos de comunicación con la vía pública para salvar barreras arquitectónicas, de modo que se permita su adecuado y fácil uso por minusválidos, siempre que las obras no afecten a la estructura o fábrica del edificio, que no menoscaben la resistencia de los materiales empleados en la construcción y que sean razonablemente compatibles con las características arquitectónicas e históricas del edificio.

2. El cumplimiento de los requisitos establecidos en el párrafo anterior se acreditará mediante las correspondientes certificaciones oficiales del Registro Civil o de la autoridad administrativa competente. La certificación de la condición de minusválido será acreditada por la Administración competente.

**4.** 1. El titular o, en su caso, el usuario notificará por escrito al propietario, a la comunidad o a la mancomunidad de propietarios, la necesidad de ejecutar las obras de adecuación por causa de minusvalía. Se acompañará al escrito de notificación las certificaciones a que se refiere el artículo anterior, así como el proyecto técnico detallado de las obras a realizar.

2. En el caso de que el usuario sea trabajador minusválido por cuenta ajena y las obras hayan de realizarse en el interior del centro de trabajo, la notificación a que se refiere el párrafo anterior se realizará, además, al empresario.

**5.** En el plazo máximo de sesenta días el propietario, la comunidad o la mancomunidad de propietarios y, en su caso, el empresario comunicarán por escrito al solicitante su consentimiento o su oposición razonada a la ejecución de las obras; también podrán proponer las soluciones alternativas que estimen pertinentes. En este último supuesto, el solicitante deberá comunicar su conformidad o disconformidad con anterioridad al ejercicio de las acciones previstas en el artículo siguiente.

Transcurrido dicho plazo sin efectuar la expresada comunicación, se entenderá consentida la ejecución de las obras de adecuación, que podrán iniciarse una vez obtenidas las autorizaciones administrativas precisas.

La oposición comunicada fuera de plazo carecerá de eficacia y no impedirá la realización de las obras.

**6.** 1. Comunicada en el tiempo y forma señalados la oposición a la ejecución de las obras de adecuación, o no aceptadas las soluciones alternativas propuestas, el titular o usuario de la finca urbana podrá acudir en defensa de su derecho a la jurisdicción civil.

El procedimiento se sustanciará por los trámites del juicio verbal.

Acreditados los requisitos establecidos en la presente Ley, mediante las oportunas certificaciones, el juez dictará sentencia reconociendo el derecho a ejecutar las obras en beneficio de las personas discapacitadas, pudiendo, no obstante, declarar procedente alguna o parte de las alternativas propuestas por la parte demandada.

2. Las sentencias dictadas en estos juicios verbales serán recurribles conforme al régimen establecido en la Ley de Enjuiciamiento Civil, con la única salvedad de que el recurso de apelación se interpondrá en un solo efecto.

**7.** Los gastos que originen las obras de adecuación de la finca urbana o de sus elementos comunes correrán a cargo del solicitante de las mismas, sin perjuicio de las ayudas, exenciones o subvenciones que pueda obtener, de conformidad con la legislación vigente.

Las obras de adecuación realizadas quedarán en beneficio de la propiedad de la finca urbana.

No obstante, en el caso de reformas en el interior, el propietario podrá exigir su reposición al estado anterior.

## DISPOSICIÓN ADICIÓNAL

**Disposición Adicional Única.** Las obras de adaptación en el interior de las viviendas, que pretendan realizar los usufructuarios con minusvalías y las personas mayores de setenta años sean o no minusválidas, se someterán al régimen previsto en el art. 24 de la Ley 29/1994, de 24 de noviembre, de Arrendamientos Urbanos.

**Disposición Final Única.** La presente Ley se dicta al amparo del art. 149.1.8 de la Constitución y será de aplicación en defecto de las normas dictadas por las Comunidades Autónomas en ejercicio de sus competencias en materia de Derecho Civil, foral o especial, de conformidad con lo establecido en los Estatutos de Autonomía.

**V. Decreto 469/1972, de 24 de febrero, sobre simplificación de trámites para expedición de la cédula de habitabilidad.**

El Decreto de 23 de noviembre de 1940 confirió a la Fiscalía de la Vivienda la función de velar por las condiciones de salubridad e higiene de la morada humana. A tal efecto se le atribuyó por la propia disposición, entre otras competencias, la de conceder o denegar la autorización para ocuparlas, mediante el otorgamiento de la cédula de habitabilidad. De este trámite se hallan exentas las primeras ocupaciones de las viviendas acogidas al régimen de Viviendas de Protección Oficial, en virtud de lo establecido por el art. 103 del vigente Reglamento de 24 de julio de 1968.

La experiencia en el ejercicio de tales funciones y el aumento incesante de la construcción de viviendas y alojamientos de carácter residencial aconsejan articular un procedimiento ágil para la expedición de la cédula de habitabilidad, sin perjuicio de que queden garantizadas las condiciones de salubridad de aquéllas y procurando, además, que sirvan de medio eficaz para dar cumplimiento a la estadística de edificación y viviendas establecida por Orden de la Presidencia del Gobierno de 13 de noviembre de 1968.

En su virtud, a propuesta del Ministro de la Vivienda y previa deliberación del Consejo de Ministros en su reunión del día 18 de febrero de 1972,

DISPONGO:

**1.** La expedición de las cédulas de habitabilidad establecidas por Decreto de 23 de noviembre de 1940 se sujetará al procedimiento que se regula por el presente Decreto.

**2.** Cuando se trate de primeras ocupaciones de edificios destinados a viviendas o alojamientos de carácter residencial no acogidos al régimen de Viviendas de Protección Oficial, los promotores presentarán en la correspondiente Delegación Provincial del Ministerio de la Vivienda, a la terminación de las obras, los siguientes documentos: [79]

a) Cuestionario estadístico de edificación y viviendas terminadas establecido por la Orden de la Presidencia del Gobierno de 13 de

---

[79] Véase la Disp. Final 1 del D Aragón 60/2009 de 14 abril de 2009

noviembre de 1968 y relación complementaria de identificación de viviendas comprendidas en el mismo.

b) Certificado final de obras suscrito por Arquitecto técnico o Aparejador y Arquitecto y visado por los respectivos Colegios Profesionales, de conformidad con lo dispuesto en el art. 6 del Decreto 462/1971, de 11 de marzo, y modelo normalizado por Orden de 28 de enero de 1972, en el que se hará constar expresamente el número total de viviendas terminadas.

c) Licencia municipal de primera utilización o, en su defecto, licencia municipal de obras. [80]

**3.** La cédula de habitabilidad se solicitará por los propietarios de viviendas o de edificaciones a que se refiere el artículo anterior, mediante instancia dirigida a la Delegación Provincial del Ministerio de la Vivienda, la que, una vez comprobado el cumplimiento de lo que en él se dispone y el ingreso de la tasa regulada por el Decreto 316/1960, de 25 de febrero, expedirá la cédula sin más trámites.

No obstante, la Delegación Provincial, cuando lo considere procedente, podrá acordar la visita al inmueble de sus Servicios Técnicos o de aquellos en que delegue antes de efectuar la expedición de la cédula de habitabilidad.

Están exentas de la exigencia de la Cédula de Habitabilidad las primeras ocupaciones de viviendas acogidas al régimen de viviendas de protección oficial, así como las segundas y posteriores ocupaciones de las viviendas que siendo propiedad de los Patronatos de Casas de las Fuerzas de Seguridad del Estado, de Casas para Militares y Patronatos de Casas para Funcionarios Públicos, sean cedidas en imen de alquiler. [81]

**4.** [82] 1. Para segundas y posteriores ocupaciones de alojamientos de carácter residencial y de toda clase de viviendas, la cédula de habita-

---

[80] Añadida letra c por art. 1 de Real Decreto 129/1985 de 23 de enero de 1985, con vigencia desde 27/02/1985

[81] Dada nueva redacción párrafo 3 por art. único de Real Decreto 1320/1979 de 10 de mayo de 1979, con vigencia desde 27/06/1979

[82] Dada nueva redacción por art. 2 de Real Decreto 129/1985 de 23 de enero de 1985, con vigencia desde 27/02/1985

bilidad se expedirá previa visita de inspección de los Servicios Técnicos competentes.

2. Cuando los solicitantes de cédulas para primera ocupación no aporten el certificado final de obras a que se refiere el art. 2, el órgano actuante requerirá a los Técnicos Directores de obra para su aportación, los cuales vendrán obligados a presentarlo en un plazo de quince días a partir del requerimiento.

Si transcurrido dicho plazo los Técnicos Directores no contestaren al requerimiento o no alegaran suficientes razones de carácter técnico o de falta de habitabilidad a juicio del órgano actuante, éste podrá acordar en resolución motivada que se expida la cédula previa inspección de los Servicios Técnicos competentes relativa a la comprobación de las condiciones de salubridad e higiene y con reserva de las responsabilidades que pudieran corresponder a los Técnicos Directores, como consecuencia del proceso de dirección de la obra respectiva.

**5.** Las Empresas suministradoras de los servicios de agua, gas y electricidad no podrán formalizar ningún contrato definitivo de suministro sin que por el solicitante se presente documento que acredite haber obtenido la cédula de habitabilidad, o justifique su exención.

**6.** El incumplimiento de lo dispuesto en el presente Decreto dará lugar a la aplicación de las medidas previstas en el Decreto de 23 de noviembre de 1940 y en la Orden de la Presidencia de Gobierno de 13 de noviembre de 1968.

**7.** Se autoriza al Ministro de la Vivienda para dictar las disposiciones necesarias para el desarrollo del presente Decreto y para adaptar el sistema que en él se establece a las viviendas de los Patronatos oficiales.

**VI. Real Decreto 1829/1978, de 15 de julio, por el cual se disponen determinadas obligaciones en la solicitud de la cédula de habitabilidad en edificaciones de nueva planta.**

El Decreto 469/1972, de veinticuatro de febrero, reguló el procedimiento de expedición de las Cédulas de Habitabilidad establecidas por Decreto de veintitrés de noviembre de mil novecientos cuarenta, disponiendo preceptivamente la presentación de determinados documentos cuando se tratare de primeras ocupaciones de edificios destinados a vivienda o alojamientos de carácter residencial, no acogidos al régimen de viviendas de protección oficial, procurando dar cumplimiento a la estadística de edificaciones y viviendas establecidas por orden de la presidencia del gobierno de trece de noviembre de mil novecientos sesenta y ocho.

Por otra parte, implantado el régimen catastral de la contribución territorial urbana, establecido por la Ley 41/1974, de once de junio, de reforma tributaria, se hace preciso establecer la debida coordinación entre los departamentos interesados, que permita una permanente y eficaz conservación de los obtenidos documentos catastrales y que, junto a la exacción de la contribución, son instrumentos muy importantes para la gestión económica de los municipios y para el conocimiento de la propiedad urbana, así como para la ordenación del territorio.

En su virtud, a propuesta de los Ministros de Hacienda, del Interior y de Obras Públicas y Urbanismo, y previa deliberación del Consejo de Ministros en su reunión del día quince de julio de mil novecientos setenta y ocho,

DISPONGO:

**1.** Por las delegaciones provinciales del Ministerio de Obras Públicas y Urbanismo se exigirá que por los interesados en la obtención de la Cédula de Habitabilidad, cuando se trate de primeras ocupaciones de edificios destinados a vivienda o alojamientos de carácter residencial, se incluya, junto a la documentación solicitando dicha Cédula, justificante de haber presentado la declaración de alta en la contribución territorial urbana.

**2.** Igual requisito se exigirá por los Ayuntamientos cuando se solicitase licencia de apertura de locales de negocios de nueva edificación.

**VII. Real Decreto-ley 1/1998, de 27 de febrero, sobre infraestructuras comunes en los edificios para el acceso a los servicios de telecomunicación.**

## EXPOSICIÓN DE MOTIVOS

La constante evolución de las telecomunicaciones hace necesario el desarrollo de un nuevo marco legislativo en materia de infraestructuras comunes para el acceso a los servicios de telecomunicación que, desde una perspectiva de libre competencia, permita dotar a los edificios de instalaciones suficientes para atender los servicios creados con posterioridad a la Ley 49/1966 de 23 de julio, sobre antenas colectivas, como son los de televisión por satélite y telecomunicaciones por cable. Igualmente, se deben planificar las infraestructuras de tal forma que permitan su adaptación a servicios de implantación futura cuyas normas reguladoras ya han sido adoptadas en el seno de la Unión Europea.

Las tecnologías disponibles actualmente han ampliado notablemente la oferta de programas de televisión y radiodifusión sonora y de otros servicios de telecomunicación, siendo preciso instrumentar medios para que los propietarios de pisos o locales sujetos al régimen de propiedad horizontal y los arrendatarios de todo o parte de un edificio puedan acceder a estas ofertas, evitando la proliferación de sistemas individuales y cableados exteriores en las nuevas construcciones, que afectarían negativamente a la estética de las mismas. Por otro lado, se hace necesario facilitar, en el seno de las comunidades de propietarios, los mecanismos legales para la implantación de estos sistemas que permitan la prestación de los nuevos servicios y la introducción de las nuevas tecnologías.

La urgencia en la aprobación de esta norma deriva, precisamente, de la necesidad de dotar a los usuarios, en un momento en el que es patente la rápida diversificación de la oferta en los servicios de telecomunicaciones, de los medios jurídicos que garanticen la efectividad del derecho a optar entre los diferentes servicios. Además, se desea remover, con la agilidad requerida por el desarrollo tecnológico y la diversidad de empresas prestadoras de servicios concurrentes en el mercado, las trabas para que éstas puedan actuar en él en condiciones de igualdad. Es imprescindible que todos los operadores cuenten con las mismas oportunidades de acceso a los usuarios como potenciales clientes de sus servicios.

Además, la urgencia de la norma deriva de la necesidad de facilitar, sin dilación, a los usuarios de los servicios de telecomunicaciones, tanto de radiodifusión y televisión como interactivos, la eficacia del art. 20.1.d) de la Constitución, permitiéndoles elegir entre los distintos medios que les faciliten información. Se desea suprimir cuantos obstáculos puedan dificultar la recepción de información plural y, además, permitir que los ciudadanos puedan beneficiarse, de manera inmediata, de los nuevos servicios de telecomunicaciones que se les ofrezcan.

Reconociendo la complejidad de la regulación necesaria para lograr este doble objetivo, la finalidad del presente Real Decreto-ley es, únicamente, establecer el marco jurídico que garantice a los copropietarios de los edificios en régimen de propiedad horizontal y, en su caso, a los arrendatarios, el acceso a los servicios de telecomunicación.

El título prevalente que funda la competencia del Estado para dictar el Real Decreto-ley es el recogido en el art. 149.1.21.a de la Constitución Española, que otorga a aquél competencia para la regulación del régimen jurídico de las telecomunicaciones. Además, el Real Decreto-ley afecta al marco jurídico establecido por la Ley 49/1960, de 21 de julio, de Propiedad Horizontal, al regular derechos y obligaciones de los copropietarios de edificios sujetos a ella, y, por lo tanto, se dicta, también, en ejercicio de la competencia estatal en materia de legislación civil a la que se refiere el art. 149.1.8.a de la Constitución.

En su virtud, a propuesta del Ministro de Fomento, previa deliberación del Consejo de Ministros en su reunión celebrada el día 27 de febrero de 1998 y en uso de la autorización concedida por el art. 86 de la Constitución,

DISPONGO:

**1.** *Objeto y definición.* 1. Este Real Decreto-ley tiene por objeto establecer el régimen jurídico de las infraestructuras comunes de acceso a los servicios de telecomunicación en el interior de los edificios y reconocer el derecho de sus copropietarios en régimen de propiedad horizontal y, en su caso, de los arrendatarios de todo o parte de aquellos, a instalar las referidas infraestructuras, conectarse a ellas o adaptar las existentes.

2. A los efectos del presente Real Decreto-ley, se entiende por infraestructura común de acceso a servicios de telecomunicación, los

sistemas de telecomunicación y las redes, que existan o se instalen en los edificios para cumplir, como mínimo, las siguientes funciones:

a) La captación y la adaptación de las señales de radiodifusión sonora y televisión terrestre tanto analógica como digital, y su distribución hasta puntos de conexión situados en las distintas viviendas o locales del edificio, y la distribución de las señales de televisión y radiodifusión sonora por satélite hasta los citados puntos de conexión. Las señales de radiodifusión sonora y de televisión terrestre susceptibles de ser captadas, adaptadas y distribuidas, serán las difundidas, dentro del ámbito territorial correspondiente, por las entidades habilitadas.

b) Proporcionar acceso al servicio telefónico básico y al servicio de telecomunicaciones por cable, mediante la infraestructura necesaria para permitir la conexión de las distintas viviendas, locales o del propio edificio a las redes de los operadores habilitados. [83]

3. También tendrá la consideración de infraestructura común de acceso a los servicios de telecomunicación la que, no cumpliendo inicialmente las funciones indicadas en el apartado anterior, haya sido adaptada para cumplirlas. La adaptación podrá llevarse a cabo, en la medida en que resulte indispensable, mediante la construcción de una infraestructura adicional a la preexistente.

4. Aquellos conceptos que no se encuentren expresamente definidos en el presente Real Decreto-ley tendrán el significado que les atribuye la legislación en materia de telecomunicaciones y, supletoriamente, el Reglamento de Radiocomunicaciones anexo al Convenio de la Unión Internacional de Telecomunicaciones.

**2.** *Ambito de aplicación.* Las normas contenidas en este Real Decreto-ley se aplicarán:

a) A todos los edificios y conjuntos inmobiliarios en los que exista continuidad en la edificación, de uso residencial o no y sean o no de nueva construcción, que estén acogidos, o deban acogerse, al régimen de propiedad horizontal regulado por la Ley 49/1960, de 21 de julio, de Propiedad Horizontal, modificada por la Ley 8/1999, de 6 de abril. [84]

---

[83] Dada nueva redacción apartado 2 por art. 5 apartado 1 de Ley 10/2005 de 14 de junio de 2005, con vigencia desde 15/06/2005

[84] Dada nueva redacción letra a por disposición adicional 6 de Ley 38/1999 de 5 de noviembre de 1999, con vigencia desde 06/05/2000

b) A los edificios que, en todo o en parte, hayan sido o sean objeto de arrendamiento por plazo superior a un año, salvo los que alberguen una sola vivienda.

**3.** *Instalación obligatoria de las infraestructuras reguladas en este Real Decreto-ley en edificios de nueva construcción.* 1. A partir de la fecha de entrada en vigor del presente real decreto-ley, no se concederá autorización para la construcción o rehabilitación integral de ningún edificio de los referidos en el art. 2, si al correspondiente proyecto arquitectónico no se une el que prevea la instalación de una infraestructura común propia. Esta infraestructura deberá reunir las condiciones técnicas adecuadas para cumplir, al menos, las funciones indicadas en el art. 1.2 de este real decreto-ley, sin perjuicio de los que se determine en las normas que, en cada momento, se dicten en su desarrollo.

La instalación de la infraestructura regulada en este real decreto-ley debe contar con el correspondiente proyecto técnico, firmado por quien esté en posesión de un título universitario oficial de ingeniero, ingeniero técnico, máster o grado que tenga competencias sobre la materia en razón del plan de estudios de la respectiva titulación.

Mediante real decreto se determinará el contenido mínimo que debe tener dicho proyecto técnico. [85]

2. Toda edificación comprendida en el ámbito de aplicación de este Real Decreto-ley y que haya sido concluida después de transcurridos ocho meses desde su entrada en vigor deberá contar con las infraestructuras comunes de acceso a servicios de telecomunicación indicadas en el art. 1.2, sujetándose a las previsiones establecidas en éste.

3. Los gastos necesarios para la instalación de las infraestructuras que este Real Decreto-ley regula deberán estar incluidos en le coste total de la construcción.

**4.** *Instalación de la infraestructura en los edificios ya construidos.* 1. Cuando la comunidad de propietarios o el propietario de un edificio incluido en el ámbito de aplicación de este Real Decreto-ley y que esté concluido o se concluya antes de transcurridos ocho meses desde

---

[85] Dada nueva redacción apartado 1 por disposición final 5 de Ley 9/2014 de 9 de mayo de 2014, con vigencia desde 11/05/2014

su entrada en vigor, decidan la instalación de una infraestructura común de acceso a servicios de telecomunicación o la adaptación de la existente, lo notificarán por escrito a los propietarios de los pisos o locales o, en su caso, a los arrendatarios, al menos con dos meses de antelación a la fecha del comienzo de las obras encaminadas a la instalación o adaptación. Respecto de la comunidad de propietarios, el acuerdo en su seno habrá de ser aprobado, en junta de propietarios, por un tercio de sus integrantes que representen, a su vez, un tercio de las cuotas de participación en los elementos comunes.

2. En caso de que la decisión para la instalación de la infraestructura común de acceso a servicios de telecomunicación o para la adaptación de la existente, se adopte sin consentimiento del propietario o, en su caso del arrendatario de un piso o local la comunidad de propietarios o, en su caso, el propietario no podrán repercutir en ellos su coste. No obstante si, con posterioridad, aquellos solicitaren el acceso a servicios de telecomunicaciones cuyo suministro requiera aprovechar las nuevas infraestructuras o las adaptaciones realizadas en las preexistentes, podrá autorizárseles, siempre que abonen el importe que les hubiere correspondido, debidamente actualizado, aplicando el correspondiente interés legal.

3. La repercusión del coste de la nueva infraestructura o de la adaptación de la preexistente por el propietario de un edificio o parte de él en los arrendatarios se realizará, desde el mes siguiente al que se lleven a cabo en la cuantía y proporción previstas en el art. 19 de la Ley 29/1994, de 24 de noviembre, de Arrendamientos Urbanos.

Sin embargo, si quienes solicitaren la instalación o la adaptación de la infraestructura al propietario fueren, con arreglo a lo previsto en este Real Decreto-ley los arrendatarios, será su costa el gesto que aquellas representen. En este último caso, al concluir el arrendamiento, la infraestructura instalada o adaptada quedará en el edificio a disposición de su propietario.

**5.** *Conservación de la infraestructura.* 1. Respecto de la comunidad de propietarios, se aplicará lo previsto en el art. 10 de la Ley 49/1960, de 21 de julio, sobre Propiedad Horizontal, en cuanto al mantenimiento de los elementos, pertenencias y servicios comunes.

2. A la conservación de las infraestructuras en edificios arrendados se aplicará el art. 21 de la Ley 29/1994 de 24 de noviembre, de Arrendamientos Urbanos salvó que la instalación se hubiere solicitado por

los arrendatarios, en cuyo caso los gastos que se produzcan serán a cuenta de éstos.

**6.** *Obligación de instalación de la infraestructura.* 1. Será obligatoria la instalación de la infraestructura regulada en este Real Decreto-ley en las edificaciones ya concluidas antes de su entrada en vigor o que se concluyan en el plazo de ocho meses desde que ésta se produzca, si concurre alguna de las siguientes circunstancias:

a) Que el número de antenas instaladas, individuales o colectivas, para la prestación de servicios incluidos en el art. 1.2, sea superior a un tercio del número de viviendas y locales. En este caso, aquellas deberán ser sustituidas, dentro de los seis meses siguientes la entrada en vigor de este Real Decreto-ley, por una infraestructura común de acceso a servicios de telecomunicaciones. Si se superase el límite referido después de la citada entrada en vigor, el plazo de seis meses se computará desde el día en que se produzca esa circunstancia.

Será a cargo de quienes tengan instaladas las antenas para la recepción de servicios, el coste de la infraestructura, de su instalación y de la retirada de la preexistente, sin perjuicio de que si se beneficiare de la nueva infraestructura algún otro propietario de piso o local o, en su caso, algún arrendatario del edificio, deberán éstos participar en el coste, en la proporción correspondiente.

b) Que la Administración competente, de acuerdo con la normativa vigente que resulte aplicable, considere peligrosa o antiestética la colocación de antenas individuales en un edificio. En este supuesto, quienes deseasen la recepción de los servicios, a los que se refiere el art. 1.2 de este Real Decreto-ley, deberán sufragar el coste de instalación de la infraestructura, sin perjuicio de repercutir en los propietarios de los demás pisos o locales o, en su caso, en los arrendatarios el importe dela inversión, en la proporción correspondiente, si éstos solicitaren servirse de aquélla.

2. No se tendrá que instalar la infraestructura citada en aquellos edificios construidos que no reúnan condiciones para soportarla, de acuerdo con el informe emitido al respecto por la Administración competente.

**7.** *Consideración de la nueva infraestructura y retirada de la preexistente.* 1 En el caso de que se realice la instalación de una Infraestructura por concurrir alguna de las causas previstas en los artículos precedentes, ésta pasará a formar parte del edificio, como elemento común del mismo. La infraestructura instalada deberá cumplir todas las especificaciones técnicas de calidad y seguridad exigidas por la normativa vigente sobre construcción y, en especial, por la reguladora de la compatibilidad de aquellas con las instalaciones de suministro de agua, gas y electricidad.

2. Una vez finalizada la instalación de la infraestructura y comprobado que permite la recepción de los servicios para los que ha sido instalada, la comunidad de propietarios retirará los elementos de los sistemas individuales de telecomunicación que facilitaban la recepción de esos mismos servicios. La retirada se realizará en presencia de los propietarios de los citados elementos, si éstos así lo solicitaren.

**8.** *Garantía de continuidad en la recepción de los servicios.* La comunidad de propietarios o, en su caso, el propietario del edificio, tomarán las medidas oportunas tendentes a asegurar a aquellos que tengan instalaciones individuales, la normal utilización de las mismas durante la construcción de la nueva infraestructura y en tanto ésta no se encuentre en perfecto estado de funcionamiento. La misma regla se aplicará en caso de que se produzca la adaptación de la infraestructura preexistente, a lo establecido en el art. 1 de este Real Decreto-ley.

**9.** *Derecho de los copropietarios o arrendatarios al acceso a los servicios y garantía del posible uso compartido de la infraestructura.* 1. Los copropietarios de un edificio en régimen de propiedad horizontal o, en su caso, los arrendatarios tendrán derecho a acceder a los servicios de telecomunicaciones distintos de los indicados en el art. 1.2, a través de la instalación común realizada con arreglo a este Real Decreto-ley, si técnicamente resultase posible su adaptación, o a través de sistemas individuales.

Igualmente, cualquier copropietario de un edificio en régimen de propiedad horizontal o, en su caso, cualquier arrendatario de todo o parte de un edificio tendrán derecho, a su costa y en caso de que no exista una infraestructura común en el mismo, a instalar ésta. También podrán realizar la adaptación de la infraestructura ya existente en el edificio a lo establecido en el art. 1.2 de este Real Decreto-ley.

Para llevar a cabo lo previsto en este artículo, los copropietarios o los arrendatarios podrán aprovecharse no sólo de los elementos privativos, sino también de los comunes de los inmuebles, siempre que no menoscaben la infraestructura que existiere en los edificios y no interfieran ni modifiquen las señales correspondientes a servicios que previamente hubiesen contratado otros usuarios.

2. En los supuestos establecidos en el anterior apartado, cuando el propietario de un piso o local, o, en su caso, un arrendatario, desee recibir la prestación de un servicio de telecomunicación al que pudiera accederse a través de una infraestructura determinada, deberá comunicarlo al presidente de la comunidad de propietarios o, en su caso, al propietario del edificio, antes de iniciar cualquier obra con dicha finalidad. El presidente de la comunidad de propietarios o el propietaria deberán contestarle antes de quince días desde que la comunicación se produzca, aplicándose, según proceda, las siguientes reglas:

a) En caso de que exista ya en el edificio esa infraestructura o, antes de que transcurran tres meses desde que la comunicación se produzca se fuese a adaptar la existente o a instalar una nueva con la finalidad de permitir el acceso a los servicios en cuestión, no podrá llevarse a acabo obra alguna por el copropietario o por el arrendatario.

b) En el supuesto de que no existiese la infraestructura, no fuese hábil para la prestación del servicio al que desean acceder el copropietario o el arrendatario o no se instalase una nueva ni se adaptase la preexistente en el referido plazo de tres meses, el comunicante podrá realizar la obra que le permita la recepción de los servicios de telecomunicaciones correspondientes. Si cualquier otro copropietario o arrendatario solicitase, con posterioridad, beneficiarse de la instalación de las nuevas infraestructuras comunes o de la adaptación de las preexistentes que se llevasen a cabo al amparo de este artículo, se les podrá autorizar, siempre que cumplan lo previsto en el segundo inciso del art. 4.2.

**10.** *Consideración de la infraestructura a efectos de la Ley de Arrendamientos Urbanos.* La instalación o la adaptación de una infraestructura se considerará como obra de mejora a los efectos de lo establecido en el art. 22 de la vigente Ley 29/1994, de 24 de noviembre, de Arrendamientos Urbanos.

**11.** *Régimen sancionador.* 1. El incumplimiento por el promotor o el constructor de la obligación que le impone el art. 3 en los edificios de nueva construcción será constitutivo de infracción muy grave y se castigará con multa de 5.000.001 pesetas hasta 50.000.000 de pesetas, graduándose su importe conforme a los criterios establecidos en el art. 131.3 de la Ley 30/1992, de 26 de noviembre de Régimen Jurídico de las Administraciones Públicas y del Procedimiento Administrativo Común.

2. Se considerará infracción leve el incumplimiento por tos copropietarios o arrendatarios de lo dispuesto en el art. 6 y se sancionará con multa de hasta 5.000.000 de pesetas, graduándose su importe conforme a los criterios indicados en el apartado anterior.

3. Corresponde la imposición de las sanciones previstas en los apartados precedentes al Secretario general de Comunicaciones del Ministerio de Fomento. La actuación administrativa se iniciará de oficio o mediante denuncia, resolviéndose, previa comprobación de los hechos por los servicios de inspección del Ministerio de Fomento e instrucción del correspondiente procedimiento.

4. En lo no previsto en este Real Decreto-ley, se estará, en lo relativo al régimen sancionador, a lo establecido en la legislación de telecomunicaciones y en la citada Ley 30/1992.


## DISPOSICIÓN DEROGATORIA


**Disposición Derogatoria Única** . *Eficacia derogatoria.* Queda derogada la Ley 49/1966, de 23 de julio sobre Antenas Colectivas, y cuantas disposiciones de igual o inferior rango se opongan a lo dispuesto en este Real Decreto-ley.


## DISPOSICIONES FINALES


**Disposición Final Primera** . *Facultades de desarrollo.* Se autoriza al Gobierno para dictar cuantas disposiciones sean necesarias para el desarrollo y la aplicación del presente Real Decreto-ley.

**Disposición Final Segunda .**  *Entrada en vigor.* Este Real Decreto-ley entrará en vigor el día siguiente al de su publicación en el "Boletín Oficial del Estado".

**VIII. Ley 19/1983, de 16 de noviembre, sobre Regulación del Derecho a instalar en el Exterior de los Inmuebles las Antenas de las Estaciones Radioeléctricas de Aficionados.**

## EXPOSICIÓN DE MOTIVOS

Las estaciones radioeléctricas de aficionados son instalaciones que sirven a unas funciones de instrucción individual de intercomunicación y de estudios técnicos, efectuados por personas debidamente autorizadas que se interesen en la radiotécnico con carácter exclusivamente personal y sin fines de lucro.

Además de los indicados fines privados, estas instalaciones prestan servicios de utilidad pública en determinadas ocasiones, habiéndose reconocido este carácter de modo oficial por la colaboración que sus titulares prestan a las autoridades nacionales en circunstancias extraordinarias.

Por otra parte, se trata de una actividad plenamente reconocida y regulada en el Reglamento de Radiocomunicaciones, anexo al vigente Convenio Internacional de Telecomunicaciones de 25 de octubre de 1973, firmado y ratificado por España mediante instrumento de 20 de marzo de 1976. En concordancia con esta legislación internacional integrada en nuestro ordenamiento jurídico, la Reglamentación nacional en la materia aprobada por Orden ministerial de 28 de febrero de 1979, establece las condiciones y requisitos para ser titulares de estas instalaciones, así como las obligaciones que ello comporta y el papel de la Administración, a fin de que se cumplan las especificaciones técnicas y se haga el debido uso, tanto de las instalaciones como de las bandas de frecuencias radioeléctricas, siguiendo las recomendaciones y las normas de los Organismos internacionales competentes.

Como elementos indispensables para el funcionamiento de las estaciones radioeléctricas de aficionados, sus titulares precisan instalar en el exterior de los inmuebles en que ejercen esta actividad las antenas y sus componentes complementarios, para lo que necesitan la oportuna autorización de los propietarios, quienes, de este modo, vienen a condicionar la efectividad del derecho que concede la licencia de aficionado, válidamente expedida por la Administración.

A este fin se hace necesario promulgar la norma que, respetando el derecho de los terceros usuarios del espectro radioeléctrico y conjugando los intereses en posible conflicto entre radioaficionados y propietarios de los inmuebles, establezca, con las garantías suficientes, el derecho de quienes estén autorizados para ello a instalar antenas en el exterior del inmueble en el que posea la correspondiente estación, regulando los requisitos exigidos y las facultades del titular del derecho de propiedad para su protección.

**1.** Quienes estando legitimados para usar de la totalidad o parte de un inmueble y hayan obtenido la autorización reglamentaria del Ministerio de Transportes, Turismo y Comunicaciones para el montaje de una estación radioeléctrica de aficionados, podrán instalar, por su cuenta, en el exterior de los edificios que usen, antenas para la transmisión y recepción de emisiones.

**2.** Los daños y perjuicios que se originen con motivo de la instalación, conservación y desmontaje de las antenas y demás elementos anejos a las mismas, correrán a cargo de los titulares de las licencias de estaciones radioeléctricas de aficionados, así como las reparaciones e indemnizaciones a que hubiere lugar.

La anterior responsabilidad se garantizará mediante el correspondiente contrato de seguro establecido con una Entidad del ramo, cuya póliza habrá de cubrir en la cuantía suficiente y en los términos adecuados, las contingencias que puedan suscitarse.

Los derechos que el art. 545, párrafo 2, del Código Civil reconoce al dueño del predio sirviente, se ejercerán en su caso por la Comunidad de Propietarios, bastando que la decisión se adopte por mayoría simple.

**3.** La instalación de antenas y de sus elementos anejos, conforme a lo establecido por la presente Ley, no será obstáculo para que puedan realizarse ulteriormente obras necesarias en el inmueble, aun cuando para la realización de las mismas haya de procederse temporalmente, a desmontar parcial o totalmente las instalaciones sin que por ello el titular de las mismas tenga derecho a ningún tipo de indemnización, debiendo quedar finalmente la instalación en condiciones similares a las anteriores.

**4.** La cancelación de la licencia de estación, de la autorización de montaje o la falta de vigencia del contrato de seguro a que se refiere el art. 2 de la presente Ley, implicará la pérdida del derecho que la misma reconoce.

## DISPOSICIÓN ADICIONAL

**Disposición Adicional.** Reglamentariamente se determinarán las condiciones para la instalación de las antenas, asegurándose la idoneidad del emplazamiento de las instalaciones de la estación, así como sus condiciones de seguridad y garantizando que la misma no ocasione perjuicios a los elementos privativos y comunes o al uso de los mismos por los propietarios o titulares de derechos sobre el inmueble. De igual forma se establecerán los requisitos administrativos, las prescripciones técnicas y cuantas especificaciones sean necesarias, quedando garantizado en todo caso el derecho de los terceros usuarios del espacio radioeléctrico.

## IX. Real Decreto 2623/1986, de 21 de noviembre, por el que se regulan las instalaciones de Antenas de Estaciones Radioeléctricas de Aficionado.

La Ley 19/1983, de 16 de noviembre, regula el derecho a instalar en el exterior de los inmuebles las antenas de estaciones radio eléctricas de aficionado a quienes, estando legitimados para el uso de la totalidad o parte de dichos inmuebles, hayan obtenido del Ministerio de Transportes, Turismo y Comunicaciones la autorización reglamentaria, según el procedimiento general que se establece en el Reglamento de Estaciones de Aficionado vigente.

La disposición adicional de la Ley exige que se determinen reglamentariamente las condiciones para la instalación de las antenas, asegurando la idoneidad del emplazamiento, las condiciones de seguridad y garantizando que la antena no ocasiona perjuicios a los elementos privativos y comunes o al uso de los mismos por los propietarios o titulares de derechos sobre el inmueble, y que se establezcan los requisitos administrativos, las prescripciones técnicas y cuantas especificaciones sean necesarias, quedando garantizado, en todo caso, el derecho de los terceros usuarios del espacio radioeléctrico.

Por otra parte, la seguridad física de las personas y los bienes obliga a que la instalación de las antenas de estaciones radioeléctricas de aficionado se haga con las suficientes garantías. Consecuentemente, en el presente Reglamento se aborda la regulación de los acuerdos con las compañías de seguros para cubrir la responsabilidad por los posibles daños con motivo de la instalación, conservación y desmontaje de las antenas, así como las reparaciones a que hubiere lugar.

Debe tenerse en cuenta, además, lo establecido en el Reglamento de zonas e instalaciones de interés para la defensa nacional, aprobado por Real Decreto 689/1978, de 10 de febrero, y en la normativa vigente en materia de protección civil.

En su virtud, de acuerdo con el del Consejo de Estado, a propuesta del Ministro de Transportes, Turismo y Comunicaciones, y previa deliberación del Consejo de Ministros en su reunión del día 21 de noviembre de 1986,

DISPONGO:

**Único.** Se aprueba el Reglamento que se inserta como anexo al presente Real Decreto, como desarrollo de la Ley 19/1983, de 16 de noviembre, por la que se regula el derecho a instalar en el exterior de los inmuebles las antenas de las estaciones radioeléctricas de aficionados.

**Disposición Transitoria primera.** Lo dispuesto en el capítulo segundo del presente Reglamento no será de aplicación respecto de las antenas de estaciones radioeléctricas de aficionado que a la entrada en vigor del presente Real Decreto estuvieran legalmente ya instaladas, que se regirán por los pactos o acuerdos convenidos entre las partes y, en su defecto, por el presente Reglamento.

**Disposición Transitoria segunda.** En el plazo de tres meses, contados a partir de la fecha de entrada en vigor del presente Real Decreto, el usuario de una antena ya instalada de estación radioeléctrica de aficionado deberá conectar, o actualizar, en su caso, un seguro que cumpla con las condiciones y características que establezca la Ley 19/1983, de 16 de noviembre, y el presente Reglamento.

**Disposición Derogatoria.** Quedan derogadas cuantas disposiciones de igual o inferior rango se opongan a lo dispuesto en el presente Real Decreto.

**Disposición Final.** Queda facultado el Ministro de Transportes, Turismo y Comunicaciones para dictar las disposiciones necesarias para el desarrollo de este Reglamento.

# ANEXO

## REGLAMENTO POR EL QUE SE DETERMINAN LAS CONDICIONES PARA INSTALAR EN EL EXTERIOR DE LOS INMUEBLES LAS ANTENAS DE ESTACIONES RADIOELÉCTRICAS DE AFICIONADO

## CAPÍTULO PRIMERO
Definiciones

**1.** A los efectos del presente Reglamento, los términos que se expresan a continuación tendrán el significado que se define para cada uno de ellos:

Aficionado: Persona natural o jurídica que, estando en posesión de la autorización reglamentaria de la Dirección General de Telecomunicaciones para la instalación y utilización de una estación radioeléctrica del servicio de aficionado, pretende instalar la antena emisora correspondiente a dicha estación.

Propiedad: Aquella persona, natural o jurídica, que es propietaria del inmueble donde se desea instalar la antena de la estación radioeléctrica de aficionado.

Antena: Dispositivos conductores utilizados para la emisión, recepción o ambas funciones, de energía electromagnética.

Sistema radiante: Antena o conjunto de antenas.

Línea de transmisión: Elemento que sirve para realizar la conexión entre transmisor, receptor y antena.

Elementos anejos: Todos aquellos que no forman parte de la antena, tales como soporte, anclajes, riostras, transformadores de adaptación, rotores, etc.

Soporte: Elemento o elementos mecánicos que sirven de sustentación a la antena.

Mástil: Poste metálico o de otro material que sirve de antena o de soporte de ella.

Riostra: Cable, hilo u otra pieza rígida o flexible que sirve para asegurar la estabilidad mecánica de la antena y soporte.

Anclaje: Punto o elemento de fijación de las riostras a la obra civil del inmueble, repartiendo los esfuerzos mecánicos.

Elemento repartidor de carga: Elemento que distribuye en la obra civil del inmueble los esfuerzos transmitidos por los soportes o anclajes, haciendo que aquéllos se sitúen por debajo de los límites de seguridad.

Instalación: Acción de montar la antena y sus elementos anejos para su correcto funcionamiento.

Montaje: Equivalente a instalación.

Desmontaje: Operación inversa a la instalación. Incluye la reposición a su estado primitivo de los elementos de obra civil afectados por la instalación.

Conducto o canalización: Conjunto especialmente concebido para alojar una o varias líneas de transmisión, con los elementos que las fijan y su protección mecánica, si la hubiere.

Contacto: Efecto de tocar una persona o cosa partes activas de la antena y sus elementos anejos.

Explotación: Conjunto de operaciones que, incluyendo las de mantenimiento, se derivan del uso de las antenas.

Mantenimiento: Conjunto de operaciones necesarias para asegurar el buen funcionamiento de una antena, conservando sus características radioeléctricas y mecánicas destinadas a prevenir fallos.

Plano de paso: Plano o superficie situado bajo la antena y sus elementos anejos, accesible a personas.

Area pública: Espacio o superficie de propiedad no privada.

Nivel de vibración: Valoración global de las vibraciones que tiene en cuenta los posibles efectos de éstas en el individuo.

### CAPÍTULO II
Primera instalación

**2.** 1. De conformidad con lo establecido en el Reglamento de Estaciones de Aficionado vigente, todo aspirante a la obtención de licencia de estación de aficionado deberá solicitarlo de la Dirección General de Telecomunicaciones y presentar la documentación necesaria en la Jefatura Provincial de Comunicaciones correspondiente.

2. La documentación comprenderá una Memoria descriptiva de la estación que desee instalar, en la que se especificarán las características

técnicas de los equipos transmisores y receptores radioeléctricos, sistemas radiantes y elementos accesorios.

3. En lo que se refiere a las antenas y elementos anejos, y en el caso de que el solicitante desee instalar las antenas en el exterior del edificio que use, la Memoria comprenderá: Un plano o esquema detallado de la instalación del mástil o soporte de la antena, señalándose en él la ubicación de otros sistemas captadores o transmisores de energía radioeléctrica, existentes en el mismo edificio o en sus inmediaciones; cálculo y descripción de soportes, riostras, anclajes, resistencia de suelo y elementos en que vayan a apoyarse; cálculo de la resistencia a los agentes exteriores propios del lugar de la instalación, tales como viento, nieve, etc., así como una fotocopia de la escritura de propiedad del inmueble, de la división horizontal del mismo o de cualquier otro título jurídico que legitime el uso total o parcial del edificio de que se trata.

4. En cualquier caso deberá hacerse constar el nombre y dirección del propietario del inmueble o, en su caso, la dirección del Presidente de la Comunidad de Propietarios del mismo.

**3.** Una vez aceptada la Memoria de instalación presentada, previas las correcciones que la Administración estimase necesarias, si fuese el caso, la Dirección General de Telecomunicaciones lo comunicará de manera fehaciente a la propiedad, o en el caso de tratarse de un edificio en régimen de propiedad horizontal, al Presidente de la Comunidad de Propietarios, con objeto de que éstos lo conozcan y puedan alegar, en el plazo de dos meses, lo que pudiere oponerse a la idoneidad del emplazamiento de las instalaciones aceptadas o los perjuicios que se pudieren causar a los elementos privativos y comunes o al uso de los mismos. Si en el plazo de dos meses no se hubiera recibido ningún tipo de comunicación de la propiedad se entenderá que tácitamente se acepta la mencionada instalación.

**4.** 1. Oída la propiedad, o transcurrido el plazo de dos meses a que hace referencia el artículo precedente, la Dirección General de Telecomunicaciones notificará al solicitante la aprobación de la instalación y montaje de la estación de antenas con las correcciones y observaciones pertinentes a las que deberá ajustarse, continuándose la tramitación normal del expediente. Dicho extremo se comunicará de manera fehaciente al propietario, o Presidente de la Comunidad en el caso de edificios en régimen de propiedad horizontal, quienes, en caso de disconformidad, podrán ejercitar los recursos administrativos y jurisdiccionales legalmente previstos.

2. Igual comunicación se hará cuando se expida la licencia de estación de aficionado o cuando, como consecuencia del expediente, se decretase la nulidad de las actuaciones y la cancelación de la autorización de la instalación.

**5.** Salvo cuando material, técnica y radioeléctricamente sea factible, a juicio de la Dirección General de Telecomunicaciones, no se permitirá más de una instalación de antenas de estación de aficionado en un mismo inmueble.

### CAPÍTULO III
Traslados y variaciones

**6.** 1. Cuando la propiedad del inmueble haya de realizar en él obras necesarias de carácter ordinario que impliquen el desmontaje, así como el posterior montaje de la antena y elementos anejos, lo comunicará así al titular de la licencia de la estación de aficionado, de manera fehaciente, con una antelación de un mes, a fin de que éste pueda proceder por sí al desmontaje y posterior montaje de la instalación o a presenciarlo.

2. Tanto en un caso como en otro, de conformidad con lo que establece el art. 3 de la Ley 19/1983, la instalación de la antena deberá quedar en condiciones similares a las que tenía anteriormente, no pudiendo el titular de la licencia de estación de aficionado exigir ningún tipo de indemnización.

**7.** Cuando las obras tengan carácter de indudable urgencia, la propiedad podrá proceder al desmontaje de las antenas y sus elementos anejos sin necesidad de acudir a los trámites y plazos señalados en el artículo anterior, pero deberá en todo caso poner inmediatamente en conocimiento del titular de la licencia de estación de aficionado la realización de tales obras.

**8.** 1. Durante el tiempo que las antenas y elementos anejos deban permanecer desmontados por razón de las obras, y siempre que ello fuere posible, se podrá autorizar por la Dirección General de Telecomunicaciones una instalación provisional compatible con la realización de las mismas.

2. Los gastos que pudieren ocasionarse por esta instalación serán de cuenta del titular de la licencia de estación de aficionado.

**9.** Cuando se trate de variaciones de emplazamiento de antena que pueda promover la propiedad del inmueble conforme a lo previsto en el art. 2º, párrafo último, de la Ley 19/1983 se estará a lo dispuesto en el art. 545 del Código Civil.

**10.** 1. Cuando por inspecciones técnicas, variaciones en la acometida de la línea de transmisión de las antenas u otras circunstancias que pudieren presentarse, resultare aconsejable a juicio del titular de la licencia de estación de aficionado el cambio de ubicación de la antena deberá solicitarlo así de la Dirección General de Telecomunicaciones y seguir el mismo procedimiento como si se tratase de primera instalación.

2. Los gastos derivados de la realización de estos trabajos, así como los que correspondan a la reposición a su estado primitivo de los elementos constructivos que hubieran resultado afectados por el anterior emplazamiento, serán de cuenta del titular de la licencia de estación de aficionado.

**11.** De conformidad con el vigente Reglamento de Estaciones de Aficionado, cuando el titular quiera realizar con carácter de experimentación cualquier modificación en las características de las antenas y elementos anejos que no implique cambio de ubicación del soporte, deberá comunicárselo a la Dirección General de Telecomunicaciones, a los efectos de asegurar la resistencia mecánica y demás características de seguridad que deban tener las antenas y elementos anejos en todo momento, siendo en este caso potestativa de la Administración la realización de la visita de inspección técnica, según la importancia de la modificación que se pretenda.

## CAPÍTULO IV
Prescripciones técnicas de las antenas y sus elementos anejos

**12.** 1. Las antenas y elementos anejos se instalarán de forma que no produzcan molestias, peligro o daño a personas o bienes y que se garantice el derecho de terceros a no sufrir daños en su propiedad derivados de la instalación.

2. En los casos en que las antenas se sitúen en azoteas o lugares transitables se señalizarán los anclajes y riostras y cuantos elementos pudieran obstaculizar el paso a entrañar peligro para las personas.

**13.** 1. La instalación de las antenas se hará de modo que se respeten las separaciones entre ellas y los elementos, instalaciones y antenas de otros servicios para que éstos no resulten degradados en su funcionamiento.

2. Esta separación, sobre todo en el caso de antenas horizontales, será tal que, en las peores condiciones ambientales previsibles, sea la suficiente y en cualquier caso dejen una altura libre de tres metros sobre el plano de paso.

**14.** Cuando las antenas y sus elementos anejos se hallen situados en la proximidad de líneas eléctricas aéreas se colocarán con arreglo a lo que dispone el Reglamento Electrotécnico para Baja Tensión y sus instrucciones complementarias, así como con cualquier norma que el Ministerio de Industria y Energía haya dictado en la materia y de forma que se garantice plenamente la imposibilidad de contacto con dichas líneas.

**15.** En el caso de antenas cuyos elementos radiantes sobrepasen o puedan sobrepasar el espacio del inmueble donde estén o puedan estar situados, la Dirección General de Telecomunicaciones podrá exigir un tratamiento especial con condiciones más estrictas para el montaje, que serán estudiadas por el órgano correspondiente en cada caso.

**16.** 1. Las características mecánicas de antenas y elementos anejos deberán responder a las normas de la buena construcción y ser capaces de absorber los esfuerzos ocasionados para su uso, teniendo en cuenta las condiciones ambientales particulares del lugar de instalación, tales como presión del viento sobre la estructura, sobrecargas por hielo u otras similares.

2. Los mástiles o tubos que sirvan de soporte de las antenas y elementos anejos deberán estar diseñados de forma que se impida o, al menos, se dificulte la entrada de agua en ellos y, en todo caso, se garantice la evacuación de la que pudieran recoger.

3. Las antenas y elementos anejos y, en particular, soportes, anclajes y riostras deberán ser de materiales resistentes a la corrosión o tratados convenientemente a estos efectos.

**17.** Los soportes de las antenas no podrán ser fijados a soportes o anclajes de pararrayos ni a los de conducciones aéreas de energía eléctrica. Dichos soportes deberán fijarse directamente a la obra civil en puntos aptos para tolerar los esfuerzos correspondientes o mediante elementos repartidores de la carga debidamente dimensionados. En todo caso se garantizará que tanto los soportes como los anclajes no deterioren la resistencia mecánica de los elementos constructivos a que se fijen, ni originen niveles de vibración perturbadores en los locales habitables superiores a los que permitan las disposiciones vigentes.

**18.** 1. Las líneas de transmisión y los cables de alimentación entre los equipos transmisores y receptores y la antena distarán no menos de 10 centímetros de cualquier conducto o canalización de servicios del edificio y de forma que se impida su contacto con elementos mecánicos. Discurrirán preferentemente por patinillos de instalaciones, o bien por patios interiores, de modo que, a ser posible, no afecten a fachadas, evitando la accesibilidad por las personas.

2. No se admitirá su tendido vertical libre, sino que se fijarán a intervalos apropiados a las características de la línea.

3. En el caso de que las líneas de transmisión o los cables de alimentación vayan empotrados irán alojados en conductos o canalizaciones para uso exclusivo.

### CAPÍTULO V
Explotación y mantenimiento

**19.** El titular de la licencia de estación de aficionado deberá mantener la antena y elementos anejos en perfecto estado de conservación y subsanará de forma inmediata los defectos que pudieran afectar a la seguridad de personas y bienes.

**20.** 1. La responsabilidad que pudiere corresponder al titular de la licencia de estación de aficionado en su condición de usuario de la antena y sus elementos anejos, o derivada de su instalación, conservación y desmontaje, quedará cubierta con póliza de seguro que incluya su responsabilidad civil por daños materiales y corporales que se produzcan tanto a la propiedad como a terceros.

2. El contrato de seguro habrá de formalizarse una vez autorizado el montaje de la antena y, en todo caso, antes de la expedición de la licencia de estación de aficionado.

3. El contrato de este seguro deberá necesariamente incluir una cláusula específica, en la que se exprese que dicho contrato cumple con lo establecido en el art. 2º de la Ley 19/1983, de 16 de noviembre, debiendo entregarse a la propiedad del inmueble o al Presidente de la Comunidad de Propietarios, según sea el caso, una copia de dicho contrato, así como de los adicionales correspondientes a su actualización.

**21.** La propiedad del inmueble queda obligada a permitir el paso a los funcionarios que la Dirección General de Telecomunicaciones designe para realizar las inspecciones reglamentarias a las instalaciones de antenas y elementos anejos.

**22.** En caso de que por parte de la propiedad se originen daños a la antena o a sus elementos anejos, la reparación de los mismos y la indemnización, en su caso, será de cuenta de la propiedad.

## DISPOSICIÓN ADICIONAL

**Disposición Adicional.** Lo dispuesto en el presente Reglamento se hace sin perjuicio de lo establecido en el Reglamento de Zonas de Instalaciones de Interés para la Defensa Nacional, aprobado por Real Decreto 689/1978, de 10 de febrero, y en la vigente normativa sobre protección civil.

**X. Decreto 1306/1974, de 2 de mayo, por el que se regula la instalación en inmuebles de sistemas de distribución de la señal de televisión por cable.**

El desarrollo de la televisión en España, así como los constantes progresos técnicos surgidos en este medio, han determinado la conveniencia de ofrecer nuevos procedimientos en la distribución de las señales que permitan una mejor recepción de dicho servicio público.

Con estos objetivos comenzará a prestarse el servicio público de distribución de la señal de televisión por cable, y considerando las ventajas que ha de procurar al espectador, tal sistema, en cuanto a calidad de recepción y contenido de su programación, así como teniendo presente el principio de amplia libertad de utilización de la televisión por sus usuarios consagrado en el Convenio Internacional de Comunicaciones de veintidós de diciembre de mil novecientos sesenta y dos, resulta necesario dictar las normas precisas para encauzar jurídicamente la problemática que pudieran comportar en la relación arrendaticia las instalaciones inherentes a estas nuevas técnicas receptoras, al igual que anteriormente se dictaron para regular la instalación de antenas receptoras de televisión en el exterior de los inmuebles, por Decreto de dieciocho de octubre de mil novecientos cincuenta y siete, con vigencia reconocida en la disposición final segunda del texto refundido de la Ley de Arrendamientos Urbanos de veinticuatro de diciembre de mil novecientos sesenta y cuatro y en el artículo veintisiete de la Ley de veintitrés de julio de mil novecientos sesenta y seis. Al mismo tiempo, se faculta a las Entidades encargadas por la Dirección General de Radiodifusión y Televisión, única competente para regular la implantación del servicio de televisión por cable, según lo dispuesto en el Decreto dos mil quinientos nueve/mil novecientos setenta y tres, de once de octubre, a realizar las obras necesarias para establecer la infraestructura a instalar el servicio de televisión por cable en los inmuebles.

En su virtud, de acuerdo con lo establecido por la disposición adicional octava del texto refundido de la Ley de Arrendamientos Urbanos, aprobado por el Decreto de veinticuatro de diciembre de mil novecientos sesenta y cuatro, y a propuesta de los Ministros de Justicia e Información y Turismo y previa deliberación del Consejo de Ministros en su reunión del día diecinueve de abril de mil novecientos setenta y cuatro,

DISPONGO:

**1.** Los inquilinos, arrendatarios o personas legalmente autorizadas para usar de la totalidad o parte de un inmueble urbano podrán instalar en los mismos, a través de las Empresas debidamente autorizadas por la Dirección General de Radiodifusión y Televisión, el servicio de televisión por cable, sin más limitaciones que las derivadas de la observancia de los Reglamentos Administrativos sobre la materia.

Las obras conexas al ejercicio del derecho arrendaticio o posesorio antes citado no serán causa de resolución contractual, quedando excluidas del efecto previsto en la cláusula séptima del artículo ciento catorce de la vigente Ley de Arrendamientos Urbanos.

**2.** Uno. Las Entidades encargadas por la Dirección General de Radiodifusión y Televisión para establecer la infraestructura e instalar el servicio de televisión por cable quedan facultadas, conforme a su legislación especial, para la realización de cuantas obras sean necesarias respecto a la adecuada prestación del mismo.

Dos. Los inquilinos y las Entidades encargadas de la instalación responderán civilmente de los daños que causen, en los términos establecidos en el Código Civil y, en su caso, en la Ley de Arrendamientos Urbanos.

Tres. Las cuestiones que se susciten, en la relación con la materia regulada por el presente artículo, se ventilarán ante los Tribunales ordinarios por los trámites establecidos en las normas procesales que sean de aplicación.

**3.** Las autorizaciones y servidumbres que precise obtener la «Compañía Telefónica Nacional de España» para la realización de las obras e instalaciones que exija la adecuada prestación del servicio de televisión por cable, se regirán por las normas contenidas en la Ley de treinta y uno de diciembre de mil novecientos cuarenta y cinco y en el contrato celebrado entre dicha Compañía y el Estado, aprobado por Decreto de treinta y uno de octubre de mil novecientos cuarenta y seis.

**4.** Los Ministerios de Justicia e Información y Turismo quedan autorizados para dictar las normas complementarias precisas para el cumplimiento y ejecución del presente Decreto.

**XI. Real Decreto 448/1988, de 22 de abril, por el que se regula la difusión de películas cinematográficas y otras obras audiovisuales recogidas en soporte videográfico.**

Las nuevas tecnologías de reproducción de obras audiovisuales, señaladamente a través del soporte videográfico, han dado lugar a la aparición en nuestro país de nuevos cauces de difusión de las películas cinematográficas y otras obras audiovisuales, tanto en locales y servicios públicos como en domicilios particulares, mediante la conexión de un magnetoscopio o aparato emisor con receptores de uso privado o público.

Por otra parte, la nueva Ley 22/1987, de 11 de noviembre, de Propiedad Intelectual, ha establecido una completa regulación de los derechos de autor de las obras cinematográficas, teniendo en cuenta estos modernos sistemas de difusión. Así su art. 20 considera como comunicación pública todo acto por el cual una pluralidad de personas puede tener acceso a la obra sin previa distribución de ejemplares de cada una de ellas. En el art. 88, por otra parte, se dispone que los derechos de reproducción, distribución y comunicación pública de las obras audiovisuales se presumirán cedidos en exclusiva a los productores, y, finalmente, en el art. 90.3 se regula la remuneración a los autores por la proyección, exhibición o transmisión, debidamente autorizada, de una obra audiovisual por cualquier procedimiento sin exigir pago de un precio de entrada.

Se hace necesario, por lo tanto, completar las vigentes normas de la exhibición cinematográfica, regulando estos nuevos sistemas y adaptándolos a la nueva legislación de derechos de autor.

En su virtud, a propuesta de los Ministros de Interior, de Cultura y de Transportes, Turismo y Comunicaciones, de acuerdo con el Consejo de Estado y previa deliberación del Consejo de Ministros en su reunión del día 22 de abril de 1988,

DISPONGO:

**1.** 1. Las disposiciones del presente Real Decreto son aplicables a la difusión de películas cinematográficas y otras obras audiovisuales, contenidas en soporte videográfico, cuando se transmiten a una pluralidad de personas, sin la previa distribución de ejemplares a cada una de ellas, mediante un aparato reproductor conectado con uno o varios aparatos receptores de uso privado o público.

2. A los efectos del apartado anterior, se consideran, en todo caso, incluidas:

a) Las Empresas de servicios que, independientemente o no del servicio principal que prestan a sus usuarios, difunden o contratan la difusión de películas cinematográficas y otras obras audiovisuales contenidas en soporte videográfico, tales como las Empresas Turísticas y los titulares de Centros y vehículos de transporte terrestre, aéreo y marítimo.

b) Las personas físicas o jurídicas que difunden películas cinematográficas y otras obras audiovisuales contenidas en soporte videográfico, a los domicilios particulares, mediante su transmisión desde un aparato reproductor conectado con aparatos receptores de uso privado.

c) Las comunidades de propietarios que difunden películas cinematográficas y obras audiovisuales contenidas en soporte videográfico, a los domicilios particulares mediante su transmisión desde un aparato reproductor conectado con aparatos receptores de uso privado.

3. No será aplicable el presente Real Decreto cuando la difusión se realice dentro de un ámbito estrictamente doméstico que no esté conectado a una red de cualquier tipo.

4. Asímismo, no será aplicable a las salas de exhibición cinematográfica que realicen la difusión de dichas películas y obras contenidas en soporte videográfico a una pluralidad de personas, que se regirán por su legislación específica.

**2.** 1. En la difusión a la que se refiere este Real Decreto no se podrán utilizar soportes videográficos que no reúnan las condiciones de certificación, calificación y etiquetaje establecidos en el Real Decreto 2332/1983, de 1 de septiembre, y las normas que la desarrollan.

2. Cuando se trate de películas cinematográficas y obras audiovisuales calificadas como X o exclusivamente para mayores de dieciocho años, conforme a la normativa vigente, no podrá procederse a su difusión en los locales públicos o servicios abiertos al público que sean de libre acceso a todas las edades.

**3.** 1. La transmisión que se menciona en el art. 1º. no deberá producir interferencias a los servicios de telecomunicación debidamente autorizados y, en particular, a los servicios de radiodifusión y televisión.

2. De acuerdo con lo establecido en el art. 9.1 del Real Decreto 2704/1982, de 3 de septiembre, y conforme a lo establecido en el art. 7.4 de la Ley 31/1987, de Ordenación de las Telecomunicaciones, el Ministerio de Transportes, Turismo y Comunicaciones podrá suspender el funcionamiento de las instalaciones y aparatos eléctricos de todas clases que causen interferencia perjudicial a las comunicaciones y servicios radioeléctricos.

**4.** 1. Para llevar a cabo la difusión de las películas cinematográficas y otras obras audiovisuales en las modalidades previstas en este Real Decreto, será necesario contar con la previa autorización de los titulares o cesionarios de los correspondientes derechos de comunicación pública de dichas obras.

2. En el supuesto de que los titulares de los derechos de explotación hayan constituido una Entidad para la gestión colectiva del derecho de comunicación pública de sus obras en las modalidades a que se refiere este Real Decreto, aquéllas contratarán con quienes lo soliciten en los términos establecidos en el art. 142 de la Ley 22/1987, de 11 de noviembre, de Propiedad Intelectual.

3. En todo caso, los titulares de los derechos, bien por sí mismos o a través de las Entidades de gestión, podrán exigir en los contratos de remisión periódica de la documentación justificativa de la difusión, con indicación de la programación efectuada, del número de usuarios o receptores, y de las cantidades percibidas, en su caso.

4. Lo previsto en el presente artículo se entiende sin perjuicio del derecho a remuneración que corresponde a los autores, conforme dispone el art. 90, párrafo tercero, de la Ley 22/1987, de 11 de noviembre, de Propiedad Intelectual.

**5.** 1. De acuerdo con lo previsto en el art. 13 de la Ley 26/1984, de 19 de julio, General para la defensa de los Consumidores y Usuarios, quienes realicen la difusión a que se refiere este Real Decreto deberán informar de forma eficaz y suficiente a los usuarios, de las características de sus servicios y, al menos, de los siguientes aspectos:

a) Con antelación suficiente de la programación, con expresa mención de la calificación que tienen las películas que vayan a difundir.

b) Del precio del servicio, indicando con claridad si está o no incluido en el precio de otro servicio principal, y, si se trata de una cuota de abono, de su cuantía y periodicidad.

c) De las restantes condiciones jurídicas en las que se presta el servicio.

2. Las Empresas de servicios a las que se refiere el art. 1º, 2, letra a) y las comunidades de propietarios cumplirán lo dispuesto en el párrafo anterior con las adaptaciones necesarias que se deriven de la modalidad de difusión y de las características del servicio que prestan.

3. Cuando se trate de las Empresas a que se refiere la letra b) del apartado 2 del art. 1 y las comunidades de propietarios, llevarán un libro registro de usuarios o abonados.

**6.** Las personas físicas y jurídicas, mencionadas en el art. 1º, 2., b), se inscribirán en una nueva sección del Registro de Empresas Cinematográficas, que se denominará «De las Empresas de Difusión».

**7.** 1. Lo previsto en el presente Real Decreto se entiende sin perjuicio de las competencias que corresponden a las Comunidades Autónomas, de acuerdo con sus respectivos Estatutos de Autonomía, así como a las demás Administraciones Públicas.

2. Lo dispuesto en el presente Real Decreto se entiende sin perjuicio de lo que establezca la legislación sobre telecomunicaciones y las demás normas que le sean aplicables.

3. La responsabilidad civil, penal o administrativa por infracciones en la materia, objeto del presente Real Decreto, se exigirá de conformidad con lo que dispone la legislación vigente.

## DISPOSICIONES FINALES

**Disposición Final Primera.** Se autoriza a los Ministros del Interior, de Cultura y de Transportes, Turismo y Comunicaciones para dictar en su caso las normas necesarias para la ejecución de lo dispuesto en el presente Real Decreto.

**Disposición Final Segunda.** El presente Real Decreto entrará en vigor el día siguiente al de su publicación en el "Boletín Oficial del Estado".

**XII. Real Decreto Legislativo 2/2004, de 5 de marzo, por el que se aprueba el texto refundido de la Ley Reguladora de las Haciendas Locales. (Fragmento)**

**1.** *Ámbito de aplicación.* 1. Tienen la consideración de bases del régimen jurídico financiero de la Administración local, dictadas al amparo del art. 149.1.18ª de la Constitución, los preceptos contenidos en esta ley, con excepción de los apartados 2 y 3 del art. 186, salvo los que regulan el sistema tributario local, dictados en virtud de lo dispuesto en el art. 133 de la Constitución y los que desarrollan las participaciones en los tributos del Estado a que se refiere el art. 142 de la Constitución; todo ello sin perjuicio de las competencias exclusivas que corresponden al Estado en virtud de lo dispuesto en el art. 149.1.14ª de la Constitución.

2. Esta ley se aplicará en todo el territorio nacional, sin perjuicio de los regímenes financieros forales de los Territorios Históricos del País Vasco y Navarra [86].

3. Igualmente, esta ley se aplicará sin perjuicio de los tratados y convenios internacionales.

...

**59.** *Enumeración de impuestos.* 1. Los ayuntamientos exigirán, de acuerdo con esta ley y las disposiciones que la desarrollan, los siguientes impuestos:

a) Impuesto sobre Bienes Inmuebles.

b) Impuesto sobre Actividades Económicas.

c) Impuesto sobre Vehículos de Tracción Mecánica.

2. Asimismo, los ayuntamientos podrán establecer y exigir el Impuesto sobre Construcciones, Instalaciones y Obras y el Impuesto sobre el Incremento de Valor de los Terrenos de Naturaleza Urbana, de acuerdo con esta ley, las disposiciones que la desarrollen y las respectivas ordenanzas fiscales.

---

[86] Véanse: - LO 3/1979, Estatuto de Autonomía para el País Vasco. - L 12/2002, por la que se aprueba el Concierto Económico con la C.A. del País Vasco. - LO 13/1982, de Reintegración y Amejoramiento del Régimen Foral de Navarra. - L 28/1990, por la que se aprueba el Convenio Económico entre el Estado y la C.F. de Navarra

**60.** *Naturaleza.* El Impuesto sobre Bienes Inmuebles es un tributo directo de carácter real que grava el valor de los bienes inmuebles en los términos establecidos en esta ley.

**61.** *Hecho imponible y supuestos de no sujeción.* [87]

1. Constituye el hecho imponible del impuesto la titularidad de los siguientes derechos sobre los bienes inmuebles rústicos y urbanos y sobre los inmuebles de características especiales:

a) De una concesión administrativa sobre los propios inmuebles o sobre los servicios públicos a que se hallen afectos.

b) De un derecho real de superficie.

c) De un derecho real de usufructo.

d) Del derecho de propiedad.

2. La realización del hecho imponible que corresponda de entre los definidos en el apartado anterior por el orden en él establecido determinará la no sujeción del inmueble urbano o rústico a las restantes modalidades en el mismo previstas. En los inmuebles de características especiales se aplicará esta misma prelación, salvo cuando los derechos de concesión que puedan recaer sobre el inmueble no agoten su extensión superficial, supuesto en el que también se realizará el hecho imponible por el derecho de propiedad sobre la parte del inmueble no afectada por una concesión. [88]

3. A los efectos de este impuesto, tendrán la consideración de bienes inmuebles rústicos, de bienes inmuebles urbanos y de bienes inmuebles de características especiales los definidos como tales en las normas reguladoras del Catastro Inmobiliario.

4. En caso de que un mismo inmueble se encuentre localizado en distintos términos municipales se entenderá, a efectos de este impuesto, que pertenece a cada uno de ellos por la superficie que ocupe en el respectivo término municipal.

5. No están sujetos a este impuesto:

---

[87] Véase la disp. trans. 8.ª de esta ley

[88] Dada nueva redacción apartado 2 por disposición adicional 10 apartado 1 de Ley 16/2007 de 4 de julio de 2007, con vigencia desde 01/01/2008

a) Las carreteras, los caminos, las demás vías terrestres y los bienes del dominio público marítimo-terrestre e hidráulico, siempre que sean de aprovechamiento público y gratuito para los usuarios. [89]

b) Los siguientes bienes inmuebles propiedad de los municipios en que estén enclavados:

Los de dominio público afectos a uso público.

Los de dominio público afectos a un servicio público gestionado directamente por el ayuntamiento, excepto cuando se trate de inmuebles cedidos a terceros mediante contraprestación.

Los bienes patrimoniales, exceptuados igualmente los cedidos a terceros mediante contraprestación.

## 62. *Exenciones.* [90]

1. Estarán exentos los siguientes inmuebles:

a) Los que sean propiedad del Estado, de las comunidades autónomas o de las entidades locales que estén directamente afectos a la seguridad ciudadana y a los servicios educativos y penitenciarios, así como los del Estado afectos a la defensa nacional.

b) Los bienes comunales y los montes vecinales en mano común.

c) Los de la Iglesia Católica, en los términos previstos en el Acuerdo entre el Estado Español y la Santa Sede sobre Asuntos Económicos, de 3 de enero de 1979, y los de las asociaciones confesionales no católicas legalmente reconocidas, en los términos establecidos en los respectivos acuerdos de cooperación suscritos en virtud de lo dispuesto en el art. 16 de la Constitución.

d) Los de la Cruz Roja Española.

---

[89] Dada nueva redacción apartado 5 letra a por art. 14 apartado 2 de Ley 16/2012 de 27 de diciembre de 2012, con vigencia desde 01/01/2013

[90] Véase la disp. trans. 3.ª de esta ley. Véase normas por las que se regulan beneficios fiscales para paliar los efectos de los desastres naturales: - art. 12 RDL 6/2024, de 5 de noviembre, por el que se adoptan medidas urgentes de respuesta ante los daños causados por la Depresión Aislada en Niveles Altos (DANA) en diferentes municipios entre el 28 de octubre y el 4 de noviembre de 2024 - art. 94 RDL 20/2022, de 27 de diciembre, en relación con el territorio afectado como consecuencia de los incendios forestales acaecidos durante los meses de junio, julio y agosto de 2022 - RDL 20/2021, de 5 de octubre, por el que se adoptan medidas urgentes de apoyo para la reparación de los daños ocasionados por las erupciones volcánicas y para la reconstrucción económica y social de la isla de La Palma - RDL 10/2021, de 18 de mayo, por el que se adoptan medidas urgentes para paliar los daños causados por la borrasca «Filomena»

e) Los inmuebles a los que sea de aplicación la exención en virtud de convenios internacionales en vigor y, a condición de reciprocidad, los de los Gobiernos extranjeros destinados a su representación diplomática, consular, o a sus organismos oficiales.

f) La superficie de los montes poblados con especies de crecimiento lento reglamentariamente determinadas, cuyo principal aprovechamiento sea la madera o el corcho, siempre que la densidad del arbolado sea la propia o normal de la especie de que se trate.

g) Los terrenos ocupados por las líneas de ferrocarriles y los edificios enclavados en los mismos terrenos, que estén dedicados a estaciones, almacenes o a cualquier otro servicio indispensable para la explotación de dichas líneas. No están exentos, por consiguiente, los establecimientos de hostelería, espectáculos, comerciales y de esparcimiento, las casas destinadas a viviendas de los empleados, las oficinas de la dirección ni las instalaciones fabriles.

2. Asimismo, previa solicitud, estarán exentos:

a) Los bienes inmuebles que se destinen a la enseñanza por centros docentes acogidos, total o parcialmente, al régimen de concierto educativo, en cuanto a la superficie afectada a la enseñanza concertada.

Esta exención deberá ser compensada por la Administración competente.

b) Los declarados expresa e individualizadamente monumento o jardín histórico de interés cultural, mediante real decreto en la forma establecida por el art. 9 de la Ley 16/1985, de 25 de junio, del Patrimonio Histórico Español, e inscritos en el registro general a que se refiere su art. 12 como integrantes del Patrimonio Histórico Español, así como los comprendidos en las disposiciones adicionales primera, segunda y quinta de dicha Ley.

Esta exención no alcanzará a cualesquiera clases de bienes urbanos ubicados dentro del perímetro delimitativo de las zonas arqueológicas y sitios y conjuntos históricos, globalmente integrados en ellos, sino, exclusivamente, a los que reúnan las siguientes condiciones:

En zonas arqueológicas, los incluidos como objeto de especial protección en el instrumento de planeamiento urbanístico a que se refiere el art. 20 de la Ley 16/1985, de 25 de junio, del Patrimonio Histórico Español.

En sitios o conjuntos históricos, los que cuenten con una antigüedad igual o superior a cincuenta años y estén incluidos en el catálogo previsto en el Real Decreto 2159/1978, de 23 de junio, por el que se aprueba el Reglamento de planeamiento para el desarrollo y aplicación de la Ley sobre Régimen del Suelo y Ordenación Urbana, como objeto de protección integral en los términos previstos en el art. 21 de la Ley 16/1985, de 25 de junio.

No estarán exentos los bienes inmuebles a que se refiere esta letra b) cuando estén afectos a explotaciones económicas, salvo que les resulte de aplicación alguno de los supuestos de exención previstos en la Ley 49/2002, de 23 de diciembre, de régimen fiscal de las entidades sin fines lucrativos y de los incentivos fiscales al mecenazgo, o que la sujeción al impuesto a título de contribuyente recaiga sobre el Estado, las Comunidades Autónomas o las entidades locales, o sobre organismos autónomos del Estado o entidades de derecho público de análogo carácter de las Comunidades Autónomas y de las entidades locales. [91]

c) La superficie de los montes en que se realicen repoblaciones forestales o regeneración de masas arboladas sujetas a proyectos de ordenación o planes técnicos aprobados por la Administración forestal. Esta exención tendrá una duración de 15 años, contados a partir del período impositivo siguiente a aquel en que se realice su solicitud.

3. Las ordenanzas fiscales podrán regular una exención a favor de los bienes de que sean titulares los centros sanitarios de titularidad pública, siempre que estén directamente afectados al cumplimiento de los fines específicos de los referidos centros. La regulación de los restantes aspectos sustantivos y formales de esta exención se establecerá en la ordenanza fiscal.

4. Los ayuntamientos podrán establecer, en razón de criterios de eficiencia y economía en la gestión recaudatoria del tributo, la exención de los inmuebles rústicos y urbanos cuya cuota líquida no supere la cuantía que se determine mediante ordenanza fiscal, a cuyo efecto podrá tomarse en consideración, para los primeros, la cuota agrupada que resulte de lo previsto en el apartado 2 del art. 77 de esta ley.

**63.** *Sujeto pasivo.* [92] 1. Son sujetos pasivos, a título de contribuyentes, las personas naturales y jurídicas y las entidades a que se refiere el art. 35.4 de la Ley 58/2003, de 17 de diciembre, General

[91] Dada nueva redacción apartado 2 letra b por art. 14 apartado 3 de Ley 16/2012 de 27 de diciembre de 2012, con vigencia desde 01/01/2013

[92] Dada nueva redacción por disposición adicional 10 apartado 2 de Ley 16/2007 de 4 de julio de 2007, con vigencia desde 01/01/2008

Tributaria, que ostenten la titularidad del derecho que, en cada caso, sea constitutivo del hecho imponible de este impuesto.

En el caso de bienes inmuebles de características especiales, cuando la condición de contribuyente recaiga en uno o en varios concesionarios, cada uno de ellos lo será por su cuota, que se determinará en razón a la parte del valor catastral que corresponda a la superficie concedida y a la construcción directamente vinculada a cada concesión. Sin perjuicio del deber de los concesionarios de formalizar las declaraciones a que se refiere el art. 76 de esta Ley, el ente u organismo público al que se halle afectado o adscrito el inmueble o aquel a cuyo cargo se encuentre su administración y gestión, estará obligado a suministrar anualmente al Ministerio de Economía y Hacienda la información relativa a dichas concesiones en los términos y demás condiciones que se determinen por orden.

Para esa misma clase de inmuebles, cuando el propietario tenga la condición de contribuyente en razón de la superficie no afectada por las concesiones, actuará como sustituto del mismo el ente u organismo público al que se refiere el párrafo anterior, el cual no podrá repercutir en el contribuyente el importe de la deuda tributaria satisfecha.

2. Lo dispuesto en el apartado anterior será de aplicación sin perjuicio de la facultad del sujeto pasivo de repercutir la carga tributaria soportada conforme a las normas de derecho común.

Las Administraciones Públicas y los entes u organismos a que se refiere el apartado anterior repercutirán la parte de la cuota líquida del impuesto que corresponda en quienes, no reuniendo la condición de sujetos pasivos, hagan uso mediante contraprestación de sus bienes demaniales o patrimoniales, los cuales estarán obligados a soportar la repercusión. A tal efecto la cuota repercutible se determinará en razón a la parte del valor catastral que corresponda a la superficie utilizada y a la construcción directamente vinculada a cada arrendatario o cesionario del derecho de uso. Lo dispuesto en este párrafo no será de aplicación en el supuesto de alquiler de inmueble de uso residencial con renta limitada por una norma jurídica. [93]

**64.** *Afección real en la transmisión y responsabilidad solidaria en la cotitularidad.* 1. En los supuestos de cambio, por cualquier causa, en la

---

[93] Dada nueva redacción apartado 2 por art. 4 apartado 1 de Real Decreto-Ley 7/2019 de 1 de marzo de 2019, con vigencia desde 06/03/2019

titularidad de los derechos que constituyen el hecho imponible de este impuesto, los bienes inmuebles objeto de dichos derechos quedarán afectos al pago de la totalidad de la cuota tributaria, en régimen de responsabilidad subsidiaria, en los términos previstos en la Ley General Tributaria. A estos efectos, los notarios solicitarán información y advertirán expresamente a los comparecientes en los documentos que autoricen sobre las deudas pendientes por el Impuesto sobre Bienes Inmuebles asociadas al inmueble que se transmite, sobre el plazo dentro del cual están obligados los interesados a presentar declaración por el impuesto, cuando tal obligación subsista por no haberse aportado la referencia catastral del inmueble, conforme al apartado 2 del art. 43 del texto refundido de la Ley del Catastro Inmobiliario y otras normas tributarias, sobre la afección de los bienes al pago de la cuota tributaria y, asimismo, sobre las responsabilidades en que incurran por la falta de presentación de declaraciones, el no efectuarlas en plazo o la presentación de declaraciones falsas, incompletas o inexactas, conforme a lo previsto en el art. 70 del texto refundido de la Ley del Catastro Inmobiliario y otras normas tributarias.

2. Responden solidariamente de la cuota de este impuesto, y en proporción a sus respectivas participaciones, los copartícipes o cotitulares de las entidades a que se refiere el art. 35.4. de la Ley 58/2003, de 17 de diciembre, General Tributaria, si figuran inscritos como tales en el Catastro Inmobiliario. De no figurar inscritos, la responsabilidad se exigirá por partes iguales en todo caso.

**65.** *Base imponible.* La base imponible de este impuesto estará constituida por el valor catastral de los bienes inmuebles, que se determinará, notificará y será susceptible de impugnación conforme a lo dispuesto en las normas reguladoras del Catastro Inmobiliario.

**66.** *Base liquidable.* [94]
1. La base liquidable de este impuesto será el resultado de practicar en la base imponible la reducción a que se refieren los artículos siguientes.

2. La base liquidable se notificará conjuntamente con la base imponible en los procedimientos de valoración colectiva. Dicha notificación

---

[94] Véanse las disposiciones transitorias 3.ª y 9.ª de esta ley

incluirá la motivación de la reducción aplicada mediante la indicación del valor base que corresponda al inmueble así como de los importes de dicha reducción y de la base liquidable del primer año de vigencia del nuevo valor catastral en este impuesto.

Sin perjuicio de lo anterior, que será aplicable en los procedimientos de valoración colectiva de carácter general, en los de carácter parcial y simplificado, la motivación consistirá en la expresión de los datos indicados en el párrafo anterior, referidos al ejercicio en que se practique la notificación.

3. Cuando se produzcan alteraciones de términos municipales y mientras no se apruebe una nueva ponencia de valores, los bienes inmuebles que pasen a formar parte de otro municipio mantendrán el mismo régimen de asignación de bases imponibles y liquidables que tuvieran en el de origen.

4. En los procedimientos de valoración colectiva la determinación de la base liquidable será competencia de la Dirección General del Catastro y recurrible ante los Tribunales Económico-Administrativos del Estado.

**67.** *Reducción en base imponible.* [95]

1. La reducción en la base imponible será aplicable a aquellos bienes inmuebles urbanos y rústicos que se encuentren en algunas de estas dos situaciones:

a) Inmuebles cuyo valor catastral se incremente, como consecuencia de procedimientos de valoración colectiva de carácter general en virtud de:

1º La aplicación de la primera ponencia total de valores aprobada con posterioridad al 1 de enero de 1997.

2º La aplicación de sucesivas ponencias totales de valores que se aprueben una vez transcurrido el período de reducción establecido en el art. 68.1 de esta ley.

b) Inmuebles situados en municipios para los que se hubiera aprobado una ponencia de valores que haya dado lugar a la aplicación de la reducción prevista en el párrafo a) anterior y cuyo valor catastral se altere, antes de finalizar el plazo de reducción, por alguna de las siguientes causas:

1º Procedimientos de valoración colectiva de carácter general.

---

[95] Véanse las disposiciones transitorias 3.ª y 18.ª de esta ley

2º Procedimientos de valoración colectiva de carácter parcial.

3º Procedimientos simplificados de valoración colectiva.

4º Procedimientos de inscripción mediante declaraciones, comunicaciones, solicitudes, subsanación de discrepancias e inspección catastral.

2. Tratándose de bienes inmuebles de características especiales, la reducción en la base imponible únicamente procederá cuando el valor catastral resultante de la aplicación de una nueva Ponencia de valores especial supere el doble del que, como inmueble de esa clase, tuviera previamente asignado. En defecto de este valor, se tomará como tal el 40 por ciento del que resulte de la nueva Ponencia. [96]

3. Esta reducción se aplicará de oficio sin necesidad de previa solicitud por los sujetos pasivos del impuesto y no dará lugar a la compensación establecida en el art. 9 de esta ley. [97]

4. La reducción establecida en este artículo no se aplicará respecto del incremento de la base imponible de los inmuebles que resulte de la actualización de sus valores catastrales por aplicación de los coeficientes establecidos en las Leyes de Presupuestos Generales del Estado. [98]

**68.** *Duración y cuantía de la reducción.* [99]

1. La reducción se aplicará durante un período de nueve años a contar desde la entrada en vigor de los nuevos valores catastrales, sin perjuicio de lo dispuesto en el art. 70 de esta ley.

2. La cuantía de la reducción será el resultado de aplicar un coeficiente reductor, único para todos los inmuebles afectados del municipio, a un componente individual de la reducción, calculado para cada inmueble.

3. El coeficiente reductor tendrá el valor de 0,9 el primer año de su aplicación e irá disminuyendo en 0,1 anualmente hasta su desaparición.

---

[96] Añadido apartado 2 por disposición adicional 7 apartado 2 de Ley 16/2007 de 4 de julio de 2007, con vigencia desde 06/07/2007

[97] Renumerado apartado 2 por disposición adicional 7 apartado 2 de Ley 16/2007 de 4 de julio de 2007 como apartado 3 , con vigencia desde 06/07/2007

[98] Renumerado apartado 3 por disposición adicional 7 apartado 2 de Ley 16/2007 de 4 de julio de 2007 como apartado 4, con vigencia desde 06/07/2007

[99] Véase la disp. trans. 3.ª de esta ley

4. El componente individual de la reducción será, en cada año, la diferencia positiva entre el nuevo valor catastral que corresponda al inmueble en el primer ejercicio de su vigencia y su valor base. Dicha diferencia se dividirá por el último coeficiente reductor aplicado cuando concurran los supuestos del art. 67, apartado 1.b).2°, y b).3° de esta ley.

En caso de que la actualización de valores catastrales por aplicación de los coeficientes establecidos en las leyes de Presupuestos Generales del Estado determine un decremento de la base imponible de los inmuebles, el componente individual de la reducción será, en cada año, la diferencia positiva entre el valor catastral resultante de dicha actualización y su valor base. Dicha diferencia se dividirá por el último coeficiente reductor aplicado.

No obstante, tratándose de bienes inmuebles de características especiales el componente individual de la reducción será, en cada año, la diferencia positiva entre el nuevo valor catastral que corresponda al inmueble en el primer ejercicio de su vigencia y el doble del valor a que se refiere el art. 67.2 que, a estos efectos, se tomará como valor base. [100]

**69.** *Valor base de la reducción.* [101] El valor base será la base liquidable del ejercicio inmediato anterior a la entrada en vigor del nuevo valor catastral, salvo cuando concurran las siguientes circunstancias:

a) Para aquellos inmuebles en los que, habiéndose producido alteraciones susceptibles de inscripción catastral previamente a la modificación del planeamiento o al 1 de enero del año anterior a la entrada en vigor de los valores catastrales resultantes de las ponencias de valores a las que se refiere el art. 67, aún no se haya modificado su valor catastral en el momento de la aprobación de estas, el valor base será el importe de la base liquidable que de acuerdo a dichas alteraciones corresponda al ejercicio inmediato anterior a la entrada en vigor de los nuevos valores catastrales por la aplicación a los mencionados bienes de la ponencia de valores anterior a la última aprobada.

---

[100] Dada nueva redacción apartado 4 por art. 7 apartado 2 número 1 de Ley 16/2013 de 29 de octubre de 2013 , con vigencia desde 01/01/2014

[101] Dada nueva redacción por art. 7 apartado 2 número 2 de Ley 16/2013 de 29 de octubre de 2013, con vigencia desde 01/01/2014

b) Para los inmuebles a los que se refiere el art. 67, en su apartado 1.b).4º, el valor base será el resultado de multiplicar el nuevo valor catastral por un cociente, determinado por la Dirección General del Catastro que, calculado con sus dos primeros decimales, se obtiene de dividir el valor catastral medio de todos los inmuebles de la misma clase del municipio incluidos en el último padrón entre la media de los valores catastrales resultantes de la aplicación de la nueva ponencia de valores.

En los procedimientos de valoración colectiva de carácter general, una vez aprobada la correspondiente ponencia de valores, la Dirección General del Catastro hará públicos el valor catastral medio de todos los inmuebles de la clase de que se trate incluidos en el último padrón del municipio y el valor catastral medio resultante de la aplicación de la nueva ponencia, antes del inicio de las notificaciones de los valores catastrales. Los anuncios de exposición pública de estos valores medios se publicarán por edictos en el boletín oficial de la provincia, indicándose el lugar y plazo, que no será inferior a 15 días.

Asimismo, este valor base se utilizará para aquellos inmuebles que deban ser nuevamente valorados como bienes de clase diferente de la que tenían.

c) Cuando la actualización de valores catastrales por aplicación de los coeficientes establecidos en las leyes de presupuestos generales del Estado determine un decremento de la base imponible de los inmuebles, el valor base será la base liquidable del ejercicio inmediatamente anterior a dicha actualización.

**70.** *Cómputo del período de reducción en supuestos especiales.* 1. En los casos contemplados en el art. 67, apartado 1.b).1º se iniciará el cómputo de un nuevo período de reducción y se extinguirá el derecho a la aplicación del resto de la reducción que se viniera aplicando.

2. En los casos contemplados en el art. 67, apartados 1.b).2º, 3º y 4º no se iniciará el cómputo de un nuevo período de reducción y el coeficiente reductor aplicado a los inmuebles afectados tomará el valor correspondiente al resto de los inmuebles del municipio.

**71.** *Cuota íntegra y cuota líquida.* 1. La cuota íntegra de este impuesto será el resultado de aplicar a la base liquidable el tipo de gravamen a que se refiere el artículo siguiente.

2. La cuota líquida se obtendrá minorando la cuota íntegra en el importe de las bonificaciones previstas legalmente.

**72.** *Tipo de gravamen. Recargo por inmuebles urbanos de uso residencial desocupados con carácter permanente.* [102]

1. El tipo de gravamen mínimo y supletorio será el 0,4 por ciento cuando se trate de bienes inmuebles urbanos y el 0,3 por ciento cuando se trate de bienes inmuebles rústicos, y el máximo será el 1,10 por ciento para los urbanos y 0,90 por ciento para los rústicos.

2. El tipo de gravamen aplicable a los bienes inmuebles de características especiales, que tendrá carácter supletorio, será del 0,6 por ciento. Los ayuntamientos podrán establecer para cada grupo de ellos existentes en el municipio un tipo diferenciado que, en ningún caso, será inferior al 0,4 por ciento ni superior al 1,3 por ciento.

3. Los ayuntamientos respectivos podrán incrementar los tipos fijados en el apartado 1 con los puntos porcentuales que para cada caso se indican, cuando concurra alguna de las circunstancias siguientes. En el supuesto de que sean varias, se podrá optar por hacer uso del incremento previsto para una sola, algunas o todas ellas:

| Puntos porcentuales | Bienes urbanos | Bienes rústicos |
|---|---|---|
| A) Municipios que sean capital de provincia o comunidad autónoma | 0,07 | 0,06 |
| B) Municipios en los que se preste servicio de transporte público colectivo de superficie | 0,07 | 0,05 |
| C) Municipios cuyos ayuntamientos presten más servicios de aquellos a los que están obligados según lo dispuesto en el art. 26 de la Ley 7/1985, de 2 de abril | 0,06 | 0,06 |
| D) Municipios en los que los terrenos de naturaleza rústica representan más del 80 por ciento de la superficie total del término | 0,00 | 0,15 |

4. Dentro de los límites resultantes de lo dispuesto en los apartados anteriores, los ayuntamientos podrán establecer, para los bienes

---

[102] Véanse las disposiciones transitorias 11.ª y 15.ª de esta ley

inmuebles urbanos, excluidos los de uso residencial, tipos diferenciados atendiendo a los usos establecidos en la normativa catastral para la valoración de las construcciones. Cuando los inmuebles tengan atribuidos varios usos se aplicará el tipo correspondiente al uso de la edificación o dependencia principal.

Dichos tipos solo podrán aplicarse, como máximo, al 10 por ciento de los bienes inmuebles urbanos del término municipal que, para cada uso, tenga mayor valor catastral, a cuyo efecto la ordenanza fiscal del impuesto señalará el correspondiente umbral de valor para todos o cada uno de los usos, a partir del cual serán de aplicación los tipos incrementados.

Tratándose de inmuebles de uso residencial que se encuentren desocupados con carácter permanente, los ayuntamientos podrán exigir un recargo de hasta el 50 por ciento de la cuota líquida del impuesto.

A estos efectos tendrá la consideración de inmueble desocupado con carácter permanente aquel que permanezca desocupado, de forma continuada y sin causa justificada, por un plazo superior a dos años, conforme a los requisitos, medios de prueba y procedimiento que establezca la ordenanza fiscal, y pertenezcan a titulares de cuatro o más inmuebles de uso residencial.

El recargo podrá ser de hasta el 100 por ciento de la cuota líquida del impuesto cuando el periodo de desocupación sea superior a tres años, pudiendo modularse en función del periodo de tiempo de desocupación.

Además, los ayuntamientos podrán aumentar el porcentaje de recargo que corresponda con arreglo a lo señalado anteriormente en hasta 50 puntos porcentuales adicionales en caso de inmuebles pertenecientes a titulares de dos o más inmuebles de uso residencial que se encuentren desocupados en el mismo término municipal.

En todo caso se considerarán justificadas las siguientes causas: el traslado temporal por razones laborales o de formación, el cambio de domicilio por situación de dependencia o razones de salud o emergencia social, inmuebles destinados a usos de vivienda de segunda residencia con un máximo de cuatro años de desocupación continuada, inmuebles sujetos a actuaciones de obra o rehabilitación, u otras circunstancias que imposibiliten su ocupación efectiva, que la vivienda esté siendo objeto de un litigio o causa pendiente de resolución judicial o administrativa que impida el uso y disposición de la misma o que se trate de inmuebles cuyos titulares, en condiciones de mercado, ofrezcan en venta, con un máximo de un año en esta situación, o en alquiler, con un máximo de seis meses en esta situación. En el caso de inmuebles de titularidad de alguna Administración Pública, se considerará también como causa justificada ser objeto el inmueble de un procedimiento de venta o de puesta en explotación mediante arrendamiento.

El recargo, que se exigirá a los sujetos pasivos de este tributo, se devengará el 31 de diciembre y se liquidará anualmente por los ayuntamientos, una vez constatada la desocupación del inmueble en tal fecha, juntamente con el acto administrativo por el que esta se declare.

La declaración municipal como inmueble desocupado con carácter permanente exigirá la previa audiencia del sujeto pasivo y la acreditación por el Ayuntamiento de los indicios de desocupación, a regular en dicha ordenanza, dentro de los cuales podrán figurar los relativos a los datos del padrón municipal, así como los consumos de servicios de suministro. [103]

5. Por excepción, en los municipios en los que entren en vigor nuevos valores catastrales de inmuebles rústicos y urbanos, resultantes de procedimientos de valoración colectiva de carácter general, los ayuntamientos podrán establecer, durante un período máximo de seis años, tipos de gravamen reducidos, que no podrán ser inferiores al 0,1 por ciento para los bienes inmuebles urbanos ni al 0,075 por ciento, tratándose de inmuebles rústicos.

6. Los ayuntamientos que acuerden nuevos tipos de gravamen, por estar incurso el municipio respectivo en procedimientos de valoración colectiva de carácter general, deberán aprobar dichos tipos provisionalmente con anterioridad al inicio de las notificaciones individualizadas de los nuevos valores y, en todo caso, antes del 1 de julio del año inmediatamente anterior a aquel en que deban surtir efecto [104]. De este acuerdo se dará traslado a la Dirección General del Catastro dentro de dicho plazo.

---

[103] Dada nueva redacción apartado 4 por disposición final 3 de Ley 12/2023 de 24 de mayo de 2023, con vigencia desde 26/05/2023

[104] Plazo ampliado: - Con vigencia exclusiva para el ejercicio 2019, hasta el 31 de julio, conforme a disp. trans. 3ª RDL 27/2018 de 28 diciembre. - Con vigencia exclusiva para el ejercicio 2015, hasta el 31 de julio, conforme a disp. trans. 5ª Ley 36/2014 de 26 diciembre. - Con vigencia exclusiva para el ejercicio 2007, hasta el 31 octubre, conforme a disp. trans. 9ª Ley 36/2006 de 29 noviembre

7. En los supuestos a los que se refiere el apartado 3 del art. 66 de esta ley, los ayuntamientos aplicarán a los bienes inmuebles rústicos y urbanos que pasen a formar parte de su término municipal el tipo de gravamen vigente en el municipio de origen, salvo que acuerden establecer otro distinto [105].

### 73. *Bonificaciones obligatorias.* [106]

1. Tendrán derecho a una bonificación de entre el 50 y el 90 por ciento en la cuota íntegra del impuesto, siempre que así se solicite por los interesados antes del inicio de las obras, los inmuebles que constituyan el objeto de la actividad de las empresas de urbanización, construcción y promoción inmobiliaria tanto de obra nueva como de rehabilitación equiparable a ésta, y no figuren entre los bienes de su inmovilizado. En defecto de acuerdo municipal, se aplicará a los referidos inmuebles la bonificación máxima prevista en este artículo.

El plazo de aplicación de esta bonificación comprenderá desde el período impositivo siguiente a aquel en que se inicien las obras hasta el posterior a su terminación, siempre que durante ese tiempo se realicen obras de urbanización o construcción efectiva, y sin que, en ningún caso, pueda exceder de tres períodos impositivos.

2. Tendrán derecho a una bonificación del 50 por ciento en la cuota íntegra del Impuesto, durante los tres períodos impositivos siguientes al del otorgamiento de la calificación definitiva, las viviendas de protección oficial y las que resulten equiparables a éstas conforme a la normativa de la respectiva comunidad autónoma. Dicha bonificación se concederá a petición del interesado, la cual podrá efectuarse en cualquier momento anterior a la terminación de los tres períodos impositivos de duración de aquella y surtirá efectos, en su caso, desde el período impositivo siguiente a aquel en que se solicite.

---

[105] Con efectos para los periodos impositivos que se inicien en los años 2014 y 2015, los tipos de gravamen del Impuesto sobre Bienes Inmuebles de los bienes inmuebles urbanos determinados con arreglo a lo dispuesto en este precepto resultarán incrementados en los porcentajes contemplados en el art. 8 Ley 16/2013, de 29 de octubre, por la que se establecen determinadas medidas en materia de fiscalidad medioambiental y se adoptan otras medidas tributarias y financieras

[106] Véase la disp. trans. 3.ª de esta ley. Téngase en cuenta que el art. 159.2 de esta ley establece para las ciudades autónomas de Ceuta y Melilla una bonificación del 50% en las cuotas tributarias correspondientes a los impuestos municipales regulados en ella

Los ayuntamientos podrán establecer una bonificación de hasta el 50 por ciento en la cuota íntegra del impuesto, aplicable a los citados inmuebles una vez transcurrido el plazo previsto en el párrafo anterior. La ordenanza fiscal determinará la duración y la cuantía anual de esta bonificación.

3. Tendrán derecho a una bonificación del 95 por ciento de la cuota íntegra y, en su caso, del recargo del impuesto a que se refiere el art. 153 de esta ley, los bienes rústicos de las cooperativas agrarias y de explotación comunitaria de la tierra, en los términos establecidos en la Ley 20/1990, de 19 de diciembre, sobre Régimen Fiscal de las Cooperativas.

4. Las ordenanzas fiscales especificarán los aspectos sustantivos y formales de las bonificaciones indicadas en los apartados anteriores, así como las condiciones de compatibilidad con otros beneficios fiscales.

**74.** *Bonificaciones potestativas.* 1. Las ordenanzas fiscales podrán regular una bonificación de hasta el 90 por ciento de la cuota íntegra del Impuesto a favor de los bienes inmuebles urbanos ubicados en áreas o zonas del municipio que, conforme a la legislación y planeamiento urbanísticos, correspondan a asentamientos de población singularizados por su vinculación o preeminencia de actividades primarias de carácter agrícola, ganadero, forestal, pesquero o análogas y que dispongan de un nivel de servicios de competencia municipal, infraestructuras o equipamientos colectivos inferior al existente en las áreas o zonas consolidadas del municipio, siempre que sus características económicas aconsejen una especial protección.

Las características peculiares y ámbito de los núcleos de población, áreas o zonas, así como las tipologías de las construcciones y usos del suelo necesarios para la aplicación de esta bonificación y su duración, cuantía anual y demás aspectos sustantivos y formales se especificarán en la ordenanza fiscal.

2. Los ayuntamientos podrán acordar, para cada ejercicio, la aplicación a los bienes inmuebles de una bonificación en la cuota íntegra del impuesto equivalente a la diferencia positiva entre la cuota íntegra del ejercicio y la cuota líquida del ejercicio anterior multiplicada esta última por el coeficiente de incremento máximo anual de la cuota líquida que establezca la ordenanza fiscal para cada uno de los tramos de valor catastral y, en su caso, para cada una de las diversas clases de cultivos o

aprovechamientos o de modalidades de uso de las construcciones que en aquella se fijen y en que se sitúen los diferentes bienes inmuebles del municipio.

Dicha bonificación, cuya duración máxima no podrá exceder de tres períodos impositivos, tendrá efectividad a partir de la entrada en vigor de nuevos valores catastrales de bienes inmuebles de una misma clase, resultantes de un procedimiento de valoración colectiva de carácter general de ámbito municipal. Asimismo, la ordenanza fijará las condiciones de compatibilidad de esta bonificación con las demás que beneficien a los mismos inmuebles.

Sin perjuicio de lo dispuesto en el párrafo anterior, en el supuesto de que la aplicación de otra bonificación concluya en el período inmediatamente anterior a aquel en que haya de aplicarse sobre ese mismo inmueble la bonificación a que se refiere este apartado, la cuota sobre la que se aplicará, en su caso, el coeficiente de incremento máximo anual será la cuota íntegra del ejercicio anterior.

Cuando en alguno de los períodos impositivos en los que se aplique esta bonificación tenga efectividad un cambio en el valor catastral de los inmuebles, resultante de alteraciones susceptibles de inscripción catastral, del cambio de clase del inmueble o de un cambio de aprovechamiento determinado por la modificación del planeamiento urbanístico, para el cálculo de la bonificación se considerará como cuota líquida del ejercicio anterior la resultante de aplicar el tipo de gravamen de dicho año al valor base determinado conforme a lo dispuesto en el art. 69 de esta ley.

Las liquidaciones tributarias resultantes de la aplicación de esta bonificación se regirán por lo previsto en el art. 102.3 de la Ley 58/2003, de 17 de diciembre, General Tributaria, sin que sea necesaria su notificación individual en los casos de establecimiento, modificación o supresión de aquella como consecuencia de la aprobación o modificación de la ordenanza fiscal.

2 bis. Los ayuntamientos mediante ordenanza podrán regular una bonificación de hasta el 95 por ciento de la cuota íntegra del impuesto a favor de inmuebles de organismos públicos de investigación y los de enseñanza universitaria. [107]

[107] Añadido apartado 2 bis por disposición final 4 de Ley Orgánica 4/2007 de 12 de abril de 2007, con vigencia desde 03/05/2007

2 ter. Los ayuntamientos mediante ordenanza podrán regular una bonificación de hasta el 95 por ciento de la cuota íntegra del impuesto a favor de los bienes inmuebles excluidos de la exención a que se refiere el último párrafo de la letra b) del apartado 2 del art. 62 de esta Ley. [108]

2 quáter. Los ayuntamientos mediante ordenanza podrán regular una bonificación de hasta el 95 por ciento de la cuota íntegra del impuesto a favor de inmuebles en los que se desarrollen actividades económicas que sean declaradas de especial interés o utilidad municipal por concurrir circunstancias sociales, culturales, histórico artísticas o de fomento del empleo que justifiquen tal declaración. Corresponderá dicha declaración al Pleno de la Corporación y se acordará, previa solicitud del sujeto pasivo, por voto favorable de la mayoría simple de sus miembros. [109]

3. Los ayuntamientos mediante ordenanza podrán regular una bonificación de hasta el 90 por ciento de la cuota íntegra del impuesto a favor de cada grupo de bienes inmuebles de características especiales. La ordenanza deberá especificar la duración, cuantía anual y demás aspectos sustantivos y formales relativos a esta bonificación.

4. Las ordenanzas fiscales podrán regular una bonificación de hasta el 90 por ciento de la cuota íntegra del impuesto a favor de aquellos sujetos pasivos que ostenten la condición de titulares de familia numerosa. La ordenanza deberá especificar la clase y características de los bienes inmuebles a que afecte, duración, cuantía anual y demás aspectos sustantivos y formales de esta bonificación, así como las condiciones de compatibilidad con otros beneficios fiscales.

5. Las ordenanzas fiscales podrán regular una bonificación de hasta el 50 por ciento de la cuota íntegra del impuesto para los bienes inmuebles en los que se hayan instalado sistemas para el aprovechamiento térmico o eléctrico de la energía proveniente del sol. La aplicación de esta bonificación estará condicionada a que las instalaciones para producción de calor incluyan colectores que dispongan de la correspondiente homologación por la Administración competente. Los

---

[108] Añadido apartado 2 ter por art. 14 apartado 4 de Ley 16/2012 de 27 de diciembre de 2012 , con vigencia desde 01/01/2013

[109] Añadido apartado 2 quater por art. 14 apartado 4 de Ley 16/2012 de 27 de diciembre de 2012, con vigencia desde 01/01/2013

demás aspectos sustantivos y formales de esta bonificación se especificarán en la ordenanza fiscal. [110]

6. Los ayuntamientos mediante ordenanza fiscal podrán establecer una bonificación de hasta el 95 por ciento en la cuota íntegra del impuesto para los bienes inmuebles de uso residencial destinados a alquiler de vivienda con renta limitada por una norma jurídica. [111]

7. Las ordenanzas fiscales podrán regular una bonificación de hasta el 50 por ciento de la cuota íntegra del impuesto a favor de los bienes inmuebles en los que se hayan instalado puntos de recarga para vehículos eléctricos. La aplicación de esta bonificación estará condicionada a que las instalaciones dispongan de la correspondiente homologación por la Administración competente. Los demás aspectos sustantivos y formales de esta bonificación se especificarán en la ordenanza fiscal. [112]

**75.** *Devengo y período impositivo.* 1. El impuesto se devengará el primer día del período impositivo.

2. El período impositivo coincide con el año natural.

3. Los hechos, actos y negocios que deben ser objeto de declaración o comunicación ante el Catastro Inmobiliario tendrán efectividad en el devengo de este impuesto inmediatamente posterior al momento en que produzcan efectos catastrales. La efectividad de las inscripciones catastrales resultantes de los procedimientos de valoración colectiva y de determinación del valor catastral de los bienes inmuebles de características especiales coincidirá con la prevista en las normas reguladoras del Catastro Inmobiliario.

**76.** *Declaraciones y comunicaciones ante el Catastro Inmobiliario.* 1. Las alteraciones concernientes a los bienes inmuebles susceptibles de inscripción catastral que tengan trascendencia a efectos de este impuesto determinarán la obligación de los sujetos pasivos de

---

[110] Dada nueva redacción apartado 5 por Resolución de 22 de julio de 2025, recuperando la redacción previa a la modificación introducida por el RDL 7/2025 de 24 junio, debido a su derogación, con vigencia desde 24/07/2025

[111] Añadido apartado 6 por art. 4 apartado 3 de Real Decreto-Ley 7/2019 de 1 de marzo de 2019, con vigencia desde 06/03/2019

[112] Añadido apartado 7 por disposición final 5 apartado 1 de Real Decreto-Ley 29/2021 de 21 de diciembre de 2021, con vigencia desde 23/12/2021

formalizar las declaraciones conducentes a su inscripción en el Catastro Inmobiliario, conforme a lo establecido en sus normas reguladoras.

2. Sin perjuicio de la facultad de la Dirección General del Catastro de requerir al interesado la documentación que en cada caso resulte pertinente, en los municipios acogidos mediante ordenanza fiscal al procedimiento de comunicación previsto en las normas reguladoras del Catastro Inmobiliario, las declaraciones a las que alude este artículo se entenderán realizadas cuando las circunstancias o alteraciones a que se refieren consten en la correspondiente licencia o autorización municipal, supuesto en el que el sujeto pasivo quedará exento de la obligación de declarar antes mencionada.

3. Los ayuntamientos podrán exigir la acreditación de la presentación de la declaración catastral de nueva construcción para la tramitación del procedimiento de concesión de la licencia que autorice la primera ocupación de los inmuebles. En el caso de que el ayuntamiento se hubiera acogido al procedimiento de comunicación a que se refiere el apartado anterior, en lugar de la acreditación de la declaración podrá exigirse la información complementaria que resulte necesaria para la remisión de la comunicación. [113]

## 77. *Gestión tributaria del impuesto.* [114]

1. La liquidación y recaudación, así como la revisión de los actos dictados en vía de gestión tributaria de este impuesto, serán competencia exclusiva de los ayuntamientos y comprenderán las funciones de reconocimiento y denegación de exenciones y bonificaciones, realización de las liquidaciones conducentes a la determinación de las deudas tributarias, emisión de los documentos de cobro, resolución de los expedientes de devolución de ingresos indebidos, resolución de los recursos que se interpongan contra dichos actos y actuaciones para la asistencia e información al contribuyente referidas a las materias comprendidas en este apartado.

2. Los ayuntamientos podrán agrupar en un único documento de cobro todas las cuotas de este impuesto relativas a un mismo sujeto pasivo cuando se trate de bienes rústicos sitos en un mismo municipio.

---

[113] Añadido apartado 3 por art. 11 apartado 1 de Ley 36/2006 de 29 de noviembre de 2006, con vigencia desde 01/12/2006

[114] Véase la disposición transitoria 10ª de esta ley

3. Los ayuntamientos determinarán la base liquidable cuando la base imponible resulte de la tramitación de los procedimientos de declaración, comunicación, solicitud, subsanación de discrepancias e inspección catastral previstos en las normas reguladoras del Catastro Inmobiliario [115].

4. No será necesaria la notificación individual de las liquidaciones tributarias en los supuestos en que, de conformidad con los arts. 65 y siguientes de esta ley, se hayan practicado previamente las notificaciones del valor catastral y base liquidable previstas en los procedimientos de valoración colectiva.

Una vez transcurrido el plazo de impugnación previsto en las citadas notificaciones sin que se hayan utilizado los recursos pertinentes, se entenderán consentidas y firmes las bases imponible y liquidable notificadas, sin que puedan ser objeto de nueva impugnación al procederse a la exacción anual del impuesto.

5. El impuesto se gestiona a partir de la información contenida en el padrón catastral y en los demás documentos expresivos de sus variaciones elaborados al efecto por la Dirección General del Catastro, sin perjuicio de la competencia municipal para la calificación de inmuebles de uso residencial desocupados. Dicho padrón, que se formará anualmente para cada término municipal, contendrá la información relativa a los bienes inmuebles, separadamente para los de cada clase y será remitido a las entidades gestoras del impuesto antes del 1 de marzo de cada año.

6. Los datos contenidos en el padrón catastral y en los demás documentos citados en el apartado anterior deberán figurar en las listas cobratorias, documentos de ingreso y justificantes de pago del Impuesto sobre Bienes Inmuebles.

7. En los supuestos en los que resulte acreditada, con posterioridad a la emisión de los documentos a que se refiere el apartado anterior, la no coincidencia del sujeto pasivo con el titular catastral, las rectificaciones que respecto a aquél pueda acordar el órgano gestor a efectos de liquidación del impuesto devengado por el correspondiente ejercicio, deberán ser inmediatamente comunicadas a la Dirección General del Catastro en la forma en que por ésta se determine. Esta liquidación tendrá carácter provisional cuando no exista convenio de delegación

---

[115] Véase la disp. trans. 12ª de la presente Ley

de funciones entre el Catastro y el ayuntamiento o entidad local correspondiente.

En este caso, a la vista de la información remitida, la Dirección General del Catastro confirmará o modificará el titular catastral mediante
acuerdo que comunicará al ayuntamiento o entidad local para que se
practique, en su caso, liquidación definitiva.

8. Las competencias que con relación al Impuesto sobre Bienes Inmuebles se atribuyen a los ayuntamientos en este artículo se ejercerán
directamente por aquellos o a través de los convenios u otras fórmulas
de colaboración que se celebren con cualquiera de las Administraciones públicas en los términos previstos en la Ley 7/1985, de 2 de abril,
Reguladora de las Bases del Régimen Local, con aplicación de forma
supletoria de lo dispuesto en el título I de la Ley 30/1992, de 26 de
noviembre, de Régimen Jurídico de las Administraciones Públicas y
del Procedimiento Administrativo Común.

Sin perjuicio de lo anterior, las entidades locales reconocidas por
las leyes y las comunidades autónomas uniprovinciales en las que se
integren los respectivos ayuntamientos asumirán el ejercicio de las referidas competencias cuando así lo solicite el ayuntamiento interesado,
en la forma y plazos que reglamentariamente se establezcan.

...

**149.** *Otros recursos.* 1. Cuando las diputaciones provinciales ges-
tionen servicios propios de las comunidades autónomas, éstas, de
acuerdo con su legislación, podrán fijar módulos de funcionamiento y
financiación y niveles de rendimiento mínimo, otorgando al respecto
las correspondientes dotaciones económicas. Las diputaciones provinciales podrán mejorar estos módulos y niveles utilizando sus propias
disponibilidades presupuestarias.

2. Cuando las diputaciones provinciales asuman por cuenta de los
ayuntamientos de su ámbito territorial la recaudación de los Impuestos
sobre Bienes Inmuebles y sobre Actividades Económicas, regulados en
el título II de esta ley, podrán concertar, con cualesquiera entidades de
las enumeradas en el art. 48, operaciones especiales de tesorería con el
exclusivo objeto de anticipar a los ayuntamientos, anualmente, hasta el
75 por ciento del importe de las presumibles recaudaciones por dichos
tributos.

Las operaciones a que se refiere el párrafo anterior deberán quedar
canceladas antes de finalizar cada ejercicio, no deberán suponer carga

financiera alguna para las diputaciones y no se computarán a los efectos de los límites previstos en los arts. 51, 52 y 53 de esta ley.

...

...

**153.** *Recursos de las áreas metropolitanas.* 1. Las áreas metropolitanas podrán contar con los siguientes recursos:

a) Las áreas metropolitanas podrán establecer un recargo sobre el Impuesto sobre Bienes Inmuebles sitos en el territorio de la entidad. Dicho recargo se exigirá a los mismos sujetos pasivos y en los mismos casos contemplados en la normativa reguladora de este impuesto, y consistirá en un porcentaje único que recaerá sobre la base imponible de este, y su tipo no podrá ser superior al 0,2 por ciento.

b) Las subvenciones de carácter finalista que se podrán fijar en los Presupuestos Generales del Estado para la financiación de aquellos servicios específicos que constituyan el objeto de las áreas metropolitanas y cuya cuantía, perceptor y forma de distribución se determina anualmente.

2. Las leyes de las comunidades autónomas que, de acuerdo con lo dispuesto en sus Estatutos, creen en su territorio áreas metropolitanas determinarán los recursos de sus respectivas haciendas de entre los enumerados en el párrafo a) del apartado anterior de este artículo y en el art. 152.

...

**XIII. Ley 35/2006, de 28 de noviembre, del Impuesto sobre la Renta de las Personas Físicas y de modificación parcial de las leyes de los Impuestos sobre Sociedades, sobre la Renta de no Residentes y sobre el Patrimonio. IRPF (Fragmento)**

...

**20.** *Reducción por obtención de rendimientos del trabajo.* [116] [117]

Los contribuyentes con rendimientos netos del trabajo inferiores a 19.747,5 euros siempre que no tengan rentas, excluidas las exentas, distintas de las del trabajo superiores a 6.500 euros, minorarán el rendimiento neto del trabajo en las siguientes cuantías:

a) Contribuyentes con rendimientos netos del trabajo iguales o inferiores a 14.852 euros: 7.302 euros anuales.

b) Contribuyentes con rendimientos netos del trabajo superiores a 14.852 euros, pero iguales o inferiores a 17.673,52 euros: 7.302 euros menos el resultado de multiplicar por 1,75 la diferencia entre el rendimiento del trabajo y 14.852 euros anuales.

c) Contribuyentes con rendimientos netos del trabajo comprendidos entre 17.673,52 y 19.747,5 euros: 2.364,34 euros menos el resultado de multiplicar por 1,14 la diferencia entre el rendimiento del trabajo y 17.673,52 euros anuales.

A estos efectos, el rendimiento neto del trabajo será el resultante de minorar el rendimiento íntegro en los gastos previstos en las letras a), b), c), d) y e) del artículo 19.2 de esta Ley.

Como consecuencia de la aplicación de la reducción prevista en este artículo, el saldo resultante no podrá ser negativo.

**21.** *Definición de rendimientos del capital.* [118]

1. Tendrán la consideración de rendimientos íntegros del capital la totalidad de las utilidades o contraprestaciones, cualquiera que sea su denominación o naturaleza, dinerarias o en especie, que provengan, directa o indirectamente, de elementos patrimoniales, bienes o dere-

---

[116] Dada nueva redacción por art. 3 apartado 1 de Real Decreto-Ley 4/2024 de 26 de junio de 2024, con vigencia desde 01/01/2024

[117] Téngase en cuenta, para el periodo impositivo 2015, la disp. trans. 6ª y para el periodo impositivo 2018, la disp. adic. 47ª, ambas de esta Ley

[118] Véanse arts. 42 y 43 de esta Ley

chos, cuya titularidad corresponda al contribuyente y no se hallen afectos a actividades económicas realizadas por éste.

No obstante, las rentas derivadas de la transmisión de la titularidad de los elementos patrimoniales, aun cuando exista un pacto de reserva de dominio, tributarán como ganancias o pérdidas patrimoniales, salvo que por esta ley se califiquen como rendimientos del capital.

2. En todo caso, se incluirán como rendimientos del capital:

a) Los provenientes de los bienes inmuebles, tanto rústicos como urbanos, que no se hallen afectos a actividades económicas realizadas por el contribuyente.

b) Los que provengan del capital mobiliario y, en general, de los restantes bienes o derechos de que sea titular el contribuyente, que no se encuentren afectos a actividades económicas realizadas por éste.

...

### 33. *Concepto.* [119]

1. Son ganancias y pérdidas patrimoniales las variaciones en el valor del patrimonio del contribuyente que se pongan de manifiesto con ocasión de cualquier alteración en la composición de aquél, salvo que por esta Ley se califiquen como rendimientos.

2. Se estimará que no existe alteración en la composición del patrimonio:

a) En los supuestos de división de la cosa común.

b) En la disolución de la sociedad de gananciales o en la extinción del régimen económico matrimonial de participación.

c) En la disolución de comunidades de bienes o en los casos de separación de comuneros.

Los supuestos a que se refiere este apartado no podrán dar lugar, en ningún caso, a la actualización de los valores de los bienes o derechos recibidos.

3. Se estimará que no existe ganancia o pérdida patrimonial en los siguientes supuestos [120]:

a) En reducciones del capital. Cuando la reducción de capital, cualquiera que sea su finalidad, dé lugar a la amortización de valores o

---

[119] Véase: - disp. adic. 5ª L 62/2003, de medidas fiscales, administrativas y del orden social. - disp. final 1.ª O ICT/971/2020 de 15 octubre por la que se desarrolla el programa de renovación del parque circulante español en 2020 (Plan Renove 2020)

[120] Véanse disp. adic. 18ª.2.a).1º L 62/2003, de medidas fiscales, administrativas y del orden social y disp. adic. 3ª RD-L 11/2012, de medidas para agilizar el pago de

participaciones, se considerarán amortizadas las adquiridas en primer lugar, y su valor de adquisición se distribuirá proporcionalmente entre los restantes valores homogéneos que permanezcan en el patrimonio del contribuyente.

Cuando la reducción de capital no afecte por igual a todos los valores o participaciones propiedad del contribuyente, se entenderá referida a las adquiridas en primer lugar. Cuando la reducción de capital tenga por finalidad la devolución de aportaciones, el importe de ésta o el valor normal de mercado de los bienes o derechos percibidos minorará el valor de adquisición de los valores o participaciones afectadas, de acuerdo con las reglas del párrafo anterior, hasta su anulación. El exceso que pudiera resultar se integrará como rendimiento del capital mobiliario procedente de la participación en los fondos propios de cualquier tipo de entidad, en la forma prevista para la distribución de la prima de emisión, salvo que dicha reducción de capital proceda de beneficios no distribuidos, en cuyo caso la totalidad de las cantidades percibidas por este concepto tributará de acuerdo con lo previsto en la letra a) del art. 25.1 de esta Ley. A estos efectos, se considerará que las reducciones de capital, cualquiera que sea su finalidad, afectan en primer lugar a la parte del capital social que no provenga de beneficios no distribuidos, hasta su anulación.

No obstante lo dispuesto en el párrafo anterior, en el caso de reducción de capital que tenga por finalidad la devolución de aportaciones y no proceda de beneficios no distribuidos, correspondiente a valores no admitidos a negociación en alguno de los mercados regulados de valores definidos en la Directiva 2004/39/CE del Parlamento Europeo y del Consejo, de 21 de abril de 2004, relativa a los mercados de instrumentos financieros, y representativos de la participación en fondos propios de sociedades o entidades, cuando la diferencia entre el valor de los fondos propios de las acciones o participaciones correspondiente al último ejercicio cerrado con anterioridad a la fecha de la reducción de capital y su valor de adquisición sea positiva, el importe obtenido o el valor normal de mercado de los bienes o derechos recibidos se considerará rendimiento del capital mobiliario con el límite de la citada diferencia positiva.

A estos efectos, el valor de los fondos propios a que se refiere el párrafo anterior se minorará en el importe de los beneficios repartidos

---

las ayudas a los damnificados por el terremoto, reconstruir los inmuebles demolidos e impulsar la actividad económica de Lorca con anterioridad a la fecha de la reducción de capital, procedentes de reservas incluidas en los citados fondos propios, así como en el importe de las reservas legalmente indisponibles incluidas en dichos fondos propios que se hubieran generado con posterioridad a la adquisición de las acciones o participaciones.

El exceso sobre el citado límite minorará el valor de adquisición de las acciones o participaciones conforme a lo dispuesto en el segundo párrafo de esta letra a).

Cuando por aplicación de lo dispuesto en el párrafo tercero de esta letra a) la reducción de capital hubiera determinado el cómputo como rendimiento del capital mobiliario de la totalidad o parte del importe obtenido o del valor normal de mercado de los bienes o derechos recibidos, y con posterioridad el contribuyente obtuviera dividendos o participaciones en beneficios conforme al art. 25.1 a) de esta Ley procedentes de la misma entidad en relación con acciones o participaciones que hubieran permanecido en su patrimonio desde la reducción de capital, el importe obtenido de los dividendos o participaciones en beneficios minorará, con el límite de los rendimientos del capital mobiliario previamente computados que correspondan a las citadas acciones o participaciones, el valor de adquisición de las mismas conforme a lo dispuesto en el segundo párrafo de esta letra a) [121]. [122]

b) Con ocasión de transmisiones lucrativas por causa de muerte del contribuyente.

c) Con ocasión de las transmisiones lucrativas de empresas o participaciones a las que se refiere el apartado 6 del art. 20 de la Ley 29/1987, de 18 de diciembre, del Impuesto sobre Sucesiones y Donaciones.

Los elementos patrimoniales que se afecten por el contribuyente a la actividad económica con posterioridad a su adquisición deberán haber estado afectos ininterrumpidamente durante, al menos, los cinco años anteriores a la fecha de la transmisión [123].

d) En la extinción del régimen económico matrimonial de separación de bienes, cuando por imposición legal o resolución judicial se

---

[121] Véanse disp. adic. 8ª de la presente Ley y art. 8 RIRPF

[122] Dada nueva redacción apartado 3 letra a por art. 1 apartado 20 de Ley 26/2014 de 27 de noviembre de 2014 , con vigencia desde 01/01/2015

[123] Véase art. 36 de esta Ley

produzcan compensaciones, dinerarias o mediante la adjudicación de bienes, por causa distinta de la pensión compensatoria entre cónyuges.

Las compensaciones a que se refiere esta letra d) no darán derecho a reducir la base imponible del pagador ni constituirá renta para el perceptor.

El supuesto al que se refiere esta letra d) no podrá dar lugar, en ningún caso, a las actualizaciones de los valores de los bienes o derechos adjudicados. [124]

e) Con ocasión de las aportaciones a los patrimonios protegidos constituidos a favor de personas con discapacidad [125].

4. Estarán exentas del Impuesto las ganancias patrimoniales que se pongan de manifiesto [126]:

a) Con ocasión de las donaciones que se efectúen a las entidades citadas en el art. 68.3 de esta Ley.

b) Con ocasión de la transmisión de su vivienda habitual por mayores de 65 años o por personas en situación de dependencia severa o de gran dependencia de conformidad con la Ley de promoción de la autonomía personal y atención a las personas en situación de dependencia [127].

c) Con ocasión del pago previsto en el art. 97.3 de esta Ley y de las deudas tributarias a que se refiere el art. 73 de la Ley 16/1985, de 25 de junio, del Patrimonio Histórico Español. [128]

d) Con ocasión de la dación en pago de la vivienda habitual del deudor o garante del deudor, para la cancelación de deudas garantizadas con hipoteca que recaiga sobre la misma, contraídas con entidades de crédito o de cualquier otra entidad que, de manera profesional, realice la actividad de concesión de préstamos o créditos hipotecarios.

Asimismo estarán exentas las ganancias patrimoniales que se pongan de manifiesto con ocasión de la transmisión de la vivienda en que

---

[124] Dada nueva redacción apartado 3 letra d por art. 1 apartado 20 de Ley 26/2014 de 27 de noviembre de 2014, con vigencia desde 01/01/2015

[125] Véase L 41/2003, de protección patrimonial de las personas con discapacidad y de modificación del Código Civil, de la Ley de Enjuiciamiento Civil y de la Normativa Tributaria con esta finalidad

[126] Véase disp. adic. 36ª de esta Ley

[127] Véanse disp. adic. 15ª y 23ª de la presente Ley y art. 41.bis RIRPF

[128] Dada nueva redacción apartado 4 por art. 14 apartado 1 de Real Decreto-Ley 8/2011 de 1 de julio de 2011, con vigencia desde 07/07/2011

concurran los requisitos anteriores, realizada en ejecuciones hipoteca-rias judiciales o notariales.

En todo caso será necesario que el propietario de la vivienda ha-bitual no disponga de otros bienes o derechos en cuantía suficiente para satisfacer la totalidad de la deuda y evitar la enajenación de la vivienda [129]. [130]

5. No se computarán como pérdidas patrimoniales las siguientes:

a) Las no justificadas.

b) Las debidas al consumo.

c) Las debidas a transmisiones lucrativas por actos ínter vivos o a liberalidades.

d) Las debidas a pérdidas en el juego obtenidas en el período impo-sitivo que excedan de las ganancias obtenidas en el juego en el mismo período.

En ningún caso se computarán las pérdidas derivadas de la parti-cipación en los juegos a los que se refiere la disposición adicional trigésima tercera de esta Ley. [131]

e) Las derivadas de las transmisiones de elementos patrimoniales, cuando el transmitente vuelva a adquirirlos dentro del año siguiente a la fecha de dicha transmisión.

Esta pérdida patrimonial se integrará cuando se produzca la poste-rior transmisión del elemento patrimonial.

f) Las derivadas de las transmisiones de valores o participaciones admitidos a negociación en alguno de los mercados secundarios oficia-les de valores definidos en la Directiva 2004/39/CE del Parlamento Eu-ropeo y del Consejo de 21 de abril de 2004 relativa a los mercados de instrumentos financieros, cuando el contribuyente hubiera adquirido valores homogéneos dentro de los dos meses anteriores o posteriores a dichas transmisiones [132].

---

[129] Téngase en cuenta que lo dispuesto en esta letra tiene efectos para ejercicios anteriores al 1 de enero de 2014 no prescritos, conforme al art. 122.1 Ley 18/2014 de 15 octubre

[130] Añadida apartado 4 letra d por art. 122 apartado 1 de Ley 18/2014 de 15 de octubre de 2014, con vigencia desde 01/01/2014

[131] Dada nueva redacción apartado 5 letra d por art. 2 apartado 2 de Ley 16/2012 de 27 de diciembre de 2012, con vigencia desde 01/01/2012

[132] Véase art. 8 RIRPF

g) Las derivadas de las transmisiones de valores o participaciones no admitidos a negociación en alguno de los mercados secundarios oficiales de valores definidos en la Directiva 2004/39/CE del Parlamento Europeo y del Consejo de 21 de abril de 2004 relativa a los mercados de instrumentos financieros, cuando el contribuyente hubiera adquirido valores homogéneos en el año anterior o posterior a dichas transmisiones [133].

En los casos previstos en los párrafos f) y g) anteriores, las pérdidas patrimoniales se integrarán a medida que se transmitan los valores o participaciones que permanezcan en el patrimonio del contribuyente.

...

**36.** *Transmisiones a título lucrativo.* [134] Cuando la adquisición o la transmisión hubiera sido a título lucrativo se aplicarán las reglas del artículo anterior, tomando por importe real de los valores respectivos aquéllos que resulten de la aplicación de las normas del Impuesto sobre Sucesiones y Donaciones, sin que puedan exceder del valor de mercado.

No obstante, en las adquisiciones lucrativas por causa de muerte derivadas de contratos o pactos sucesorios con efectos de presente, el beneficiario de los mismos que transmitiera, antes del transcurso de cinco años desde la celebración del pacto sucesorio o del fallecimiento del causante, si fuera anterior, los bienes adquiridos, se subrogará en la posición de este, respecto al valor y fecha de adquisición de aquellos, cuando este valor fuera inferior al previsto en el párrafo anterior.

En las adquisiciones lucrativas, a que se refiere la letra c) del apartado 3 del artículo 33 de esta Ley, el donatario se subrogará en la posición del donante respecto de los valores y fechas de adquisición de dichos bienes.

...

**69.** *Límites de determinadas deducciones.* 1. La base de las deducciones a que se refieren los apartados 3 y 5 del art. 68 de esta Ley, no podrá exceder para cada una de ellas del 10 por ciento de la base liquidable del contribuyente.

---

[133] Véase art. 8 RIRPF

[134] Dada nueva redacción por art. 3 apartado 3 de Ley 11/2021 de 9 de julio de 2021, con vigencia desde 11/07/2021

2. Los límites de la deducción a que se refiere el apartado 2 del art. 68 de esta Ley serán los que establezca la normativa del Impuesto sobre Sociedades para los incentivos y estímulos a la inversión empresarial. Dichos límites se aplicarán sobre la cuota que resulte de minorar la suma de las cuotas íntegras, estatal y autonómica, en el importe total de las deducciones por inversión en empresas de nueva o reciente creación, prevista en el art. 68.1 de la misma, y por actuaciones para la protección y difusión del Patrimonio Histórico Español y de las ciudades, conjuntos y bienes declarados Patrimonio Mundial, prevista en el art. 68.5 de esta Ley. [135]

...

**71.** *Normas comunes aplicables para la determinación del gravamen autonómico.* Para la determinación del gravamen autonómico se aplicarán las normas relativas a la sujeción al impuesto y determinación de la capacidad económica contenidas en los Títulos I, II, III, IV y V de esta Ley, así como las relativas a la tributación familiar y regímenes especiales, contenidas en los Títulos IX y X de esta Ley.

...

**79.** *Cuota diferencial.* [136] [137]

La cuota diferencial será el resultado de minorar la cuota líquida total del impuesto, que será la suma de las cuotas líquidas, estatal y autonómica, en los siguientes importes:

a) La deducción por doble imposición internacional prevista en el art. 80 de esta Ley.

b) Las deducciones a que se refieren el art. 91.10 y el art. 92.4 de esta Ley.

c) Las retenciones a que se refiere el apartado 11 del art. 99 de esta Ley.

d) Cuando el contribuyente adquiera su condición por cambio de residencia, las retenciones e ingresos a cuenta a que se refiere el

---

[135] Dada nueva redacción apartado 2 por art. 27 apartado 6 de Ley 14/2013 de 27 de septiembre de 2013 , con vigencia desde 29/09/2013

[136] Dada nueva redacción por art. 1 apartado 53 de Ley 26/2014 de 27 de noviembre de 2014, con vigencia desde 01/01/2015

[137] Véase disp. trans. 7ª de esta Ley

apartado 8 del art. 99 de esta Ley, así como las cuotas satisfechas del Impuesto sobre la Renta de no Residentes y devengadas durante el período impositivo en que se produzca el cambio de residencia.

e) Las retenciones, los ingresos a cuenta y los pagos fraccionados previstos en esta Ley y en sus normas reglamentarias de desarrollo.

...

**Disposición Adicional Quincuagésima.** *Deducción por obras de mejora de la eficiencia energética de viviendas.* [138] [139]

1. Los contribuyentes podrán deducirse el 20 por ciento de las cantidades satisfechas desde la entrada en vigor del Real Decreto-ley 19/2021, de 5 de octubre, de medidas urgentes para impulsar la actividad de rehabilitación edificatoria en el contexto del Plan de Recuperación, Transformación y Resiliencia, hasta el 31 de diciembre de 2024 por las obras realizadas durante dicho período para la reducción de la demanda de calefacción y refrigeración de su vivienda habitual o de cualquier otra de su titularidad que tuviera arrendada para su uso como vivienda en ese momento o en expectativa de alquiler, siempre que en este último caso, la vivienda se alquile antes de 31 de diciembre de 2025.

A estos efectos, únicamente se entenderá que se ha reducido la demanda de calefacción y refrigeración de la vivienda cuando se reduzca en al menos un 7 por ciento la suma de los indicadores de demanda de calefacción y refrigeración del certificado de eficiencia energética de la vivienda expedido por el técnico competente después de la realización de las obras, respecto del expedido antes del inicio de las mismas.

La deducción se practicará en el período impositivo en el que se expida el certificado de eficiencia energética emitido después de la realización de las obras. Cuando el certificado se expida en un período impositivo posterior a aquél en el que se abonaron cantidades por tales obras, la deducción se practicará en este último tomando en consideración las cantidades satisfechas desde la entrada en vigor del

---

[138] Dada nueva redacción por Resolución de 22 de enero de 2025, recuperando la redacción previa a la modificación introducida por el RDL 9/2024 de 23 diciembre, debido a su derogación, con vigencia desde 23/01/2025

[139] Téngase en cuenta la nota informativa de 21-03-2025 de la AEAT sobre los efectos de la derogación del RDL 9/2024 de 23 de diciembre, que establece que es de aplicación para los devengos producidos entre el 1 y el 22 de enero de 2025 la ampliación del ámbito temporal de la deducción

Real Decreto-ley 19/2021, de 5 de octubre, de medidas urgentes para impulsar la actividad de rehabilitación edificatoria en el contexto del Plan de Recuperación, Transformación y Resiliencia, hasta el 31 de diciembre de dicho período impositivo. En todo caso, dicho certificado deberá ser expedido antes de 1 de enero de 2025.

La base máxima anual de esta deducción será de 5.000 euros anuales.

2. Los contribuyentes podrán deducirse el 40 por ciento de las cantidades satisfechas desde la entrada en vigor del Real Decreto-ley 19/2021, de 5 de octubre, de medidas urgentes para impulsar la actividad de rehabilitación edificatoria en el contexto del Plan de Recuperación, Transformación y Resiliencia, hasta el 31 de diciembre de 2024 por las obras realizadas durante dicho período para la mejora en el consumo de energía primaria no renovable de su vivienda habitual o de cualquier otra de su titularidad que tuviera arrendada para su uso como vivienda en ese momento o en expectativa de alquiler, siempre que, en este último caso, la vivienda se alquile antes de 31 de diciembre de 2025.

A estos efectos, únicamente se entenderá que se ha mejorado el consumo de energía primaria no renovable en la vivienda en la que se hubieran realizado tales obras cuando se reduzca en al menos un 30 por ciento el indicador de consumo de energía primaria no renovable, o bien, se consiga una mejora de la calificación energética de la vivienda para obtener una clase energética «A» o «B», en la misma escala de calificación, acreditado mediante certificado de eficiencia energética expedido por el técnico competente después de la realización de aquéllas, respecto del expedido antes del inicio de las mismas.

La deducción se practicará en el período impositivo en el que se expida el certificado de eficiencia energética emitido después de la realización de las obras. Cuando el certificado se expida en un período impositivo posterior a aquél en el que se abonaron cantidades por tales obras, la deducción se practicará en este último tomando en consideración las cantidades satisfechas desde la entrada en vigor del Real Decreto-ley 19/2021, de 5 de octubre, de medidas urgentes para impulsar la actividad de rehabilitación edificatoria en el contexto del Plan de Recuperación, Transformación y Resiliencia, hasta el 31 de diciembre de dicho período impositivo. En todo caso, dicho certificado deberá ser expedido antes de 1 de enero de 2025.

La base máxima anual de esta deducción será de 7.500 euros anuales.

3. Los contribuyentes propietarios de viviendas ubicadas en edificios de uso predominante residencial en el que se hayan llevado a cabo desde la entrada en vigor del Real Decreto-ley 19/2021, de 5 de octubre, de medidas urgentes para impulsar la actividad de rehabilitación edificatoria en el contexto del Plan de Recuperación, Transformación y Resiliencia, hasta el 31 de diciembre de 2025 obras de rehabilitación energética, podrán deducirse el 60 por ciento de las cantidades satisfechas durante dicho período por tales obras. A estos efectos, tendrán la consideración de obras de rehabilitación energética del edificio aquéllas en las que se obtenga una mejora de la eficiencia energética del edificio en el que se ubica la vivienda, debiendo acreditarse con el certificado de eficiencia energética del edificio expedido por el técnico competente después de la realización de aquéllas una reducción del consumo de energía primaria no renovable, referida a la certificación energética, de un treinta por ciento como mínimo, o bien, la mejora de la calificación energética del edificio para obtener una clase energética «A» o «B», en la misma escala de calificación, respecto del expedido antes del inicio de las mismas.

Se asimilarán a viviendas las plazas de garaje y trasteros que se hubieran adquirido con estas.

No darán derecho a practicar esta deducción por las obras realizadas en la parte de la vivienda que se encuentre afecta a una actividad económica.

La deducción se practicará en los períodos impositivos 2021, 2022, 2023, 2024 y 2025 en relación con las cantidades satisfechas en cada uno de ellos, siempre que se hubiera expedido, antes de la finalización del período impositivo en el que se vaya a practicar la deducción, el citado certificado de eficiencia energética. Cuando el certificado se expida en un período impositivo posterior a aquél en el que se abonaron cantidades por tales obras, la deducción se practicará en este último tomando en consideración las cantidades satisfechas desde la entrada en vigor del Real Decreto-ley 19/2021, de 5 de octubre, de medidas urgentes para impulsar la actividad de rehabilitación edificatoria en el contexto del Plan de Recuperación, Transformación y Resiliencia, hasta el 31 de diciembre de dicho período impositivo. En todo caso, dicho certificado deberá ser expedido antes de 1 de enero de 2026.

La base máxima anual de esta deducción será de 5.000 euros anuales.

Las cantidades satisfechas no deducidas por exceder de la base máxima anual de deducción podrán deducirse, con el mismo límite, en los cuatro ejercicios siguientes, sin que en ningún caso la base acumulada de la deducción pueda exceder de 15.000 euros.

4. No darán derecho a practicar las deducciones previstas en los apartados 1 y 2 anteriores, cuando la obra se realice en las partes de las viviendas afectas a una actividad económica, plazas de garaje, trasteros, jardines, parques, piscinas e instalaciones deportivas y otros elementos análogos.

En ningún caso, una misma obra realizada en una vivienda dará derecho a las deducciones previstas en los apartados 1 y 2 anteriores. Tampoco tales deducciones resultarán de aplicación en aquellos casos en los que la mejora acreditada y las cuantías satisfechas correspondan a actuaciones realizadas en el conjunto del edificio y proceda la aplicación de la deducción recogida en el apartado 3 de esta disposición.

La base de las deducciones previstas en los apartados 1, 2 y 3 anteriores estará constituida por las cantidades satisfechas, mediante tarjeta de crédito o débito, transferencia bancaria, cheque nominativo o ingreso en cuentas en entidades de crédito, a las personas o entidades que realicen tales obras, así como a las personas o entidades que expidan los citados certificados, debiendo descontar aquellas cuantías que, en su caso, hubieran sido subvencionadas a través de un programa de ayudas públicas o fueran a serlo en virtud de resolución definitiva de la concesión de tales ayudas. En ningún caso, darán derecho a practicar deducción las cantidades satisfechas mediante entregas de dinero de curso legal.

A estos efectos, se considerarán como cantidades satisfechas por las obras realizadas aquellas necesarias para su ejecución, incluyendo los honorarios profesionales, costes de redacción de proyectos técnicos, dirección de obras, coste de ejecución de obras o instalaciones, inversión en equipos y materiales y otros gastos necesarios para su desarrollo, así como la emisión de los correspondientes certificados de eficiencia energética. En todo caso, no se considerarán en dichas cantidades los costes relativos a la instalación o sustitución de equipos que utilicen combustibles de origen fósil.

Tratándose de obras llevadas a cabo por una comunidad de propietarios la cuantía susceptible de formar la base de la deducción de cada contribuyente a que se refiere el apartado 3 anterior vendrá determinada por el resultado de aplicar a las cantidades satisfechas por la comunidad de propietarios, a las que se refiere el párrafo anterior, el coeficiente de participación que tuviese en la misma.

5. Los certificados de eficiencia energética previstos en los apartados anteriores deberán haber sido expedidos y registrados con arreglo a lo dispuesto en el Real Decreto 390/2021, de 1 de junio, por el que se aprueba el procedimiento básico para la certificación de la eficiencia energética de los edificios.

A los efectos de acreditar el cumplimiento de los requisitos exigidos para la práctica de estas deducciones serán válidos los certificados expedidos antes del inicio de las obras siempre que no hubiera transcurrido un plazo de dos años entre la fecha de su expedición y la del inicio de estas.

6. El importe de estas deducciones se restará de la cuota íntegra estatal después de las deducciones previstas en los apartados 1, 2, 3, 4, y 5 del artículo 68 de esta ley.

...

**XIV. Ley 38/1999, de 5 de noviembre, de Ordenación de la Edificación.**

*Última reforma de la presente disposición realizada por Ley 10/2022, de 14 de junio, de medidas urgentes para impulsar la actividad de rehabilitación edificatoria en el contexto del Plan de Recuperación, Transformación y Resiliencia*

## EXPOSICIÓN DE MOTIVOS

El sector de la edificación es uno de los principales sectores económicos con evidentes repercusiones en el conjunto de la sociedad y en los valores culturales que entraña el patrimonio arquitectónico y, sin embargo, carece de una regulación acorde con esta importancia.

Así, la tradicional regulación del suelo contrasta con la falta de una configuración legal de la construcción de los edificios, básicamente establecida a través del Código Civil y de una variedad de normas cuyo conjunto adolece de serias lagunas en la ordenación del complejo proceso de la edificación, tanto respecto a la identificación, obligaciones y responsabilidades de los agentes que intervienen en el mismo, como en lo que se refiere a las garantías para proteger al usuario.

Por otra parte, la sociedad demanda cada vez más la calidad de los edificios y ello incide tanto en la seguridad estructural y la protección contra incendios como en otros aspectos vinculados al bienestar de las personas, como la protección contra el ruido, el aislamiento térmico o la accesibilidad para personas con movilidad reducida. En todo caso, el proceso de la edificación, por su directa incidencia en la configuración de los espacios, implica siempre un compromiso de funcionalidad, economía, armonía y equilibrio medioambiental de evidente relevancia desde el punto de vista del interés general; así se contempla en la Directiva 85/384/CEE de la Unión Europea, cuando declara que «la creación arquitectónica, la calidad de las construcciones, su inserción armoniosa en el entorno, el respeto de los paisajes naturales y urbanos, así como del patrimonio colectivo y privado, revisten un interés público».

Respondiendo a este orden de principios, la necesidad, por una parte, de dar continuidad a la Ley 6/1998, de 13 de abril, sobre régimen del suelo y valoraciones, ordenando la construcción de los edificios, y de superar, por otra, la discrepancia existente entre la legislación vigente y la realidad por la insuficiente regulación actual del proceso de la edificación, así como de establecer el marco general en el que pueda fomentarse la calidad de los edificios y, por último, el compromiso de fijar las garantías suficientes a los usuarios frente a los posibles daños, como una aportación más a la Ley 26/1984, de 19 de julio, General para la Defensa de los Consumidores y Usuarios, son los motivos que justifican sobradamente esta Ley de Ordenación de la Edificación, cuyo contenido primordial es el siguiente:

1. El objetivo prioritario es regular el proceso de la edificación actualizando y completando la configuración legal de los agentes que intervienen en el mismo, fijando sus obligaciones para así establecer las responsabilidades y cubrir las garantías a los usuarios, en base a una definición de los requisitos básicos que deben satisfacer los edificios.

2. Para ello, se define técnicamente el concepto jurídico de la edificación y los principios esenciales que han de presidir esta actividad y se delimita el ámbito de la Ley, precisando aquellas obras, tanto de nueva construcción como en edificios existentes, a las que debe aplicarse.

Ante la creciente demanda de calidad por parte de la sociedad, la Ley establece los requisitos básicos que deben satisfacer los edificios de tal forma que la garantía para proteger a los usuarios se asiente no sólo en los requisitos técnicos de lo construido sino también en el establecimiento de un seguro de daños o de caución.

Estos requisitos abarcan tanto los aspectos de funcionalidad y de seguridad de los edificios como aquellos referentes a la habitabilidad.

Se establece el concepto de proyecto, obligatorio para el desarrollo de las obras incluidas en el ámbito de la Ley, precisando la necesaria coordinación entre los proyectos parciales que puedan incluirse, así como la documentación a entregar a los usuarios para el correcto uso y mantenimiento de los edificios.

Se regula, asimismo, el acto de recepción de obra, dada la importancia que tiene en relación con el inicio de los plazos de responsabilidad y de prescripción establecidos en la Ley.

3. Para los distintos agentes que participan a lo largo del proceso de la edificación se enumeran las obligaciones que corresponden a cada uno de ellos, de las que se derivan sus responsabilidades, configurándose el promotor como una persona física o jurídica que asume la

iniciativa de todo el proceso y a la que se obliga a garantizar los daños materiales que el edificio pueda sufrir. Dentro de las actividades del constructor se hace mención especial a la figura del jefe de obra, así como a la obligación de formalizar las subcontrataciones que en su caso se establezcan.

Además la Ley delimita el ámbito de actuaciones que corresponden a los profesionales, el proyectista, el director de obra y el director de la ejecución de la obra, estableciendo claramente el ámbito específico de su intervención, en función de su titulación habilitante.

4. La responsabilidad civil de los diferentes agentes por daños materiales en el edificio se exigirá de forma personal e individualizada, tanto por actos propios, como por actos de otros agentes por los que, con arreglo a esta Ley, se deba responder.

La responsabilidad se exigirá solidariamente cuando no pueda ser atribuida en forma individualizada al responsable del daño o cuando exista concurrencia de culpa, sin que pueda precisarse la influencia de cada agente interviniente en el daño producido.

A la figura del promotor se equiparan también las de gestor de cooperativas o de comunidades de propietarios, u otras análogas que aparecen cada vez con mayor frecuencia en la gestión económica de la edificación.

5. En cuanto a los plazos de responsabilidad se establecen en períodos de uno, tres y diez años, en función de los diversos daños que puedan aparecer en los edificios. El constructor, durante el primer año, ha de responder por los daños materiales derivados de una deficiente ejecución; todos los agentes que intervienen en el proceso de la edificación, durante tres años, responderán por los daños materiales en el edificio causados por vicios o defectos que afecten a la habitabilidad y durante diez años, por los que resulten de vicios o defectos que afecten a la seguridad estructural del edificio.

Las acciones para exigir responsabilidades prescriben en el plazo de dos años, al igual que las de repetición contra los agentes presuntamente responsables.

6. Por lo que se refiere a las garantías la Ley establece, para los edificios de vivienda, la suscripción obligatoria por el constructor, durante el plazo de un año, de un seguro de daños materiales o de caución, o bien la retención por el promotor de un 5 por 100 del coste de la obra para hacer frente a los daños materiales ocasionados por una deficiente ejecución.

Se establece igualmente para los edificios de vivienda la suscripción obligatoria por el promotor de un seguro que cubra los daños materiales que ocasionen en el edificio el incumplimiento de las condiciones de habitabilidad o que afecten a la seguridad estructural en el plazo de tres y diez años, respectivamente.

Se fijan las normas sobre las garantías de suscripción obligatoria, así como los importes mínimos de garantía para los tres supuestos de uno, tres y diez años, respectivamente.

No se admiten franquicias para cubrir los daños en el supuesto de un año, y no podrán exceder del 1 por 100 del capital asegurado para los otros dos supuestos.

Además, con el fin de evitar el fraude a los adquirentes se exigen determinados requisitos que acrediten la constitución del correspondiente seguro para la inscripción de escrituras públicas y la liquidación de las sociedades promotoras.

7. La Ley se completa con siete disposiciones adicionales. En la primera se establece que la percepción de las cantidades anticipadas reguladas para las viviendas se amplíe a promociones de viviendas en régimen de comunidades de propietarios o sociedades cooperativas.

En la segunda disposición adicional se prevé que la exigencia de la obligatoriedad de las garantías a las que se hace referencia en el art. 19 de la Ley, se hará de forma escalonada en el tiempo para permitir que el sector vaya acomodándose a lo dispuesto en esta norma. Así la garantía de diez años contra los daños materiales causados por vicios o defectos que afecten a los elementos estructurales, también llamado seguro decenal, será exigible a partir de la entrada en vigor de esta Ley para los edificios cuyo destino principal sea el de vivienda. Posteriormente, y por Real Decreto, teniendo en cuenta las circunstancias del sector de la edificación y del sector asegurador, podrá establecerse la obligatoriedad de las demás garantías, es decir, del seguro de tres años que cubre los daños causados en los elementos constructivos o en las instalaciones que afecten a la habitabilidad o seguro trienal, y del seguro de un año que cubre los daños materiales por vicios o defectos de ejecución que afecten a elementos de terminación o acabado de las obras.

En la tercera se exceptúa a los miembros de los Cuerpos de Ingenieros de los Ejércitos de lo dispuesto en esta Ley en lo que se refiere a la delimitación de sus actuaciones en el ámbito de la Defensa.

En la cuarta se concreta la titulación académica y profesional de los Coordinadores de Seguridad y Salud, en las obras de edificación.

8. Mediante una disposición transitoria se establece la aplicación de lo previsto en la Ley a las obras para cuyos proyectos se solicite licencia de edificación a partir de la entrada en vigor de la misma. Por último, en la primera de las cuatro disposiciones finales se invocan los preceptos a cuyo amparo se ejerce la competencia del Estado en las materias reguladas por la Ley; en la segunda se autoriza al Gobierno para que en el plazo de dos años apruebe un Código Técnico de la Edificación que desarrolle los requisitos básicos que deben cumplir los edificios relacionados en el art. 3; en la tercera se insta al Gobierno para que adapte al Reglamento de la Ley de Expropiación Forzosa las modificaciones introducidas en la disposición adicional quinta, y en la cuarta determina la entrada en vigor de la Ley.

La Ley, en definitiva, trata, dentro del marco de competencias del Estado, de fomentar la calidad incidiendo en los requisitos básicos y en las obligaciones de los distintos agentes que se encargan de desarrollar las actividades del proceso de la edificación, para poder fijar las responsabilidades y las garantías que protejan al usuario y para dar cumplimiento al derecho constitucional a una vivienda digna y adecuada.

La regulación del proceso de la edificación no quedaría, sin embargo, actualizada y completa si la Ley no se refiriera a aquellos supuestos en que dicho proceso constructivo ha exigido la previa expropiación de bienes o derechos por vincularse a una finalidad u objetivo de utilidad pública o interés social. En este sentido, la Ley actualiza la regulación de un aspecto de la legislación de expropiación forzosa sin duda necesitada toda ella de una revisión para adaptarse a la dinámica de nuestro tiempo, que presenta una significación cualificada y cuya puesta al día no debe demorarse, como es el ejercicio del derecho de reversión, derecho calificado por el Tribunal Constitucional como de configuración legal.

## CAPÍTULO PRIMERO
### Disposiciones generales

**1.** *Objeto.* 1. Esta Ley tiene por objeto regular en sus aspectos esenciales el proceso de la edificación, estableciendo las obligaciones y responsabilidades de los agentes que intervienen en dicho proceso, así como las garantías necesarias para el adecuado desarrollo del mismo, con el fin de asegurar la calidad mediante el cumplimiento de los requisitos básicos de los edificios y la adecuada protección de los intereses de los usuarios.

2. Las obligaciones y responsabilidades relativas a la prevención de riesgos laborales en las obras de edificación se regirán por su legislación específica.

3. Cuando las Administraciones públicas y los organismos y entidades sujetos a la legislación de contratos de las Administraciones públicas actúen como agentes del proceso de la edificación se regirán por lo dispuesto en la legislación de contratos de las Administraciones públicas y en lo no contemplado en la misma por las disposiciones de esta Ley, a excepción de lo dispuesto sobre garantías de suscripción obligatoria.

**2.** *Ambito de aplicación.* 1. Esta Ley es de aplicación al proceso de la edificación, entendiendo por tal la acción y el resultado de construir un edificio de carácter permanente, público o privado, cuyo uso principal esté comprendido en los siguientes grupos:

a) Administrativo, sanitario, religioso, residencial en todas sus formas, docente y cultural.

b) Aeronáutico; agropecuario; de la energía; de la hidráulica; minero; de telecomunicaciones (referido a la ingeniería de las telecomunicaciones); del transporte terrestre, marítimo, fluvial y aéreo; forestal; industrial; naval; de la ingeniería de saneamiento e higiene, y accesorio a las obras de ingeniería y su explotación.

c) Todas las demás edificaciones cuyos usos no estén expresamente relacionados en los grupos anteriores.

2. Tendrán la consideración de edificación a los efectos de lo dispuesto en esta Ley, y requerirán un proyecto según lo establecido en el art. 4, las siguientes obras:

a) Obras de edificación de nueva construcción, excepto aquellas construcciones de escasa entidad constructiva y sencillez técnica que no tengan, de forma eventual o permanente, carácter residencial ni público y se desarrollen en una sola planta.

b) Todas las intervenciones sobre los edificios existentes, siempre y cuando alteren su configuración arquitectónica, entendiendo por tales las que tengan carácter de intervención total o las parciales que produzcan una variación esencial de la composición general exterior, la volumetría, o el conjunto del sistema estructural, o tengan por objeto cambiar los usos característicos del edificio.

c) Obras que tengan el carácter de intervención total en edificaciones catalogadas o que dispongan de algún tipo de protección de carácter ambiental o histórico-artístico, regulada a través de norma legal o documento urbanístico y aquellas otras de carácter parcial que afecten a los elementos o partes objeto de protección. [140]

3. Se consideran comprendidas en la edificación sus instalaciones fijas y el equipamiento propio, así como los elementos de urbanización que permanezcan adscritos al edificio.

## CAPÍTULO II
### Exigencias técnicas y administrativas de la edificación

**3.** *Requisitos básicos de la edificación.* 1. Con el fin de garantizar la seguridad de las personas, el bienestar de la sociedad y la protección del medio ambiente, se establecen los siguientes requisitos básicos de la edificación, que deberán satisfacerse, de la forma que reglamentariamente se establezca, en el proyecto, la construcción, el mantenimiento, la conservación y el uso de los edificios y sus instalaciones, así como en las intervenciones que se realicen en los edificios existentes: [141]

a) Relativos a la funcionalidad:

a.1) Utilización, de tal forma que la disposición y las dimensiones de los espacios y la dotación de las instalaciones faciliten la adecuada realización de las funciones previstas en el edificio.

a.2) Accesibilidad, de tal forma que se permita a las personas con movilidad y comunicación reducidas el acceso y la circulación por el edificio en los términos previstos en su normativa específica.

a.3) Acceso a los servicios de telecomunicación, audiovisuales y de información de acuerdo con lo establecido en su normativa específica.

---

[140] Dada nueva redacción apartado 2 por disposición final 3 apartado 1 de Ley 8/2013 de 26 de junio de 2013, con vigencia desde 28/06/2013

[141] Dada nueva redacción apartado 1 párrafo 1 por disposición final 3 apartado 2 de Ley 8/2013 de 26 de junio de 2013, con vigencia desde 28/06/2013

a.4) Facilitación para el acceso de los servicios postales, mediante la dotación de las instalaciones apropiadas para la entrega de los envíos postales, según lo dispuesto en su normativa específica. [142]

b) Relativos a la seguridad:

b.1) Seguridad estructural, de tal forma que no se produzcan en el edificio, o partes del mismo, daños que tengan su origen o afecten a la cimentación, los soportes, las vigas, los forjados, los muros de carga u otros elementos estructurales, y que comprometan directamente la resistencia mecánica y la estabilidad del edificio.

b.2) Seguridad en caso de incendio, de tal forma que los ocupantes puedan desalojar el edificio en condiciones seguras, se pueda limitar la extensión del incendio dentro del propio edificio y de los colindantes y se permita la actuación de los equipos de extinción y rescate.

b.3) Seguridad de utilización, de tal forma que el uso normal del edificio no suponga riesgo de accidente para las personas.

c) Relativos a la habitabilidad:

c.1) Higiene, salud y protección del medio ambiente, de tal forma que se alcancen condiciones aceptables de salubridad y estanqueidad en el ambiente interior del edificio y que éste no deteriore el medio ambiente en su entorno inmediato, garantizando una adecuada gestión de toda clase de residuos.

c.2) Protección contra el ruido, de tal forma que el ruido percibido no ponga en peligro la salud de las personas y les permita realizar satisfactoriamente sus actividades.

c.3) Ahorro de energía y aislamiento térmico, de tal forma que se consiga un uso racional de la energía necesaria para la adecuada utilización del edificio.

c.4) Otros aspectos funcionales de los elementos constructivos o de las instalaciones que permitan un uso satisfactorio del edificio.

2. El Código Técnico de la Edificación es el marco normativo que establece las exigencias básicas de calidad de los edificios de nueva construcción y de sus instalaciones, así como de las intervenciones que se realicen en los edificios existentes, de acuerdo con lo previsto en las

---

[142] Añadido apartado 1 letra a número 4 por art. 82 de Ley 24/2001 de 27 de diciembre de 2001, con vigencia desde 01/01/2002

letras b) y c) del art. 2.2, de tal forma que permita el cumplimiento de los anteriores requisitos básicos [143] . [144]

Las normas básicas de la edificación y las demás reglamentaciones técnicas de obligado cumplimiento constituyen, a partir de la entrada en vigor de esta Ley, la reglamentación técnica hasta que se apruebe el Código Técnico de la Edificación conforme a lo previsto en la disposición final segunda de esta Ley.

El Código podrá completarse con las exigencias de otras normativas dictadas por las Administraciones competentes y se actualizará periódicamente conforme a la evolución de la técnica y la demanda de la sociedad.

**4.** *Proyecto.* 1. El proyecto es el conjunto de documentos mediante los cuales se definen y determinan las exigencias técnicas de las obras contempladas en el art. 2. El proyecto habrá de justificar técnicamente las soluciones propuestas de acuerdo con las especificaciones requeridas por la normativa técnica aplicable.

2. Cuando el proyecto se desarrolle o complete mediante proyectos parciales u otros documentos técnicos sobre tecnologías específicas o instalaciones del edificio, se mantendrá entre todos ellos la necesaria coordinación sin que se produzca una duplicidad en la documentación ni en los honorarios a percibir por los autores de los distintos trabajos indicados.

**5.** *Licencias y autorizaciones administrativas.* La construcción de edificios, la realización de las obras que en ellos se ejecuten y su ocupación precisará las preceptivas licencias y demás autorizaciones administrativas procedentes, de conformidad con la normativa aplicable.

**6.** *Recepción de la obra.* 1. La recepción de la obra es el acto por el cual el constructor, una vez concluida ésta, hace entrega de la misma al promotor y es aceptada por éste. Podrá realizarse con o sin reservas y

---

[143] Véase el RD 314/2006 de 17 marzo

[144] Dada nueva redacción apartado 2 párrafo 1 por disposición final 3 apartado 3 de Ley 8/2013 de 26 de junio de 2013 , con vigencia desde 28/06/2013

deberá abarcar la totalidad de la obra o fases completas y terminadas de la misma, cuando así se acuerde por las partes.

2. La recepción deberá consignarse en un acta firmada, al menos, por el promotor y el constructor, y en la misma se hará constar:

a) Las partes que intervienen.

b) La fecha del certificado final de la totalidad de la obra o de la fase completa y terminada de la misma.

c) El coste final de la ejecución material de la obra.

d) La declaración de la recepción de la obra con o sin reservas, especificando, en su caso, éstas de manera objetiva, y el plazo en que deberán quedar subsanados los defectos observados. Una vez subsanados los mismos, se hará constar en un acta aparte, suscrita por los firmantes de la recepción.

e) Las garantías que, en su caso, se exijan al constructor para asegurar sus responsabilidades.

Asimismo, se adjuntará el certificado final de obra suscrito por el director de obra y el director de la ejecución de la obra.

3. El promotor podrá rechazar la recepción de la obra por considerar que la misma no está terminada o que no se adecua a las condiciones contractuales. En todo caso, el rechazo deberá ser motivado por escrito en el acta, en la que se fijará el nuevo plazo para efectuar la recepción.

4. Salvo pacto expreso en contrario, la recepción de la obra tendrá lugar dentro de los treinta días siguientes a la fecha de su terminación, acreditada en el certificado final de obra, plazo que se contará a partir de la notificación efectuada por escrito al promotor. La recepción se entenderá tácitamente producida si transcurridos treinta días desde la fecha indicada el promotor no hubiera puesto de manifiesto reservas o rechazo motivado por escrito.

5. El cómputo de los plazos de responsabilidad y garantía establecidos en esta Ley se iniciará a partir de la fecha en que se suscriba el acta de recepción, o cuando se entienda ésta tácitamente producida según lo previsto en el apartado anterior.

**7.** *Documentación de la obra ejecutada.* Una vez finalizada la obra, el proyecto, con la incorporación, en su caso, de las modificaciones debidamente aprobadas, será facilitado al promotor por el director de obra para la formalización de los correspondientes trámites administrativos.

A dicha documentación se adjuntará, al menos, el acta de recepción, la relación identificativa de los agentes que han intervenido durante el proceso de edificación, así como la relativa a las instrucciones de uso y mantenimiento del edificio y sus instalaciones, de conformidad con la normativa que le sea de aplicación.

Toda la documentación a que hace referencia los apartados anteriores, que constituirá el Libro del Edificio, será entregada a los usuarios finales del edificio.

## CAPÍTULO III
### Agentes de la edificación

**8.** *Concepto.* Son agentes de la edificación todas las personas, físicas o jurídicas, que intervienen en el proceso de la edificación. Sus obligaciones vendrán determinadas por lo dispuesto en esta Ley y demás disposiciones que sean de aplicación y por el contrato que origina su intervención.

**9.** *El promotor.* 1. Será considerado promotor cualquier persona, física o jurídica, pública o privada, que, individual o colectivamente, decide, impulsa, programa y financia, con recursos propios o ajenos, las obras de edificación para sí o para su posterior enajenación, entrega o cesión a terceros bajo cualquier título.

2. Son obligaciones del promotor:

a) Ostentar sobre el solar la titularidad de un derecho que le faculte para construir en él.

b) Facilitar la documentación e información previa necesaria para la redacción del proyecto, así como autorizar al director de obra las posteriores modificaciones del mismo.

c) Gestionar y obtener las preceptivas licencias y autorizaciones administrativas, así como suscribir el acta de recepción de la obra.

d) Suscribir los seguros previstos en el art. 19.

e) Entregar al adquirente, en su caso, la documentación de obra ejecutada, o cualquier otro documento exigible por las Administraciones competentes.

**10.** *El proyectista.* 1. El proyectista es el agente que, por encargo del promotor y con sujeción a la normativa técnica y urbanística correspondiente, redacta el proyecto.

Podrán redactar proyectos parciales del proyecto, o partes que lo complementen, otros técnicos, de forma coordinada con el autor de éste.

Cuando el proyecto se desarrolle o complete mediante proyectos parciales u otros documentos técnicos según lo previsto en el apartado 2 del art. 4 de esta Ley, cada proyectista asumirá la titularidad de su proyecto.

2. Son obligaciones del proyectista:

a) Estar en posesión de la titulación académica y profesional habilitante de arquitecto, arquitecto técnico, ingeniero o ingeniero técnico, según corresponda, y cumplir las condiciones exigibles para el ejercicio de la profesión. En caso de personas jurídicas, designar al técnico redactor del proyecto que tenga la titulación profesional habilitante.

Cuando el proyecto a realizar tenga por objeto la construcción de edificios para los usos indicados en el grupo a) del apartado 1 del art. 2, la titulación académica y profesional habilitante será la de arquitecto.

Cuando el proyecto a realizar tenga por objeto la construcción de edificios para los usos indicados en el grupo b) del apartado 1 del art. 2, la titulación académica y profesional habilitante, con carácter general, será la de ingeniero, ingeniero técnico o arquitecto y vendrá determinada por las disposiciones legales vigentes para cada profesión, de acuerdo con sus respectivas especialidades y competencias específicas.

Cuando el proyecto a realizar tenga por objeto la construcción de edificios comprendidos en el grupo c) del apartado 1 del art. 2, la titulación académica y profesional habilitante será la de arquitecto, arquitecto técnico, ingeniero o ingeniero técnico y vendrá determinada por las disposiciones legales vigentes para cada profesión, de acuerdo con sus especialidades y competencias específicas.

Idénticos criterios se seguirán respecto de los proyectos de obras a las que se refieren los apartados 2.b) y 2.c) del art. 2 de esta Ley.

En todo caso y para todos los grupos, en los aspectos concretos correspondientes a sus especialidades y competencias específicas, y en particular respecto de los elementos complementarios a que se refiere el apartado 3 del art. 2, podrán asimismo intervenir otros técnicos titulados del ámbito de la arquitectura o de la ingeniería, suscribiendo los trabajos por ellos realizados y coordinados por el proyectista. Dichas intervenciones especializadas serán preceptivas si así lo establece la disposición legal reguladora del sector de actividad de que se trate.

b) Redactar el proyecto con sujeción a la normativa vigente y a lo que se haya establecido en el contrato y entregarlo, con los visados que en su caso fueran preceptivos.

c) Acordar, en su caso, con el promotor la contratación de colaboraciones parciales.

**11.** *El constructor.* 1. El constructor es el agente que asume, contractualmente ante el promotor, el compromiso de ejecutar con medios humanos y materiales, propios o ajenos, las obras o parte de las mismas con sujeción al proyecto y al contrato.

2. Son obligaciones del constructor:

a) Ejecutar la obra con sujeción al proyecto, a la legislación aplicable y a las instrucciones del director de obra y del director de la ejecución de la obra, a fin de alcanzar la calidad exigida en el proyecto.

b) Tener la titulación o capacitación profesional que habilita para el cumplimiento de las condiciones exigibles para actuar como constructor.

c) Designar al jefe de obra que asumirá la representación técnica del constructor en la obra y que por su titulación o experiencia deberá tener la capacitación adecuada de acuerdo con las características y la complejidad de la obra.

d) Asignar a la obra los medios humanos y materiales que su importancia requiera.

e) Formalizar las subcontrataciones de determinadas partes o instalaciones de la obra dentro de los límites establecidos en el contrato.

f) Firmar el acta de replanteo o de comienzo y el acta de recepción de la obra.

g) Facilitar al director de obra los datos necesarios para la elaboración de la documentación de la obra ejecutada.

h) Suscribir las garantías previstas en el art. 19.

**12.** *El director de obra.* 1. El director de obra es el agente que, formando parte de la dirección facultativa, dirige el desarrollo de la obra en los aspectos técnicos, estéticos, urbanísticos y medioambientales, de conformidad con el proyecto que la define, la licencia de edificación y demás autorizaciones preceptivas y las condiciones del contrato, con el objeto de asegurar su adecuación al fin propuesto.

2. Podrán dirigir las obras de los proyectos parciales otros técnicos, bajo la coordinación del director de obra.

3. Son obligaciones del director de obra:

a) Estar en posesión de la titulación académica y profesional habilitante de arquitecto, arquitecto técnico, ingeniero o ingeniero técnico, según corresponda y cumplir las condiciones exigibles para el ejercicio de la profesión. En caso de personas jurídicas, designar al técnico director de obra que tenga la titulación profesional habilitante.

En el caso de la construcción de edificios para los usos indicados en el grupo a) del apartado 1 del art. 2, la titulación académica y profesional habilitante será la de arquitecto.

Cuando las obras a realizar tengan por objeto la construcción de las edificaciones indicadas en el grupo b) del apartado 1 del art. 2, la titulación habilitante, con carácter general, será la de ingeniero, ingeniero técnico o arquitecto y vendrá determinada por las disposiciones legales vigentes para cada profesión, de acuerdo con sus especialidades y competencias específicas.

Cuando las obras a realizar tengan por objeto la construcción de las edificaciones indicadas en el grupo c) del apartado 1 del art. 2, la titulación habilitante será la de arquitecto, arquitecto técnico, ingeniero o ingeniero técnico y vendrá determinada por las disposiciones legales vigentes para cada profesión, de acuerdo con sus especialidades y competencias específicas.

Idénticos criterios se seguirán respecto de las obras a las que se refieren los apartados 2.b) y 2.c) del art. 2 de esta Ley.

b) Verificar el replanteo y la adecuación de la cimentación y de la estructura proyectadas a las características geotécnicas del terreno.

c) Resolver las contingencias que se produzcan en la obra y consignar en el Libro de Ordenes y Asistencias las instrucciones precisas para la correcta interpretación del proyecto.

d) Elaborar, a requerimiento del promotor o con su conformidad, eventuales modificaciones del proyecto, que vengan exigidas por la marcha de la obra siempre que las mismas se adapten a las disposiciones normativas contempladas y observadas en la redacción del proyecto.

e) Suscribir el acta de replanteo o de comienzo de obra y el certificado final de obra, así como conformar las certificaciones parciales y la liquidación final de las unidades de obra ejecutadas, con los visados que en su caso fueran preceptivos.

f) Elaborar y suscribir la documentación de la obra ejecutada para entregarla al promotor, con los visados que en su caso fueran preceptivos.

g) Las relacionadas en el art. 13, en aquellos casos en los que el director de la obra y el director de la ejecución de la obra sea el mismo profesional, si fuera ésta la opción elegida, de conformidad con lo previsto en el apartado 2.a) del art. 13.

**13.** *El director de la ejecución de la obra.* 1. El director de la ejecución de la obra es el agente que, formando parte de la dirección facultativa, asume la función técnica de dirigir la ejecución material de la obra y de controlar cualitativa y cuantitativamente la construcción y la calidad de lo edificado.

2. Son obligaciones del director de la ejecución de la obra:

a) Estar en posesión de la titulación académica y profesional habilitante y cumplir las condiciones exigibles para el ejercicio de la profesión. En caso de personas jurídicas, designar al técnico director de la ejecución de la obra que tenga la titulación profesional habilitante.

Cuando las obras a realizar tengan por objeto la construcción de edificios para los usos indicados en el grupo a) del apartado 1 del art. 2, la titulación académica y profesional habilitante será la de arquitecto técnico. Será ésta, asimismo, la titulación habilitante para las obras del grupo b) que fueran dirigidas por arquitectos.

En los demás casos la dirección de la ejecución de la obra puede ser desempeñada, indistintamente, por profesionales con la titulación de arquitecto, arquitecto técnico, ingeniero o ingeniero técnico.

b) Verificar la recepción en obra de los productos de construcción, ordenando la realización de ensayos y pruebas precisas.

c) Dirigir la ejecución material de la obra comprobando los replanteos, los materiales, la correcta ejecución y disposición de los elementos constructivos y de las instalaciones, de acuerdo con el proyecto y con las instrucciones del director de obra.

d) Consignar en el Libro de Ordenes y Asistencias las instrucciones precisas.

e) Suscribir el acta de replanteo o de comienzo de obra y el certificado final de obra, así como elaborar y suscribir las certificaciones parciales y la liquidación final de las unidades de obra ejecutadas.

f) Colaborar con los restantes agentes en la elaboración de la documentación de la obra ejecutada, aportando los resultados del control realizado.

**14.** *Las entidades y los laboratorios de control de calidad de la edificación* [145] . [146] 1. Son entidades de control de calidad de la edificación aquéllas capacitadas para prestar asistencia técnica en la verificación de la calidad del proyecto, de los materiales y de la ejecución de la obra y sus instalaciones de acuerdo con el proyecto y la normativa aplicable. Para el ejercicio de su actividad en todo el territorio español será suficiente con la presentación de una declaración responsable en la que se declare que cumple con los requisitos técnicos exigidos reglamentariamente ante el organismo competente de la Comunidad Autónoma en la que tenga su domicilio social o profesional.

2. Son laboratorios de ensayos para el control de calidad de la edificación los capacitados para prestar asistencia técnica, mediante la realización de ensayos o pruebas de servicio de los materiales, sistemas o instalaciones de una obra de edificación. Para el ejercicio de su actividad en todo el territorio español será suficiente con la presentación de una declaración responsable por cada uno de sus establecimientos físicos desde los que presta sus servicios en la que se declare que estos cumplen con los requisitos técnicos exigidos reglamentariamente, ante los organismos competentes de la Comunidad Autónoma correspondiente.

3. Son obligaciones de las entidades y de los laboratorios de control de calidad:

a) Prestar asistencia técnica y entregar los resultados de su actividad al agente autor del encargo y, en todo caso, al responsable técnico de la recepción y aceptación de los resultados de la asistencia, ya sea el director de la ejecución de las obras, o el agente que corresponda en las fases de proyecto, la ejecución de las obras y la vida útil del edificio.

b) Justificar que tienen implantado un sistema de gestión de la calidad que define los procedimientos y métodos de ensayo o inspección

---

[145] Véase el RD 410/2010 de 31 marzo

[146] Dada nueva redacción por art. 15 de Ley 25/2009 de 22 de diciembre de 2009, con vigencia desde 27/12/2009

que utiliza en su actividad y que cuentan con capacidad, personal, medios y equipos adecuados.

**15.** *Los suministradores de productos.* 1. Se consideran suministradores de productos los fabricantes, almacenistas, importadores o vendedores de productos de construcción.

2. Se entiende por producto de construcción aquel que se fabrica para su incorporación permanente en una obra incluyendo materiales, elementos semielaborados, componentes y obras o parte de las mismas, tanto terminadas como en proceso de ejecución.

3. Son obligaciones del suministrador:

a) Realizar las entregas de los productos de acuerdo con las especificaciones del pedido, respondiendo de su origen, identidad y calidad, así como del cumplimiento de las exigencias que, en su caso, establezca la normativa técnica aplicable.

b) Facilitar, cuando proceda, las instrucciones de uso y mantenimiento de los productos suministrados, así como las garantías de calidad correspondientes, para su inclusión en la documentación de la obra ejecutada.

**16.** *Los propietarios y los usuarios.* 1. Son obligaciones de los propietarios conservar en buen estado la edificación mediante un adecuado uso y mantenimiento, así como recibir, conservar y transmitir la documentación de la obra ejecutada y los seguros y garantías con que ésta cuente.

2. Son obligaciones de los usuarios, sean o no propietarios, la utilización adecuada de los edificios o de parte de los mismos de conformidad con las instrucciones de uso y mantenimiento, contenidas en la documentación de la obra ejecutada.

### CAPÍTULO IV
Responsabilidades y garantías

**17.** *Responsabilidad civil de los agentes que intervienen en el proceso de la edificación.* 1. Sin perjuicio de sus responsabilidades contractuales, las personas físicas o jurídicas que intervienen en el proceso de la edificación responderán frente a los propietarios y los terceros adquirentes de los edificios o parte de los mismos, en el caso de que sean objeto de división, de los siguientes daños materiales ocasionados en el edificio dentro de los plazos indicados, contados desde la fecha de recepción de la obra, sin reservas o desde la subsanación de éstas:

a) Durante diez años, de los daños materiales causados en el edificio por vicios o defectos que afecten a la cimentación, los soportes, las vigas, los forjados, los muros de carga u otros elementos estructurales, y que comprometan directamente la resistencia mecánica y la estabilidad del edificio.

b) Durante tres años, de los daños materiales causados en el edificio por vicios o defectos de los elementos constructivos o de las instalaciones que ocasionen el incumplimiento de los requisitos de habitabilidad del apartado 1, letra c), del art. 3.

El constructor también responderá de los daños materiales por vicios o defectos de ejecución que afecten a elementos de terminación o acabado de las obras dentro del plazo de un año.

2. La responsabilidad civil será exigible en forma personal e individualizada, tanto por actos u omisiones propios, como por actos u omisiones de personas por las que, con arreglo a esta Ley, se deba responder.

3. No obstante, cuando no pudiera individualizarse la causa de los daños materiales o quedase debidamente probada la concurrencia de culpas sin que pudiera precisarse el grado de intervención de cada agente en el daño producido, la responsabilidad se exigirá solidariamente. En todo caso, el promotor responderá solidariamente con los demás agentes intervinientes ante los posibles adquirentes de los daños materiales en el edificio ocasionados por vicios o defectos de construcción.

4. Sin perjuicio de las medidas de intervención administrativas que en cada caso procedan, la responsabilidad del promotor que se establece en esta Ley se extenderá a las personas físicas o jurídicas que, a tenor del contrato o de su intervención decisoria en la promoción, actúen como tales promotores bajo la forma de promotor o gestor de cooperativas o de comunidades de propietarios u otras figuras análogas.

5. Cuando el proyecto haya sido contratado conjuntamente con más de un proyectista, los mismos responderán solidariamente.

Los proyectistas que contraten los cálculos, estudios, dictámenes o informes de otros profesionales, serán directamente responsables de los daños que puedan derivarse de su insuficiencia, incorrección o inexactitud, sin perjuicio de la repetición que pudieran ejercer contra sus autores.

6. El constructor responderá directamente de los daños materiales causados en el edificio por vicios o defectos derivados de la impericia, falta de capacidad profesional o técnica, negligencia o incumplimiento de las obligaciones atribuidas al jefe de obra y demás personas físicas o jurídicas que de él dependan.

Cuando el constructor subcontrate con otras personas físicas o jurídicas la ejecución de determinadas partes o instalaciones de la obra, será directamente responsable de los daños materiales por vicios o defectos de su ejecución, sin perjuicio de la repetición a que hubiere lugar.

Asimismo, el constructor responderá directamente de los daños materiales causados en el edificio por las deficiencias de los productos de construcción adquiridos o aceptados por él, sin perjuicio de la repetición a que hubiere lugar.

7. El director de obra y el director de la ejecución de la obra que suscriban el certificado final de obra serán responsables de la veracidad y exactitud de dicho documento.

Quien acepte la dirección de una obra cuyo proyecto no haya elaborado él mismo, asumirá las responsabilidades derivadas de las omisiones, deficiencias o imperfecciones del proyecto, sin perjuicio de la repetición que pudiere corresponderle frente al proyectista.

Cuando la dirección de obra se contrate de manera conjunta a más de un técnico, los mismos responderán solidariamente sin perjuicio de la distribución que entre ellos corresponda.

8. Las responsabilidades por daños no serán exigibles a los agentes que intervengan en el proceso de la edificación, si se prueba que aquéllos fueron ocasionados por caso fortuito, fuerza mayor, acto de tercero o por el propio perjudicado por el daño.

9. Las responsabilidades a que se refiere este artículo se entienden sin perjuicio de las que alcanzan al vendedor de los edificios o partes edificadas frente al comprador conforme al contrato de compraventa suscrito entre ellos, a los arts. 1.484 y siguientes del Código Civil y demás legislación aplicable a la compraventa.

**18.** *Plazos de prescripción de las acciones.* 1. Las acciones para exigir la responsabilidad prevista en el artículo anterior por daños materiales dimanantes de los vicios o defectos, prescribirán en el plazo de dos años a contar desde que se produzcan dichos daños, sin perjuicio de las acciones que puedan subsistir para exigir responsabilidades por incumplimiento contractual.

2. La acción de repetición que pudiese corresponder a cualquiera de los agentes que intervienen en el proceso de edificación contra los demás, o a los aseguradores contra ellos, prescribirá en el plazo de dos años desde la firmeza de la resolución judicial que condene al responsable a indemnizar los daños, o a partir de la fecha en la que se hubiera procedido a la indemnización de forma extrajudicial.

**19.** *Garantías por daños materiales ocasionados por vicios y defectos de la construcción.* 1. El régimen de garantías exigibles para las obras de edificación comprendidas en el artículo 2 de esta Ley se hará efectivo de acuerdo con la obligatoriedad que se establezca en aplicación de la disposición adicional segunda, teniendo como referente a las siguientes garantías:

a) Seguro de daños materiales, seguro de caución o garantía financiera, para garantizar, durante un año, el resarcimiento de los daños materiales por vicios o defectos de ejecución que afecten a elementos de terminación o acabado de las obras, que podrá ser sustituido por la retención por el promotor de un 5 por 100 del importe de la ejecución material de la obra.

b) Seguro de daños materiales, seguro de caución o garantía financiera, para garantizar, durante tres años, el resarcimiento de los daños causados por vicios o defectos de los elementos constructivos o de las instalaciones que ocasionen el incumplimiento de los requisitos de habitabilidad del apartado 1, letra c), del artículo 3.

c) Seguro de daños materiales, seguro de caución o garantía financiera, para garantizar, durante diez años, el resarcimiento de los daños materiales causados en el edificio por vicios o defectos que tengan su origen o afecten a la cimentación, los soportes, las vigas, los forjados, los muros de carga u otros elementos estructurales, y que comprometan directamente la resistencia mecánica y estabilidad del edificio. [147]

2. Los seguros de daños materiales reunirán las condiciones siguientes:

---

[147] Dada nueva redacción apartado 1 por disposición final 3 apartado 1 de Ley 20/2015 de 14 de julio de 2015, con vigencia desde 01/01/2016

a) Tendrá la consideración de tomador del seguro el constructor en el supuesto a) del apartado 1 y el promotor, en los supuestos b) y c) del mismo apartado, y de asegurados el propio promotor y los sucesivos adquirentes del edificio o de parte del mismo. El promotor podrá pactar expresamente con el constructor que éste sea tomador del seguro por cuenta de aquél.

b) La prima deberá estar pagada en el momento de la recepción de la obra. No obstante, en caso de que se hubiera pactado el fraccionamiento en períodos siguientes a la fecha de recepción, la falta de pago de las siguientes fracciones de prima no dará derecho al asegurador a resolver el contrato, ni éste quedará extinguido, ni la cobertura del asegurador suspendida, ni éste liberado de su obligación, caso de que el asegurado deba hacer efectiva la garantía.

c) No será de aplicación la normativa reguladora de la cobertura de riesgos extraordinarios sobre las personas y los bienes contenida en el art. 4 de la Ley 21/1990, de 19 de diciembre.

3. Los seguros de caución reunirán las siguientes condiciones:

a) Las señaladas en los apartados 2.a) y 2.b) de este artículo. En relación con el apartado 2.a), los asegurados serán siempre los sucesivos adquirentes del edificio o de parte del mismo.

b) El asegurador asume el compromiso de indemnizar al asegurado al primer requerimiento.

c) El asegurador no podrá oponer al asegurado las excepciones que puedan corresponderle contra el tomador del seguro.

4. Una vez tomen efecto las coberturas del seguro, no podrá rescindirse ni resolverse el contrato de mutuo acuerdo antes del transcurso del plazo de duración previsto en el apartado 1 de este artículo.

5. El importe mínimo del capital asegurado será el siguiente:

a) El 5 por 100 del coste final de la ejecución material de la obra, incluidos los honorarios profesionales, para las garantías del apartado 1.a) de este artículo.

b) El 30 por 100 del coste final de la ejecución material de la obra, incluidos los honorarios profesionales, para las garantías del apartado 1.b) de este artículo.

c) El 100 por 100 del coste final de la ejecución material de la obra, incluidos los honorarios profesionales, para las garantías del apartado 1.c) de este artículo.

6. El asegurador podrá optar por el pago de la indemnización en metálico que corresponda a la valoración de los daños o por la reparación de los mismos.

7. El incumplimiento de las anteriores normas sobre garantías de suscripción obligatoria implicará, en todo caso, la obligación de responder personalmente al obligado a suscribir las garantías.

8. Para las garantías a que se refiere el apartado 1.a) de este artículo no serán admisibles cláusulas por las cuales se introduzcan franquicias o limitación alguna en la responsabilidad del asegurador frente al asegurado.

En el caso de que en el contrato de seguro a que se refieren los apartado 1.b) y 1.c) de este artículo se establezca una franquicia, ésta no podrá exceder del 1 por 100 del capital asegurado de cada unidad registral.

9. Salvo pacto en contrario, las garantías a que se refiere esta Ley no cubrirán:

a) Los daños corporales u otros perjuicios económicos distintos de los daños materiales que garantiza la Ley.

b) Los daños ocasionados a inmuebles contiguos o adyacentes al edificio.

c) Los daños causados a bienes muebles situados en el edificio.

d) Los daños ocasionados por modificaciones u obras realizadas en el edificio después de la recepción, salvo las de subsanación de los defectos observados en la misma.

e) Los daños ocasionados por mal uso o falta de mantenimiento adecuado del edificio.

f) Los gastos necesarios para el mantenimiento del edificio del que ya se ha hecho la recepción.

g) Los daños que tengan su origen en un incendio o explosión, salvo por vicios o defectos de las instalaciones propias del edificio.

h) Los daños que fueran ocasionados por caso fortuito, fuerza mayor, acto de tercero o por el propio perjudicado por el daño.

i) Los siniestros que tengan su origen en partes de la obra sobre las que haya reservas recogidas en el acta de recepción, mientras que tales reservas no hayan sido subsanadas y las subsanaciones queden reflejadas en una nueva acta suscrita por los firmantes del acta de recepción.

**20.** *Requisitos para la escrituración e inscripción.* 1. No se autorizarán ni se inscribirán en el Registro de la Propiedad escrituras públicas de declaración de obra nueva de edificaciones a las que sea de aplicación esta Ley, sin que se acredite y testimonie la constitución de las garantías a que se refiere el art. 19.

2. Cuando no hayan transcurrido los plazos de prescripción de las acciones a que se refiere el art. 18, no se cerrará en el Registro Mercantil la hoja abierta al promotor individual ni se inscribirá la liquidación de las sociedades promotoras sin que se acredite previamente al Registrador la constitución de las garantías establecidas por esta Ley, en relación con todas y cada una de las edificaciones que hubieran promovido.

## DISPOSICIONES ADICIONALES

**Disposición Adicional Primera .** *Percepción de cantidades a cuenta del precio durante la construcción.* [148] Uno. Obligaciones de los promotores que perciban cantidades anticipadas.

1. Las personas físicas y jurídicas que promuevan la construcción de toda clase de viviendas, incluidas las que se realicen en régimen de comunidad de propietarios o sociedad cooperativa, y que pretendan obtener de los adquirentes entregas de dinero para su construcción, deberán cumplir las condiciones siguientes:

a) Garantizar, desde la obtención de la licencia de edificación, la devolución de las cantidades entregadas más los intereses legales, mediante contrato de seguro de caución suscrito con entidades aseguradoras debidamente autorizadas para operar en España, o mediante aval solidario emitido por entidades de crédito debidamente autorizadas, para el caso de que la construcción no se inicie o no llegue a buen fin en el plazo convenido para la entrega de la vivienda.

b) Percibir las cantidades anticipadas por los adquirentes a través de entidades de crédito en las que habrán de depositarse en cuenta especial, con separación de cualquier otra clase de fondos pertenecientes al promotor, incluido el supuesto de comunidades de propietarios o sociedad cooperativa, y de las que únicamente podrá disponer para las atenciones derivadas de la construcción de las viviendas. Para la

---

[148] Dada nueva redacción por disposición final 3 apartado 2 de Ley 20/2015 de 14 de julio de 2015, con vigencia desde 01/01/2016

apertura de estas cuentas o depósitos la entidad de crédito, bajo su responsabilidad, exigirá la garantía a que se refiere la condición anterior.

2. La garantía se extenderá a las cantidades aportadas por los adquirentes, incluidos los impuestos aplicables, más el interés legal del dinero.

Dos. Requisitos de las garantías.

1. Para que un contrato de seguro de caución pueda servir como garantía de las cantidades anticipadas en la construcción y venta de viviendas deberá cumplir los siguientes requisitos:

a) Se suscribirá una póliza de seguro individual por cada adquirente, en la que se identifique el inmueble para cuya adquisición se entregan de forma anticipada las cantidades o los efectos comerciales.

b) La suma asegurada incluirá la cuantía total de las cantidades anticipadas en el contrato de compraventa, de adhesión a la promoción o fase de la cooperativa o instrumento jurídico equivalente, incluidos los impuestos aplicables, incrementada en el interés legal del dinero desde la entrega efectiva del anticipo hasta la fecha prevista de la entrega de la vivienda por el promotor.

c) Será tomador del seguro el promotor, a quien le corresponderá el pago de la prima por todo el periodo de seguro hasta la elevación a escritura pública del contrato de compraventa, de adhesión a la promoción o fase de la cooperativa o instrumento jurídico equivalente.

d) Corresponde la condición de asegurado al adquirente o adquirentes que figuren en el contrato de compraventa.

e) El asegurador no podrá oponer al asegurado las excepciones que puedan corresponderle contra el tomador del seguro. La falta de pago de la prima por el promotor no será, en ningún caso, excepción oponible.

f) La duración del contrato no podrá ser inferior a la del compromiso para la construcción y entrega de las viviendas. En caso de que se conceda prórroga para la entrega de las viviendas, el promotor podrá prorrogar el contrato de seguro mediante el pago de la correspondiente prima, debiendo informar al asegurado de dicha prórroga.

g) La entidad aseguradora podrá comprobar durante la vigencia del seguro los documentos y datos del promotor-tomador que guarden relación con las obligaciones contraídas frente a los asegurados.

h) En caso de que la construcción no se inicie o no llegue a buen fin en el plazo convenido el asegurado, siempre que haya requerido de manera fehaciente al promotor para la devolución de las cantidades aportadas a cuenta, incluidos los impuestos aplicables y sus intereses y este en el plazo de treinta días no haya procedido a su devolución, podrá reclamar al asegurador el abono de la indemnización correspondiente. Igualmente, el asegurado podrá reclamar directamente al asegurador cuando no resulte posible la reclamación previa al promotor.

El asegurador deberá indemnizar al asegurado en el plazo de treinta días a contar desde que formule la reclamación.

i) En ningún caso serán indemnizables las cantidades que no se acredite que fueron aportadas por el asegurado, aunque se hayan incluido en la suma asegurada del contrato de seguro, por haberse pactado su entrega aplazada en el contrato de cesión.

j) El asegurador podrá reclamar al promotor-tomador las cantidades satisfechas a los asegurados, a cuyo efecto se subrogará en los derechos que correspondan a éstos.

k) En el caso de que la entidad aseguradora hubiere satisfecho la indemnización al asegurado como consecuencia del siniestro cubierto por el contrato de seguro, el promotor no podrá enajenar la vivienda sin haber resarcido previamente a la entidad aseguradora por la cantidad indemnizada.

l) En todo lo no específicamente dispuesto, le será de aplicación la Ley 50/1980, de 8 de octubre, de Contrato de Seguro.

2. Para que un aval pueda servir como garantía de las cantidades anticipadas en la construcción y venta de viviendas deberá cumplir los siguientes requisitos:

a) Deberá emitirse y mantenerse en vigor por la entidad de crédito, por la cuantía total de las cantidades anticipadas en el contrato de compraventa, de adhesión a la promoción o fase de la cooperativa o instrumento jurídico equivalente, incluidos los impuestos aplicables, incrementada en el interés legal del dinero desde la entrega efectiva del anticipo hasta la fecha prevista de la entrega de la vivienda por el promotor.

b) En caso de que la construcción no se inicie o no llegue a buen fin en el plazo convenido, el beneficiario, siempre que haya requerido de manera fehaciente al promotor para la devolución de las cantidades entregadas a cuenta, incluidos los impuestos aplicables, y sus intereses y este en el plazo de treinta días no haya procedido a su devolución, podrá exigir al avalista el abono de dichas cantidades. Igualmente, el beneficiario podrá reclamar directamente al avalista cuando no resulte posible la reclamación previa al promotor.

c) Transcurrido un plazo de dos años, a contar desde el incumplimiento por el promotor de la obligación garantizada sin que haya sido requerido por el adquirente para la rescisión del contrato y la devolución de las cantidades anticipadas, se producirá la caducidad del aval.

Tres. Información contractual.

En los contratos para la adquisición de viviendas en que se pacte la entrega al promotor, incluido el supuesto de comunidades de propietarios o sociedad cooperativa, de cantidades anticipadas deberá hacerse constar expresamente:

a) Que el promotor se obliga a la devolución al adquirente de las cantidades percibidas a cuenta, incluidos los impuestos aplicables, más los intereses legales en caso de que la construcción no se inicie o termine en los plazos convenidos que se determinen en el contrato, o no se obtenga la cédula de habitabilidad, licencia de primera ocupación o el documento equivalente que faculten para la ocupación de la vivienda.

b) Referencia al contrato de seguro o aval bancario a los que hace referencia el apartado uno.1.a) de esta disposición, con indicación de la denominación de la entidad aseguradora o de la entidad avalista.

c) Designación de la entidad de crédito y de la cuenta a través de la cual se ha de hacer entrega por el adquirente de las cantidades que se hubiese comprometido anticipar como consecuencia del contrato celebrado.

En el momento del otorgamiento del contrato de compraventa, el promotor, incluido el supuesto de comunidades de propietarios o sociedad cooperativa, hará entrega al adquirente del documento que acredite la garantía, referida e individualizada a las cantidades que han de ser anticipadas a cuenta del precio.

Cuatro. Ejecución de la garantía.

Si la construcción no hubiera llegado a iniciarse o la vivienda no hubiera sido entregada, el adquirente podrá optar entre la rescisión del contrato con devolución de las cantidades entregadas a cuenta, incluidos los impuestos aplicables, incrementadas en los intereses legales, o conceder al promotor prórroga, que se hará constar en una cláusula adicional del contrato otorgado, especificando el nuevo período con la fecha de terminación de la construcción y entrega de la vivienda.

Cinco. Cancelación de la garantía.

Expedida la cédula de habitabilidad, la licencia de primera ocupación o el documento equivalente que faculten para la ocupación de la vivienda por el órgano administrativo competente y acreditada por el promotor la entrega de la vivienda al adquirente, se cancelarán las garantías otorgadas por la entidad aseguradora o avalista. Cumplidas las condiciones anteriores, se producirá igual efecto si el adquirente rehusara recibir la vivienda.

Seis. Publicidad de la promoción de viviendas.

En la publicidad de la promoción de viviendas con percepción de cantidades a cuenta con anterioridad a la iniciación de las obras o durante el período de construcción, será obligatorio hacer constar que el promotor ajustará su actuación y contratación al cumplimiento de los requisitos establecidos en la presente Ley, haciendo mención expresa de la entidad aseguradora o avalista garante, así como de la entidad de crédito en la que figura abierta la cuenta especial en la que habrán de ingresarse las cantidades anticipadas.

Siete. Infracciones y sanciones.

El incumplimiento de las obligaciones impuestas en esta disposición constituye infracción en materia de consumo, aplicándose lo dispuesto en el régimen sancionador general sobre protección de los consumidores y usuarios previsto en la legislación general y en la normativa autonómica correspondiente, sin perjuicio de las competencias atribuidas por la normativa vigente a la Dirección General de Seguros y Fondos de Pensiones.

El incumplimiento de la obligación de constituir garantía a la que se refiere el apartado uno.1 de esta disposición dará lugar a una sanción de hasta el 25 por 100 de las cantidades cuya devolución deba ser asegurada o la que corresponda según lo dispuesto en la normativa propia de las Comunidades Autónomas.

Además de lo anterior, se impondrán al promotor, incluido el supuesto de comunidades de propietarios o sociedad cooperativa, las infracciones y sanciones que pudieran corresponder conforme a la legislación específica en materia de ordenación de la edificación.

Ocho. Desarrollo reglamentario.

Reglamentariamente podrán determinarse los organismos públicos de promoción de viviendas que se exceptúen de los requisitos establecidos en esta disposición adicional.

El Gobierno podrá dictar las disposiciones complementarias para el desarrollo de lo dispuesto en esta disposición adicional.

**Disposición Adicional Segunda .** *Obligatoriedad de las garantías por daños materiales ocasionados por vicios y defectos en la construcción.* [149] Uno. La garantía contra daños materiales a que se refiere el apartado 1.c) del art. 19 de esta Ley será exigible, a partir de su entrada en vigor, para edificios cuyo destino principal sea el de vivienda.

No obstante, esta garantía no será exigible en el supuesto del autopromotor individual de una única vivienda unifamiliar para uso propio. Sin embargo, en el caso de producirse la transmisión «inter vivos» dentro del plazo previsto en el párrafo a) del art. 17.1, el autopromotor, salvo pacto en contrario, quedará obligado a la contratación de la garantía a que se refiere el apartado anterior por el tiempo que reste para completar los diez años. A estos efectos, no se autorizarán ni inscribirán en el Registro de la Propiedad escrituras públicas de transmisión «inter vivos» sin que se acredite y testimonie la constitución de la referida garantía, salvo que el autopromotor, que deberá acreditar haber utilizado la vivienda, fuese expresamente exonerado por el adquirente de la constitución de la misma.

Tampoco será exigible la citada garantía en los supuestos de rehabilitación de edificios destinados principalmente a viviendas para cuyos proyectos de nueva construcción se solicitaron las correspondientes licencias de edificación con anterioridad a la entrada en vigor de la presente Ley.

Dos. Mediante Real Decreto podrá establecerse la obligatoriedad de suscribir las garantías previstas en los apartados 1.a) y 1.b) del citado art. 19, para edificios cuyo destino principal sea el de vivienda. Asimismo, mediante Real Decreto podrá establecerse la obligatoriedad de suscribir cualquiera de las garantías previstas en el art. 19, para edificios destinados a cualquier uso distinto del de vivienda.

**Disposición Adicional Tercera .** *Intervenciones en el proceso de la edificación de los Cuerpos de Ingenieros de los Ejércitos en el ámbito de la Defensa.* Los miembros de los Cuerpos de Ingenieros de los Ejércitos, cuando intervengan en la realización de edificaciones o instalaciones afectas a la Defensa, se regirán en lo que se refiere a su capacidad profesional por la Ley 17/1999, de 18 de mayo, de Régimen

---

[149] Dada nueva redacción por art. 105 de Ley 53/2002 de 30 de diciembre de 2002, con vigencia desde 01/01/2003

del Personal de las Fuerzas Armadas, y disposiciones reglamentarias de desarrollo.

**Disposición Adicional Cuarta** . *Coordinador de seguridad y salud.* Las titulaciones académicas y profesionales habilitantes para desempeñar la función de coordinador de seguridad y salud en obras de edificación, durante la elaboración del proyecto y la ejecución de la obra, serán las de arquitecto, arquitecto técnico, ingeniero o ingeniero técnico, de acuerdo con sus competencias y especialidades.

**Disposición Adicional Quinta** . *Regulación del derecho de reversión.* Los arts. 54 y 55 de la Ley de Expropiación Forzosa, de 16 de diciembre de 1954, quedan redactados de la manera siguiente:
«**Artículo 54**
**1. En el caso de no ejecutarse la obra o no establecerse el servicio que motivó la expropiación, así como si hubiera alguna parte sobrante de los bienes expropiados, o desapareciese la afectación, el primitivo dueño o sus causahabientes podrán recobrar la totalidad o la parte sobrante de lo expropiado, mediante el abono a quien fuera su titular de la indemnización que se determina en el artículo siguiente.**
**2. No habrá derecho de reversión, sin embargo, en los casos siguientes:**
**a) Cuando simultáneamente a la desafectación del fin que justificó la expropiación se acuerde justificadamente una nueva afectación a otro fin que haya sido declarado de utilidad pública o interés social. En este supuesto la Administración dará publicidad a la sustitución, pudiendo el primitivo dueño o sus causahabientes alegar cuanto estimen oportuno en defensa de su derecho a la reversión, si consideran que no concurren los requisitos exigidos por la ley, así como solicitar la actualización del justiprecio si no se hubiera ejecutado la obra o establecido el servicio inicialmente previstos.**
**b) Cuando la afectación al fin que justificó la expropiación o a otro declarado de utilidad pública o interés social se prolongue durante diez años desde la terminación de la obra o el establecimiento del servicio.**
**3. Cuando de acuerdo con lo establecido en los apartados anteriores de este artículo proceda la reversión, el plazo para que el dueño primitivo o sus causahabientes puedan solicitarla será el de**

tres meses, a contar desde la fecha en que la Administración hubiera notificado el exceso de expropiación, la desafectación del bien o derecho expropiados o su propósito de no ejecutar la obra o de no implantar el servicio.

En defecto de esta notificación, el derecho de reversión podrá ejercitarse por el expropiado y sus causahabientes en los casos y con las condiciones siguientes:

a) Cuando se hubiera producido un exceso de expropiación o la desafectación del bien o derecho expropiados y no hubieran transcurrido veinte años desde la toma de posesión de aquéllos.

b) Cuando hubieran transcurrido cinco años desde la toma de posesión del bien o derecho expropiados sin iniciarse la ejecución de la obra o la implantación del servicio.

c) Cuando la ejecución de la obra o las actuaciones para el establecimiento del servicio estuvieran suspendidas más de dos años por causas imputables a la Administración o al beneficiario de la expropiación sin que se produjera por parte de éstos ningún acto expreso para su reanudación.

4. La competencia para resolver sobre la reversión corresponderá a la Administración en cuya titularidad se halle el bien o derecho en el momento en que se solicite aquélla o a la que se encuentre vinculado el beneficiario de la expropiación, en su caso, titular de los mismos.

5. En las inscripciones en el Registro de la Propiedad del dominio y demás derechos reales sobre bienes inmuebles adquiridos por expropiación forzosa se hará constar el derecho preferente de los reversionistas frente a terceros posibles adquirentes para recuperar el bien o derecho expropiados de acuerdo con lo dispuesto en este artículo y en el siguiente, sin cuya constancia registral el derecho de reversión no será oponible a los terceros adquirentes que hayan inscrito los títulos de sus respectivos derechos conforme a lo previsto en la Ley Hipotecaria.

Artículo 55

1. Es presupuesto del ejercicio del derecho de reversión la restitución de la indemnización expropiatoria percibida por el expropiado, actualizada conforme a la evolución del índice de precios al consumo en el período comprendido entre la fecha de iniciación del expediente de justiprecio y la de ejercicio del derecho de reversión. La

determinación de este importe se efectuará por la Administración en el mismo acuerdo que reconozca el derecho de reversión.

2. Por excepción, si el bien o derecho expropiado hubiera experimentado cambios en su calificación jurídica que condicionaran su valor o hubieran incorporado mejoras aprovechables por el titular de aquel derecho o sufrido menoscabo de valor, se procederá a una nueva valoración del mismo, referida a la fecha de ejercicio del derecho, fijada con arreglo a las normas contenidas en el capítulo III del Título II de esta Ley.

3. La toma de posesión del bien o derecho revertido no podrá tener lugar sin el previo pago o consignación del importe resultante conforme a los apartados anteriores. Dicho pago o consignación deberá tener lugar en el plazo máximo de tres meses desde su determinación en vía administrativa, bajo pena de caducidad del derecho de reversión y sin perjuicio de la interposición de recurso contencioso-administrativo. En este último caso, las diferencias que pudieran resultar de la sentencia que se dicte deberán, asimismo, satisfacerse o reembolsarse, según proceda, incrementadas con los intereses devengados al tipo de interés legal desde la fecha del primer pago en el plazo de tres meses desde la notificación de la sentencia bajo pena de caducidad del derecho de reversión en el primer supuesto.»

**Disposición Adicional Sexta** . *Infraestructuras comunes en los edificios para el acceso a los servicios de telecomunicación.* El art. 2, apartado a), del Real Decreto-ley 1/1998, de 27 de febrero, sobre infraestructuras comunes en los edificios para el acceso a los servicios de telecomunicación, quedará redactado de la siguiente manera:

«a) A todos los edificios y conjuntos inmobiliarios en los que exista continuidad en la edificación, de uso residencial o no y sean o no de nueva construcción, que estén acogidos, o deban acogerse, al régimen de propiedad horizontal regulado por la Ley 49/1960, de 21 de julio, de Propiedad Horizontal, modificada por la Ley 8/1999, de 6 de abril.»

**Disposición Adicional Séptima** . *Solicitud de la demanda de notificación a otros agentes.* Quien resulte demandado por ejercitarse contra él acciones de responsabilidad basadas en las obligaciones resultantes de su intervención en el proceso de la edificación previstas en la presente Ley, podrá solicitar, dentro del plazo que la Ley de Enjuiciamiento Civil concede para contestar a la demanda, que ésta se notifique a otro u otros agentes que también hayan tenido intervención en el referido proceso.

La notificación se hará conforme a lo establecido para el emplazamiento de los demandados e incluirá la advertencia expresa a aquellos otros agentes llamados al proceso de que, en el supuesto de que no comparecieren, la sentencia que se dicte será oponible y ejecutable frente a ellos.

**Disposición Adicional Octava.** *Instalación de infraestructuras de red o estaciones radioeléctricas en edificaciones de dominio privado.* [150] Las obras de instalación de infraestructuras de red o estaciones radioeléctricas en edificaciones de dominio privado no requerirán la obtención de licencia de obras o edificación ni otras autorizaciones, si bien, en todo caso el promotor de las mismas habrá de presentar ante la autoridad competente en materia de obras de edificación una declaración responsable donde conste que las obras se llevarán a cabo según un proyecto o una memoria técnica suscritos por técnico competente, según corresponda, justificativa del cumplimiento de los requisitos aplicables del Código Técnico de la Edificación. Una vez ejecutadas y finalizadas las obras de instalación de las infraestructuras de las redes de comunicaciones electrónicas, el promotor deberá presentar ante la autoridad competente una comunicación de la finalización de las obras y de que las mismas se han llevado a cabo según el proyecto técnico o memoria técnica.

**Disposición Adicional Novena.** *Cumplimiento del principio de no causar daño significativo en el medio ambiente.* [151] Todas las intervenciones que se realicen en los edificios que se encuentren financiadas con cargo a fondos de la Unión Europea o a través del Plan de Recuperación, Transformación y Resiliencia de España, deberán cumplir, además de lo previsto en esta ley y en su normativa de desarrollo, los requisitos exigidos en el marco de los referidos fondos con objeto

---

[150] Añadida por disposición final 3 de Ley 9/2014 de 9 de mayo de 2014, con vigencia desde 11/05/2014

[151] Añadida por disposición adicional 4 de Ley 10/2022 de 14 de junio de 2022, con vigencia desde 16/06/2022

de respetar el principio de no causar daño significativo en el medio ambiente.

## DISPOSICIONES TRANSITORIAS

**Disposición Transitoria Primera.** Lo dispuesto en esta Ley, salvo en materia de expropiación forzosa en que se estará a lo establecido en la disposición transitoria segunda, será de aplicación a las obras de nueva construcción y a obras en los edificios existentes, para cuyos proyectos se solicite la correspondiente licencia de edificación, a partir de su entrada en vigor.

**Disposición Transitoria Segunda.** Lo establecido en la disposición adicional quinta no será de aplicación a aquellos bienes y derechos sobre los que, a la entrada en vigor de la ley, se hubiera presentado la solicitud de reversión.

**Disposición transitoria tercera.** *Adaptación al régimen introducido por la disposición adicional primera «Percepción de cantidades a cuenta del precio durante la construcción», en su redacción dada por la Ley 20/2015, de 14 de julio, de ordenación, supervisión y solvencia de entidades aseguradoras y reaseguradoras, que modifica la Ley 38/1999, de 5 de noviembre, de Ordenación de la Edificación.* [152] Las entidades aseguradoras deberán, antes del 1 de julio de 2016 y para las cantidades que se entreguen a cuenta a partir de esa fecha, adaptar las pólizas vigentes a 1 de enero de 2016 al régimen introducido por la disposición final tercera.dos de la Ley 20/2015, de 14 de julio, de ordenación, supervisión y solvencia de entidades aseguradoras y reaseguradoras, por la que se modifica la disposición adicional primera «Percepción de cantidades a cuenta del precio durante la construcción» de la Ley 38/1999, de 5 de noviembre, de Ordenación de la Edificación.

---

[152] Añadida por disposición final 3 apartado 3 de Ley 20/2015 de 14 de julio de 2015, con vigencia desde 01/01/2016

## DISPOSICIONES DEROGATORIAS

**Disposición Derogatoria Primera.** Quedan derogadas todas las disposiciones de igual o inferior rango que se opongan a lo dispuesto en esta Ley.

**Disposición Derogatoria Segunda.** Los arts. 64 a 70 del Reglamento de la Ley de Expropiación Forzosa, aprobado por Decreto de 26 de abril de 1957, seguirán vigentes en cuanto no se opongan o resulten compatibles con lo establecido en la disposición adicional quinta.

**Disposición derogatoria tercera.** [153] Quedan derogadas cuantas disposiciones de igual o inferior rango se opongan a lo establecido en esta Ley y, en particular, las siguientes:
a) La Ley 57/1968, de 27 de julio, sobre percibo de cantidades anticipadas en la construcción y venta de viviendas.
b) El Decreto 3114/1968, de 12 de diciembre, sobre aplicación de la Ley 57/1968, de 27 de julio, a las Comunidades y Cooperativas de Viviendas.
c) La Orden de 29 de noviembre de 1968 sobre el seguro de afianzamiento de cantidades anticipadas para viviendas, en lo que pudiera estar en vigor.

## DISPOSICIONES FINALES

**Disposición Final Primera .** *Fundamento constitucional.* Esta Ley se dicta al amparo de la competencia que corresponde al Estado de conformidad con los artículos de la Constitución siguientes:
a) El art. 149.1.6ª, 8ª y 30ª en relación con las materias civiles y mercantiles de los capítulos I y II y con las obligaciones de los agentes de la edificación y atribuciones derivadas del ejercicio de las profesiones establecidas en el capítulo III, sin perjuicio de los derechos civiles, forales o especiales existentes en determinadas Comunidades Autónomas.

---

[153] Añadida por disposición final 3 apartado 4 de Ley 20/2015 de 14 de julio de 2015, con vigencia desde 01/01/2016

b) El art. 149.1.16ª, 21ª, 23ª y 25ª para el art. 3.

c) El art. 149.1.6ª, 8ª y 11ª para el capítulo IV.

d) El art. 149.1.18ª para la disposición adicional quinta.

Lo dispuesto en esta Ley será de aplicación sin perjuicio de las competencias legislativas y de ejecución que tengan asumidas las Comunidades Autónomas en este ámbito.

**Disposición Final Segunda .** *Autorización al Gobierno para la aprobación de un Código Técnico de la Edificación.* Se autoriza al Gobierno para que, mediante Real Decreto y en el plazo de dos años a contar desde la entrada en vigor de esta Ley, apruebe un Código Técnico de la Edificación que establezca las exigencias que deben cumplir los edificios en relación con los requisitos básicos establecidos en el art. 3, apartados 1.b) y 1.c). [154]

Hasta su aprobación, para satisfacer estos requisitos básicos se aplicarán las normas básicas de la edificación-NBE que regulan las exigencias técnicas de los edificios y que se enumeran a continuación:

NBE CT-79 Condiciones térmicas en los edificios.

NBE CA-88 Condiciones acústicas en los edificios.

NBE AE-88 Acciones en la edificación.

NBE FL-90 Muros resistentes de fábrica de ladrillo.

NBE QB-90 Cubiertas con materiales bituminosos.

NBE EA-95 Estructuras de acero en edificación.

NBE CPI-96 Condiciones de protección contra incendios en los edificios.

Asimismo, se aplicará el resto de la reglamentación técnica de obligado cumplimiento que regule alguno de los requisitos básicos establecidos en el art. 3.

**Disposición Final Tercera .** *Adaptación del Reglamento de la Ley de Expropiación Forzosa.* El Gobierno, en un plazo de seis meses, adaptará la sección 4ª del capítulo IV del Título II del Reglamento de la Ley de Expropiación Forzosa a lo dispuesto en esta Ley.

**Disposición Final Cuarta .** *Entrada en vigor.* Esta Ley entrará en vigor a los seis meses de su publicación en el «Boletín Oficial del

---

[154] Véase el RD 314/2006 de 17 marzo

Estado», salvo sus disposiciones adicional quinta, transitoria segunda, derogatoria primera por lo que se refiere a la legislación en materia de expropiación forzosa, derogatoria segunda, y final tercera que entrarán en vigor el día siguiente al de dicha publicación.

**XV. Ley 5/2006, de 10 de mayo, del libro quinto del Código civil de Cataluña, relativo a los derechos reales. (Fragmento)**

...

**553.1.** *Definición.* [155] 1. El régimen jurídico de la propiedad horizontal implica, para los propietarios, el derecho de propiedad en exclusiva sobre los elementos privativos y en comunidad con los demás propietarios sobre los elementos comunes.

2. El régimen jurídico de la propiedad horizontal requiere el otorgamiento del título de constitución y supone:

a) La existencia, presente o futura, de uno o más titulares de la propiedad de al menos un inmueble integrado por elementos privativos y elementos comunes.

b) La determinación de la cuota de participación en los elementos comunes que corresponde a cada elemento privativo.

c) La configuración de una organización para el ejercicio de los derechos y el cumplimiento de los deberes de los propietarios.

3. Los elementos comunes son inseparables de los elementos privativos. Los actos de enajenación y gravamen y el embargo de los elementos privativos se extienden a la participación que les corresponde en los elementos comunes.

4. El régimen de la propiedad horizontal excluye la acción de división sobre los elementos comunes y los derechos de adquisición preferente de carácter legal entre propietarios de diferentes elementos privativos. Esta exclusión no afecta a las situaciones de comunidad indivisa sobre los elementos privativos.

**553.2.** *Objeto.* [156] 1. Pueden ser objeto de propiedad horizontal los edificios y cualesquiera otros inmuebles, incluso en construcción, en los que coexistan elementos privativos, constituidos por viviendas, locales o espacios físicos susceptibles de independencia funcional y de atribución a diferentes propietarios, con elementos comunes, necesarios para el uso y disfrute adecuado de los privativos.

---

[155] Dada nueva redacción por art. 1 de Ley 5/2015 de 13 de mayo de 2015, con vigencia desde 20/06/2015

[156] Dada nueva redacción por art. 1 de Ley 5/2015 de 13 de mayo de 2015, con vigencia desde 20/06/2015

2. Puede constituirse un régimen de propiedad horizontal en los casos de coexistencia en suelo, vuelo o subsuelo de edificaciones o usos privados y dominio público, de puertos deportivos con relación a los puntos de amarre, de mercados con relación a las paradas, de cementerios con relación a las sepulturas y en otros semejantes. Estas situaciones se rigen por los preceptos del presente capítulo adaptados a la naturaleza específica de cada caso y por la normativa administrativa que les es de aplicación.

**553.3.** *Cuota.* [157] 1. La cuota de participación:

a) Determina y concreta la participación que corresponde a los elementos privativos sobre la propiedad de los elementos comunes.

b) Sirve de módulo para fijar la participación en las cargas, los beneficios, la gestión y el gobierno de la comunidad y los derechos de los propietarios en caso de extinción del régimen.

c) Establece la distribución de los gastos y el reparto de los ingresos, salvo pacto en contrario.

2. Las cuotas de participación correspondientes a los elementos privativos se expresan en porcentaje sobre el total del inmueble y se fijan proporcionalmente a la superficie y ponderando el uso, el destino y los demás datos físicos y jurídicos de los bienes que integran la comunidad.

3. Las cuotas de participación se determinan y se modifican por acuerdo unánime de los propietarios o, si este no es posible, por medio de la autoridad judicial o de un procedimiento de resolución extrajudicial de conflictos.

4. Pueden establecerse, además de la cuota de participación, cuotas especiales para determinados gastos.

**553.4.** *Créditos y deudas.* [158] 1. Todos los propietarios son titulares mancomunados, tanto de los créditos constituidos a favor de la comunidad como de las deudas contraídas válidamente en su gestión, de acuerdo con las respectivas cuotas de participación.

---

[157] Dada nueva redacción por art. 1 de Ley 5/2015 de 13 de mayo de 2015, con vigencia desde 20/06/2015

[158] Dada nueva redacción por art. 1 de Ley 5/2015 de 13 de mayo de 2015, con vigencia desde 20/06/2015

2. El importe de la contribución de cada propietario a los gastos comunes, ordinarios y extraordinarios, y al fondo de reserva es el que resulta del acuerdo de la junta y de la liquidación de la deuda según la cuota que corresponda.

3. Los créditos de la comunidad contra los propietarios por los gastos comunes, ordinarios y extraordinarios, y por el fondo de reserva correspondientes a la parte vencida del año en curso y a los cuatro años inmediatamente anteriores, contados del 1 de enero al 31 de diciembre, tienen preferencia de cobro sobre el elemento privativo con la prelación que determine la ley. [159]

4. Los créditos devengan intereses desde el momento en que debe efectuarse el pago correspondiente y este no se hace efectivo.

### **553.5.** *Afección real.* [160] 1. Los elementos privativos están afectados con carácter real y responden del pago de los importes que deben los titulares, así como los anteriores titulares, por razón de los gastos comunes, ordinarios o extraordinarios, y por el fondo de reserva, que correspondan a la parte vencida del año en curso y a los cuatro años inmediatamente anteriores, contados del 1 de enero al 31 de diciembre, sin perjuicio, si procede, de la responsabilidad de quien transmite. [161]

2. Los transmitentes de un elemento privativo deben declarar que están al corriente de los pagos que les corresponden o, si procede, deben especificar los que tienen pendientes y deben aportar un certificado relativo al estado de sus deudas con la comunidad, expedido por quien ejerce la secretaría, en el que deben constar, además, los gastos comunes, ordinarios y extraordinarios, y las aportaciones al fondo de reserva aprobados pero pendientes de vencimiento. Sin esta manifestación y esta aportación no puede otorgarse la escritura pública, salvo que las partes renuncien expresamente a ellas. En cualquier caso, sin perjuicio de la afección real establecida por el apartado 1, el transmitente responde de la deuda que tiene con la comunidad en el momento de la transmisión.

---

[159] Véase la Disp. final única apartado 3 Ley 5/2015 de 13 mayo

[160] Dada nueva redacción por art. 1 de Ley 5/2015 de 13 de mayo de 2015, con vigencia desde 20/06/2015

[161] Véase la Disp. final única apartado 3 Ley 5/2015 de 13 mayo

3. El certificado a que se refiere el apartado 2 no requiere el visto bueno de la presidencia si la administración de la comunidad la lleva un profesional que ejerce la secretaría.

**553.6.** *Fondo de reserva.* [162] 1. En el presupuesto de la comunidad debe figurar una cantidad no inferior al 5 % de los gastos comunes destinada a la constitución de un fondo de reserva.

2. La titularidad del fondo de reserva es de todos los propietarios y el fondo queda afectado a la comunidad sin que ningún propietario tenga derecho a reclamar su devolución en el momento de la enajenación del elemento privativo.

3. El fondo de reserva debe figurar en contabilidad separada y debe depositarse en una cuenta bancaria especial a nombre de la comunidad. Los administradores solo pueden disponer de él, con la autorización de la presidencia, para atender gastos de la comunidad imprevistos de carácter urgente o, con la autorización de la junta de propietarios, para hacer frente a las obras extraordinarias de conservación, reparación, rehabilitación, instalación de nuevos servicios comunes y seguridad, así como para las que sean exigibles de acuerdo con las normativas especiales.

4. Los remanentes del fondo de reserva de cada año se acumulan en el fondo del año siguiente.

**553.7.** *Establecimiento del régimen.* [163] 1. El inmueble se somete al régimen de propiedad horizontal desde el otorgamiento del título de constitución, aunque la construcción no esté terminada.

2. El título de constitución se inscribe en el Registro de la Propiedad de conformidad con la legislación hipotecaria y a los efectos que esta legislación establece.

---

[162] Dada nueva redacción por art. 1 de Ley 5/2015 de 13 de mayo de 2015, con vigencia desde 20/06/2015

[163] Dada nueva redacción por art. 1 de Ley 5/2015 de 13 de mayo de 2015, con vigencia desde 20/06/2015

**553.8.** *Legitimación.* [164] 1. Están legitimados para el estableci-miento del régimen de la propiedad horizontal el propietario o propie-tarios del inmueble que lo sean en el momento del otorgamiento del título de constitución.

2. El promotor que haya transmitido una cuota indivisa del inmue-ble no puede hacer uso de la facultad que le concede el art. 552-11.4. En este caso, cualquier adquiriente puede exigir el otorgamiento inme-diato del título de constitución de acuerdo con el proyecto por el que se ha obtenido la licencia correspondiente.

3. Cuando el propietario del inmueble que ha enajenado elementos privativos en un documento privado otorga la correspondiente escritu-ra pública, debe reseñar el título de constitución e incorporar a ella los estatutos y demás normas de la comunidad.

**553.9.** *Escritura de constitución y constancia en el Registro de la Propiedad.* [165] 1. El título de constitución del régimen de propiedad horizontal debe constar en una escritura pública, que en todo caso debe contener:

a) La descripción del inmueble en conjunto, que debe indicar si está terminado o no, y la relación de los elementos, instalaciones y servicios comunes de que dispone.

b) La descripción de todos los elementos privativos, con el corres-pondiente número de orden interno en el inmueble, la cuota general de participación y, si procede, las especiales que les corresponden, así como la superficie útil, la situación, los límites, la planta, el destino y, si procede, los espacios físicos o los derechos que constituyan sus anexos o vinculaciones.

c) Un plano descriptivo del inmueble.

d) Los estatutos, si existen.

e) Las reservas de derechos o facultades, si existen, establecidas a favor del promotor o de los constituyentes del régimen.

f) La previsión, si procede, de formación de subcomunidades.

2. Los preceptos del presente capítulo se aplican en todo lo no establecido por el título de constitución.

---

[164] Dada nueva redacción por art. 1 de Ley 5/2015 de 13 de mayo de 2015, con vigencia desde 20/06/2015

[165] Dada nueva redacción por art. 1 de Ley 5/2015 de 13 de mayo de 2015, con vigencia desde 20/06/2015

3. En la misma escritura de constitución o en otra previa, es preciso que se declare la obra nueva de acuerdo con lo establecido por la legislación hipotecaria y las demás normas que sean de aplicación.

4. El régimen de la propiedad horizontal se inscribe en el Registro de la Propiedad de acuerdo con la legislación hipotecaria, por medio de una inscripción general para el inmueble y de tantos folios como fincas privativas existan.

5. Las estipulaciones establecidas en la constitución del régimen, o en cualquier otro documento, que impliquen una reserva de la facultad de modificación unilateral del título de constitución a favor del constituyente, o que le permitan decidir en el futuro asuntos de competencia de la junta de propietarios, son nulas.

**553.10.** *Modificación del título de constitución.* [166] 1. Para modificar el título de constitución es preciso el acuerdo de la junta de propietarios y que la escritura observe los requisitos del art. 553-9 que sean de aplicación a la modificación de que se trate.

2. No es preciso el acuerdo de la junta de propietarios para la modificación del título de constitución si la motivan los siguientes hechos:

a) El ejercicio de un derecho de vuelo, sobreelevación, subedificación y edificación si se ha previsto así al constituir el régimen o el derecho.

b) Las agrupaciones, agregaciones, segregaciones y divisiones de los elementos privativos o las desvinculaciones de anexos, si los estatutos así lo establecen.

c) Las alteraciones del destino de los elementos privativos, salvo que los estatutos las prohíban expresamente.

d) La ejecución de actuaciones ordenadas por la Administración pública de conformidad con la legislación vigente en materia urbanística, de habitabilidad, de accesibilidad y sobre rehabilitación, regeneración y renovación urbanas.

3. La formalización de las operaciones de modificación, incluso la de la suma o redistribución de las cuotas afectadas, corresponde a los titulares de los derechos o propietarios de elementos privativos

---

[166] Dada nueva redacción por art. 1 de Ley 5/2015 de 13 de mayo de 2015, con vigencia desde 20/06/2015

implicados en lo que resulte o sea consecuencia de las operaciones de modificación realizadas al amparo de lo establecido por el apartado 2.

**553.11.** *Estatutos.* [167] 1. Los estatutos regulan los aspectos referentes al régimen jurídico real de la comunidad y pueden contener reglas sobre las siguientes cuestiones:

a) El destino, uso y aprovechamiento de los elementos privativos y de los elementos comunes.

b) Las limitaciones de uso y demás cargas de los elementos privativos.

c) El ejercicio de los derechos y el cumplimiento de las obligaciones.

d) La aplicación de gastos e ingresos y la distribución de cargas y beneficios.

e) Los órganos de gobierno complementarios de los establecidos por el presente código y sus competencias.

f) La forma de gestión y administración.

2. Son válidas las siguientes cláusulas estatutarias, entre otras:

a) Las que permiten las operaciones de agrupación, agregación, segregación y división de elementos privativos y las de desvinculación de anexos con creación de nuevas entidades sin consentimiento de la junta de propietarios. En este caso, las cuotas de participación de las fincas resultantes se fijan por la suma o la distribución de las cuotas de los elementos privativos afectados.

b) Las que exoneran a determinados propietarios de elementos privativos de la obligación de satisfacer los gastos de conservación de elementos comunes concretos, que pueden incluir las del portal, la escalera, los ascensores, los jardines, las zonas de recreo y demás espacios semejantes.

c) Las que establecen la utilización exclusiva y, si procede, el cierre de una parte del solar, o de las cubiertas o de cualquier otro elemento común o parte determinada de este en favor de algún elemento privativo.

d) Las que permiten el uso o el disfrute de elementos comunes mediante la colocación de carteles de publicidad.

e) Las que limitan las actividades que pueden realizarse en los elementos privativos.

---

[167] Dada nueva redacción por art. 1 de Ley 5/2015 de 13 de mayo de 2015, con vigencia desde 20/06/2015

f) Las que prevén la resolución de los conflictos mediante el arbitraje o la mediación para cualquier cuestión del régimen de la propiedad horizontal.

3. Las normas de los estatutos que no estén inscritas en el Registro de la Propiedad no perjudican a terceros de buena fe.

**553.12.** *Reglamento de régimen interior.* [168] 1. El reglamento de régimen interior, que no puede oponerse a los estatutos, contiene las reglas internas referentes a las relaciones de convivencia y buena vecindad entre los propietarios y a la utilización de los elementos de uso común y de las instalaciones.

2. El reglamento de régimen interior obliga siempre a los propietarios y usuarios de los elementos privativos.

**553.13.** *Constitución y reserva del derecho de vuelo.* [169] 1. La constitución o la reserva expresa del derecho para sobreelevar, subedificar o edificar en el mismo solar del inmueble a favor de los constituyentes o de terceras personas es válida si la establece el título de constitución del régimen de propiedad horizontal.

2. Los titulares del derecho de vuelo están facultades para edificar a su cargo de acuerdo con el título de constitución del derecho, para hacer suyos los elementos privativos que resultan de él y para otorgar, solos y a su cargo, las correspondientes declaraciones o ampliaciones de obra nueva y, si se ha previsto al constituir el régimen o el derecho, la modificación de la división horizontal. El ejercicio sucesivo del derecho con la construcción de la nueva edificación supone la redistribución de las cuotas de participación, que llevan a cabo los titulares de los derechos reservados de acuerdo con el presente código y con el título de constitución, sin necesidad del consentimiento de la junta de propietarios.

3. La constitución o la reserva a que se refiere el apartado 1 solo es válida si consta en una cláusula específica y el derecho se constituye de acuerdo con el art. 567-2.

---

[168] Dada nueva redacción por art. 1 de Ley 5/2015 de 13 de mayo de 2015, con vigencia desde 20/06/2015

[169] Dada nueva redacción por art. 1 de Ley 5/2015 de 13 de mayo de 2015, con vigencia desde 20/06/2015

**553.14.** *Extinción del régimen.* [170] 1. El régimen de propiedad horizontal se extingue voluntariamente por acuerdo unánime de la junta de propietarios de conversión en otro tipo de comunidad o por decisión del propietario único. El acuerdo o decisión requiere el consentimiento de los titulares de derechos reales sobre los elementos privativos o comunes afectados. En cualquier caso, se presume otorgado el consentimiento si el titular del derecho real no ha manifestado su oposición al acuerdo o decisión en el plazo de un mes a contar de la fecha en que se le haya notificado.

2. El régimen de propiedad horizontal se extingue en los supuestos de destrucción, declaración de ruina y expropiación forzosa del inmueble. Sin embargo, en el título de constitución puede estipularse que el régimen no se extinga pese a la destrucción o la declaración de ruina para proceder a la rehabilitación o reconstrucción del inmueble a cargo de los propietarios.

**553.15.** *Organización de la comunidad.* [171] 1. Los órganos de la comunidad son la presidencia, la secretaría y la junta de propietarios. Los dos primeros son unipersonales. El cargo de la presidencia debe ser ejercido por un propietario. La secretaría puede ser ejercida por un propietario o por la persona externa a la comunidad que asuma las funciones de administración.

2. La comunidad puede encargar la administración a un profesional externo que cumpla las condiciones profesionales legalmente exigibles. En este caso, las funciones de administración incluyen también las de secretaría.

3. Los cargos son designados por la junta de propietarios, ante la cual responden de sus actuaciones. También puede designarlos el promotor del inmueble, en cuyo caso ejercen hasta la primera reunión de la junta de propietarios.

4. Los cargos son reelegibles, duran un año y se entienden prorrogados hasta que se celebre la junta ordinaria siguiente al vencimiento del plazo para el que se designaron.

---

[170] Dada nueva redacción por art. 1 de Ley 5/2015 de 13 de mayo de 2015, con vigencia desde 20/06/2015

[171] Dada nueva redacción por art. 1 de Ley 5/2015 de 13 de mayo de 2015, con vigencia desde 20/06/2015

5. El ejercicio de los cargos es obligatorio, a pesar de que la junta de propietarios puede considerar la alegación de motivos de excusa fundamentados. La designación se efectúa, en defecto de candidatos, por un turno rotatorio o por sorteo entre las personas que no han ejercido el cargo.

6. Los cargos no son remunerados, salvo que recaigan en personas ajenas a la comunidad, en cuyo caso pueden serlo. En cualquier caso, se tiene el derecho a resarcirse de los gastos ocasionados por el ejercicio del cargo.

7. Los estatutos pueden regular la creación de otros órganos, además de los establecidos por el apartado 1.

8. En la designación de los cargos no debe producirse ningún tipo de discriminación por razón de sexo, orientación sexual, origen o creencias ni por ningún otro motivo.

9. En los casos en que el número de propietarios sea inferior a tres, y mientras se mantenga esta situación, el régimen de funcionamiento de la organización de la comunidad es el que el art. 552-7 establece para la comunidad ordinaria indivisa.

**553.16.** *Presidencia.* [172] 1. Corresponden a la presidencia las siguientes funciones:

a) Convocar y presidir las reuniones de la junta de propietarios.

b) Representar a la comunidad judicial y extrajudicialmente.

c) Elevar a públicos los acuerdos, si procede.

d) Velar por el buen funcionamiento de la comunidad y por el cumplimiento de los deberes del secretario y del administrador.

e) Cualesquiera otras funciones que establezca la ley.

2. La junta de propietarios puede designar un vicepresidente, que ejerce las funciones de la presidencia en caso de muerte, imposibilidad, ausencia o incapacidad de su titular. También puede ejercer las funciones que la presidencia le haya delegado expresamente.

---

[172] Dada nueva redacción por art. 1 de Ley 5/2015 de 13 de mayo de 2015, con vigencia desde 20/06/2015

**553.17.**  *Secretaría.*  [173] El secretario extiende las actas de las reuniones, realiza las notificaciones, expide los certificados y custodia, durante cinco años como mínimo, las convocatorias, las comunicaciones, los poderes, la documentación contable y los demás documentos relevantes de las reuniones y de la comunidad. La custodia y la teneduría de los libros de actas son reguladas por el art. 553-28.

**553.18.**  *Administración.*  [174] 1. El administrador gestiona los asuntos ordinarios de la comunidad y ejerce las siguientes funciones:

a) Tomar las medidas convenientes y hacer los actos necesarios para conservar los bienes y el funcionamiento correcto de los servicios de la comunidad.

b) Velar por que los propietarios cumplan las obligaciones y hacerles las advertencias pertinentes.

c) Preparar las cuentas anuales del ejercicio precedente y el presupuesto.

d) Ejecutar los acuerdos de la junta de propietarios y efectuar los cobros y pagos que correspondan.

e) Decidir la ejecución de las obras de conservación y reparación de carácter urgente, de todo lo cual debe dar cuenta inmediatamente a la presidencia.

f) Pagar, con autorización de la presidencia, los gastos de carácter urgente que pueden correr a cargo del fondo de reserva.

g) Las demás funciones que expresamente le sean delegadas por la junta de propietarios o atribuidas por la ley.

2. El administrador es responsable de su actuación ante la junta de propietarios.

**553.19.**  *Junta de propietarios.*  [175] 1. La junta de propietarios, integrada por todos los propietarios de elementos privativos, es el órgano supremo de la comunidad.

---

[173] Dada nueva redacción por art. 1 de Ley 5/2015 de 13 de mayo de 2015, con vigencia desde 20/06/2015

[174] Dada nueva redacción por art. 1 de Ley 5/2015 de 13 de mayo de 2015, con vigencia desde 20/06/2015

[175] Dada nueva redacción por art. 1 de Ley 5/2015 de 13 de mayo de 2015, con vigencia desde 20/06/2015

2. La junta de propietarios tiene las competencias no atribuidas expresamente a otros órganos y, como mínimo, las siguientes:

a) El nombramiento y remoción de las personas que deben ocupar u ocupan los cargos de la comunidad.

b) La modificación del título de constitución.

c) La aprobación y modificación de los estatutos y del reglamento de régimen interior.

d) La aprobación de los presupuestos y de las cuentas anuales.

e) La aprobación de la realización de reparaciones de carácter ordinario no presupuestadas y de las de carácter extraordinario y de mejora, de su importe y de la imposición de derramas para su financiación.

f) El establecimiento o modificación de los criterios generales para fijar o modificar cuotas.

g) La extinción voluntaria del régimen.

**553.20.** *Reuniones.* [176] 1. La junta de propietarios debe reunirse, de forma ordinaria, una vez al año para aprobar las cuentas y el presupuesto y para elegir a las personas que deben ejercer los cargos.

2. La junta de propietarios debe reunirse cuando lo considere conveniente el presidente y cuando lo solicite, como mínimo, una cuarta parte de los propietarios o los que representen una cuarta parte de las cuotas de participación.

3. Los estatutos pueden establecer la convocatoria de reuniones especiales para tratar de cuestiones que afecten solo a propietarios determinados o, si procede, a las subcomunidades.

4. La junta de propietarios puede reunirse sin convocatoria si concurren a ella todos los propietarios y acuerdan por unanimidad la celebración de la reunión y su orden del día.

**553.21.** *Convocatorias.* [177] 1. La presidencia convoca las reuniones de la junta de propietarios. En caso de vacante, inactividad o negativa de la presidencia, puede convocar la reunión la vicepresidencia o, en caso de vacante, inactividad o negativa de esta, los propietarios que promueven la reunión de acuerdo con el art. 553-20.2.

---

[176] Dada nueva redacción por art. 1 de Ley 5/2015 de 13 de mayo de 2015, con vigencia desde 20/06/2015

[177] Dada nueva redacción por art. 1 de Ley 5/2015 de 13 de mayo de 2015, con vigencia desde 20/06/2015

2. Las convocatorias, citaciones y notificaciones, salvo que los estatutos establezcan expresamente otra cosa, deben enviarse, con una antelación mínima de ocho días naturales, a la dirección comunicada por el propietario a la secretaría. El envío puede hacerse por correo postal o electrónico, o por otros medios de comunicación, siempre y cuando se garantice la autenticidad de la comunicación y de su contenido. Si el propietario no ha comunicado dirección alguna, deben enviarse al elemento privativo del que es titular. Además, el anuncio de la convocatoria debe publicarse con la misma antelación en el tablón de anuncios de la comunidad o en un lugar visible habilitado a tal efecto. Dicho anuncio produce el efecto de notificación efectiva cuando la personal no ha tenido éxito.

3. En el caso de juntas extraordinarias para tratar de asuntos urgentes, tan solo es preciso que los propietarios hayan podido tener conocimiento de las convocatorias, citaciones y notificaciones antes de la fecha en que deba celebrarse la reunión.

4. La convocatoria de la reunión de la junta de propietarios debe expresar de forma clara y detallada:

a) El orden del día. Si la reunión se convoca a petición de propietarios promotores, deben constar en él los puntos que proponen. El orden del día incluye, entre otros asuntos, los propuestos por escrito a la presidencia, antes de la convocatoria, por cualquiera de los propietarios.

b) El día, el lugar y la hora de la reunión.

c) La advertencia que, con relación a los acuerdos a que se refiere el art. 553-26, los votos de los propietarios que no asisten a la reunión se computan en el sentido del acuerdo tomado por la mayoría, sin perjuicio de su derecho de oposición.

d) La lista de los propietarios con deudas pendientes con la comunidad por razón de las cuotas, los cuales, de conformidad con el art. 553-24, tienen voz pero no tienen derecho de voto, de todo lo cual es preciso advertir.

5. La documentación relativa a los asuntos a tratar debe enviarse a los propietarios junto a la convocatoria, o bien debe indicarse el lugar donde se halla a su disposición. Si las funciones de administración de la comunidad las realiza un profesional externo, este debe tener dicha documentación a disposición de los propietarios desde el momento en que se envía la convocatoria.

**553.22.** *Asistencia.* [178] 1. El derecho de asistencia a la junta corresponde a los propietarios, los cuales asisten personalmente o por representación legal, orgánica o voluntaria, que debe acreditarse por escrito. Los estatutos pueden establecer, o la junta de propietarios puede acordar, que pueda asistirse por videoconferencia o por otros medios telemáticos de comunicación sincrónica similares.

2. El derecho de asistencia incluye el derecho de voz y el derecho de voto en la junta de propietarios, sin perjuicio de lo establecido por el art. 553-24.

3. En caso de comunidad de un elemento privativo, los cotitulares designan a uno para que ejerza el derecho a asistir a la junta de propietarios.

4. En el usufructo se entiende que los nudos propietarios, si no consta su manifestación en contra, son representados por los usufructuarios. La representación debe ser expresa si deben adoptarse acuerdos sobre el título de constitución, los estatutos y las obras extraordinarias o de mejora.

**553.23.** *Constitución.* [179] 1. La junta de propietarios se constituye válidamente sea cual sea el número de propietarios que concurran y las cuotas de las que sean titulares o representantes.

2. La junta de propietarios, si no asisten el presidente ni el vicepresidente, designa a un propietario entre los asistentes para que la presida.

3. La junta de propietarios, si no asiste el secretario, designa a uno entre los asistentes.

**553.24.** *Derecho de voto.* [180] 1. Tienen derecho a votar en la junta los propietarios que no tengan deudas pendientes con la comunidad cuando la junta se reúne. Los propietarios que tengan deudas pendientes con la comunidad tienen derecho a votar si acreditan que han consignado judicial o notarialmente su importe o que las han impugnado judicialmente.

---

[178] Dada nueva redacción por art. 1 de Ley 5/2015 de 13 de mayo de 2015, con vigencia desde 20/06/2015

[179] Dada nueva redacción por art. 1 de Ley 5/2015 de 13 de mayo de 2015, con vigencia desde 20/06/2015

[180] Dada nueva redacción por art. 1 de Ley 5/2015 de 13 de mayo de 2015, con vigencia desde 20/06/2015

2. El derecho de voto se ejerce de las siguientes formas:

a) Personalmente.

b) Por representación, de acuerdo con lo establecido por el art. 553-22.1.

c) Por delegación en otro propietario, efectuada mediante un escrito que designe nominativamente a la persona delegada y en el que puede indicarse el sentido del voto con relación a los puntos del orden del día. La delegación debe efectuarse para una reunión concreta de la junta de propietarios y debe recibirse antes de que comience.

3. El voto de las personas que se abstengan y el voto correspondiente a los elementos privativos de beneficio común se computan en el mismo sentido que el de la mayoría conseguida.

**553.25.** *Régimen general de adopción de acuerdos.* [181] 1. Solo se pueden adoptar acuerdos sobre los asuntos incluidos en el orden del día.

2. Se adoptan por mayoría simple de los propietarios que han participado en cada votación, que tiene que representar, al mismo tiempo, la mayoría simple del total de sus cuotas de participación, los acuerdos que hacen referencia a:

a) La ejecución de obras o el establecimiento de servicios que tienen la finalidad de suprimir barreras arquitectónicas o la instalación de ascensores, aunque el acuerdo comporte la modificación del título de constitución y de los estatutos o aunque las obras o los servicios afecten a la estructura o la configuración exterior.

b) Las innovaciones exigibles para la habitabilidad, accesibilidad, seguridad del inmueble o eficiencia energética o hídrica según su naturaleza y características, aunque el acuerdo comporte la modificación del título de constitución y de los estatutos o afecten a la estructura o a la configuración exterior.

c) La ejecución de las obras para instalar infraestructuras comunes o equipos con la finalidad de mejorar la movilidad de los usuarios, para conectar servicios de telecomunicaciones de banda ancha o para individualizar la medición de los consumos de agua, gas o electricidad o para la instalación general de puntos de recarga para vehículos

---

[181] Dada nueva redacción por art. único apartado 1 de Decreto Ley 28/2021 de 21 de diciembre de 2021, con vigencia desde 23/12/2021

eléctricos aunque el acuerdo comporte la modificación del título de constitución y de los estatutos.

d) La ejecución de las obras para instalar infraestructuras comunes o equipos con el fin de mejorar la eficiencia energética o hídrica, así como para instalar sistemas de energías renovables y sus elementos auxiliares de uso común en elementos comunes, aunque el acuerdo comporte la modificación del título de constitución y de los estatutos o afecten a la estructura o la configuración exterior. [182]

e) La ejecución de las obras para instalar infraestructuras o equipos con la finalidad de mejorar la eficiencia energética o hídrica, así como para instalar sistemas de energías renovables de utilidad particular en elementos comunes, a solicitud de los propietarios interesados, aunque afecten a la estructura o a la configuración exterior. El acuerdo adoptado incluye, si la instalación existente lo permite, el acceso de otros propietarios siempre que abonen el importe que les hubiera correspondido cuando se hizo la instalación, debidamente actualizado, así como el coste de la adaptación necesaria para tener acceso. Los propietarios que quieran tener acceso a las instalaciones preexistentes tienen que comunicarlo previamente a la presidencia o a la administración de la comunidad.

f) La participación en la generación de energías renovables compartidas con otras comunidades de propietarios, en la agregación de la demanda, así como también en comunidades energéticas locales o ciudadanas de energía, y en el ejercicio de los derechos derivados de esta participación, aunque el acuerdo comporte la modificación del título de constitución y de los estatutos. [183]

g) Los contratos de financiación para hacer frente a los gastos derivados de la ejecución de las obras o de las instalaciones previstas en los apartados anteriores.

h) Las normas del reglamento de régimen interior.

i) El acuerdo de someter a mediación cualquier cuestión propia del régimen de la propiedad horizontal.

j) Los acuerdos que no tengan fijados una mayoría diferente para adoptarlos.

---

[182] Dada nueva redacción apartado 2 letra d por art. 94 apartado 1 de Ley 3/2023 de 16 de marzo de 2023, con vigencia desde 18/03/2023

[183] Dada nueva redacción apartado 2 letra f por art. 94 apartado 2 de Ley 3/2023 de 16 de marzo de 2023, con vigencia desde 18/03/2023

3. Para el cálculo de las mayorías se computan los votos y las cuotas de los propietarios que han participado en la votación de cada uno de los puntos del orden del día, sea de manera presencial, sea por representación o por delegación del voto. En los casos que un elemento privativo pertenezca a varios propietarios, estos tienen conjuntamente un único voto indivisible en razón de la propiedad de dicho elemento privativo. La adopción del acuerdo por mayoría simple requiere que los votos y cuotas a favor superen los votos y cuotas en contra.

4. Los acuerdos que modifiquen la cuota de participación, los que priven a cualquier propietario de las facultades de uso y disfrute de elementos comunes y los que determinen la extinción del régimen de la propiedad horizontal simple o compleja requieren el consentimiento expreso de los propietarios afectados.

5. Los propietarios o titulares de un derecho posesorio sobre el elemento privativo, en caso de que ellos mismos o las personas con quienes conviven o trabajan sufran alguna discapacidad o sean mayores de setenta años, si no consiguen que se adopten los acuerdos a qué hacen referencia las letras a ) y b ) del apartado 2, pueden pedir a la autoridad judicial que obligue a la comunidad a suprimir las barreras arquitectónicas o a hacer las innovaciones exigibles, siempre que sean razonables y proporcionadas, para alcanzar la accesibilidad y transitabilidad del inmueble en atención a la discapacidad que las motiva.

6. A los efectos únicamente de la legitimación para la impugnación de los acuerdos y la exoneración del pago de gastos para nuevas instalaciones o servicios comunes, los propietarios que no han participado en la votación se pueden oponer al acuerdo por medio de un escrito enviado a la secretaría, por cualquier medio fehaciente, en el plazo de un mes desde que les ha sido notificado. Si una vez pasado el mes no han enviado el escrito de oposición, se considera que se adhieren al acuerdo.

**553.26.** *Adopción de acuerdos por unanimidad y por mayorías cualificadas.* [184] 1. Se requiere el voto favorable de todos los propietarios con derecho al voto para:

a) Modificar las cuotas de participación.

---

[184] Dada nueva redacción por art. único apartado 2 de Decreto Ley 28/2021 de 21 de diciembre de 2021, con vigencia desde 23/12/2021

b) Desvincular un anexo.

c) Vincular el uso exclusivo de patios, jardines, terrazas, cubiertas del inmueble u otros elementos comunes a uno o varios elementos privativos.

d) Ceder gratuitamente el uso de elementos comunes que tienen un uso común.

e) Constituir un derecho de sobreelevación, subedificación y edificación sobre el inmueble.

f) Extinguir el régimen de propiedad horizontal, simple o compleja, y convertirla en un tipo de comunidad diferente.

g) Acordar la integración en una propiedad horizontal compleja.

h) Someter a arbitraje cualquier cuestión relativa al régimen de la propiedad horizontal, a menos que haya una disposición estatutaria contraria.

2. Es necesario el voto favorable de las cuatro quintas partes de los propietarios con derecho al voto, que tienen que representar al mismo tiempo las cuatro quintas partes de las cuotas de participación, para:

a) Modificar el título de constitución y los estatutos, salvo que exista una disposición legal en sentido contrario.

b) Adoptar acuerdos relativos a innovaciones físicas en el inmueble, si afectan a su estructura o configuración exterior, salvo los supuestos regulados en las letras b ), d ) y e ) del artículo 553-25.2, así como los relativos a la construcción de piscinas e instalaciones recreativas.

c) Desafectar un elemento común.

d) Constituir, enajenar, gravar y dividir un elemento privativo de beneficio común.

e) Acordar cuotas especiales de gastos, o un incremento en la participación en los gastos comunes correspondientes a un elemento privativo por el uso desproporcionado de elementos o servicios comunes, de acuerdo con lo que establece el artículo 553-45.4.

f) Acordar la extinción voluntaria del régimen de propiedad horizontal por parcelas.

g) La cesión onerosa del uso y el arrendamiento de elementos comunes que tienen un uso común por un plazo superior a quince años.

h) Los contratos de financiación que tengan un plazo de amortización superior a quince años.

3. Los acuerdos de los apartados 1 y 2 se entienden adoptados:

a) Si se requiere la unanimidad, cuandohan votado favorablemente todos los propietarios que han participado en la votación y, en el plazo de un mes desde la notificación del acuerdo, no se ha opuesto ningún otro propietario mediante un escrito enviado a la secretaría por cualquier medio fehaciente.

b) Si se requieren las cuatro quintas partes, cuando ha votado favorablemente la mayoría simple de los propietarios y de las cuotas participantes a la votación y, en el plazo de un mes desde la notificación del acuerdo, se alcanza la mayoría cualificada contando como voto favorable la posición de los propietarios ausentes que, en dicho plazo, no se han opuesto al acuerdo mediante un escrito enviado a la secretaría por cualquier medio fehaciente.

**553.27.** *Acta.* [185] 1. El secretario debe redactar el acta, que debe autorizarse, con las firmas del secretario y del presidente, en el plazo de cinco días a contar desde el día después de la reunión.

2. El acta de la reunión debe redactarse al menos en catalán, o en aranés en Arán, y deben constar en ella los siguientes datos:

a) La fecha y el lugar de celebración, el carácter ordinario o extraordinario y el nombre de la persona que ha realizado la convocatoria.

b) El orden del día.

c) La indicación de la persona que la ha presidido y de la persona que ha actuado como secretario.

d) La relación de personas que han asistido personalmente o por representación y, si procede, de las que delegan.

e) Los acuerdos adoptados, los participantes en cada votación y sus cuotas respectivas, así como el resultado de las votaciones, con la indicación de los que han votado a favor, los que han votado en contra y los que se han abstenido.

f) Los acuerdos susceptibles de formación sucesiva, de acuerdo con el art. 553-26.3.

3. El presidente puede requerir a un notario que levante acta de los acuerdos de la reunión cuando lo considere pertinente y lo debe hacer, en todo caso, cuando haya una solicitud escrita presentada, al menos cinco días antes de la fecha de la reunión, por una cuarta parte de los propietarios o por menos si representan la cuarta parte de las cuotas. En este caso, debe hacerse en el libro de actas una referencia clara a

[185] Dada nueva redacción por art. 1 de Ley 5/2015 de 13 de mayo de 2015, con vigencia desde 20/06/2015

la fecha de celebración de la reunión y al nombre y la residencia del notario que asistió a ella.

4. El acta debe enviarse a todos los propietarios en el plazo de diez días a contar desde el día después de la reunión de la junta de propietarios a la dirección comunicada por cada propietario a la secretaría o, en su defecto, al elemento privativo. El envío puede realizarse por correo postal o electrónico o por otros medios de comunicación, con las mismas garantías requeridas para la convocatoria.

5. Una vez transcurrido el plazo fijado por el art. 553-26.3, debe enviarse a todos los propietarios un anexo al acta en el que debe indicarse si los acuerdos susceptibles de formación sucesiva han devenido efectivos o no, y debe hacerse constar, asimismo, el resultado final de la votación.

**553.28.** *Libro de actas.* [186] 1. Los acuerdos de la junta de propietarios deben transcribirse en un libro de actas que debe legalizarse, al menos en catalán, o en aranés en Arán, en el registro de la propiedad que corresponda.

2. El secretario debe custodiar los libros de actas de la junta de propietarios, que deben conservarse durante treinta años mientras exista el régimen de propiedad horizontal o durante cinco años desde el momento en que se haya extinguido.

**553.29.** *Ejecución.* [187] Los acuerdos adoptados válidamente por la junta de propietarios, salvo que los estatutos establezcan otra cosa, son ejecutivos desde el momento en que se adoptan.

**553.30.** *Vinculación de los acuerdos.* [188] 1. Los acuerdos adoptados por la junta son obligatorios y vinculan a todos los propietarios, incluso a los disidentes.

2. No obstante lo que establece el apartado 1, los propietarios disidentes no están obligados a satisfacer los gastos originados por las

---

[186] Dada nueva redacción por art. 1 de Ley 5/2015 de 13 de mayo de 2015, con vigencia desde 20/06/2015

[187] Dada nueva redacción por art. 1 de Ley 5/2015 de 13 de mayo de 2015, con vigencia desde 20/06/2015

[188] Dada nueva redacción por art. único apartado 3 de Decreto Ley 28/2021 de 21 de diciembre de 2021, con vigencia desde 23/12/2021

nuevas instalaciones o nuevos servicios comunes que no sean exigibles de acuerdo con la ley si el valor total del gasto acordado es superior a la cuarta parte del presupuesto anual vigente de la comunidad una vez descontadas las subvenciones o las ayudas públicas y los costes derivados de la obtención de crédito necesario con entidades financieras. Los propietarios solo pueden disfrutar de las nuevas instalaciones o los nuevos servicios si satisfacen el importe de los gastos de ejecución y de mantenimiento con la actualización que corresponda aplicando el índice general de precios de consumo.

3. Los gastos originados por la supresión de barreras arquitectónicas o la instalación de ascensores y los que hagan falta para garantizar la accesibilidad y la habitabilidad del edificio son a cargo de todos los propietarios si derivan de un acuerdo de la junta. Si derivan de una decisión judicial conforme al artículo 553-25-5, la autoridad judicial es quien fija el importe en función de los gastos ordinarios comunes de la comunidad.

4. Los gastos originados por las obras de instalación de infraestructuras o equipos comunes con la finalidad de mejorar la eficiencia energética o hídrica, así como de la instalación de sistemas de energías renovables de uso común en elementos comunes, son a cargo de todos los propietarios si derivan del acuerdo de la junta, de conformidad con lo establecido en el artículo 553-25.2. d ). Los propietarios disidentes, en todo caso, están obligados si el valor total del gasto acordado no excede las tres cuartas partes del presupuesto anual vigente de la comunidad en razón de los gastos comunes ordinarios, una vez descontadas las subvenciones o las ayudas públicas que les puedan corresponder por este concepto.

5. Los propietarios que, sin causa justificada, se opongan a las actuaciones u obras necesarias y exigidas por la autoridad competente o las demoren responden individualmente de las sanciones que se impongan en vía administrativa.

**553.31.** *Impugnación.* [189] 1. Los acuerdos de la junta de propietarios pueden impugnarse judicialmente en los siguientes casos:

a) Si son contrarios a las leyes, al título de constitución o a los estatutos o si, dadas las circunstancias, implican un abuso de derecho.

---

[189] Dada nueva redacción por art. 1 de Ley 5/2015 de 13 de mayo de 2015, con vigencia desde 20/06/2015

b) Si son contrarios a los intereses de la comunidad o son grave-mente perjudiciales para uno de los propietarios.

2. Están legitimados para la impugnación de un acuerdo los propie-tarios que han votado en contra, los ausentes que se han opuesto y los que han sido privados ilegítimamente del derecho de voto.

3. Para ejercer la acción de impugnación es preciso estar al corriente de pago de las deudas con la comunidad que estén vencidas en el momento de la adopción del acuerdo que desee impugnarse o haber consignado su importe.

4. La acción de impugnación de los acuerdos caduca en el plazo de un año en los supuestos a que se refiere el apartado 1.a y en el plazo de tres meses en los supuestos a que se refiere el apartado 1.b. Los plazos se cuentan desde la notificación del acta o del anexo del acta, según proceda.

**553.32.** *Suspensión.* [190] 1. La impugnación de un acuerdo de la junta de propietarios no suspende su ejecutabilidad.

2. La autoridad judicial puede adoptar las medidas cautelares que considere convenientes, incluso la de decretar provisionalmente la sus-pensión del acuerdo de la junta de propietarios impugnado.

**553.33.** *Elementos privativos.* [191] Solo pueden configurarse co-mo elementos privativos de un inmueble las viviendas, los locales y los espacios físicos que pueden ser objeto de propiedad separada y que tienen independencia funcional porque disponen de acceso directo o indirecto a la vía pública.

**553.34.** *Elementos privativos de beneficio común.* [192] 1. Son elementos privativos de beneficio común los que, por disposición de la ley, del título de constitución o por acuerdo de la junta de propietarios, pertenecen a todos los propietarios en proporción a la cuota y de modo inseparable de la propiedad del elemento privativo concreto.

---

[190] Dada nueva redacción por art. 1 de Ley 5/2015 de 13 de mayo de 2015, con vigencia desde 20/06/2015

[191] Dada nueva redacción por art. 1 de Ley 5/2015 de 13 de mayo de 2015, con vigencia desde 20/06/2015

[192] Dada nueva redacción por art. 1 de Ley 5/2015 de 13 de mayo de 2015, con vigencia desde 20/06/2015

2. Los elementos comunes desafectados por acuerdo de la junta de propietarios tienen carácter de elemento privativo de beneficio común, salvo que se establezca otra cosa.

3. La administración y disposición de un elemento privativo de beneficio común se rige por las normas de la propiedad horizontal.

**553.35.** *Anexos.* [193] Los anexos se determinan en el título de constitución como espacios físicos o derechos vinculados de modo inseparable a un elemento privativo, no tienen cuota especial y son de titularidad privativa a todos los efectos.

**553.36.** *Uso y disfrute de los elementos privativos.* [194] 1. Los propietarios de elementos privativos pueden ejercer todas las facultades del derecho de propiedad sin ninguna otra restricción que las que derivan del régimen de propiedad horizontal.

2. Los propietarios de un elemento privativo pueden hacer obras de conservación y de reforma siempre y cuando no perjudiquen a los demás propietarios ni a la comunidad y que no disminuyan la solidez ni la accesibilidad del inmueble ni alteren la configuración o el aspecto exterior del conjunto.

3. Los propietarios que se propongan hacer obras en su elemento privativo deben comunicarlo previamente a la presidencia o a la administración de la comunidad. Si la obra supone la alteración de elementos comunes, es preciso el acuerdo de la junta de propietarios. En caso de instalación de un punto de recarga individual de vehículo eléctrico, solo es preciso enviar a la presidencia o a la administración el proyecto técnico con treinta días de antelación al inicio de la obra y la certificación técnica correspondiente una vez finalizada la instalación. Dentro de este plazo la comunidad puede proponer una alternativa razonable y más adecuada a sus intereses generales. Si la instalación alternativa no se hace efectiva en el plazo de dos meses, el propietario interesado puede ejecutar la instalación que había proyectado inicialmente.

---

[193] Dada nueva redacción por art. 1 de Ley 5/2015 de 13 de mayo de 2015, con vigencia desde 20/06/2015

[194] Dada nueva redacción por art. 1 de Ley 5/2015 de 13 de mayo de 2015, con vigencia desde 20/06/2015

4. La comunidad puede exigir la reposición al estado originario de los elementos comunes alterados sin su consentimiento. Sin embargo, se entiende que la comunidad ha dado su consentimiento si la ejecución de las obras es notoria, no disminuye la solidez del edificio ni supone la ocupación de elementos comunes ni la constitución de nuevas servidumbres y la comunidad no se ha opuesto en el plazo de caducidad de cuatro años a contar desde la finalización de las obras.

**553.37.** *Disposición de los elementos privativos.* [195] 1. Los propietarios de elementos privativos los pueden modificar, enajenar y gravar y pueden hacer con ellos todo tipo de actos de disposición. Si establecen servidumbres en beneficio de otras fincas, estas servidumbres se extinguen en caso de destrucción o derribo del edificio.

2. Los propietarios, en los casos de arrendamiento o de cualquier otra transmisión del disfrute del elemento privativo, son responsables ante la comunidad y terceras personas de las obligaciones derivadas del régimen de propiedad horizontal.

3. La persona que enajena un elemento privativo debe comunicar el cambio de titularidad a la secretaría de la comunidad. Mientras no lo comunique responde solidariamente de las deudas con la comunidad.

**553.38.** *Obligaciones de conservación y mantenimiento de los elementos privativos.* [196] Los propietarios de elementos privativos deben conservarlos en buen estado y deben mantener los servicios e instalaciones que se ubiquen en ellos.

**553.39.** *Restricciones y servidumbres forzosas.* [197] 1. Los elementos privativos están sujetos, en beneficio de los otros y de la comunidad, a las restricciones imprescindibles para hacer las obras de conservación y mantenimiento de los elementos comunes y de los demás elementos privativos, si no existe ninguna otra forma de hacerlas o la otra forma es desproporcionadamente cara o gravosa.

---

[195] Dada nueva redacción por art. 1 de Ley 5/2015 de 13 de mayo de 2015, con vigencia desde 20/06/2015

[196] Dada nueva redacción por art. 1 de Ley 5/2015 de 13 de mayo de 2015, con vigencia desde 20/06/2015

[197] Dada nueva redacción por art. 1 de Ley 5/2015 de 13 de mayo de 2015, con vigencia desde 20/06/2015

2. La comunidad puede exigir la constitución de servidumbres permanentes sobre los anexos de los elementos de uso privativo si son indispensables para la ejecución de los acuerdos de supresión de las barreras arquitectónicas o de mejora adoptados por la junta de propietarios o para el acceso a elementos comunes que no tengan otro.

3. Los propietarios de elementos privativos pueden exigir la constitución de las servidumbres, permanentes o temporales, imprescindibles para hacer las obras de conservación y de acceso a redes generales de suministros de servicios.

4. Los titulares de las servidumbres deben compensar los daños y el menoscabo que causen en los elementos privativos o comunes afectados.

**553.40.** *Prohibiciones y restricciones de uso de los elementos privativos y comunes.* [198] 1. Los propietarios y los ocupantes no pueden hacer en los elementos privativos, ni en el resto del inmueble, actividades o actos contrarios a la convivencia normal en la comunidad o que dañen o hagan peligrar el inmueble. Tampoco pueden llevar a cabo las actividades que los estatutos, la normativa urbanística o la ley excluyen o prohíben de forma expresa. [199]

2. La presidencia de la comunidad, si se hacen las actividades o los actos a que se refiere el apartado 1, por iniciativa propia o a petición de una cuarta parte de los propietarios, debe requerir fehacientemente a quien los haga que deje de hacerlos. Si la persona o personas requeridas persisten en su actividad, la junta de propietarios puede ejercer contra los propietarios y ocupantes del elemento privativo la acción para hacerla cesar, que debe tramitarse de acuerdo con las normas procesales correspondientes. Una vez presentada la demanda, que debe acompañarse del requerimiento y el certificado del acuerdo de la junta de propietarios, la autoridad judicial debe adoptar las medidas cautelares que considere convenientes, entre las cuales, la cesación inmediata de la actividad prohibida. En caso de ocupación sin título habilitante, la acción puede ejercerse contra los ocupantes aunque no

[198] Dada nueva redacción por art. 1 de Ley 5/2015 de 13 de mayo de 2015, con vigencia desde 20/06/2015

[199] Dada nueva redacción apartado 1 por art. 2 apartado 1 de Ley 1/2023 de 15 de febrero de 2023, con vigencia desde 18/02/2023

se conozca su identidad. Si las actividades o los actos contrarios a la convivencia o que dañen o hagan peligrar el inmueble los hacen los ocupantes del elemento privativo ilegítimamente y sin la voluntad de los propietarios, la junta de propietarios puede denunciar los hechos al ayuntamiento de su municipio a fin de que inicie, previo expediente acreditativo de que se han producido efectivamente las actividades o los actos prohibidos, el procedimiento establecido por el artículo 44 bis de la Ley 18/2007, de 28 de diciembre, del derecho a la vivienda. [200]

3. La comunidad tiene derecho a la indemnización por los perjuicios que se le causen y, si las actividades prohibidas continúan, a instar judicialmente la privación del uso y disfrute del elemento privativo por un período que no puede exceder de dos años y, si procede, la extinción del contrato de arrendamiento o de cualquier otro que atribuya a los ocupantes un derecho sobre el elemento privativo.

**553.41.** *Elementos comunes.* [201] Son elementos comunes el solar, los jardines, las piscinas, las estructuras, las fachadas, las cubiertas, los vestíbulos, las escaleras y los ascensores, las antenas y, en general, las instalaciones y los servicios de los elementos privativos que se destinan al uso comunitario o a facilitar el uso y disfrute de dichos elementos privativos.

**553.42.** *Uso y disfrute de los elementos comunes.* [202] 1. El uso y disfrute de los elementos comunes corresponde a todos los propietarios de elementos privativos y debe adaptarse al destino establecido por los estatutos o al que resulte normal y adecuado a su naturaleza, sin perjudicar el interés de la comunidad.

2. En caso de que la junta acuerde instalaciones para la eficiencia energética o hídrica o de sistemas de energía renovable para el uso comunitario en elementos comunes donde existan instalaciones o sistemas de utilidad particular previamente autorizadas, incompatibles

---

[200] Dada nueva redacción apartado 2 por art. 2 apartado 1 de Ley 1/2023 de 15 de febrero de 2023, con vigencia desde 18/02/2023

[201] Dada nueva redacción por art. 1 de Ley 5/2015 de 13 de mayo de 2015, con vigencia desde 20/06/2015

[202] Dada nueva redacción por art. único apartado 4 de Decreto Ley 28/2021 de 21 de diciembre de 2021, con vigencia desde 23/12/2021

con el nuevo acuerdo, la comunidad asume la remoción y debe indemnizar los daños que la remoción comporte al propietario.

**553.43.** *Elementos comunes de uso exclusivo.* [203] 1. En el título de constitución o por acuerdo unánime de la junta, se puede vincular a uno o a varios elementos privativos el uso exclusivo de patios, jardines, terrazas, cubiertas del inmueble u otros elementos comunes. Esta vinculación no los hace perder la naturaleza de elemento común.

2. Los propietarios de los elementos privativos que tienen el uso y disfrute exclusivo de los elementos comunes asumen todos los gastos de conservación y mantenimiento y tienen la obligación de conservarlos adecuadamente y mantenerlos en buen estado.

3. Los propietarios de los elementos privativos que tienen el uso exclusivo de los elementos comunes pueden ejecutar obras de mejora para la eficiencia energética o hídrica o la instalación de sistemas de energías renovables en dichos elementos comunes, haciéndose cargo de los costes que se deriven, así como de los gastos de mantenimiento. En todo caso, tienen que enviar el proyecto técnico con treinta días de antelación del inicio de la obra a la presidencia o a la administración. Dentro de este plazo, la comunidad puede proponer una alternativa más adecuada a sus intereses generales siempre que sea razonable y proporcionada y que no comporte a las personas promotoras un incremento sustancial del coste del proyecto técnico presentado. A falta de alternativa, los propietarios pueden llevar a cabo dichas obras o instalaciones.

4. Las reparaciones que se deben a vicios de construcción o estructurales, originarios o sobrevenidos, o las reparaciones que afectan y benefician todo el inmueble, son a cargo de la comunidad, a menos que sean consecuencia de un mal uso o de una mala conservación.

**553.44.** *Conservación  y  mantenimiento  de  elementos comunes.* [204] 1. La comunidad tiene que conservar los elementos comunes del inmueble, de manera que cumpla las condiciones estructu-

---

[203] Dada nueva redacción por art. único apartado 5 de Decreto Ley 28/2021 de 21 de diciembre de 2021, con vigencia desde 23/12/2021

[204] Dada nueva redacción por art. único apartado 6 de Decreto Ley 28/2021 de 21 de diciembre de 2021, con vigencia desde 23/12/2021

rales, de habitabilidad, de accesibilidad, de estanquidad, de seguridad y de eficiencia energética o hídrica, según la normativa vigente y tiene que mantener en funcionamiento correcto los servicios y las instalaciones. Los propietarios tienen que asumir las obras de conservación y reparación necesarias.

2. Los propietarios que se benefician de la instalación de infraestructuras o equipos de mejora de la eficiencia energética o hídrica o de sistemas de energías renovables de utilidad particular situados en elementos comunes o en elementos comunes de uso exclusivo tienen que asumir la conservación y el mantenimiento en su totalidad.

**553.45.** *Contribución al pago de los gastos comunes.* [205] 1. Los propietarios deben sufragar los gastos comunes en proporción a su cuota de participación o de acuerdo con las especialidades fijadas por el título de constitución, los estatutos o los acuerdos de la junta.

2. La falta de uso y disfrute de elementos comunes concretos no exime de la obligación de sufragar los gastos que derivan de su mantenimiento, salvo que una disposición de los estatutos, que solo puede referirse a servicios o elementos especificados de forma concreta, establezca lo contrario y sin perjuicio de lo establecido por el art. 553-30.2.

3. La contribución al pago de determinados gastos sobre los que los estatutos establecen cuotas especiales diferentes a las de participación, entre los que se incluyen los de escaleras diferentes, piscinas y zonas ajardinadas, debe hacerse de acuerdo con la cuota específica.

4. El título de constitución puede establecer un incremento de la participación en los gastos comunes que corresponde a un elemento privativo concreto, en el caso de uso o disfrute especialmente intensivo de elementos o servicios comunes como consecuencia del ejercicio de actividades empresariales o profesionales en el piso o el local. Este incremento también puede acordarlo la junta de propietarios. En ninguno de los dos casos, el incremento puede ser superior al doble de lo que le correspondería por la cuota.

---

[205] Dada nueva redacción por art. 1 de Ley 5/2015 de 13 de mayo de 2015, con vigencia desde 20/06/2015

**553.46.** *Responsabilidad de la comunidad.* [206] 1. De las deudas contraídas por razón de la comunidad responden los créditos y fondos comunes de los propietarios y los elementos privativos de beneficio común. Subsidiariamente, responden los propietarios de los elementos privativos en proporción a su cuota de participación.

2. Para embargar los fondos, los créditos y los elementos privativos de beneficio común, basta con demandar a la comunidad. Para embargar los otros elementos privativos, debe requerirse el pago a todos los propietarios y demandarlos personalmente.

**553.47.** *Reclamación en caso de impago de los gastos comunes.* [207] 1. La comunidad puede reclamar todas las cantidades que le sean debidas por el impago de los gastos comunes, tanto si son ordinarios como extraordinarios, o del fondo de reserva, mediante el proceso monitorio especial aplicable a las comunidades de propietarios de inmuebles en régimen de propiedad horizontal establecido por la legislación procesal.

2. Para instar la reclamación basta con un certificado del impago de los gastos comunes, emitido por quien haga las funciones de secretario de la comunidad con el visto bueno del presidente. En este certificado debe constar la existencia de la deuda y su importe, la manifestación de que la deuda es exigible y que se corresponde de forma exacta con las cuentas aprobadas por la junta de propietarios que constan en el libro de actas correspondiente, y el requerimiento de pago hecho al deudor.

**553.48.** *Configuración.* [208] 1. La propiedad horizontal compleja implica la coexistencia de subcomunidades integradas en un inmueble o en un conjunto inmobiliario formado por varias escaleras o portales o por una pluralidad de edificios independientes y separados que se conectan entre ellos y comparten zonas ajardinadas y de recreo, piscinas u otros elementos comunes similares.

---

[206] Dada nueva redacción por art. 1 de Ley 5/2015 de 13 de mayo de 2015, con vigencia desde 20/06/2015

[207] Dada nueva redacción por art. 1 de Ley 5/2015 de 13 de mayo de 2015, con vigencia desde 20/06/2015

[208] Dada nueva redacción por art. 1 de Ley 5/2015 de 13 de mayo de 2015, con vigencia desde 20/06/2015

2. En el régimen de la propiedad horizontal compleja, cada escalera, portal o edificio constituye una subcomunidad que se rige por los preceptos de las secciones primera y segunda.

3. Pueden configurarse como una subcomunidad los elementos privativos, situados en uno o más inmuebles, que están conectados entre sí y que tienen independencia económica y funcional.

**553.49.** *Cuotas.* [209] Cada uno de los elementos privativos que integran una subcomunidad tiene asignada una cuota particular de participación, separada de la cuota general que le corresponde en el conjunto de la propiedad horizontal compleja.

**553.50.** *Constitución.* [210] 1. La propiedad horizontal compleja se constituye inicialmente como una sola comunidad con subcomunidades o bien como una agrupación de varias comunidades. En este último caso, pueden otorgar el título los propietarios únicos de los diferentes inmuebles o los presidentes de las respectivas comunidades autorizados por un acuerdo previo de cada junta.

2. El título de constitución debe constar en una escritura pública que debe describir:

a) El complejo inmobiliario en conjunto.

b) Cada uno de los elementos privativos que lo componen, con la indicación de la subcomunidad de la que forman parte y de la cuota de participación general y particular.

c) Los viales, las zonas ajardinadas y de recreo y los demás servicios y elementos comunes del complejo.

3. El régimen de la propiedad horizontal compleja se inscribe en el Registro de la Propiedad de acuerdo con la legislación hipotecaria, mediante una inscripción general en folio propio para la propiedad horizontal compleja y, además, en otro folio propio para cada subcomunidad y cada elemento privativo.

---

[209] Dada nueva redacción por art. 1 de Ley 5/2015 de 13 de mayo de 2015, con vigencia desde 20/06/2015

[210] Dada nueva redacción por art. 1 de Ley 5/2015 de 13 de mayo de 2015, con vigencia desde 20/06/2015

**553.51.**  *Regulación y acuerdos.*  [211] 1. En la propiedad horizontal compleja, cada subcomunidad tiene sus órganos específicos y adopta sus propios acuerdos con independencia de las demás subcomunidades y de la comunidad general, dentro del ámbito material que le sea reconocido en el título de constitución.

2. Los estatutos pueden regular un consejo de presidentes si la complejidad del conjunto inmobiliario y de los elementos, servicios e instalaciones comunes, el número de elementos privativos u otras circunstancias lo hacen aconsejable. El consejo debe actuar de forma colegiada para la administración ordinaria de los elementos comunes de todo el conjunto y debe regirse por las normas de la junta de propietarios adaptadas a su naturaleza específica.

**553.52.**  *Comunidades y subcomunidades para garajes y trasteros.*  [212] 1. La comunidad de garaje o trasteros, salvo que los estatutos establezcan otra cosa, funciona con independencia de la comunidad general en cuanto a los asuntos de su interés exclusivo en los siguientes casos:

a) Si se configura en régimen de comunidad como elemento privativo de un régimen de propiedad horizontal y la adquisición de una cuota indivisa atribuye el uso exclusivo de plazas de aparcamiento o de trasteros y la utilización de las rampas de acceso y salida, las escaleras y las zonas de maniobras. En este caso, los titulares de la cuota indivisa no pueden ejercer la acción de división de la comunidad ni gozan de derechos de adquisición preferente.

b) Si las diferentes plazas de aparcamiento o los trasteros de un local de un inmueble en régimen de propiedad horizontal se constituyen como elementos privativos. En este caso, se asigna a cada plaza, además del número de orden y de la cuota que le corresponde en el régimen de propiedad horizontal, un número o letra de identificación concretos; las rampas, las escaleras y las zonas de acceso, maniobra y salida de los vehículos se consideran elementos comunes del garaje o el trastero.

2. No existe subcomunidad para el local de garaje o trasteros en los siguientes casos:

---

[211] Dada nueva redacción por art. 1 de Ley 5/2015 de 13 de mayo de 2015, con vigencia desde 20/06/2015

[212] Dada nueva redacción por art. 1 de Ley 5/2015 de 13 de mayo de 2015, con vigencia desde 20/06/2015

a) Si las diferentes plazas de aparcamiento o los trasteros se configuran como anexos inseparables de los elementos privativos de la comunidad. En este caso, se les aplica lo establecido por el art. 553-35.

b) Si el local destinado a garaje o trasteros se configura como elemento común del régimen de propiedad horizontal. En este caso, el uso concreto de las plazas de aparcamiento o de los trasteros no puede cederse a terceras personas con independencia del uso del elemento privativo respectivo.

3. Puede constituirse una subcomunidad para el local o los locales destinados a garaje o trasteros si varios inmuebles sujetos a régimen de propiedad horizontal comparten su uso. En este caso, la subcomunidad forma parte, además, de cada propiedad horizontal en la proyección vertical que le corresponde. Si unas normas estatutarias concretas no establecen lo contrario, los titulares de las plazas tienen derecho a utilizar todas las zonas de acceso, distribución, maniobra y salida de vehículos situadas en el local o los locales con independencia del inmueble concreto en cuya vertical o fachada estén situadas.

**553.53.** *Concepto y configuración.* [213] 1. El régimen de la propiedad horizontal puede establecerse, por parcelas, sobre un conjunto de fincas independientes que tienen la consideración de solares, edificados o no, forman parte de una actuación urbanística y participan con carácter inseparable de unos elementos de titularidad común.

2. El régimen de propiedad horizontal por parcelas se rige, en lo que no establezca el título de constitución, por las normas específicas de la presente sección y, supletoriamente, por las del presente capítulo, de acuerdo con su naturaleza específica y con lo dispuesto por la normativa urbanística aplicable.

**553.54.** *Fincas de titularidad privativa.* [214] 1. Las fincas privativas y, si procede, sus anexos inseparables pertenecen en exclusiva a sus titulares en el régimen de propiedad que les sea de aplicación.

---

[213] Dada nueva redacción por art. 1 de Ley 5/2015 de 13 de mayo de 2015, con vigencia desde 20/06/2015

[214] Dada nueva redacción por art. 1 de Ley 5/2015 de 13 de mayo de 2015, con vigencia desde 20/06/2015

2. Los actos de enajenación y gravamen y el embargo de las fincas privativas se extienden de modo inseparable a la cuota de participación que les corresponde en los elementos comunes.

3. La enajenación de una finca privativa no da a los propietarios de las demás derecho alguno de adquisición preferente de naturaleza legal.

**553.55.** *Elementos comunes.* [215] 1. Son elementos comunes las fincas, los elementos inmobiliarios y los servicios e instalaciones que se destinan al uso y disfrute común que menciona el título de constitución, entre los que se incluyen las zonas ajardinadas y de recreo, las instalaciones deportivas, los locales sociales, los servicios de vigilancia y, si procede, otros elementos similares.

2. Los elementos comunes son inseparables de las fincas privativas, a las que están vinculados por medio de la cuota de participación que, expresada en centésimas, corresponde a cada finca en el conjunto.

**553.56.** *Restricciones.* [216] Las restricciones al ejercicio de las facultades dominicales sobre fincas privativas impuestas por el título de constitución, los estatutos, el planeamiento urbanístico o las leyes tienen la consideración de elementos comunes.

**553.57.** *Título de constitución.* [217] 1. El título de constitución del régimen de propiedad horizontal por parcelas debe constar en una escritura pública, la cual debe contener:

a) La descripción del conjunto en general, que debe incluir el nombre y la ubicación, la extensión, la aprobación administrativa de la actuación urbanística en que se integra, los datos esenciales de la licencia o del acuerdo de parcelación, el número de solares que la configuran y la referencia y descripción de las fincas e instalaciones comunes.

---

[215] Dada nueva redacción por art. 1 de Ley 5/2015 de 13 de mayo de 2015, con vigencia desde 20/06/2015

[216] Dada nueva redacción por art. 1 de Ley 5/2015 de 13 de mayo de 2015, con vigencia desde 20/06/2015

[217] Dada nueva redacción por art. 1 de Ley 5/2015 de 13 de mayo de 2015, con vigencia desde 20/06/2015

b) La relación de las obras de urbanización y de las instalaciones del conjunto y el sistema previsto para su conservación y mantenimiento, así como la información sobre la prestación de servicios no urbanísticos y las demás circunstancias que resulten del plan de ordenación.

c) La descripción de todas las parcelas y de los demás elementos privativos, que debe incluir el número de orden; la cuota general de participación y, si procede, las especiales que les corresponden; la superficie; los límites, y, si procede, los espacios físicos o derechos que constituyan sus anexos o que estén vinculados a ellos.

d) Las reglas generales o específicas sobre el destino y la edificabilidad de las fincas y la información sobre si son divisibles.

e) Los estatutos, si existen.

f) La relación de terrenos de uso y dominio público comprendidos en el ámbito de la propiedad horizontal por parcelas.

g) Un plano descriptivo del conjunto, en el que deben identificarse las fincas privativas y los elementos comunes.

2. Las determinaciones urbanísticas que contenga el título de constitución tienen efectos meramente informativos.

3. No es preciso describir cada una de las parcelas si el régimen de propiedad horizontal por parcelas se establece por acuerdo de todos o de una parte de los propietarios de parcelas, edificadas o no, situadas en una unidad urbanística consolidada, que ya están inscritas en el Registro de la Propiedad como fincas independientes, pero se ha hecho constar, como mínimo, el número que les corresponde en la urbanización, la identificación registral, la referencia catastral y los nombres de los propietarios.

**553.58.** *Constancia registral.* [218] 1. El régimen de propiedad horizontal por parcelas se inscribe en el Registro de la Propiedad de acuerdo con la legislación hipotecaria. Debe hacerse una inscripción general para el conjunto y una inscripción para cada una de las fincas privativas y, si procede, de las fincas destinadas a uso y disfrute o a servicios comunes, para cada una de las cuales debe abrirse un folio especial separado.

2. Si la propiedad horizontal por parcelas recae total o parcialmente sobre varias fincas, debe hacerse una agrupación instrumental. En la

---

[218] Dada nueva redacción por art. 1 de Ley 5/2015 de 13 de mayo de 2015, con vigencia desde 20/06/2015

nota de referencia debe hacerse constar el carácter instrumental y debe considerarse, a todos los efectos, que nunca ha existido comunidad. Las fincas privativas pueden adjudicarse directamente al titular que corresponda.

3. La inscripción del régimen de propiedad horizontal por parcelas debe practicarse a favor de sus integrantes y, además de los datos exigidos por la legislación hipotecaria, debe contener los establecidos por el art. 553-57 que tengan trascendencia real y la referencia al archivo del plano. En todo caso, deben hacerse las notas marginales de referencia a las inscripciones de las fincas privativas.

4. Las inscripciones de las fincas privativas deben contener, además de los datos exigidos por la legislación hipotecaria, los siguientes:

a) El número de parcela que les corresponde.

b) La cuota o cuotas de participación.

c) El régimen especial o las restricciones que pueden afectarlas de una forma determinada.

d) La referencia a la inscripción general y la sujeción al régimen de la propiedad horizontal por parcelas.

5. Las fincas destinadas a uso y disfrute o a los servicios comunes se inscriben a favor de los integrantes de la propiedad horizontal por parcelas, sin mencionarlos de forma explícita ni hacer constar las cuotas que les corresponden.

6. En caso de establecimiento de la propiedad horizontal por parcelas de forma sobrevenida, debe abrirse un folio separado e independiente para la propiedad horizontal en conjunto, en el que deben constar las circunstancias establecidas por el presente artículo y debe hacerse una referencia, en una nota marginal, a cada una de las inscripciones de las fincas que pasan a ser privativas, en la que debe hacerse constar la cuota que les corresponde.

**553.59.** *Extinción voluntaria.* [219] 1. La extinción voluntaria de la propiedad horizontal por parcelas se produce por acuerdo de las cuatro quintas partes de los propietarios, que deben representar las cuatro quintas partes de las cuotas de participación.

2. Deben liquidarse totalmente, una vez acordada la extinción, las obligaciones con terceras personas y, si procede, con los propietarios.

---

[219] Dada nueva redacción por art. 1 de Ley 5/2015 de 13 de mayo de 2015, con vigencia desde 20/06/2015

En el proceso de liquidación, la junta de propietarios debe mantener sus funciones, debe percibir las cuotas atrasadas y los demás créditos a favor de la propiedad horizontal por parcelas, debe enajenar, si procede, los inmuebles de uso común que se haya acordado enajenar y, una vez cumplidas todas las operaciones, ha de rendir cuentas a todos los propietarios.

...

# 2. ARRENDAMIENTOS URBANOS

**I. Ley de Arrendamientos Urbanos. Ley 29/1994, de 24 de noviembre, de Arrendamientos Urbanos.**

*Última reforma de la presente disposición realizada por Ley 12/2023, de 24 de mayo, por el derecho a la vivienda*

## PREÁMBULO

1. El régimen jurídico de los arrendamientos urbanos se encuentra en la actualidad regulado por el Texto Refundido de la Ley de Arrendamientos Urbanos de 1964, aprobado por el Decreto 4104/1964, de 24 de diciembre.

Los principios que inspiraron la reforma de la legislación arrendaticia llevada a cabo en 1964, según reza la Exposición de Motivos de la Ley 40/1964, fueron los de atemperar el movimiento liberalizador de la propiedad urbana a las circunstancias económicas del país y a las exigencias de la justicia. Sin embargo, el texto refundido no llegó a alcanzar sus objetivos de desbloquear la situación de las rentas congeladas. El citado texto consagró, además, un régimen de subrogaciones, tanto «inter vivos» como «mortis causa», favorable a los intereses del arrendatario.

Ambas circunstancias determinaron un marco normativo que la práctica ha puesto de manifiesto que fomentaba escasamente la utilización del instituto arrendaticio.

Ante estas circunstancias, el Real Decreto Ley 2/1985, de 30 de abril, sobre Medidas de Política Económica, introdujo dos modificaciones en la regulación del régimen de los arrendamientos urbanos que han tenido un enorme impacto en el desarrollo posterior de este sector. Estas modificaciones fueron la libertad para la transformación de viviendas en locales de negocio y la libertad para pactar la duración del contrato, suprimiendo el carácter obligatorio de la prórroga forzosa en los contratos de arrendamientos urbanos.

El Real Decreto Ley 2/1985 ha tenido resultados mixtos. Por un lado, ha permitido que la tendencia a la disminución en el porcentaje de viviendas alquiladas que se estaba produciendo a principios de la década de los ochenta se detuviera, aunque no ha podido revertir sustancialmente el signo de la tendencia. Por otro lado, sin embargo, ha generado una enorme inestabilidad en el mercado de viviendas en alquiler al dar lugar a un fenómeno de contratos de corta duración. Esto a su vez ha producido un movimiento de incremento de las rentas muy significativo, que se ha visto agravado por su simultaneidad en el tiempo con un período de elevación de los precios en el mercado inmobiliario.

En la actualidad, el mercado de los arrendamientos urbanos en vivienda se caracteriza por la coexistencia de dos situaciones claramente diferenciadas. Por un lado los contratos celebrados al amparo del Real Decreto Ley 2/1985, que representan aproximadamente el 20 por 100 del total y se caracterizan por tener rentas elevadas y un importante grado de rotación ocupacional por consecuencia de su generalizada duración anual. Por el otro, los contratos celebrados con anterioridad a la fecha de entrada en vigor del Real Decreto Ley 2/1985. En general, se trata de contratos con rentas no elevadas y, en el caso de los contratos celebrados con anterioridad a la Ley de 1964, aproximadamente el 50 por 100 del total, con rentas que se pueden calificar como ineconómicas.

Las disfunciones que esta situación genera en el mercado son tales que han convertido al arrendamiento en una alternativa poco atractiva frente a la de la adquisición en propiedad en relación con la solución al problema de la vivienda. En este sentido, sólo un 18 por 100 aproximadamente del parque total de viviendas se encuentra en régimen de alquiler.

Por ello, la finalidad última que persigue la reforma es la de coadyuvar a potenciar el mercado de los arrendamientos urbanos como pieza básica de una política de vivienda orientada por el mandato constitucional consagrado en el art. 47 , de reconocimiento del derecho de todos los españoles a disfrutar de una vivienda digna y adecuada.

La consecución de este objetivo exige una modificación normativa que permita establecer un equilibrio adecuado en las prestaciones de las partes, y aunque es evidente que el cambio normativo por sí mismo no constituye una condición suficiente para potenciar la oferta en este sector, sí es una condición necesaria para que ello se produzca.

La regulación sustantiva del contrato de arrendamiento debe partir de una clara diferenciación de trato entre los arrendamientos de vivienda y los destinados a cualquier otro uso distinto del de vivienda, por entender que las realidades económicas subyacentes son sustancialmente distintas y merecedoras, por tanto, de sistemas normativos disímiles que se hagan eco de esa diferencia.

En este sentido, al mismo tiempo que se mantiene el carácter tuitivo de la regulación de los arrendamientos de vivienda, se opta en relación con los destinados a otros usos por una regulación basada de forma absoluta en el libre acuerdo de las partes.

Además, la Ley contiene una reforma parcial de la regulación de los procesos arrendaticios y la modificación del régimen de los contratos actualmente en vigor.

2. La regulación de los arrendamientos de vivienda presenta novedades significativas, fundamentalmente en relación con su duración. En este sentido, se ha optado por establecer un plazo mínimo de duración del contrato de cinco años, por entender que un plazo de estas características permite una cierta estabilidad para las unidades familiares que les posibilita contemplar al arrendamiento como alternativa válida a la propiedad. Al mismo tiempo, no es un plazo excesivo que pudiera constituir un freno para que tanto los propietarios privados como los promotores empresariales sitúen viviendas en este mercado.

Este plazo mínimo de duración se articula a partir del libre pacto entre las partes sobre la duración inicial del contrato más un sistema de prórrogas anuales obligatorias hasta alcanzar el mínimo de cinco años de duración, si el pacto inicial hubiera sido por un plazo inferior.

Se introduce también en la Ley un mecanismo de prórroga tácita, transcurrido como mínimo el plazo de garantía de cinco años, que da lugar a un nuevo plazo articulado, asimismo, sobre períodos anuales, de tres años.

El reconocimiento de la existencia de situaciones que exigen plazos inferiores de duración ha hecho que la Ley prevea esta posibilidad, aunque vinculada en exclusiva a la necesidad, conocida al tiempo de la celebración del contrato, de recuperar el uso de la vivienda arrendada para domicilio del propio arrendador.

El establecimiento de un plazo de duración limitado permite mitigar el impacto que el instituto de las subrogaciones pudiera tener sobre el equilibrio de las prestaciones. En la medida en que el derecho de las personas subrogadas a continuar en el uso de la vivienda arrendada sólo se mantiene hasta la terminación del plazo contractual, no existe inconveniente en mantener dicho derecho en el ámbito «mortis causa» a favor de aquellas personas con vinculación directa con el arrendatario. Destaca como novedad el reconocimiento de este derecho al conviviente «more uxorio».

En relación con las subrogaciones «inter vivos», sólo se reconoce su existencia previo consentimiento escrito del arrendador. Al mismo tiempo, se introduce una novedad en casos de resoluciones judiciales que, en procesos de nulidad, separación o divorcio, asignen la vivienda al cónyuge no titular. En estos casos, se reconoce «ex lege» a dicho cónyuge el derecho a continuar en el uso de la vivienda arrendada por el tiempo que restare del contrato.

El régimen de rentas se construye en torno al principio de la libertad de pactos entre las partes para la determinación de la renta inicial tanto para los contratos nuevos como para aquellos que se mantengan con arrendatarios ya establecidos. Esto asegurará, cuando ello sea preciso, que las rentas de los contratos permitan reflejar la realidad del mercado, si esta realidad no hubiera podido trasladarse a la renta por la vía de las actualizaciones previstas. Ello puede ser así, dado que la norma establece un mecanismo de actualización de rentas vinculado a las variaciones porcentuales que pueda experimentar en un período anual el Índice de Precios al Consumo.

Por lo que se refiere a los derechos y obligaciones de las partes, la Ley mantiene en líneas generales la regulación actual, sin introducir grandes novedades. Se exceptúa el establecimiento de una previsión especial para arrendatarios afectados de minusvalías o con personas minusválidas a su cargo, que pretendan efectuar modificaciones en la finca arrendada que les permitan mejorar la utilización de la misma.

También se mantiene el derecho de adquisición preferente en favor del arrendatario para el supuesto de enajenación de la vivienda arrendada durante la vigencia del arrendamiento aunque referido a condiciones de mercado, por entenderse que constituye un instrumento que sin suponer una grave onerosidad para el arrendador incrementa las posibilidades de permanencia del arrendatario en la vivienda.

Por último, por lo que se refiere a la formalización de los contratos, la Ley mantiene la libertad de las partes de optar por la forma oral o escrita. Al mismo tiempo, se consagra expresamente la posibilidad de todos los contratos de arrendamiento, cualquiera que sea su duración, de acceder al Registro de la Propiedad, intentando, por otro lado, potenciar esta posibilidad de acceso mediante la vinculación de determinadas medidas de fomento o beneficio al hecho de la inscripción. Este hecho no sólo contribuye a reforzar las garantías de las partes, sino que incrementa la información disponible para el Estado, permitiéndole el diseño y ejecución de aquellas medidas que puedan contribuir a la mejora de la ordenación normativa y de la práctica de los arrendamientos.

3. La Ley abandona la distinción tradicional entre arrendamientos de vivienda y arrendamientos de locales de negocio y asimilados para diferenciar entre arrendamientos de vivienda, que son aquellos dedicados a satisfacer la necesidad de vivienda permanente del arrendatario, su cónyuge o sus hijos dependientes, y arrendamientos para usos distintos al de vivienda, categoría ésta que engloba los arrendamientos de segunda residencia, los de temporada, los tradicionales de local de negocio y los asimilados a éstos.

Este nuevo categorismo se asienta en la idea de conceder medidas de protección al arrendatario sólo allí donde la finalidad del arrendamiento sea la satisfacción de la necesidad de vivienda del individuo y de su familia, pero no en otros supuestos en los que se satisfagan necesidades económicas, recreativas o administrativas.

Para ello, en la regulación de los arrendamientos para uso distinto al de vivienda, la Ley opta por dejar al libre pacto de las partes todos los elementos del contrato, configurándose una regulación supletoria del libre pacto que también permite un amplio recurso al régimen del Código Civil.

Se regulan así, con carácter supletorio de la voluntad expresa de arrendador y arrendatario, el régimen de obligaciones de conservación y obras, el derecho de adquisición preferente, el de traspaso y las subrogaciones «mortis causa», aunque limitadas al cónyuge e hijos del arrendatario que continúen la actividad.

Se introduce en esta regulación una novedad consistente en el derecho del arrendatario a ser indemnizado cuando, queriendo continuar con el arrendamiento, deba abandonar el local por el transcurso del plazo previsto, siempre que de alguna forma el arrendador o un nuevo arrendatario se pudiesen beneficiar de la clientela obtenida por el antiguo arrendatario, o alternativamente, de los gastos de traslado y de los perjuicios derivados del mismo, cuando el arrendatario se vea obligado a trasladar su actividad.

4. La fianza arrendaticia mantiene su carácter obligatorio, tanto en vivienda como en uso distinto, fijándose su cuantía en una o dos

mensualidades de renta, según sea arrendamiento de vivienda o de uso distinto. Al mismo tiempo se permite a las Comunidades Autónomas con competencias en materia de vivienda que regulen su depósito obligatorio en favor de la propia Comunidad, ya que los rendimientos generados por estos fondos se han revelado como una importante fuente de financiación de las políticas autonómicas de vivienda, que se considera debe de mantenerse.

5. En la regulación de los procesos arrendaticios se establece que la competencia para conocer de las controversias corresponde, en todo caso, al Juez de Primera Instancia del lugar donde esté sita la finca urbana, excluyendo la posibilidad de modificar la competencia funcional por vía de sumisión expresa o tácita a Juez distinto.

Esto no obsta para recordar la posibilidad de que las partes en la relación jurídica puedan pactar, para la solución de sus conflictos, la utilización del procedimiento arbitral.

La tramitación de los procesos arrendaticios se defiere al juicio de cognición, haciendo salvedad expresa de los supuestos de aplicación del juicio de desahucio y del juicio verbal cuando se ejecuten, en este último caso, acciones para determinar rentas o importes que corresponda abonar al arrendatario.

Se regulan, asimismo, las condiciones en las que el arrendatario podrá enervar la acción en los desahucios promovidos por la falta de pago de cantidades debidas por virtud de la relación arrendaticia. Esta regulación matiza de forma significativa las posibilidades de enervación y rehabilitación contenidas en el Texto Refundido de 1964.

En los supuestos de acumulación de acciones se ha establecido, junto a la regulación tradicional, la posibilidad de acumulación que asiste a los arrendatarios cuando las acciones ejercitadas se funden en hechos comunes y se dirijan contra el mismo arrendador. También se permite a éste en los supuestos de resolución del contrato por falta de pago, el ejercicio acumulado y simultáneo de la acción de resolución del contrato y la reclamación de las cantidades adeudadas.

Por último, y como novedad más significativa de la Ley en materia procesal, se establece la regulación del recurso de casación en materia arrendaticia por entender que la materia, dada su importancia y la trascendencia de los cambios normativos que esta norma introduce, debe poder ser objeto de una doctrina jurisprudencial elaborada en sede del Tribunal Supremo. Como notas más características del recurso de casación pueden señalarse las siguientes: sólo serán susceptibles de dicho recurso las sentencias dictadas en los procesos seguidos por los trámites del juicio de cognición, siempre que las sentencias de primera y segunda instancia no sean conformes, y la renta de los contratos se encuentre por debajo de los límites que por Ley se consagran.

6. Por lo que se refiere a los contratos existentes a la entrada en vigor de esta Ley, los celebrados al amparo del Real Decreto Ley 2/1985 no presentan una especial problemática puesto que ha sido la libre voluntad de las partes la que ha determinado el régimen de la relación en lo que a duración y renta se refiere. Por ello, estos contratos continuarán hasta su extinción sometidos al mismo régimen al que hasta ahora lo venían estando. En ese momento, la nueva relación arrendaticia que se pueda constituir sobre la finca quedará sujeta a la nueva normativa. De esta regulación no quedan exceptuados los contratos que, aunque en fecha posterior al 9 de mayo de 1985, se hayan celebrado con sujeción al régimen de prórroga forzosa, al derivar éste del libre pacto entre las partes.

Por lo que se refiere a los contratos celebrados con anterioridad, la Ley opta por una solución que intenta conjugar el máximo de sencillez posible con un trato equilibrado de las distintas situaciones en que las partes en conflicto se encuentran. Por ello, se introduce un planteamiento que mantiene el criterio de trato diferenciado entre los contratos de arrendamiento de vivienda y los de local de negocio otorgando condiciones más suaves de modificación del arrendatario de vivienda que al de local de negocio.

Teniendo en cuenta los perjudiciales efectos que ha tenido la prolongada vigencia de la prórroga obligatoria impuesta por la Ley de 1964, se aborda la necesidad de poner límite a la duración de esta prórroga obligatoria restableciendo la temporalidad de la relación arrendataria de conformidad con su propia naturaleza, pero esta modificación se realiza teniendo en cuenta los efectos sociales y económicos de la medida tomando en consideración la situación personal y familiar y la capacidad económica de los arrendatarios.

En este sentido, en el arrendamiento de viviendas se opta por la supresión total de la subrogación «inter vivos», excepción hecha de la derivada de resolución judicial en procesos matrimoniales, y por la supresión gradual de los derechos de subrogación «mortis causa» que el Texto Refundido de 1964 reconocía.

Como esta medida afecta a situaciones cuyos contenidos potenciales de derechos son diferentes, arrendatarios titulares iniciales del contrato, arrendatarios en primera subrogación y arrendatarios en segunda subrogación, la norma debe ofrecer respuestas adecuadas para cada una de ellas. De ahí que la supresión de las subrogaciones sea tanto más gradual cuanto mayor sea el contenido potencial de derechos que la Ley contempla para cada supuesto, a partir del principio general de conservar al arrendatario actual y a su cónyuge el derecho a continuar en el uso de la vivienda arrendada hasta su fallecimiento, allí donde este derecho les estuviera reconocido por la legislación de 1964.

En cuanto al régimen de rentas, la Ley opta por intentar desbloquear la situación de las rentas congeladas. Para ello, se establece un sistema de revisión aplicable a todos los contratos anteriores al 9 de mayo de 1985 que pretende recuperar las variaciones no repercutidas de la inflación desde la fecha de celebración del contrato o desde la última revisión legal, según proceda. Esta revisión no se produce de manera inmediata sino gradual, incrementándose el número de años en que se produce la revisión total en función inversa de la renta del arrendatario, posibilitando a los arrendatarios de menor nivel económico a que adapten sus economías a la nueva realidad.

En el caso de arrendatarios de bajo nivel de renta, por debajo de dos veces y media, tres o tres veces y media el salario mínimo interprofesional, en función del número de personas que habiten en la vivienda arrendada, se excluye la revisión de las rentas mandatándose al Gobierno para que en el plazo de un año a partir de la entrada en vigor de la Ley configure un mecanismo de compensación de naturaleza fiscal para aquellos arrendadores que no hayan podido, por las circunstancias antes señaladas, proceder a la actualización de las rentas.

Asimismo, se concede a los arrendadores el derecho a disfrutar de beneficios en el Impuesto sobre el Patrimonio, en el Impuesto sobre Bienes Inmuebles, en los gastos de conservación de la finca arrendada y el coste de los servicios y suministros de que disfrute la vivienda arrendada, en estos tres últimos casos mediante la imputación de sus importes a los arrendatarios.

En el caso de los arrendamientos de locales de negocio, se ha optado por articular un calendario de resolución temporal de estos contratos, aunque distinguiendo entre los arrendamientos en los que el arrendatario sea una persona física de aquéllos en los que sea una persona jurídica, presumiendo mayor solvencia económica allí donde el entramado organizativo sea más complejo.

Por ello, se mantienen, aunque de forma limitada, derechos de subrogación «mortis causa» en el primer supuesto, garantizándose al grupo familiar vinculado al desarrollo de la actividad, un plazo mínimo de veinte años, que podrá superarse mientras el arrendatario y su cónyuge vivan y continúen el ejercicio de la actividad que se venga desarrollando en el local.

Para los arrendamientos de personas jurídicas se configuran plazos de resolución tasados, entre cinco y veinte años, en función de la naturaleza y del volumen de la actividad desarrollada en el local arrendado, configurándose un plazo de duración breve para aquellos arrendamientos en los que se desarrollan actividades con un potencial económico tal que coloquen a los titulares de estos contratos en posiciones de equilibrio respecto de los arrendadores a la hora de negociar nuevas condiciones arrendaticias.

En cuanto a la renta pagada en estos contratos, se reproduce el esquema de revisión establecido para los arrendamientos de viviendas, graduando temporalmente el ritmo de la revisión en función de las categorías antes expuestas.

Para favorecer la continuidad de los arrendatarios, la Ley regula una figura de nueva creación que es el derecho de arrendamiento preferente, que concede al arrendatario un derecho preferente a continuar en el uso del local arrendado al tiempo de la extinción del contrato, frente a cualquier tercero en condiciones de mercado.

Asimismo, se estipula un derecho indemnizatorio en caso de no continuar en el uso del local arrendado cuando otra persona, sea el propietario o sea un nuevo arrendatario, pueda beneficiarse de la clientela generada por la actividad del antiguo arrendatario.

En cuanto a los arrendamientos asimilados, tanto al inquilinato como al local de negocio, se les da un tratamiento similar al de los arrendamientos de local de negocio, en materia de duración y de régimen de renta.

## TÍTULO PRIMERO
### Ámbito de la Ley

**1.** *Ámbito de aplicación.* La presente Ley establece el régimen jurídico aplicable a los arrendamientos de fincas urbanas que se destinen a vivienda o a usos distintos del de vivienda [220].

**2.** *Arrendamiento de vivienda.* 1. Se considera arrendamiento de vivienda aquel arrendamiento que recae sobre una edificación habitable cuyo destino primordial sea satisfacer la necesidad permanente de vivienda del arrendatario [221].

2. Las normas reguladoras del arrendamiento de vivienda se aplicarán también al mobiliario, los trasteros, las plazas de garaje y cualesquiera otras dependencias, espacios arrendados o servicios cedidos como accesorios de la finca por el mismo arrendador [222].

**3.** *Arrendamiento para uso distinto del de vivienda.* 1. Se considera arrendamiento para uso distinto del de vivienda aquel arrendamiento que, recayendo sobre una edificación, tenga como destino primordial uno distinto del establecido en el artículo anterior.

2. En especial, tendrán esta consideración los arrendamientos de fincas urbanas celebrados por temporada, sea ésta de verano o cualquier otra, y los celebrados para ejercerse en la finca una actividad

---

[220] Véanse, sobre arrendamientos de viviendas, arts. 2.1, 2 y 4; 6 al 28; y 36 y 37 de la presente Ley, y sobre arrendamiento para uso distinto de vivienda véanse arts. 3, 4.1, 3 y 4; y arts. 29 al 35, 36 y 37 también de la presente Ley

[221] Véanse disposición adicional única RDL 6/2012 de 9 de marzo, de medidas urgentes de protección de deudores hipotecarios sin recursos y arts. 8.2, 26 y 27 f) de la presente Ley

[222] Véanse arts. 1, 4.1, 2 y 4; y 23.1, 36 y 37 de la presente Ley. Para arrendamientos anteriores a 1 enero 1995 véase art. 43 D 4104/1964, texto refundido Ley de Arrendamientos Urbanos

industrial, comercial, artesanal, profesional, recreativa, asistencial, cultural o docente, cualquiera que sean las personas que los celebren [223].

**4.** *Régimen aplicable.* [224] 1. Los arrendamientos regulados en la presente Ley se someterán de forma imperativa a lo dispuesto en los Títulos I y IV de la misma y a lo dispuesto en los apartados siguientes de este artículo [225].

2. Respetando lo establecido en el apartado anterior, los arrendamientos de vivienda se regirán por los pactos, cláusulas y condiciones determinados por la voluntad de las partes, en el marco de lo establecido en el título II de la presente ley y, supletoriamente, por lo dispuesto en el Código Civil. [226]

Se exceptúan de lo así dispuesto los arrendamientos de viviendas cuya superficie sea superior a 300 metros cuadrados o en los que la renta inicial en cómputo anual exceda de 5,5 veces el salario mínimo interprofesional en cómputo anual y el arrendamiento corresponda a la totalidad de la vivienda. Estos arrendamientos se regirán por la voluntad de las partes, en su defecto, por lo dispuesto en el Título II de la presente ley y, supletoriamente, por las disposiciones del Código Civil. [227]

3. Sin perjuicio de lo dispuesto en el apartado 1, los arrendamientos para uso distinto del de vivienda se rigen por la voluntad de las partes, en su defecto, por lo dispuesto en el Título III de la presente ley y, supletoriamente, por lo dispuesto en el Código Civil.

4. La exclusión de la aplicación de los preceptos de esta ley, cuando ello sea posible, deberá hacerse de forma expresa respecto de cada uno de ellos.

5. Las partes podrán pactar la sumisión a mediación o arbitraje de aquéllas controversias que por su naturaleza puedan resolverse a

---

[223] Véanse arts. 1, 4.1, 3 y 4, 29 al 35 y 36 y 37 de la presente Ley y la Ley 4/2012, de 6 de julio, de contratos de aprovechamiento por turno de bienes de uso turístico, de adquisición de productos vacacionales de larga duración, de reventa y de intercambio y normas tributarias

[224] Dada nueva redacción por art. 1 apartado 1 de Ley 4/2013 de 4 de junio de 2013, con vigencia desde 06/06/2013

[225] Véanse arts. 6, 36, 37 y 39.5 de la presente Ley

[226] Véanse arts. 1542 a 1545 CC

[227] Dada nueva redacción apartado 2 por art. 1 apartado 1 de Real Decreto-Ley 7/2019 de 1 de marzo de 2019, con vigencia desde 06/03/2019

través de estas formas de resolución de conflictos, de conformidad con lo establecido en la legislación reguladora de la mediación en asuntos civiles y mercantiles y del arbitraje.

6. Las partes podrán señalar una dirección electrónica a los efectos de realizar las notificaciones previstas en esta ley, siempre que se garantice la autenticidad de la comunicación y de su contenido y quede constancia fehaciente de la remisión y recepción íntegras y del momento en que se hicieron.

**5.** *Arrendamientos excluidos.* Quedan excluidos del ámbito de aplicación de esta Ley:

a) El uso de las viviendas que los porteros, guardas, asalariados, empleados y funcionarios, tengan asignadas por razón del cargo que desempeñen o del servicio que presten [228].

b) El uso de las viviendas militares, cualquiera que fuese su calificación y régimen, que se regirán por lo dispuesto en su legislación específica [229].

c) Los contratos en que, arrendándose una finca con casa-habitación, sea el aprovechamiento agrícola, pecuario o forestal del predio la finalidad primordial del arrendamiento. Estos contratos se regirán por lo dispuesto en la legislación aplicable sobre arrendamientos rústicos [230].

d) El uso de las viviendas universitarias, cuando éstas hayan sido calificadas expresamente como tales por la propia Universidad propietaria o responsable de las mismas, que sean asignadas a los alumnos matriculados en la correspondiente Universidad y al personal docente y de administración y servicios dependiente de aquélla, por razón del vínculo que se establezca entre cada uno de ellos y la Universidad respectiva, a la que corresponderá en cada caso el establecimiento de las normas a que se someterá su uso.

---

[228] Véanse arts. 1587 CC, 250.1 LEC, 283 LPL, 106 Ley 13/1996, de medidas fiscales, administrativas y del orden social, 30 RD 2960/1976, de 12 de noviembre, por el que se aprueba el texto refundido de la Legislación de Viviendas de Protección Oficial y 138 D 2114/1968, de 24 julio, por el que se aprueba el Reglamento para la aplicación de la Ley sobre Viviendas de Protección Oficial, texto refundido aprobado por Decretos 2131/1963, de 24 de julio, y 3964/1964, de 3 de diciembre

[229] Véase Ley 26/1999, de 9 de julio, de medidas de apoyo a la movilidad geográfica de los miembros de las Fuerzas Armadas

[230] Véase Ley 49/2003, de 26 de noviembre, de arrendamientos rústicos

e) La cesión temporal de uso de la totalidad de una vivienda amueblada y equipada en condiciones de uso inmediato, comercializada o promocionada en canales de oferta turística o por cualquier otro modo de comercialización o promoción, y realizada con finalidad lucrativa, cuando esté sometida a un régimen específico, derivado de su normativa sectorial turística. [231] [232]

## TÍTULO II
De los arrendamientos de vivienda

## CAPÍTULO PRIMERO
Normas generales

**6.** *Naturaleza de las normas.* Son nulas, y se tendrán por no puestas, las estipulaciones que modifiquen en perjuicio del arrendatario o subarrendatario las normas del presente título, salvo los casos en que la propia norma expresamente lo autorice [233].

**7.** *Condición de arrendamiento de vivienda.* [234] El arrendamiento de vivienda no perderá esta condición aunque el arrendatario no tenga en la finca arrendada su vivienda permanente, siempre que en ella habiten su cónyuge no separado legalmente o de hecho, o sus hijos dependientes.

**8.** *Cesión del contrato y subarriendo.* 1. El contrato no se podrá ceder por el arrendatario sin el consentimiento escrito del arrendador.

---

[231] Véanse arts. 1543, 1546 al 1574 y 1580 a 1582 CC

[232] Dada nueva redacción letra e por art. 1 apartado 2 de Real Decreto-Ley 7/2019 de 1 de marzo de 2019, con vigencia desde 06/03/2019

[233] Véanse arts. 6 y 1255 CC y 4.2 y 4, 8.2, 9.2, 11, 16.4, 17, 18 a 20, 23 y 25.8 de la presente Ley

[234] Dada nueva redacción por art. 1 apartado 3 de Real Decreto-Ley 7/2019 de 1 de marzo de 2019, con vigencia desde 06/03/2019

En caso de cesión, el cesionario se subrogará en la posición del cedente frente al arrendador [235].

2. La vivienda arrendada sólo se podrá subarrendar de forma parcial y previo consentimiento escrito del arrendador.

El subarriendo se regirá por lo dispuesto en el presente título para el arrendamiento cuando la parte de la finca subarrendada se destine por el subarrendatario a la finalidad indicada en el art. 2.1. De no darse esta condición, se regirá por lo pactado entre las partes.

El derecho del subarrendatario se extinguirá, en todo caso, cuando lo haga el del arrendatario que subarrendó.

El precio del subarriendo no podrá exceder, en ningún caso, del que corresponda al arrendamiento [236].

# CAPÍTULO II
## De la duración del contrato

**9.** *Plazo mínimo.* [237] 1. La duración del arrendamiento será libremente pactada por las partes. Si esta fuera inferior a cinco años, o inferior a siete años si el arrendador fuese persona jurídica, llegado el día del vencimiento del contrato, este se prorrogará obligatoriamente por plazos anuales hasta que el arrendamiento alcance una duración mínima de cinco años, o de siete años si el arrendador fuese persona jurídica, salvo que el arrendatario manifieste al arrendador, con treinta días de antelación como mínimo a la fecha de terminación del contrato o de cualquiera de las prórrogas, su voluntad de no renovarlo. [238]

---

[235] Véanse arts. 2.1, 12.1 y 27.2 c) de la presente Ley

[236] Véanse arts. 1550 a 1552 CC y 6 al 28 de la presente Ley

[237] Dada nueva redacción por art. 1 apartado 4 de Real Decreto-Ley 7/2019 de 1 de marzo de 2019, con vigencia desde 06/03/2019

[238] Téngase en cuenta, desde el 2 abril 2020 y hasta el 31 octubre 2021, la prórroga extraordinaria establecida conforme al art. 2 RDL 11/2020 de 31 marzo. Véanse disposición final 2ª RDL 3/2013 de 22 febrero, por el que se modifica el régimen de las tasas en el ámbito de la Administración de Justicia y el sistema de asistencia jurídica gratuita, disposición adicional única RDL 6/2012 de 9 de marzo, de medidas urgentes de protección de deudores hipotecarios sin recursos y art. 13 de la presente Ley

El plazo comenzará a contarse desde la fecha del contrato o desde la puesta del inmueble a disposición del arrendatario si esta fuere posterior. Corresponderá al arrendatario la prueba de la fecha de la puesta a disposición. [239]

2. Se entenderán celebrados por un año los arrendamientos para los que no se haya estipulado plazo de duración o este sea indeterminado, sin perjuicio del derecho de prórroga anual para el arrendatario, en los términos resultantes del apartado anterior.

3. Una vez transcurrido el primer año de duración del contrato y siempre que el arrendador sea persona física, no procederá la prórroga obligatoria del contrato cuando, al tiempo de su celebración, se hubiese hecho constar en el mismo, de forma expresa, la necesidad para el arrendador de ocupar la vivienda arrendada antes del transcurso de cinco años para destinarla a vivienda permanente para sí o sus familiares en primer grado de consanguinidad o por adopción o para su cónyuge en los supuestos de sentencia firme de separación, divorcio o nulidad matrimonial.

Para ejercer esta potestad de recuperar la vivienda, el arrendador deberá comunicar al arrendatario que tiene necesidad de la vivienda arrendada, especificando la causa o causas entre las previstas en el párrafo anterior, al menos con dos meses de antelación a la fecha en la que la vivienda se vaya a necesitar y el arrendatario estará obligado a entregar la finca arrendada en dicho plazo si las partes no llegan a un acuerdo distinto.

Si transcurridos tres meses a contar de la extinción del contrato o, en su caso, del efectivo desalojo de la vivienda, no hubieran procedido el arrendador o sus familiares en primer grado de consanguinidad o por adopción o su cónyuge en los supuestos de sentencia firme de separación, divorcio o nulidad matrimonial a ocupar esta por sí, según los casos, el arrendatario podrá optar, en el plazo de treinta días, entre ser repuesto en el uso y disfrute de la vivienda arrendada por un nuevo período de hasta cinco años, respetando, en lo demás, las condiciones contractuales existentes al tiempo de la extinción, con indemnización de los gastos que el desalojo de la vivienda le hubiera supuesto hasta el momento de la reocupación, o ser indemnizado por una cantidad equivalente a una mensualidad por cada año que quedara por cumplir

---

[239] Véase art. 1543 CC

hasta completar cinco años, salvo que la ocupación no hubiera tenido lugar por causa de fuerza mayor, entendiéndose por tal, el impedimento provocado por aquellos sucesos expresamente mencionados en norma de rango de Ley a los que se atribuya el carácter de fuerza mayor, u otros que no hubieran podido preverse, o que, previstos, fueran inevitables. [240]

**10.** *Prórroga del contrato.* [241] 1. Si llegada la fecha de vencimiento del contrato, o de cualquiera de sus prórrogas, una vez transcurridos como mínimo cinco años de duración de aquel, o siete años si el arrendador fuese persona jurídica, ninguna de las partes hubiese notificado a la otra, al menos con cuatro meses de antelación a aquella fecha en el caso del arrendador y al menos con dos meses de antelación en el caso del arrendatario, su voluntad de no renovarlo, el contrato se prorrogará obligatoriamente por plazos anuales hasta un máximo de tres años más, salvo que el arrendatario manifieste al arrendador con un mes de antelación a la fecha de terminación de cualquiera de las anualidades, su voluntad de no renovar el contrato.

2. En los contratos de arrendamiento de vivienda habitual sujetos a la presente ley en los que finalice el periodo de prórroga obligatoria previsto en el artículo 9.1, o el periodo de prórroga tácita previsto en el artículo 10.1, podrá aplicarse, previa solicitud del arrendatario, una prórroga extraordinaria del plazo del contrato de arrendamiento por un periodo máximo de un año, durante el cual se seguirá aplicando los términos y condiciones establecidos para el contrato en vigor. Esta solicitud de prórroga extraordinaria requerirá la acreditación por parte del arrendatario de una situación de vulnerabilidad social y económica sobre la base de un informe o certificado emitido en el último año por los servicios sociales de ámbito municipal o autonómico y deberá ser aceptada obligatoriamente por el arrendador cuando este sea un gran tenedor de vivienda de acuerdo con la definición establecida en la Ley 12/2023, de 24 de mayo, por el derecho a la vivienda, salvo que se hubiese suscrito entre las partes un nuevo contrato de arrendamiento.

3. En los contratos de arrendamiento de vivienda habitual sujetos a la presente ley, en los que el inmueble se ubique en una zona de

---

[240] Véase art. 10 de la presente Ley

[241] Dada nueva redacción por disposición final 1 apartado 1 de Ley 12/2023 de 24 de mayo de 2023, con vigencia desde 26/05/2023

mercado residencial tensionado y dentro del periodo de vigencia de la declaración de la referida zona en los términos dispuestos en la legislación estatal en materia de vivienda, finalice el periodo de prórroga obligatoria previsto en el artículo 9.1 de esta ley o el periodo de prórroga tácita previsto en el apartado anterior, previa solicitud del arrendatario, podrá prorrogarse de manera extraordinaria el contrato de arrendamiento por plazos anuales, por un periodo máximo de tres años, durante los cuales se seguirán aplicando los términos y condiciones establecidos para el contrato en vigor. Esta solicitud de prórroga extraordinaria deberá ser aceptada obligatoriamente por el arrendador, salvo que se hayan fijado otros términos o condiciones por acuerdo entre las partes, se haya suscrito un nuevo contrato de arrendamiento con las limitaciones en la renta que en su caso procedan por aplicación de lo dispuesto en los apartados 6 y 7 del artículo 17 de esta ley, o en el caso de que el arrendador haya comunicado en los plazos y condiciones establecidos en el artículo 9.3 de esta ley, la necesidad de ocupar la vivienda arrendada para destinarla a vivienda permanente para sí o sus familiares en primer grado de consanguinidad o por adopción o para su cónyuge en los supuestos de sentencia firme de separación, divorcio o nulidad matrimonial.

4. Al contrato prorrogado, le seguirá siendo de aplicación el régimen legal y convencional al que estuviera sometido [242].

**11.** *Desistimiento del contrato.* [243] El arrendatario podrá desistir del contrato de arrendamiento, una vez que hayan transcurrido al menos seis meses, siempre que se lo comunique al arrendador con una antelación mínima de treinta días. Las partes podrán pactar en el contrato que, para el caso de desistimiento, deba el arrendatario indemnizar al arrendador con una cantidad equivalente a una mensualidad de la renta en vigor por cada año del contrato que reste por cumplir. Los períodos de tiempo inferiores al año darán lugar a la parte proporcional de la indemnización. [244]

---

[242] Véanse arts. 9, 17.6 y 7 de la presente Ley

[243] Dada nueva redacción por art. 1 apartado 6 de Ley 4/2013 de 4 de junio de 2013, con vigencia desde 06/06/2013

[244] Véanse arts. 9 y 10 de la presente Ley y 56 LAU 1964

**12.** *Desistimiento y vencimiento en caso de matrimonio o convivencia del arrendatario.* 1. Si el arrendatario manifestase su voluntad de no renovar el contrato o de desistir de él, sin el consentimiento del cónyuge que conviviera con dicho arrendatario, podrá el arrendamiento continuar en beneficio de dicho cónyuge.

2. A estos efectos, podrá el arrendador requerir al cónyuge del arrendatario para que manifieste su voluntad al respecto.

Efectuado el requerimiento, el arrendamiento se extinguirá si el cónyuge no contesta en un plazo de quince días a contar de aquél. El cónyuge deberá abonar la renta correspondiente hasta la extinción del contrato, si la misma no estuviera ya abonada.

3. Si el arrendatario abandonara la vivienda sin manifestación expresa de desistimiento o de no renovación, el arrendamiento podrá continuar en beneficio del cónyuge que conviviera con aquél siempre que en el plazo de un mes de dicho abandono, el arrendador reciba notificación escrita del cónyuge manifestando su voluntad de ser arrendatario.

Si el contrato se extinguiera por falta de notificación, el cónyuge quedará obligado al pago de la renta correspondiente a dicho mes.

4. Lo dispuesto en los apartados anteriores será también de aplicación en favor de la persona que hubiera venido conviviendo con el arrendatario de forma permanente en análoga relación de afectividad a la de cónyuge, con independencia de su orientación sexual, durante, al menos, los dos años anteriores al desistimiento o abandono, salvo que hubieran tenido descendencia en común, en cuyo caso bastará la mera convivencia [245].

**13.** *Resolución del derecho del arrendador.* [246] 1. Si durante los cinco primeros años de duración del contrato, o siete años si el arrendador fuese persona jurídica, el derecho del arrendador quedara resuelto por el ejercicio de un retracto convencional, la apertura de una sustitución fideicomisaria, la enajenación forzosa derivada de una ejecución hipotecaria o de sentencia judicial o el ejercicio de un derecho

---

[245] Véanse art. 1320 CC y arts. 9, 15, 16 y disposición transitoria 2 de la presente Ley

[246] Dada nueva redacción por art. 1 apartado 6 de Real Decreto-Ley 7/2019 de 1 de marzo de 2019, con vigencia desde 06/03/2019

de opción de compra, el arrendatario tendrá derecho, en todo caso, a continuar en el arrendamiento hasta que se cumplan cinco años o siete años respectivamente, sin perjuicio de la facultad de no renovación prevista en el artículo 9.1. [247]

En contratos de duración pactada superior a cinco años, o siete años si el arrendador fuese persona jurídica, si, transcurridos los cinco primeros años del mismo, o los primeros siete años si el arrendador fuese persona jurídica, el derecho del arrendador quedara resuelto por cualquiera de las circunstancias mencionadas en el párrafo anterior, quedará extinguido el arrendamiento. Se exceptúa el supuesto en que el contrato de arrendamiento haya accedido al Registro de la Propiedad con anterioridad a los derechos determinantes de la resolución del derecho del arrendador. En este caso, continuará el arrendamiento por la duración pactada. [248]

2. Los arrendamientos otorgados por usufructuario, superficiario y cuantos tengan un análogo derecho de goce sobre el inmueble, se extinguirán al término del derecho del arrendador, además de por las demás causas de extinción que resulten de lo dispuesto en la presente ley.

3. Durarán cinco años los arrendamientos de vivienda ajena que el arrendatario haya concertado de buena fe con la persona que aparezca como propietario de la finca en el Registro de la Propiedad, o que parezca serlo en virtud de un estado de cosas cuya creación sea imputable al verdadero propietario, sin perjuicio de la facultad de no renovación a que se refiere el artículo 9.1, salvo que el referido propietario sea persona jurídica, en cuyo caso durarán siete años.

**14.** *Enajenación de la vivienda arrendada.* [249] El adquirente de una vivienda arrendada quedará subrogado en los derechos y obligaciones del arrendador durante los cinco primeros años de vigencia del contrato, o siete años si el arrendador anterior fuese persona jurídica, aun cuando concurran en él los requisitos del artículo 34 de la Ley Hipotecaria.

---

[247] Véase art. 1320 CC

[248] Véase art. 14 de la presente Ley

[249] Dada nueva redacción por art. 1 apartado 7 de Real Decreto-Ley 7/2019 de 1 de marzo de 2019, con vigencia desde 06/03/2019

Si la duración pactada fuera superior a cinco años, o superior a siete años si el arrendador anterior fuese persona jurídica, el adquirente quedará subrogado por la totalidad de la duración pactada, salvo que concurran en él los requisitos del artículo 34 de la Ley Hipotecaria. En este caso, el adquirente sólo deberá soportar el arrendamiento durante el tiempo que reste para el transcurso del plazo de cinco años, o siete años en caso de persona jurídica, debiendo el enajenante indemnizar al arrendatario con una cantidad equivalente a una mensualidad de la renta en vigor por cada año del contrato que, excediendo del plazo citado de cinco años, o siete años si el arrendador anterior fuese persona jurídica, reste por cumplir.

Cuando las partes hayan estipulado que la enajenación de la vivienda extinguirá el arrendamiento, el adquirente sólo deberá soportar el arrendamiento durante el tiempo que reste para el transcurso del plazo de cinco años, o siete años si el arrendador anterior fuese persona jurídica. [250]

**15.** *Separación, divorcio o nulidad del matrimonio del arrendatario.* [251] 1. En los casos de nulidad del matrimonio, separación judicial o divorcio del arrendatario, el cónyuge no arrendatario podrá continuar en el uso de la vivienda arrendada cuando le sea atribuida de acuerdo con lo dispuesto en la legislación civil que resulte de aplicación. El cónyuge a quien se haya atribuido el uso de la vivienda arrendada de forma permanente o en un plazo superior al plazo que reste por cumplir del contrato de arrendamiento, pasará a ser el titular del contrato.

2. La voluntad del cónyuge de continuar en el uso de la vivienda deberá ser comunicada al arrendador en el plazo de dos meses desde que fue notificada la resolución judicial correspondiente, acompañando copia de dicha resolución judicial o de la parte de la misma que afecte al uso de la vivienda [252].

---

[250] Véanse arts. 1554.3 y 1571 CC

[251] Dada nueva redacción por art. 1 apartado 9 de Ley 4/2013 de 4 de junio de 2013, con vigencia desde 06/06/2013

[252] Véanse arts. 90 y 96 CC, 12 y 16 de la presente Ley. En Cataluña véase la Ley 25/2010, de 29 de julio, del libro segundo del Código civil de Cataluña, relativo a la persona y la familia. Téngase en cuenta también la Ley 13/2005 de 1 de julio, por la que se modifica el Código Civil en materia de derecho a contraer matrimonio

**16.** *Muerte del arrendatario.* 1. En caso de muerte del arrendatario, podrán subrogarse en el contrato:

a) El cónyuge del arrendatario que al tiempo del fallecimiento conviviera con él.

b) La persona que hubiera venido conviviendo con el arrendatario de forma permanente en análoga relación de afectividad a la de cónyuge, con independencia de su orientación sexual, durante, al menos, los dos años anteriores al tiempo del fallecimiento, salvo que hubieran tenido descendencia en común, en cuyo caso bastará la mera convivencia.

c) Los descendientes del arrendatario que en el momento de su fallecimiento estuvieran sujetos a su patria potestad o tutela, o hubiesen convivido habitualmente con él durante los dos años precedentes.

d) Los ascendientes del arrendatario que hubieran convivido habitualmente con él durante los dos años precedentes a su fallecimiento.

e) Los hermanos del arrendatario en quienes concurra la circunstancia prevista en la letra anterior.

f) Las personas distintas de las mencionadas en las letras anteriores que sufran una minusvalía igual o superior al 65 por 100, siempre que tengan una relación de parentesco hasta el tercer grado colateral con el arrendatario y hayan convivido con éste durante los dos años anteriores al fallecimiento.

Si al tiempo del fallecimiento del arrendatario no existiera ninguna de estas personas, el arrendamiento quedará extinguido.

2. Si existiesen varias de las personas mencionadas, a falta de acuerdo unánime sobre quién de ellos será el beneficiario de la subrogación, regirá el orden de prelación establecido en el apartado anterior, salvo en que los padres septuagenarios serán preferidos a los descendientes. Entre los descendientes y entre los ascendientes, tendrá preferencia el más próximo en grado, y entre los hermanos, el de doble vínculo sobre el medio hermano.

Los casos de igualdad se resolverán en favor de quien tuviera una minusvalía igual o superior al 65 por 100; en defecto de esta situación, de quien tuviera mayores cargas familiares y, en última instancia, en favor del descendiente de menor edad, el ascendiente de mayor edad o el hermano más joven.

3. El arrendamiento se extinguirá si en el plazo de tres meses desde la muerte del arrendatario el arrendador no recibe notificación por escrito del hecho del fallecimiento, con certificado registral de defun-

ción, y de la identidad del subrogado, indicando su parentesco con el fallecido y ofreciendo, en su caso, un principio de prueba de que cumple los requisitos legales para subrogarse. Si la extinción se produce, todos los que pudieran suceder al arrendatario, salvo los que renuncien a su opción notificándolo por escrito al arrendador en el plazo del mes siguiente al fallecimiento, quedarán solidariamente obligados al pago de la renta de dichos tres meses.

Si el arrendador recibiera en tiempo y forma varias notificaciones cuyos remitentes sostengan su condición de beneficiarios de la subrogación, podrá el arrendador considerarles deudores solidarios de las obligaciones propias del arrendatario, mientras mantengan su pretensión de subrogarse.

4. En arrendamientos cuya duración inicial sea superior a cinco años, o siete años si el arrendador fuese persona jurídica, las partes podrán pactar que no haya derecho de subrogación en caso de fallecimiento del arrendatario, cuando este tenga lugar transcurridos los cinco primeros años de duración del arrendamiento, o los siete primeros años si el arrendador fuese persona jurídica, o que el arrendamiento se extinga a los cinco años cuando el fallecimiento se hubiera producido con anterioridad, o a los siete años si el arrendador fuese persona jurídica. En todo caso, no podrá pactarse esta renuncia al derecho de subrogación en caso de que las personas que puedan ejercitar tal derecho en virtud de lo dispuesto en el apartado 1 de este artículo se encuentren en situación de especial vulnerabilidad y afecte a menores de edad, personas con discapacidad o personas mayores de 65 años. [253] [254]

---

[253] Véase arts. 7, 9 y disposición transitoria 2 apartados 2 a 9 de la presente Ley

[254] Dada nueva redacción apartado 4 por art. 1 apartado 8 de Real Decreto-Ley 7/2019 de 1 de marzo de 2019, con vigencia desde 06/03/2019

# CAPÍTULO III
## De la renta

**17.** *Determinación de la renta.* 1. La renta será la que libremente estipulen las partes [255].

2. Salvo pacto en contrario, el pago de la renta será mensual y habrá de efectuarse en los siete primeros días del mes. En ningún caso podrá el arrendador exigir el pago anticipado de más de una mensualidad de renta [256].

3. El pago se efectuará a través de medios electrónicos. Excepcionalmente, cuando alguna de las partes carezca de cuenta bancaria o acceso a medios electrónicos de pago y a solicitud de esta, se podrá efectuar en metálico y en la vivienda arrendada. [257] [258]

4. El arrendador queda obligado a entregar al arrendatario recibo del pago, salvo que se hubiera pactado que éste se realice mediante procedimientos que acrediten el efectivo cumplimiento de la obligación de pago por el arrendatario [259].

El recibo o documento acreditativo que lo sustituya deberá contener separadamente las cantidades abonadas por los distintos conceptos de los que se componga la totalidad del pago y, específicamente, la renta en vigor.

Si el arrendador no hace entrega del recibo, serán de su cuenta todos los gastos que se originen al arrendatario para dejar constancia del pago [260].

5. En los contratos de arrendamiento podrá acordarse libremente por las partes que, durante un plazo determinado, la obligación del pago de la renta pueda reemplazarse total o parcialmente por el com-

---

[255] Véase disposición adicional única RDL 6/2012 de 9 de marzo, de medidas urgentes de protección de deudores hipotecarios sin recursos

[256] Véase art. 1555.1 CC

[257] Véase art. 1171 CC

[258] Dada nueva redacción apartado 3 por disposición final 1 apartado 2 de Ley 12/2023 de 24 de mayo de 2023, con vigencia desde 26/05/2023

[259] Véase art. 63.1 RDLeg. 1/2007, de 16 de noviembre, por el que se aprueba el texto refundido de la Ley General para la Defensa de los Consumidores y Usuarios y otras leyes complementarias

[260] Véanse arts. 1168 CC y 20 de la presente Ley

promiso del arrendatario de reformar o rehabilitar el inmueble en los términos y condiciones pactadas. Al finalizar el arrendamiento, el arrendatario no podrá pedir en ningún caso compensación adicional por el coste de las obras realizadas en el inmueble. El incumplimiento por parte del arrendatario de la realización de las obras en los términos y condiciones pactadas podrá ser causa de resolución del contrato de arrendamiento y resultará aplicable lo dispuesto en el apartado 2 del art. 23 [261]. [262]

6. En los contratos de arrendamiento de vivienda sujetos a la presente ley en los que el inmueble se ubique en una zona de mercado residencial tensionado dentro del periodo de vigencia de la declaración de la referida zona en los términos dispuestos en la Ley 12/2023, de 24 de mayo, por el derecho a la vivienda, la renta pactada al inicio del nuevo contrato no podrá exceder de la última renta de contrato de arrendamiento de vivienda habitual que hubiese estado vigente en los últimos cinco años en la misma vivienda, una vez aplicada la cláusula de actualización anual de la renta del contrato anterior, sin que se puedan fijar nuevas condiciones que establezcan la repercusión al arrendatario de cuotas o gastos que no estuviesen recogidas en el contrato anterior.

Únicamente podrá incrementarse, más allá de lo que proceda de la aplicación de la cláusula de actualización anual de la renta del contrato anterior, en un máximo del 10 por ciento sobre la última renta de contrato de arrendamiento de vivienda habitual que hubiese estado vigente en los últimos cinco años en la misma vivienda, cuando se acredite alguno de los siguientes supuestos:

a) Cuando la vivienda hubiera sido objeto de una actuación de rehabilitación en los términos previstos en el apartado1 del artículo 41 del Reglamento del Impuesto sobre la Renta de las Personas Físicas, que hubiera finalizado en los dos años anteriores a la fecha de la celebración del nuevo contrato de arrendamiento.

b) Cuando en los dos años anteriores a la fecha de la celebración del nuevo contrato de arrendamiento se hubieran finalizado actuaciones de rehabilitación o mejora de la vivienda en la que se haya acreditado

---

[261] Véanse arts. 1171 y 1543 CC y 10, 18 y disposición adicional 9 de la presente Ley

[262] Añadido apartado 5 por art. 1 apartado 11 de Ley 4/2013 de 4 de junio de 2013, con vigencia desde 06/06/2013

un ahorro de energía primaria no renovable del 30 por ciento, a través de sendos certificados de eficiencia energética de la vivienda, uno posterior a la actuación y otro anterior que se hubiese registrado como máximo dos años antes de la fecha de la referida actuación.

c) Cuando en los dos años anteriores a la fecha de la celebración del nuevo contrato de arrendamiento se hubieran finalizado actuaciones de mejora de la accesibilidad, debidamente acreditadas.

d) Cuando el contrato de arrendamiento se firme por un periodo de diez o más años, o bien, se establezca un derecho de prórroga al que pueda acogerse voluntariamente el arrendatario, que le permita de manera potestativa prorrogar el contrato en los mismos términos y condiciones durante un periodo de diez o más años. [263]

7. Sin perjuicio de lo dispuesto en el apartado anterior, en los contratos de arrendamiento de vivienda sujetos a la presente ley en los que el arrendador sea un gran tenedor de vivienda de acuerdo con la definición establecida en la Ley 12/2023, de 24 de mayo, por el derecho a la vivienda, y en los que el inmueble se ubique en una zona de mercado residencial tensionado dentro del periodo de vigencia de la declaración de la referida zona en los términos dispuestos en la referida Ley 12/2023, de 24 de mayo, por el derecho a la vivienda, la renta pactada al inicio del nuevo contrato no podrá exceder del límite máximo del precio aplicable conforme al sistema de índices de precios de referencia atendiendo a las condiciones y características de la vivienda arrendada y del edificio en que se ubique, pudiendo desarrollarse reglamentariamente las bases metodológicas de dicho sistema y los protocolos de colaboración e intercambio de datos con los sistemas de información estatales y autonómicos de aplicación.

Esta misma limitación se aplicará a los contratos de arrendamiento de vivienda en los que el inmueble se ubique en una zona de mercado residencial tensionado dentro del periodo de vigencia de la declaración de la referida zona en los términos dispuestos en la referida Ley 12/2023, de 24 de mayo, por el derecho a la vivienda, y sobre el que no hubiese estado vigente ningún contrato de arrendamiento de vivienda vigente en los últimos cinco años, siempre que así se recoja en la resolución del Ministerio de Transportes, Movilidad y Agenda Urbana,

---

[263] Añadido apartado 6 por disposición final 1 apartado 3 de Ley 12/2023 de 24 de mayo de 2023, con vigencia desde 26/05/2023

al haberse justificado dicha aplicación en la declaración de la zona de mercado residencial tensionado. [264]

**18.** *Actualización de la renta.* [265] [266]

1. Durante la vigencia del contrato, la renta solo podrá ser actualizada por el arrendador o el arrendatario en la fecha en que se cumpla cada año de vigencia del contrato, en los términos pactados por las partes. En defecto de pacto expreso, no se aplicará actualización de rentas a los contratos.

En caso de pacto expreso entre las partes sobre algún mecanismo de actualización de valores monetarios que no detalle el índice o metodología de referencia, la renta se actualizará para cada anualidad por referencia a la variación anual del Índice de Garantía de Competitividad a fecha de cada actualización, tomando como mes de referencia para la actualización el que corresponda al último índice que estuviera publicado en la fecha de actualización del contrato. [267]

En todo caso, el incremento producido como consecuencia de la actualización anual de la renta no podrá exceder del resultado de aplicar la variación porcentual experimentada por el Índice de Precios al Consumo a fecha de cada actualización, tomando como mes de referencia para la actualización el que corresponda al último índice que estuviera publicado en la fecha de actualización del contrato [268] . [269]

2. La renta actualizada será exigible al arrendatario a partir del mes siguiente a aquel en que la parte interesada lo notifique a la otra parte por escrito, expresando el porcentaje de alteración aplicado y

---

[264] Añadido apartado 7 por disposición final 1 apartado 3 de Ley 12/2023 de 24 de mayo de 2023, con vigencia desde 26/05/2023

[265] Dada nueva redacción por art. 1 apartado 12 de Ley 4/2013 de 4 de junio de 2013, con vigencia desde 06/06/2013

[266] Véase art. 16 de la presente Ley

[267] Véanse disposición final 2ª RDL 3/2013 de 22 febrero, por el que se modifica el régimen de las tasas en el ámbito de la Administración de Justicia y el sistema de asistencia jurídica gratuita, disposición adicional única RDL 6/2012 de 9 de marzo, de medidas urgentes de protección de deudores hipotecarios sin recursos y art. 20.2 de la presente Ley

[268] Téngase en cuenta la disp. adic. 11.ª de la presente ley y la disp. trans. 4.ª Ley 12/2023 de 24 mayo

[269] Dada nueva redacción apartado 1 por art. 1 apartado 9 de Real Decreto-Ley 7/2019 de 1 de marzo de 2019, con vigencia desde 06/03/2019

acompañando, si el arrendatario lo exigiera, la oportuna certificación del Instituto Nacional de Estadística.

Será válida la notificación efectuada por nota en el recibo de la mensualidad del pago precedente.

## 19.  *Elevación de renta por mejoras.* [270] [271]

1. La realización por el arrendador de obras de mejora, transcurridos cinco años de duración del contrato, o siete años si el arrendador fuese persona jurídica, le dará derecho, salvo pacto en contrario, a elevar la renta anual en la cuantía que resulte de aplicar al capital invertido en la mejora, el tipo de interés legal del dinero en el momento de la terminación de las obras incrementado en tres puntos, sin que pueda exceder el aumento del veinte por ciento de la renta vigente en aquel momento.

Para el cálculo del capital invertido, deberán descontarse las subvenciones públicas obtenidas para la realización de la obra.

2. Cuando la mejora afecte a varias fincas de un edificio en régimen de propiedad horizontal, el arrendador deberá repartir proporcionalmente entre todas ellas el capital invertido, aplicando, a tal efecto, las cuotas de participación que correspondan a cada una de aquellas.

En el supuesto de edificios que no se encuentren en régimen de propiedad horizontal, el capital invertido se repartirá proporcionalmente entre las fincas afectadas por acuerdo entre arrendador y arrendatarios. En defecto de acuerdo, se repartirá proporcionalmente en función de la superficie de la finca arrendada.

3. La elevación de renta se producirá desde el mes siguiente a aquel en que, ya finalizadas las obras, el arrendador notifique por escrito al arrendatario la cuantía de aquella, detallando los cálculos que conducen a su determinación y aportando copias de los documentos de los que resulte el coste de las obras realizadas.

4. Sin perjuicio de lo dispuesto en los apartados anteriores y de la indemnización que proceda en virtud del artículo 22, en cualquier momento desde el inicio de la vigencia del contrato de arrendamiento y previo acuerdo entre arrendador y arrendatario, podrán realizarse obras de mejora en la vivienda arrendada e incrementarse la renta del

---

[270] Dada nueva redacción por art. 1 apartado 10 de Real Decreto-Ley 7/2019 de 1 de marzo de 2019, con vigencia desde 06/03/2019

[271] Véanse arts. 3 LPH y 22 y 30 de la presente Ley

contrato, sin que ello implique la interrupción del periodo de prórroga obligatoria establecido en el artículo 9 o de prórroga tácita a que se refiere el artículo 10 de la presente Ley, o un nuevo inicio del cómputo de tales plazos. En todo caso, el alcance de las obras de mejora deberá ir más allá del cumplimiento del deber de conservación por parte del arrendador al que se refiere el artículo 21 de esta Ley.

**20.** *Gastos generales y de servicios individuales.* 1. Las partes podrán pactar que los gastos generales para el adecuado sostenimiento del inmueble, sus servicios, tributos, cargas y responsabilidades que no sean susceptibles de individualización y que correspondan a la vivienda arrendada o a sus accesorios, sean a cargo del arrendatario.

En edificios en régimen de propiedad horizontal tales gastos serán los que correspondan a la finca arrendada en función de su cuota de participación [272] .

En edificios que no se encuentren en régimen de propiedad horizontal, tales gastos serán los que se hayan asignado a la finca arrendada en función de su superficie.

Para su validez, este pacto deberá constar por escrito y determinar el importe anual de dichos gastos a la fecha del contrato. El pacto que se refiera a tributos no afectará a la Administración.

Los gastos de gestión inmobiliaria y los de formalización del contrato serán a cargo del arrendador. [273]

2. Durante los cinco primeros años de vigencia del contrato, o durante los siete primeros años si el arrendador fuese persona jurídica, la suma que el arrendatario haya de abonar por el concepto a que se refiere el apartado anterior, con excepción de los tributos, sólo podrá incrementarse, por acuerdo de las partes, anualmente, y nunca en un porcentaje superior al doble de aquel en que pueda incrementarse la renta conforme a lo dispuesto en el apartado 1 del artículo 18. [274]

---

[272] Véanse arts. 3 y 5 LPH

[273] Dada nueva redacción apartado 1 por disposición final 1 apartado 4 de Ley 12/2023 de 24 de mayo de 2023, con vigencia desde 26/05/2023

[274] Dada nueva redacción apartado 2 por art. 1 apartado 12 de Real Decreto-Ley 7/2019 de 1 de marzo de 2019, con vigencia desde 06/03/2019

3. Los gastos por servicios con que cuente la finca arrendada que se individualicen mediante aparatos contadores serán en todo caso de cuenta del arrendatario [275].

4. El pago de los gastos a que se refiere el presente artículo se acreditará en la forma prevista en el art. 17.4 [276].

# CAPÍTULO IV
## De los derechos y obligaciones de las partes

**21.** *Conservación de la vivienda.* 1. El arrendador está obligado a realizar, sin derecho a elevar por ello la renta, todas las reparaciones que sean necesarias para conservar la vivienda en las condiciones de habitabilidad para servir al uso convenido, salvo cuando el deterioro de cuya reparación se trate sea imputable al arrendatario a tenor de lo dispuesto en los arts. 1563 y 1564 del Código Civil.

La obligación de reparación tiene su límite en la destrucción de la vivienda por causa no imputable al arrendador. A este efecto, se estará a lo dispuesto en el art. 28.

2. Cuando la ejecución de una obra de conservación no pueda razonablemente diferirse hasta la conclusión del arrendamiento, el arrendatario estará obligado a soportarla, aunque le sea muy molesta o durante ella se vea privado de una parte de la vivienda.

Si la obra durase más de veinte días, habrá de disminuirse la renta en proporción a la parte de la vivienda de la que el arrendatario se vea privado [277].

3. El arrendatario deberá poner en conocimiento del arrendador, en el plazo más breve posible, la necesidad de las reparaciones que contempla el apartado 1 de este artículo, a cuyos solos efectos deberá facilitar al arrendador la verificación directa, por sí mismo o por los técnicos que designe, del estado de la vivienda. En todo momento, y previa comunicación al arrendador, podrá realizar las que sean urgentes para evitar un daño inminente o una incomodidad grave, y exigir de inmediato su importe al arrendador.

---

[275] Véase art. 9.1 e) LPH
[276] Véanse arts. 17.4 y 18.1 de la presente Ley
[277] Véase art. 1558 CC

4. Las pequeñas reparaciones que exija el desgaste por el uso ordinario de la vivienda serán de cargo del arrendatario [278].

**22.** *Obras de mejora.* 1. El arrendatario estará obligado a soportar la realización por el arrendador de obras de mejora cuya ejecución no pueda razonablemente diferirse hasta la conclusión del arrendamiento [279].

2. El arrendador que se proponga realizar una de tales obras deberá notificar por escrito al arrendatario, al menos con tres meses de antelación, su naturaleza, comienzo, duración y coste previsible. Durante el plazo de un mes desde dicha notificación, el arrendatario podrá desistir del contrato, salvo que las obras no afecten o afecten de modo irrelevante a la vivienda arrendada. El arrendamiento se extinguirá en el plazo de dos meses a contar desde el desistimiento, durante los cuales no podrán comenzar las obras.

3. El arrendatario que soporte las obras tendrá derecho a una reducción de la renta en proporción a la parte de la vivienda de la que se vea privado por causa de aquéllas, así como a la indemnización de los gastos que las obras le obliguen a efectuar [280].

**23.** *Obras del arrendatario.* [281] 1. El arrendatario no podrá realizar sin el consentimiento del arrendador, expresado por escrito, obras que modifiquen la configuración de la vivienda o de los accesorios a que se refiere el apartado 2 del art. 2 . En ningún caso el arrendatario podrá realizar obras que provoquen una disminución en la estabilidad o seguridad de la vivienda.

2. Sin perjuicio de la facultad de resolver el contrato, el arrendador que no haya autorizado la realización de las obras podrá exigir, al concluir el contrato, que el arrendatario reponga las cosas al estado

---

[278] Véanse arts. 1555.2, 1563, 1564 CC; 107 al 110 LAU 1964 y 2.2, 9, 10, 18.1 y 30 de la presente Ley

[279] Véase art. 19 de la presente Ley

[280] Véanse art. 112 LAU 1964 y 23, 24, 26, 28 y 30 de la presente Ley

[281] Dada nueva redacción por art. 1 apartado 15 de Ley 4/2013 de 4 de junio de 2013, con vigencia desde 06/06/2013

anterior o conservar la modificación efectuada, sin que éste pueda reclamar indemnización alguna [282] .

Si, a pesar de lo establecido en el apartado 1 del presente artículo, el arrendatario ha realizado unas obras que han provocado una disminución de la estabilidad de la edificación o de la seguridad de la vivienda o sus accesorios, el arrendador podrá exigir de inmediato del arrendatario la reposición de las cosas al estado anterior. [283]

**24.** *Arrendatarios con discapacidad.* [284] 1. El arrendatario, previa notificación escrita al arrendador, podrá realizar en el interior de la vivienda aquellas obras o actuaciones necesarias para que pueda ser utilizada de forma adecuada y acorde a la discapacidad o a la edad superior a setenta años, tanto del propio arrendatario como de su cónyuge, de la persona con quien conviva de forma permanente en análoga relación de afectividad, con independencia de su orientación sexual, o de sus familiares que con alguno de ellos convivan de forma permanente, siempre que no afecten a elementos o servicios comunes del edificio ni provoquen una disminución en su estabilidad o seguridad [285] .

2. El arrendatario estará obligado, al término del contrato, a reponer la vivienda al estado anterior, si así lo exige el arrendador [286] .

**25.** *Derecho de adquisición preferente.* 1. En caso de venta de la vivienda arrendada, tendrá el arrendatario derecho de adquisición preferente sobre la misma, en las condiciones previstas en los apartados siguientes.

2. El arrendatario podrá ejercitar un derecho de tanteo sobre la finca arrendada en un plazo de treinta días naturales, a contar desde

---

[282] Véase art. 27.2 d) de la presente Ley

[283] Véanse arts. 111.2 RD 2364/1994, de 9 de diciembre, por el que se aprueba el Reglamento de Seguridad Privada, 114.7 LAU 1964 y 2.2, 19, 22, 24, 26, 28 y 30 de la presente Ley

[284] Dada nueva redacción por art. 1 apartado 16 de Ley 4/2013 de 4 de junio de 2013, con vigencia desde 06/06/2013

[285] Véase Ley 15/1995, de 30 mayo, sobre eliminación de barreras arquitectónicas en favor de personas con discapacidad

[286] Véase disposición transitoria 2.2 de la presente Ley

el siguiente en que se le notifique en forma fehaciente la decisión de vender la finca arrendada, el precio y las demás condiciones esenciales de la transmisión.

Los efectos de la notificación prevenida en el párrafo anterior caducarán a los ciento ochenta días naturales siguientes a la misma.

3. En el caso a que se refiere el apartado anterior, podrá el arrendatario ejercitar el derecho de retracto con sujeción a lo dispuesto en el art. 1518 del Código Civil, cuando no se le hubiese hecho la notificación prevenida o se hubiese omitido en ella cualquiera de los requisitos exigidos, así como cuando resultase inferior el precio efectivo de la compraventa o menos onerosas sus restantes condiciones esenciales. El derecho de retracto caducará a los treinta días naturales, contados desde el siguiente a la notificación que en forma fehaciente deberá hacer el adquirente al arrendatario de las condiciones esenciales en que se efectuó la compraventa, mediante entrega de copia de la escritura o documento en que fuere formalizada.

4. El derecho de tanteo o retracto del arrendatario tendrá preferencia sobre cualquier otro derecho similar excepto el retracto reconocido al condueño de la vivienda o el convencional que figurase inscrito en el Registro de la Propiedad al tiempo de celebrarse el contrato de arrendamiento.

5. Para inscribir en el Registro de la Propiedad los títulos de venta de viviendas arrendadas deberá justificarse que han tenido lugar, en sus respectivos casos, las notificaciones prevenidas en los apartados anteriores, con los requisitos en ellos exigidos. Cuando la vivienda vendida no estuviese arrendada, para que sea inscribible la adquisición, deberá el vendedor declararlo así en la escritura, bajo la pena de falsedad en documento público.

6. Cuando la venta recaiga, además de sobre la vivienda arrendada, sobre los demás objetos alquilados como accesorios de la vivienda por el mismo arrendador a que se refiere el art. 3 , no podrá el arrendatario ejercitar los derechos de adquisición preferente sólo sobre la vivienda [287].

7. No habrá lugar a los derechos de tanteo o retracto cuando la vivienda arrendada se venda conjuntamente con las restantes viviendas o locales propiedad del arrendador que formen parte de un mismo inmueble ni tampoco cuando se vendan de forma conjunta por distin-

---

[287] La referencia al art. 3 debe de entenderse al art. 2 de la presente Ley

tos propietarios a un mismo comprador la totalidad de los pisos y locales del inmueble. En tales casos, la legislación sobre vivienda podrá establecer el derecho de tanteo y retracto, respecto a la totalidad del inmueble, en favor del órgano que designe la Administración competente en materia de vivienda, resultando de aplicación lo dispuesto en los apartados anteriores a los efectos de la notificación y del ejercicio de tales derechos.

Si en el inmueble sólo existiera una vivienda, el arrendatario tendrá los derechos de tanteo y retracto previstos en este artículo. [288]

8. No obstante lo establecido en los apartados anteriores, las partes podrán pactar la renuncia del arrendatario al derecho de adquisición preferente.

En los casos en los que se haya pactado dicha renuncia, el arrendador deberá comunicar al arrendatario su intención de vender la vivienda con una antelación mínima de treinta días a la fecha de formalización del contrato de compraventa [289] . [290]

## CAPÍTULO V
### De la suspensión, resolución y extinción del contrato

**26.** *Habitabilidad de la vivienda.* Cuando la ejecución en la vivienda arrendada de obras de conservación o de obras acordadas por una autoridad competente la hagan inhabitable, tendrá el arrendatario la opción de suspender el contrato o de desistir del mismo sin indemnización alguna.

La suspensión del contrato supondrá, hasta la finalización de las obras, la paralización del plazo del contrato y la suspensión de la obligación de pago de la renta [291] .

**27.** *Incumplimiento de obligaciones.* 1. El incumplimiento por cualquiera de las partes de las obligaciones resultantes del contrato

---

[288] Dada nueva redacción apartado 7 por art. 1 apartado 13 de Real Decreto-Ley 7/2019 de 1 de marzo de 2019, con vigencia desde 06/03/2019

[289] Véanse arts. 1518 CC, 31 de la presente Ley y 47 a 53 de la antigua LAU

[290] Dada nueva redacción apartado 8 por art. 1 apartado 17 de Ley 4/2013 de 4 de junio de 2013, con vigencia desde 06/06/2013

[291] Véanse arts. 1558 CC y 21.2 y 30 de la presente Ley

dará derecho a la parte que hubiere cumplido las suyas a exigir el cumplimiento de la obligación o a promover la resolución del contrato de acuerdo con lo dispuesto en el art. 1124 del Código Civil.

2. Además, el arrendador podrá resolver de pleno derecho el contrato por las siguientes causas:

a) La falta de pago de la renta o, en su caso, de cualquiera de las cantidades cuyo pago haya asumido o corresponda al arrendatario [292].

b) La falta de pago del importe de la fianza o de su actualización [293].

c) El subarriendo o la cesión inconsentidos [294].

d) La realización de daños causados dolosamente en la finca o de obras no consentidas por el arrendador cuando el consentimiento de éste sea necesario [295].

e) Cuando en la vivienda tengan lugar actividades molestas, insalubres, nocivas, peligrosas o ilícitas [296].

f) Cuando la vivienda deje de estar destinada de forma primordial a satisfacer la necesidad permanente de vivienda del arrendatario o de quien efectivamente la viniera ocupando de acuerdo con lo dispuesto en el art. 7 [297].

3. Del mismo modo, el arrendatario podrá resolver el contrato por las siguientes causas:

---

[292] Téngase en cuenta, desde el 2 abril 2020 y hasta el 31 octubre 2021, la suspensión del procedimiento de desahucio y de los lanzamientos para hogares vulnerables sin alternativa habitacional establecida conforme al art. 1 RDL 11/2020 de 31 marzo. Véanse disposición adicional única RDL 6/2012 de 9 de marzo, de medidas urgentes de protección de deudores hipotecarios sin recursos, arts. 22.4 LEC y 17 a 20 de la presente Ley

[293] Véase art. 36 y disposición adicional 3 de la presente Ley

[294] Véase art. 8 de la presente Ley

[295] Véanse arts. 33 y 34 de la presente Ley

[296] Véase art. 3 D 2414/1961 de 30 de noviembre, por el que se aprueba el Reglamento de Actividades Molestas, Insalubres, Nocivas y Peligrosas. Aunque está derogado mantiene su vigencia para las CCAA que no han aprobado normativa sobre esta materia. Téngase en cuenta también art. 114.8 LAU 1964

[297] Véanse arts. 2 y 7 de la presente Ley

a) La no realización por el arrendador de las reparaciones a que se refiere el art. 21 [298] .

b) La perturbación de hecho o de derecho que realice el arrendador en la utilización de la vivienda [299] .

4. Tratándose de arrendamientos de finca urbana inscritos en el Registro de la Propiedad, si se hubiera estipulado en el contrato que el arrendamiento quedará resuelto por falta de pago de la renta y que deberá en tal caso restituirse inmediatamente el inmueble al arrendador, la resolución tendrá lugar de pleno derecho una vez el arrendador haya requerido judicial o notarialmente al arrendatario en el domicilio designado al efecto en la inscripción, instándole al pago o cumplimiento, y éste no haya contestado al requerimiento en los diez días hábiles siguientes, o conteste aceptando la resolución de pleno derecho, todo ello por medio del mismo juez o notario que hizo el requerimiento.

El título aportado al procedimiento registral, junto con la copia del acta de requerimiento, de la que resulte la notificación y que no se haya contestado por el requerido de pago o que se haya contestado aceptando la resolución de pleno derecho, será título suficiente para practicar la cancelación del arrendamiento en el Registro de la Propiedad.

Si hubiera cargas posteriores que recaigan sobre el arrendamiento, será además preciso para su cancelación justificar la notificación fehaciente a los titulares de las mismas, en el domicilio que obre en el Registro, y acreditar la consignación a su favor ante el mismo notario, de la fianza prestada por el arrendatario. [300]

**28.** *Extinción del arrendamiento.* El contrato de arrendamiento se extinguirá, además de por las restantes causas contempladas en el presente título, por las siguientes:

a) Por la pérdida de la finca arrendada por causa no imputable al arrendador.

b) Por la declaración firme de ruina acordada por la autoridad competente [301] .

---

[298] Véanse arts. 1563 y 1564 CC

[299] Véase art. 1560 CC

[300] Añadido apartado 4 por art. 1 apartado 18 de Ley 4/2013 de 4 de junio de 2013, con vigencia desde 06/06/2013

[301] Véase art. 21.1 de la presente Ley

## TÍTULO III
De los arrendamientos para uso distinto del de vivienda

**29.** *Enajenación de la finca arrendada.* El adquirente de la finca arrendada quedará subrogado en los derechos y obligaciones del arrendador, salvo que concurran en el adquirente los requisitos del art. 34 de la Ley Hipotecaria [302].

**30.** *Conservación, mejora y obras del arrendatario.* Lo dispuesto en los arts. 21, 22, 23 y 26 de esta Ley será también aplicable a los arrendamientos que regula el presente título. También lo será lo dispuesto en el art. 19 desde el comienzo del arrendamiento [303].

**31.** *Derecho de adquisición preferente.* Lo dispuesto en el art. 25 de la presente Ley será de aplicación a los arrendamientos que regula este título [304].

**32.** *Cesión del contrato y subarriendo.* 1. Cuando en la finca arrendada se ejerza una actividad empresarial o profesional, el arrendatario podrá subarrendar la finca o ceder el contrato de arrendamiento sin necesidad de contar con el consentimiento del arrendador.

2. El arrendador tiene derecho a una elevación de renta del 10 por 100 de la renta en vigor en el caso de producirse un subarriendo parcial y del 20 en el caso de producirse la cesión del contrato o el subarriendo total de la finca arrendada.

3. No se reputará cesión el cambio producido en la persona del arrendatario por consecuencia de la fusión, transformación o escisión de la sociedad arrendataria, pero el arrendador tendrá derecho a la elevación de la renta prevista en el apartado anterior [305].

---

[302] Véanse arts. 1549 y 1571 CC, 2.5 y 34 LH, 13 RH y 14 de la presente Ley

[303] Véanse arts. 1554 a 1574 CC y 19, 21, 22, 23 y 26 de la presente Ley

[304] Véase disposición transitoria 3.11 de la presente Ley

[305] Véase disposición adicional 3 Ley 4/1997, de 24 de marzo, de Sociedades Laborales

4. Tanto la cesión como el subarriendo deberán notificarse de forma fehaciente al arrendador en el plazo de un mes desde que aquéllos se hubieran concertado [306].

**33.** *Muerte del arrendatario.* En caso de fallecimiento del arrendatario, cuando en el local se ejerza una actividad empresarial o profesional, el heredero o legatario que continúe el ejercicio de la actividad podrá subrogarse en los derechos y obligaciones del arrendatario hasta la extinción del contrato.

La subrogación deberá notificarse por escrito al arrendador dentro de los dos meses siguientes a la fecha del fallecimiento del arrendatario [307].

**34.** *Indemnización al arrendatario.* La extinción por transcurso del término convencional del arrendamiento de una finca en la que durante los últimos cinco años se haya venido ejerciendo una actividad comercial de venta al público, dará al arrendatario derecho a una indemnización a cargo del arrendador, siempre que el arrendatario haya manifestado con cuatro meses de antelación a la expiración del plazo su voluntad de renovar el contrato por un mínimo de cinco años más y por una renta de mercado. Se considerará renta de mercado la que al, efecto acuerden las partes; en defecto de pacto, la que, al efecto, determine el árbitro designado por las partes [308].

La cuantía de la indemnización se determinará en la forma siguiente:

1. Si el arrendatario iniciara en el mismo municipio, dentro de los seis meses siguientes a la expiración del arrendamiento, el ejercicio de la misma actividad a la que viniera estando dedicado, la indemnización comprenderá los gastos del traslado y los perjuicios derivados de la pérdida de clientela ocurrida con respecto a la que tuviera en el local anterior, calculada con respecto a la habida durante los seis primeros meses de la nueva actividad.

2. Si el arrendatario iniciara dentro de los seis meses siguientes a la extinción del arrendamiento una actividad diferente o no iniciara

---

[306] Véanse RDLey 7/1989, de 29 diciembre y arts. 7.3, 8 y 35 de la presente Ley

[307] Véanse arts. 661 y 1257 CC

[308] Véase Ley 60/2003, de 23 de diciembre, de Arbitraje

actividad alguna, y el arrendador o un tercero desarrollan en la finca dentro del mismo plazo la misma actividad o una afín a la desarrollada por el arrendatario, la indemnización será de una mensualidad por año de duración del contrato, con un máximo de dieciocho mensualidades.

Se considerarán afines las actividades típicamente aptas para beneficiarse, aunque sólo en parte, de la clientela captada por la actividad que ejerció el arrendatario.

En caso de falta de acuerdo entre las partes sobre la cuantía de la indemnización, la misma será fijada por el árbitro designado por aquéllas [309].

**35.** *Resolución de pleno derecho.* [310] El arrendador podrá resolver de pleno derecho el contrato por las causas previstas en las letras a), b), d) y e) del apartado 2 del art. 27 y por la cesión o subarriendo del local incumpliendo lo dispuesto en el art. 32 [311].

## TÍTULO IV
Disposiciones comunes

**36.** *Fianza.* [312] 1. A la celebración del contrato será obligatoria la exigencia y prestación de fianza en metálico en cantidad equivalente a una mensualidad de renta en el arrendamiento de viviendas y de dos en el arrendamiento para uso distinto del de vivienda. [313]

2. Durante los cinco primeros años de duración del contrato, o durante los siete primeros años si el arrendador fuese persona jurídica, la fianza no estará sujeta a actualización. Pero cada vez que el arrendamiento se prorrogue, el arrendador podrá exigir que la fianza sea

---

[309] Véase art. 40.3 de la presente Ley

[310] Dada nueva redacción por art. 1 apartado 19 de Ley 4/2013 de 4 de junio de 2013, con vigencia desde 06/06/2013

[311] Véanse arts. 1124, 1156, 1182 a 1186, 1558 y 1559 CC y 27 y 32 de la presente Ley

[312] Dada nueva redacción por art. 1 apartado 14 de Real Decreto-Ley 7/2019 de 1 de marzo de 2019, con vigencia desde 06/03/2019

[313] Véase disposición adicional 3 de la presente Ley

incrementada, o el arrendatario que disminuya, hasta hacerse igual a una o dos mensualidades de la renta vigente, según proceda, al tiempo de la prórroga.

3. La actualización de la fianza durante el período de tiempo en que el plazo pactado para el arrendamiento exceda de cinco años, o de siete años si el arrendador fuese persona jurídica, se regirá por lo estipulado al efecto por las partes. A falta de pacto específico, lo acordado sobre actualización de la renta se presumirá querido también para la actualización de la fianza.

4. El saldo de la fianza en metálico que deba ser restituido al arrendatario al final del arriendo, devengará el interés legal, transcurrido un mes desde la entrega de las llaves por el mismo sin que se hubiere hecho efectiva dicha restitución. [314]

5. Las partes podrán pactar cualquier tipo de garantía del cumplimiento por el arrendatario de sus obligaciones arrendaticias adicional a la fianza en metálico.

En el caso del arrendamiento de vivienda, en contratos de hasta cinco años de duración, o de hasta siete años si el arrendador fuese persona jurídica, el valor de esta garantía adicional no podrá exceder de dos mensualidades de renta.

6. Quedan exceptuadas de la obligación de prestar fianza la Administración General del Estado, las Administraciones de las comunidades autónomas y las entidades que integran la Administración Local, los organismos autónomos, las entidades públicas empresariales y demás entes públicos vinculados o dependientes de ellas, y las Mutuas colaboradoras con la Seguridad Social en su función pública de colaboración en la gestión de la Seguridad Social, así como sus Centros Mancomunados, cuando la renta haya de ser satisfecha con cargo a sus respectivos presupuestos. [315]

---

[314] - El interés legal del dinero está fijado en un 3,25% hasta el 31 de diciembre de 2022 por la disp. adic. 42.ª Ley 31/2022 de 23 diciembre, de Presupuestos Generales del Estado para 2023. - El interés legal del dinero está fijado en un 3,00% hasta el 31 de diciembre de 2022 por la disp. adic. 46.ª Ley 22/2021 de 28 diciembre, de Presupuestos Generales del Estado para 2022. - El interés legal del dinero está fijado en un 3,00% hasta el 31 de diciembre de 2021 por la disp. adic. 49.ª Ley 11/2020 de 30 diciembre, de Presupuestos Generales del Estado para 2021

[315] Véanse art. 1158 CC y 27.2 b y disposición derogatoria única de la presente Ley

**37.** *Formalización del arrendamiento.* Las partes podrán compelerse recíprocamente a la formalización por escrito del contrato de arrendamiento.

En este caso, se hará constar la identidad de los contratantes, la identificación de la finca arrendada, la duración pactada, la renta inicial del contrato y las demás cláusulas que las partes hubieran libremente acordado [316].

## TÍTULO V
Procesos arrendaticios (Derogado) [317]

**38 a 40.** [318] *(Derogados)*

## DISPOSICIONES ADICIONALES

**Disposición Adicional Primera.** *Régimen de las viviendas de protección oficial en arrendamiento.* 1. El plazo de duración del régimen legal de las viviendas de protección oficial, que se califiquen para arrendamiento a partir de la entrada en vigor de la presente Ley, concluirá al transcurrir totalmente el período establecido en la normativa aplicable para la amortización del préstamo cualificado obtenido para su promoción o, en caso de no existir dicho préstamo, transcurridos veinticinco años a contar desde la fecha de la correspondiente calificación definitiva [319].

---

[316] Véanse art. 1547 CC y Orden de 4 de octubre de 1999 por la que se aprueba el modelo del contrato de arrendamiento de fincas urbanas, contemplado en el artículo 12.1 del texto refundido del Impuesto sobre Transmisiones Patrimoniales y Actos Jurídicos Documentados

[317] Derogado por disposición derogatoria única apartado 2 número 6 de Ley 1/2000 de 7 de enero de 2000, con vigencia desde 08/01/2001

[318] Derogado por disposición derogatoria única apartado 2 número 6 de Ley 1/2000 de 7 de enero de 2000, con vigencia desde 08/01/2001

[319] Véanse RD 2066/2008, de 12 de diciembre, por el que se regula el Plan Estatal de Vivienda y Rehabilitación 2009-2012 y RD 233/2013, de 5 de abril, por el que se regula el Plan Estatal de fomento del alquiler de viviendas, la rehabilitación edificatoria, y la regeneración y renovación urbanas, 2013-2016

2. La renta máxima inicial por metro cuadrado útil de las viviendas de protección oficial a que se refiere el apartado anterior será el porcentaje del precio máximo de venta que corresponda de conformidad con la normativa estatal o autonómica aplicable.

3. No se aplicará revisión de rentas de las viviendas de protección oficial salvo pacto explícito entre las partes. En caso de pacto expreso entre las partes sobre algún mecanismo de revisión de valores monetarios que no detalle el índice o metodología de referencia, la renta se revisará para cada anualidad por referencia a la variación anual del Índice de Garantía de Competitividad [320] . [321]

4. Además de las rentas iniciales o revisadas, el arrendador podrá percibir el coste real de los servicios de que disfrute el arrendatario y satisfaga el arrendador.

5. Sin perjuicio de las sanciones administrativas que procedan, serán nulas las cláusulas y estipulaciones que establezcan rentas superiores a las máximas autorizadas en la normativa aplicable para las viviendas de protección oficial.

6. Lo dispuesto en los apartados anteriores no será de aplicación a las viviendas de promoción pública reguladas por el Real Decreto Ley 31/1978.

7. Lo dispuesto en los apartados anteriores será de aplicación general en defecto de legislación específica de las Comunidades Autónomas con competencia en la materia.

8. El arrendamiento de viviendas de protección oficial de promoción pública se regirá por las normas particulares de éstas respecto del plazo de duración del contrato, las variaciones de la renta, los límites de repercusión de cantidades por reparación de daños y mejoras, y lo previsto respecto del derecho de cesión y subrogación en el arrendamiento, y en lo no regulado por ellas por las de la presente Ley, que se aplicará íntegramente cuando el arrendamiento deje de estar sometido a dichas disposiciones particulares.

---

[320] Téngase en cuenta que la presente redacción de este apartado será de aplicación exclusivamente a los contratos que se perfeccionen con posterioridad al 1 abril 2015, conforme a la disp. trans. única.4 Ley 2/2015 de 30 marzo

[321] Dada nueva redacción apartado 3 por disposición final 1 apartado 2 de Ley 2/2015 de 30 de marzo de 2015, con vigencia desde 01/04/2015

La excepción no alcanzará a las cuestiones de competencia y procedimiento en las que se estará por entero a lo dispuesto en la presente Ley.

**Disposición Adicional Segunda.** *Modificación de la Ley Hipotecaria.* 1. El art. 2 del número 5 de la Ley Hipotecaria aprobada por Decreto de 8 de febrero de 1946, tendrá la siguiente redacción:

«5º) **Los contratos de arrendamiento de bienes inmuebles, y los subarriendos, cesiones y subrogaciones de los mismos.**»

2. En el plazo de nueve meses desde la entrada en vigor de esta Ley se establecerán reglamentariamente los requisitos de acceso de los contratos de arrendamientos urbanos al Registro de la Propiedad [322].

**Disposición Adicional Tercera.** *Depósito de fianzas.* [323] 1. Las comunidades autónomas podrán establecer la obligación de que los arrendadores de finca urbana sujetos a la presente ley depositen el importe de la fianza regulada en el artículo 36.1 de esta ley, sin devengo de interés, a disposición de la Administración autonómica o del ente público que se designe hasta la extinción del correspondiente contrato. Si transcurrido un mes desde la finalización del contrato, la Administración autonómica o el ente público competente no procediere a la devolución de la cantidad depositada, ésta devengará el interés legal correspondiente. [324]

---

[322] Véanse arts. 2.5 LH, 13 y 15 RH y 13.1, 14 y 29 de la presente Ley, Real Decreto 297/1996, de 23 de febrero, sobre inscripción en el Registro de la Propiedad de los Contratos de Arrendamientos Urbanos

[323] Dada nueva redacción por art. 1 apartado 15 de Real Decreto-Ley 7/2019 de 1 de marzo de 2019, con vigencia desde 06/03/2019

[324] La regulación autonómica sobre el depósito de la fianza está contemplada en las siguientes normas: Andalucía: Ley 8/1997, de 23 de diciembre. Aragón: Ley 10/1992, de 4 de noviembre. Canarias: Decreto 45/1985, de 22 de febrero. Cantabria: Se ha suprimido por Ley 9/2017 de 26 diciembre. Castilla y León: Ley 9/2010, de 30 de agosto; Decreto 72/1986, de 5 de junio; Orden de 6 de febrero de 1987; Orden de 31 de mayo de 1988. Castilla-La Mancha: Decreto 6/2022, de 25 de enero. Cataluña: Ley 13/1996, de 29 de julio; Decreto 147/1997, de 10 de junio. Extremadura: Decreto 67/1985, de 26 de noviembre. Galicia: Ley 8/2012, de 29 de junio; Decreto 267/1985, de 12 de diciembre. Región de Murcia: Se ha suprimido por el art. 4 DL 1/2021, de 6 mayo. Véase su disp. trans. 1.ª La Rioja: Se ha suprimido por Ley 7/2014 de 23 diciembre. Illes Balears: Tít VII Ley 5/2018, de 19 junio. Madrid: Ley 12/1997, de 4 de junio; Decreto 181/1996, de 5 de diciembre. Navarra: Se ha suprimido por Decreto Foral 240/1998, de 3 de agosto. País Vasco: Se aplicará la presente Ley

2. Con objeto de favorecer la transparencia y facilitar el intercambio de información para el ejercicio de las políticas públicas, la normativa que regule el depósito de fianza a que se refiere el apartado anterior determinará los datos que deberán aportarse por parte del arrendador, entre los que figurará, como mínimo:

a) Los datos identificativos de las partes arrendadora y arrendataria, incluyendo domicilios a efectos de notificaciones.

b) Los datos identificativos de la finca, incluyendo la dirección postal, año de construcción y, en su caso, año y tipo de reforma, superficie construida de uso privativo por usos, referencia catastral y calificación energética.

c) Las características del contrato de arrendamiento, incluyendo la renta anual, el plazo temporal establecido, el sistema de actualización, el importe de la fianza y, en su caso, garantías adicionales, el tipo de acuerdo para el pago de los suministros básicos, y si se arrienda amueblada.

**Disposición Adicional Cuarta.** *Ayudas para acceso a vivienda.* Las personas que, en aplicación de lo establecido en la disposición transitoria segunda de la presente Ley, se vean privadas del derecho a la subrogación mortis causa que les reconocía el Texto Refundido de la Ley de Arrendamientos Urbanos, aprobado por Decreto 4104/1964, de 24 de diciembre, serán sujeto preferente de los programas de ayudas públicas para el acceso a vivienda, siempre que cumplan los requisitos en cuanto a ingresos máximos que se establezcan en dichos programas [325].

**Disposición Adicional Quinta.** *Modificación de la Ley de Enjuiciamiento Civil.* 1. El art. 1563 de la Ley de Enjuiciamiento Civil quedará redactado en la forma siguiente:

**«1º) El desahucio por falta de pago de las rentas, de las cantidades asimiladas o de las cantidades cuyo pago hubiera asumido el arrendatario en el arrendamiento de viviendas o en el arrendamien-**

---

de Arrendamientos Urbanos, ya que el Decreto 174/1983, de 1 de agosto, ha sido derogado por el Decreto 211/1997, de 30 de septiembre. Principado de Asturias: Se ha suprimido por el Decreto 48/2010, de 10 de junio. C. Valenciana: Ley 8/2004, de 20 de octubre; Decreto 46/2022, de 29 de abril

[325] Véanse disposición transitoria 2 y disposición adicional 6 de la presente Ley

to de una finca urbana habitable en la que se realicen actividades profesionales, comerciales o industriales, podrá ser enervado por el arrendatario si en algún momento anterior al señalado para la celebración del juicio, paga al actor o pone a su disposición en el Juzgado o notarialmente el importe de las cantidades en cuya inefectividad se sustente la demanda y el de las que en dicho instante adeude.

2º) Esta enervación no tendrá lugar cuando se hubiera producido otra anteriormente, ni cuando el arrendador hubiese requerido, por cualquier medio que permita acreditar su constancia, de pago al arrendatario con cuatro meses de antelación a la presentación de la demanda y éste no hubiese pagado las cantidades adeudadas al tiempo de dicha presentación.

3º) En todo caso, deberán indicarse en el escrito de interposición de la demanda las circunstancias concurrentes que puedan permitir o no la enervación. Cuando ésta proceda, el Juzgado indicará en la citación el deber de pagar o de consignar el importe antes de la celebración del juicio.»

2. Los recursos contra sentencias en las materias a que se refiere el art. 38 , tendrán tramitación preferente tanto ante las Audiencias Provinciales, como ante los Tribunales Superiores.

En los procesos que lleven aparejado el lanzamiento, no se admitirán al demandado los recursos de apelación y de casación, cuando procedan, si no acredita al interponerlos tener satisfechas las rentas vencidas y las que con arreglo al contrato deba pagar adelantadas, o si no las consigna judicial o notarialmente.

Si el arrendatario no cumpliese lo anterior, se tendrá por firme la sentencia y se procederá a su ejecución, siempre que requerido por el juez o tribunal que conozca de los mismos no cumpliere su obligación de pago o consignación en el plazo de cinco días.

También se tendrá por desierto el recurso de casación o apelación interpuesto por el arrendatario, cualquiera que sea el estado en que se halle, si durante la sustanciación del mismo dejare aquél de pagar los plazos que venzan o los que deba adelantar. Sin embargo, el arrendatario podrá cautelarmente adelantar o consignar el pago de varios períodos no vencidos, los cuales se sujetarán a liquidación una vez firme la sentencia. En todo caso, el abono de dichos importes no se entenderá novación contractual. [326]

3. El art. 1687.3 de la Ley de Enjuiciamiento Civil quedará redactado de la forma siguiente:

«**Artículo 1687**

**3. Las sentencias dictadas por las Audiencias en los juicios de desahucio que no tengan regulación especial, salvo las dictadas en juicio de desahucio por falta de pago de la renta, las dictadas en procesos sobre arrendamientos urbanos seguidos por los trámites del juicio de cognición, en este último supuesto cuando no fuesen conformes con la dictada en primera instancia, y las recaídas en los juicios de retracto, cuando en todos los casos alcancen la cuantía requerida para esta clase de recursos en los declarativos ordinarios.**

**No obstante, si se tratase de arrendamiento de vivienda bastará con que la cuantía exceda de 1.500.000 ptas.**

**Se entenderá que son conformes la sentencia de apelación y de primera instancia aunque difieran en lo relativo a la imposición de costas.**»

**Disposición Adicional Sexta.** *Censo de arrendamientos urbanos.* 1. El Gobierno procederá, a través del Ministerio de Obras Públicas, Transportes y Medio Ambiente, en el plazo de un año a partir de la entrada en vigor de la presente Ley, a elaborar un censo de los contratos de arrendamiento de viviendas sujetos a la presente Ley subsistentes a su entrada en vigor.

2. Este censo comprenderá datos identificativos del arrendador y del arrendatario, de la renta del contrato, de la existencia o no de cláusulas de revisión, de su duración y de la fecha del contrato [327] .

3. A estos efectos, los arrendadores deberán remitir, al Ministerio de Obras Públicas, Transportes y Medio Ambiente, en el plazo máximo de tres meses a partir de la entrada en vigor de la Ley, los datos del contrato a que se refiere el párrafo anterior.

---

[326] Dada nueva redacción apartado 2 por disposición adicional 4 de Ley 50/1998 de 30 de diciembre de 1998, con vigencia desde 01/01/1999

[327] Véase Orden de 20 de diciembre de 1994, por la que se dictan normas para la elaboración del Censo de Contratos de Arrendamiento de Viviendas

4. Los arrendatarios tendrán derecho a solicitar la inclusión en el censo a que se refiere esta disposición de sus respectivos contratos, dando cuenta por escrito al arrendador de los datos remitidos.

5. El incumplimiento de la obligación prevista en el anterior apartado 3 privará al arrendador que la hubiera incumplido del derecho a los beneficios fiscales a que se refiere la disposición final cuarta de la presente Ley [328].

**Disposición Adicional Séptima.** *Modificación de la L 36/1988 de 5 diciembre, de Arbitraje.* Se añade al art. 30 de la Ley 36/1988, de 5 de diciembre, de Arbitraje, un número 3, cuyo contenido será el siguiente:

**«En los procedimientos arbitrales que traigan causa de contratos sometidos al régimen jurídico de la Ley de Arrendamientos Urbanos, a falta de pacto expreso de las partes, los árbitros deberán dictar el laudo en el término de tres meses, contado como se dispone en el número 1 de este artículo.»**

**Disposición Adicional Octava.** *Derecho de retorno.* El derecho de retorno regulado en la disposición adicional 4ª 3 del Texto Refundido de la Ley sobre el Régimen del Suelo y Ordenación Urbana, aprobado por Real Decreto Legislativo 1/1992, de 26 de junio, se regirá por lo previsto en esta disposición y, en su defecto, por las normas del Texto Refundido de la Ley de Arrendamientos Urbanos de 1964.

Cuando en las actuaciones urbanísticas aisladas no expropiatorias exigidas por el planeamiento urbanístico, fuera necesario proceder a la demolición total o a la rehabilitación integral con conservación de fachada o de estructura de un edificio, en el que existan viviendas urbanas arrendadas sea cualquiera la fecha del arrendamiento, el arrendatario tendrá derecho a que el arrendador de la citada finca le proporcione una nueva vivienda de una superficie no inferior al 50 por 100 de la anterior, siempre que tenga al menos 90 metros cuadrados, o no inferior a la que tuviere, si no alcanzaba dicha superficie, de

---

[328] Este precepto ha de interpretarse en relación a la disposición transitoria 2, apartado 1, que se ocupa los arrendamientos de viviendas pactados desde el 9 mayo 1985; la parte de la disposición transitoria 2 que regula el régimen legal de los arrendamientos de viviendas anteriores al 9 mayo 1985, que estuvieren subsistentes el 1 enero 1995; y la disposición adicional 4, que se ocupa de las futuras compensaciones por vía fiscal

características análogas a aquélla y que esté ubicada en el mismo solar o en el entorno del edificio demolido o rehabilitado.

**Disposición Adicional Novena.** *Declaración de la situación de minusvalía.* A los efectos prevenidos en esta Ley, la situación de minusvalía y su grado deberán ser declarados, de acuerdo con la normativa vigente, por los centros y servicios de las Administraciones Públicas competentes [329].

**Disposición Adicional Décima.** *Prescripción.* Todos los derechos, obligaciones y acciones que resulten de los contratos de arrendamiento contemplados en la presente Ley, incluidos los subsistentes a la entrada en vigor de la misma, prescribirán, cuando no exista plazo específico de prescripción previsto, de acuerdo con lo dispuesto en el régimen general contenido en el Código Civil [330].

**Disposición Adicional Undécima.** *Índice de referencia para la actualización anual de los contratos de arrendamiento de vivienda.* [331] El Instituto Nacional de Estadística definirá, antes del 31 de diciembre de 2024, un índice de referencia para la actualización anual de los contratos de arrendamiento de vivienda que se fijará como límite de referencia a los efectos del artículo 18 de esta ley, con el objeto de evitar incrementos desproporcionados en la renta de los contratos de arrendamiento.

## DISPOSICIONES TRANSITORIAS

**Disposición Transitoria Primera.** *Contratos celebrados a partir del 9 de mayo de 1985.* 1. Los contratos de arrendamiento de vivienda

---

[329] Véanse arts. 16 y 24 de la presente Ley, RDLeg. 1/2013 de 29 noviembre, por el que se aprueba el TR Ley General de derechos de las personas con discapacidad y de su inclusión social y RD 888/2022 de 18 octubre, por el que se establece el procedimiento para el reconocimiento, declaración y calificación del grado de discapacidad

[330] Véanse arts. 1966 y 1969 CC

[331] Añadida por disposición final 1 apartado 5 de Ley 12/2023 de 24 de mayo de 2023, con vigencia desde 26/05/2023

celebrados a partir del 9 de mayo de 1985 que subsistan a la fecha de entrada en vigor de la presente Ley, continuarán rigiéndose por lo dispuesto en el art. 9 del Real Decreto Ley 2/1985, de 30 de abril, sobre medidas de política económica y por lo dispuesto para el contrato de inquilinato en el Texto Refundido de la Ley de Arrendamientos Urbanos, aprobado por Decreto 4104/1964, de 24 de diciembre.

Será aplicable a estos contratos lo dispuesto en los apartados 2 y 3 de la disposición transitoria 2ª.

La tácita reconducción prevista en el art. 1566 del Código Civil lo será por un plazo de tres años, sin perjuicio de la facultad de no renovación prevista en el art. 9 de esta Ley. El arrendamiento renovado se regirá por lo dispuesto en la presente Ley para los arrendamientos de vivienda [332].

2. Los contratos de arrendamiento de local de negocio celebrados a partir del 9 de mayo de 1985, que subsistan en la fecha de entrada en vigor de esta Ley, continuarán rigiéndose por lo dispuesto en el art. 9 del Real Decreto Ley 2/1985, de 30 de abril y por lo dispuesto en el Texto Refundido de la Ley de Arrendamientos Urbanos de 1964. En el caso de tácita reconducción conforme a lo dispuesto en el art. 1566 del Código Civil, el arrendamiento renovado se regirá por las normas de la presente Ley relativas a los arrendamientos para uso distinto al de vivienda.

Lo dispuesto en el párrafo anterior será de aplicación a los contratos de arrendamiento asimilados al de inquilinato y al de local de negocio que se hubieran celebrado a partir del 9 de mayo de 1985 y que subsistan en la fecha de entrada en vigor de esta Ley [333].

**Disposición Transitoria Segunda.** *Contratos de arrendamiento de vivienda celebrados con anterioridad al 9 de mayo de 1985.* A) Régimen normativo aplicable.

1. Los contratos de arrendamiento de vivienda celebrados antes del 9 de mayo de 1985 que subsistan en la fecha de entrada en vigor de la presente Ley, continuarán rigiéndose por las normas relativas al contrato de inquilinato del Texto Refundido de la Ley de Arrendamientos

---

[332] Véanse art. 1566 CC, 9 RDL 2/1985, de 30 abril y 9 y disposición transitoria 2.2 y 3 de la presente Ley

[333] Véanse arts. 4.2 y 5 LAU 1964; art. 1566 CC; RDL 2/1985, de 30 de abril y disposición transitoria 4 de la presente Ley

Urbanos de 1964, salvo las modificaciones contenidas en los apartados siguientes de esta disposición transitoria.

2. Será aplicable a estos contratos lo dispuesto en los arts. 12, 15 y 24 de la presente Ley.

3. Dejará de ser aplicable lo dispuesto en el apartado 1 del art. 24 del Texto Refundido de la Ley de Arrendamientos Urbanos de 1964.

No procederán los derechos de tanteo y retracto, regulados en el Capítulo VI del Texto Refundido de la Ley de Arrendamientos Urbanos de 1964, en los casos de adjudicación de vivienda por consecuencia de división de cosa común cuando los contratos de arrendamiento hayan sido otorgados con posterioridad a la constitución de la comunidad sobre la cosa, ni tampoco en los casos de división y adjudicación de cosa común adquirida por herencia o legado [334].

B) Extinción y subrogación.

4. A partir de la entrada en vigor de esta Ley, la subrogación a que se refiere el art. 58 del Texto Refundido de la Ley de Arrendamientos Urbanos de 1964, sólo podrá tener lugar a favor del cónyuge del arrendatario no separado legalmente o de hecho, o en su defecto, de los hijos que conviviesen con él durante los dos años anteriores a su fallecimiento; en defecto de los anteriores, se podrán subrogar los ascendientes del arrendatario que estuviesen a su cargo y conviviesen con él con tres años, como mínimo, de antelación a la fecha de su fallecimiento.

El contrato se extinguirá al fallecimiento del subrogado, salvo que lo fuera un hijo del arrendatario no afectado por una minusvalía igual o superior al 65 por 100, en cuyo caso se extinguirá a los dos años o en la fecha en que el subrogado cumpla veinticinco años, si ésta fuese posterior.

No obstante, si el subrogado fuese el cónyuge y al tiempo de su fallecimiento hubiese hijos del arrendatario que conviviesen con aquél, podrá haber una ulterior subrogación. En este caso, el contrato quedará extinguido a los dos años o cuando el hijo alcance la edad de veinticinco años si esta fecha es posterior, o por su fallecimiento si está afectado por la minusvalía mencionada en el párrafo anterior.

5. Al fallecimiento de la persona que, a tenor de lo dispuesto en los arts. 24.1 y 58 del Texto Refundido de la Ley de Arrendamientos Urbanos de 1964, se hubiese subrogado en la posición del inquilino

---

[334] Véanse arts. 47 al 55 LAU 1964 y disposición adicional 2 de la presente Ley

antes de la entrada en vigor de la presente Ley, sólo se podrá subrogar su cónyuge no separado legalmente o de hecho y, en su defecto, los hijos del arrendatario que habitasen en la vivienda arrendada y hubiesen convivido con él durante los dos años anteriores a su fallecimiento.

El contrato se extinguirá al fallecimiento del subrogado, salvo que lo fuera un hijo del arrendatario no afectado por una minusvalía igual o superior al 65 por 100, en cuyo caso se extinguirá a los dos años o cuando el hijo alcance la edad de veinticinco años si esta fecha es posterior.

No se autorizan ulteriores subrogaciones.

6. Al fallecimiento de la persona que de acuerdo con el art. 59 del Texto Refundido de la Ley de Arrendamientos Urbanos de 1964 ocupase la vivienda por segunda subrogación no se autorizan ulteriores subrogaciones.

7. Los derechos reconocidos en los apartados 4 y 5 de esta disposición al cónyuge del arrendatario, serán también de aplicación respecto de la persona que hubiera venido conviviendo con el arrendatario de forma permanente en análoga relación de afectividad a la de cónyuge, con independencia de su orientación sexual, durante, al menos, los dos años anteriores al tiempo del fallecimiento, salvo que hubieran tenido descendencia en común, en cuyo caso bastará la mera convivencia.

8. Durante los diez años siguientes a la entrada en vigor de la Ley, si la subrogación prevista en los apartados 4 y 5 anteriores se hubiera producido a favor de hijos mayores de sesenta y cinco años o que fueren perceptores de prestaciones públicas por jubilación o invalidez permanente en grado de incapacidad permanente absoluta o gran invalidez, el contrato se extinguirá por el fallecimiento del hijo subrogado.

9. Corresponde a las personas que ejerciten la subrogación contemplada en los apartados 4, 5 y 7 de esta disposición probar la condición de convivencia con el arrendatario fallecido que para cada supuesto proceda.

La condición de convivencia con el arrendatario fallecido deberá ser habitual y darse necesariamente en la vivienda arrendada.

Serán de aplicación a la subrogación por causa de muerte regulada en los apartados 4 a 7 anteriores, las disposiciones sobre procedimiento y orden de prelación establecidas en el art. 16 de la presente Ley.

En ningún caso los beneficiarios de una subrogación podrán renunciarla a favor de otro de distinto grado de prelación [335].

C) Otros derechos del arrendador.

10. Para las anualidades del contrato que se inicien a partir de la entrada en vigor de esta Ley, el arrendador tendrá los siguientes derechos:

10.1 En el Impuesto sobre el Patrimonio, el valor del inmueble arrendado se determinará por capitalización al 4 por 100 de la renta devengada, siempre que el resultado sea inferior al que resultaría de la aplicación de las reglas de valoración de bienes inmuebles previstas en la Ley del Impuesto sobre el Patrimonio.

10.2 Podrá exigir del arrendatario el total importe de la cuota del Impuesto sobre Bienes Inmuebles que corresponda al inmueble arrendado. Cuando la cuota no estuviese individualizada se dividirá en proporción a la superficie de cada vivienda.

10.3 Podrá repercutir en el arrendatario el importe de las obras de reparación necesarias para mantener la vivienda en estado de servir para el uso convenido, en los términos resultantes del art. 108 del Texto Refundido de la Ley de Arrendamientos Urbanos de 1964 o de acuerdo con las reglas siguientes:

1ª) Que la reparación haya sido solicitada por el arrendatario o acordada por resolución judicial o administrativa firme.

En caso de ser varios los arrendatarios afectados, la solicitud deberá haberse efectuado por la mayoría de los arrendatarios afectados o, en su caso, por arrendatarios que representen la mayoría de las cuotas de participación correspondientes a los pisos afectados.

2ª) Del capital invertido en los gastos realizados, se deducirán los auxilios o ayudas públicas percibidos por el propietario.

3ª) Al capital invertido se le sumará el importe del interés legal del dinero correspondiente a dicho capital calculado para un período de cinco años.

4ª) El arrendatario abonará anualmente un importe equivalente al 10 por 100 de la cantidad referida en la regla anterior, hasta su completo pago.

En el caso de ser varios los arrendatarios afectados, la cantidad referida en la regla anterior se repartirá entre éstos de acuerdo con los criterios establecidos en el apartado 2 del art. 19 de la presente Ley.

---

[335] Véanse arts. 58 y 59 LAU 1964 y 16 de la presente Ley

5ª) La cantidad anual pagada por el arrendatario no podrá superar la menor de las dos cantidades siguientes: cinco veces su renta vigente más las cantidades asimiladas a la misma o el importe del salario mínimo interprofesional, ambas consideradas en su cómputo anual [336].

10.4 Si el arrendador hubiera optado por realizar la repercusión con arreglo a lo dispuesto en el art.108 antes citado, la repercusión se hará de forma proporcional a la superficie de la finca afectada.

10.5 Podrá repercutir en el arrendatario el importe del coste de los servicios y suministros que se produzcan a partir de la entrada en vigor de la Ley.

Se exceptúa el supuesto en que por pacto expreso entre las partes todos estos gastos sean por cuenta del arrendador [337].

D) Actualización de la renta.

11. La renta del contrato podrá ser actualizada a instancia del arrendador previo requerimiento fehaciente al arrendatario.

Este requerimiento podrá ser realizado en la fecha en que, a partir de la entrada en vigor de la Ley, se cumpla una anualidad de vigencia del contrato.

Efectuado dicho requerimiento, en cada uno de los años en que aplique esta actualización, el arrendador deberá notificar al arrendatario el importe de la actualización, acompañando certificación del Instituto Nacional de Estadística expresiva de los índices determinantes de la cantidad notificada.

La actualización se desarrollará de acuerdo con las siguientes reglas:

1ª) La renta pactada inicialmente en el contrato que dio origen al arrendamiento deberá mantener, durante cada una de las anualidades en que se desarrolle la actualización, con la renta actualizada, la misma proporción que el Índice General Nacional del Sistema de Índices de Precios de Consumo o que el Índice General Nacional o Índice General Urbano del Sistema de Índices de Costes de la Vida del mes anterior a la fecha del contrato con respecto al Índice correspondiente al mes anterior a la fecha de actualización.

En los arrendamientos de viviendas comprendidos en el art. 6.2 de la Ley de Arrendamientos Urbanos de 1964 celebrados con anterioridad al 12 de mayo de 1956, se tomará como renta inicial la revaloriza-

---

[336] Véanse arts. 108 al 113 LAU 1964 y disposición transitoria 3.9 de la presente Ley

[337] Véanse arts. 102 LAU 1964 y disposición transitoria 3.9 de la presente Ley

da a que se refiere el art. 96.10 del citado Texto Refundido, háyase o no exigido en su día por el arrendador, y, como índice correspondiente a la fecha del contrato, el del mes de junio de 1964.

En los arrendamientos de viviendas no comprendidas en el art. 6.2 del citado Texto Refundido celebrados antes del 12 de mayo de 1956, se tomará como renta inicial, la que se viniera percibiendo en el mes de julio de 1954, y como índice correspondiente a la fecha del contrato el mes de marzo de 1954.

2ª) De la renta actualizada que corresponda a cada período anual calculada con arreglo a lo dispuesto en la regla anterior o en la regla 5ª, sólo será exigible al arrendatario el porcentaje que resulta de lo dispuesto en las reglas siguientes siempre que este importe sea mayor que la renta que viniera pagando el arrendatario en ese momento incrementada en las cantidades asimiladas a la renta.

En el supuesto de que al aplicar la tabla de porcentajes que corresponda resultase que la renta que estuviera pagando en ese momento fuera superior a la cantidad que corresponda en aplicación de tales tablas, se pasaría a aplicar el porcentaje inmediatamente superior, o en su caso el siguiente o siguientes que correspondan, hasta que la cantidad exigible de la renta actualizada sea superior a la que se estuviera pagando.

3ª) La renta actualizada absorberá las cantidades asimiladas a la renta desde la primera anualidad de la revisión.

Se consideran cantidades asimiladas a la renta a estos exclusivos efectos, la repercusión al arrendatario del aumento de coste de los servicios y suministros a que se refiere el art. 102 de Texto Refundido de la Ley de Arrendamientos Urbanos y la repercusión del coste de las obras a que se refiere el art. 107 del citado texto legal.

4ª) A partir del año en que se alcance el cien por cien de actualización, la renta que corresponda pagar podrá ser actualizada por el arrendador o por el arrendatario conforme a la variación porcentual experimentada en los doce meses anteriores por el Índice General del Sistema de Índices de Precios de Consumo, salvo cuando el contrato contuviera expreso otro sistema de actualización, en cuyo caso será éste de aplicación.

5ª) Cuando la renta actualizada calculada de acuerdo con lo dispuesto en la regla 1ª sea superior a la que resulte de aplicar lo dispuesto en el párrafo siguiente, se tomará como renta revisada esta última.

La renta a estos efectos se determinará aplicando sobre el valor catastral de la finca arrendada vigente en 1994, los siguientes porcentajes:

- El 12 por 100, cuando el valor catastral derivara de una revisión que hubiera surtido efectos con posterioridad a 1989.

- El 24 por 100 para el resto de los supuestos.

Para fincas situadas en el País Vasco se aplicará sobre el valor catastral el porcentaje del 24 por 100; para fincas situadas en Navarra se aplicará sobre el valor catastral el porcentaje del 12 por 100.

6ª) El inquilino podrá oponerse a la actualización de renta comunicándoselo fehacientemente al arrendador en el plazo de los treinta días naturales siguientes a la recepción del requerimiento de éste, en cuyo caso la renta que viniera abonando el inquilino hasta ese momento, incrementada con las cantidades asimiladas a ella, sólo podrá actualizarse anualmente con la variación experimentada por el Índice General Nacional del Sistema de Índices de Precios de Consumo en los doce meses inmediatamente anteriores a la fecha de cada actualización.

Los contratos de arrendamiento respecto de los que el inquilino ejercite la opción a que se refiere esta regla, quedarán extinguidos en un plazo de ocho años, aun cuando se produzca una subrogación, contándose dicho plazo a partir de la fecha del requerimiento fehaciente del arrendador.

7ª) No procederá la actualización de renta prevista en este apartado cuando la suma de los ingresos totales que perciba el arrendatario y las personas que con él convivan habitualmente en la vivienda arrendada, no excedan de los límites siguientes:

| Número de personas que convivan en la vivienda arrendada | Límite en número de veces el salario mínimo interprofesional |
|---|---|
| 1 ó 2 | 2,5 |
| 3 ó 4 | 3 |
| Más de 4 | 3,5 |

Los ingresos a considerar serán la totalidad de los obtenidos durante el ejercicio impositivo anterior a aquel en que se promueva por el arrendador la actualización de la renta.

En defecto de acreditación por el arrendatario de los ingresos percibidos por el conjunto de las personas que convivan en la vivienda arrendada, se presumirá que procede la actualización pretendida [338].

8ª) En los supuestos en que no proceda la actualización, la renta que viniese abonando el inquilino, incrementada en las cantidades asimiladas a ella, podrá actualizarse anualmente a tenor de la variación experimentada por el Índice General de Precios al Consumo en los doce meses inmediatamente anteriores a la fecha de cada actualización.

9ª) La actualización de renta, cuando proceda, se realizará en los plazos siguientes:

a) En diez años, cuando la suma de los ingresos totales percibidos por el arrendatario y las personas que con él convivan habitualmente en la vivienda arrendada no exceda de 5,5 veces el salario mínimo interprofesional [339].

En este caso, los porcentajes exigibles de la renta actualizada serán los siguientes:

| Período anual de actualización a partir de la entrada en vigor de la ley | Porcentaje exigible de la renta actualizada |
|---|---|
| 1º | 10 |
| 2º | 20 |
| 3º | 30 |
| 4º | 40 |
| 5º | 50 |
| 6º | 60 |
| 7º | 70 |
| 8º | 80 |
| 9º | 90 |

---

[338] Véase disposición final 4 de la presente Ley

[339] Véase RD 1795/2010, de 30 de diciembre, por el que se fija el salario mínimo interprofesional para 2011

| Período anual de actualización a partir de la entrada en vigor de la ley | Porcentaje exigible de la renta actualizada |
|---|---|
| $10^o$ | 100 |

b) En cinco años, cuando la indicada suma sea igual o superior a 5,5 veces el salario mínimo interprofesional.

En este caso, los porcentajes exigibles de la renta actualizada serán el doble de los indicados en la letra a) anterior.

$10^a$) Lo dispuesto en el presente apartado sustituirá a lo dispuesto para los arrendamientos de vivienda en los números 1 y 4 del art. 100 de la Ley de Arrendamientos Urbanos de 1964.

**Disposición Transitoria Tercera.** *Contratos de arrendamiento de local de negocio, celebrados antes del 9 de mayo de 1985.* A) Régimen normativo aplicable.

1. Los contratos de arrendamiento de local de negocio celebrados antes del 9 de mayo de 1985 que subsistan en la fecha de entrada en vigor de la presente Ley, continuarán rigiéndose por las normas del Texto Refundido de la Ley de Arrendamientos Urbanos de 1964 relativas al contrato de arrendamiento de local de negocio, salvo las modificaciones contenidas en los apartados siguientes de esta disposición transitoria.

B) Extinción y subrogación.

2. Los contratos que en la fecha de entrada en vigor de la presente Ley se encuentren en situación de prórroga legal, quedarán extinguidos de acuerdo con lo dispuesto en los apartados 3 a 4 siguientes.

3. Los arrendamientos cuyo arrendatario fuera una persona física se extinguirán por su jubilación o fallecimiento, salvo que se subrogue su cónyuge y continúe la misma actividad desarrollada en el local.

En defecto de cónyuge supérstite que continúe la actividad o en caso de haberse subrogado éste, a su jubilación o fallecimiento, si en ese momento no hubieran transcurrido veinte años a contar desde la aprobación de la Ley, podrá subrogarse en el contrato un descendiente del arrendatario que continúe la actividad desarrollada en el local. En este caso, el contrato durará por el número de años suficiente hasta completar veinte años a contar desde la entrada en vigor de la Ley.

La primera subrogación prevista en los párrafos anteriores no podrá tener lugar cuando ya se hubieran producido en el arrendamiento dos transmisiones de acuerdo con lo previsto en el art. 60 del Texto Refundido de la Ley de Arrendamientos Urbanos. La segunda subrogación prevista no podrá tener lugar cuando ya se hubiera producido en el arrendamiento una transmisión de acuerdo con lo previsto en el citado art. 60.

El arrendatario actual y su cónyuge, si se hubiera subrogado, podrán traspasar el local de negocio en los términos previstos en el art. 32 del Texto Refundido de la Ley de Arrendamientos Urbanos.

Este traspaso permitirá la continuación del arrendamiento por un mínimo de diez años a contar desde su realización o por el número de años que quedaren desde el momento en que se realice el traspaso hasta computar veinte años a contar desde la aprobación de la Ley.

Cuando en los diez años anteriores a la entrada en vigor de la Ley se hubiera producido el traspaso del local de negocio, los plazos contemplados en este apartado se incrementarán en cinco años.

Se tomará como fecha del traspaso, a los efectos de este apartado, la de la escritura a que se refiere el art. 32 del Texto Refundido de la Ley de Arrendamientos Urbanos de 1964.

4. Los arrendamientos de local de negocio cuyo arrendatario sea una persona jurídica se extinguirán de acuerdo con las reglas siguientes:

1ª) Los arrendamientos de locales en los que se desarrollen actividades comerciales, en veinte años.

Se consideran actividades comerciales a estos efectos las comprendidas en la División 6 de la tarifa del Impuesto sobre Actividades Económicas.

Se exceptúan los locales cuya superficie sea superior a 2.500 metros cuadrados, en cuyo caso, la extinción se producirá en cinco años.

2ª) Los arrendamientos de locales en los que se desarrollen actividades distintas de aquéllas a las que se refiere la regla 1ª a las que correspondan cuotas según las tarifas del Impuesto sobre Actividades Económicas:

| Cuotas IAE | Número de años |
|---|---|
| De menos de 85.000 ptas. | en 20 años |
| Entre 85.001 y 130.000 ptas. | en 15 años |

| Cuotas IAE | Número de años |
|---|---|
| Entre 130.001 y 190.000 ptas. | en 10 años |
| De más de 190.000 ptas. | en 5 años |

Las cuotas que deben ser tomadas en consideración a los efectos dispuestos en el presente apartado son las cuotas mínimas municipales o cuotas mínimas según tarifa, que incluyen, cuando proceda, el complemento de superficie, correspondientes al ejercicio 1994. En aquellas actividades a las que corresponda una bonificación en la cuota del Impuesto sobre Actividades Económicas, dicha bonificación se aplicará a la cuota mínima municipal o cuota mínima según tarifa a los efectos de determinar la cantidad que corresponda.

Los plazos citados en las reglas anteriores se contarán a partir de la entrada en vigor de la presente Ley. Cuando en los diez años anteriores a dicha entrada en vigor se hubiera producido el traspaso del local de negocio, los plazos de extinción de los contratos se incrementarán en cinco años. Se tomará como fecha de traspaso la de la escritura a que se refiere el art. 32 del Texto Refundido de la Ley de Arrendamientos Urbanos.

Cuando en un local se desarrollen actividades a las que correspondan distintas cuotas, sólo se tomará en consideración a los efectos de este apartado la mayor de ellas.

Incumbe al arrendatario la prueba de la cuota que corresponda a la actividad desarrollada en el local arrendado. En defecto de prueba, el arrendamiento tendrá la mínima de las duraciones previstas en el párrafo primero.

5. Los contratos en los que, en la fecha de entrada en vigor de la presente Ley, no haya transcurrido aún el plazo determinado pactado en el contrato durarán el tiempo que reste para que dicho plazo se cumpla. Cuando este período de tiempo sea inferior al que resultaría de la aplicación de las reglas del apartado 4, el arrendatario podrá hacer durar el arriendo el plazo que resulte de la aplicación de dichas reglas.

En los casos previstos en este apartado y en el apartado 4, la tácita reconducción se regirá por lo dispuesto en el art. 1566 del Código Civil, y serán aplicables al arrendamiento renovado las normas de la presente Ley relativas a los arrendamientos de fincas urbanas para uso distinto del de vivienda.

C) Actualización de la renta.

6. A partir de la entrada en vigor de la presente Ley, en la fecha en que se cumpla cada año de vigencia del contrato, la renta de los arrendamientos de locales de negocio podrá ser actualizada, a instancia del arrendador, previo requerimiento fehaciente al arrendatario de acuerdo con las siguientes reglas:

1ª) La renta pactada inicialmente en el contrato que dio origen al arrendamiento deberá mantener con la renta actualizada la misma proporción que el Índice General Nacional del Sistema de Índices de Precios de Consumo o que el Índice General Nacional o Índice General Urbano del Sistema de Índices de Costes de la Vida del mes anterior a la fecha del contrato con respecto al índice correspondiente al mes anterior a la fecha de cada actualización.

En los contratos celebrados con anterioridad al 12 de mayo de 1956, se tomará como renta inicial la revalorizada a que se refiere el art. 96.10 del citado Texto Refundido, háyase o no exigido en su día por el arrendador, y como índice correspondiente a la fecha del contrato el del mes de junio de 1964.

2ª) De la renta actualizada que corresponda a cada período anual calculado con arreglo a lo dispuesto en la regla anterior, sólo será exigible al arrendatario el porcentaje que resulte de las tablas de porcentajes previstas en las reglas siguientes en función del período de actualización que corresponda, siempre que este importe sea mayor que la renta que viniera pagando el arrendatario en ese momento incrementada en las cantidades asimiladas a la renta.

En el supuesto de que al aplicar la tabla de porcentajes que corresponda resultase que la renta que estuviera cobrando en ese momento fuera superior a la cantidad que corresponda en aplicación de tales tablas, se pasaría a aplicar el porcentaje inmediatamente superior, o en su caso el siguiente o siguientes que correspondan, hasta que la cantidad exigible de la renta actualizada sea superior a la que se estuviera cobrando sin la actualización.

3ª) En los arrendamientos a los que corresponda, de acuerdo con lo dispuesto en el apartado 4, un período de extinción de cinco o diez años, la revisión de renta se hará de acuerdo con la tabla siguiente:

| Actualización a partir de la entrada en vigor de la ley | Porcentaje exigible de la renta actualizada |
|:---:|:---:|
| 1º | 10 |
| 2º | 20 |
| 3º | 35 |
| 4º | 60 |
| 5º | 100 |

4ª) En los arrendamientos comprendidos en el apartado 3, y en aquéllos a los que corresponda, de acuerdo con lo dispuesto en el apartado 4, un período de extinción de quince o veinte años, la revisión de renta se hará con arreglo a los porcentajes y plazos previstos en la regla 9ª a) del apartado 11 de la disposición transitoria 2ª.

5ª) La renta actualizada absorberá las cantidades asimiladas a la renta desde la primera anualidad de la revisión.

Se consideran cantidades asimiladas a la renta a estos exclusivos efectos la repercusión al arrendatario del aumento de coste de los servicios y suministros a que se refiere el art. 102 del Texto Refundido de la Ley de Arrendamientos Urbanos y la repercusión del coste de las obras a que se refiere el art. 107 del citado texto legal.

6ª) A partir del año en que se alcance el 100 por 100 de actualización, la renta que corresponda pagar podrá ser actualizada por el arrendador o por el arrendatario conforme a la variación porcentual experimentada en los doce meses anteriores por el Índice General del Sistema de Índices de Precios de Consumo, salvo cuando el contrato contuviera expreso otro sistema de actualización, en cuyo caso será éste de aplicación.

7ª) Lo dispuesto en el presente apartado sustituirá a lo dispuesto para los arrendamientos de locales de negocio en el número 1 art. 100 del Texto Refundido de la Ley de Arrendamientos Urbanos de 1964.

8ª) Para determinar a estos efectos la fecha de celebración del contrato, se atenderá a aquélla en que se suscribió, con independencia de que el arrendatario actual sea el originario o la persona subrogada en su posición.

7. El arrendatario podrá revisar la renta de acuerdo con lo dispuesto en las reglas 1ª, 5ª y 6ª del apartado anterior en la primera renta que

corresponda pagar, a partir del requerimiento de revisión efectuado por el arrendador o a iniciativa propia.

En este supuesto, el plazo mínimo de duración previsto en el apartado 3 y los plazos previstos en el apartado 4, se incrementarán en cinco años.

Lo dispuesto en el párrafo anterior será también de aplicación en el supuesto en que la renta que se estuviera pagando en el momento de entrada en vigor de la Ley fuera mayor que la resultante de la actualización prevista en el apartado 7.

8. La revisión de renta prevista para los contratos a que se refiere el apartado 3 y para aquéllos de los contemplados en el apartado 4 que tengan señalado un período de extinción de quince o veinte años, no procederá cuando el arrendatario opte por la no aplicación de la misma.

Para ello, el arrendatario deberá comunicar por escrito al arrendador su voluntad en un plazo de treinta días naturales siguientes a la recepción del requerimiento de éste para la revisión de la renta.

Los contratos de arrendamiento respecto de los que el arrendatario ejercite la opción de no revisión de la renta, se extinguirán cuando venza la quinta anualidad contada a partir de la entrada en vigor de la presente Ley.

D) Otros derechos del arrendador.

9. Para las anualidades del contrato que se inicien a partir de la entrada en vigor de esta Ley, y hasta que se produzca la extinción del mismo, será también de aplicación a estos contratos lo previsto en el apartado 10 de la disposición transitoria 2ª.

E) Otros derechos del arrendatario.

10. El arrendatario tendrá derecho a una indemnización de una cuantía igual a dieciocho mensualidades de la renta vigente al tiempo de la extinción del arrendamiento cuando antes del transcurso de un año desde la extinción del mismo, cualquier persona comience a ejercer en el local la misma actividad o una actividad afín a la que aquél ejercitaba. Se considerarán afines las actividades típicamente aptas para beneficiarse, aunque sólo sea en parte, de la clientela captada por la actividad que ejerció el arrendatario.

11. Extinguido el contrato de arrendamiento conforme a lo dispuesto en los apartados precedentes, el arrendatario tendrá derecho preferente para continuar en el local arrendado si el arrendador pretendiese celebrar un nuevo contrato con distinto arrendatario antes de haber

transcurrido un año a contar desde la extinción legal del arrendamiento.

A tal efecto, el arrendador deberá notificar fehacientemente al arrendatario su propósito de celebrar un nuevo contrato de arrendamiento, la renta ofrecida, las condiciones esenciales del contrato y el nombre, domicilio y circunstancias del nuevo arrendatario.

El derecho preferente a continuar en el local arrendado conforme a las condiciones ofrecidas deberá ejercitarse por el arrendatario en el plazo de treinta días naturales a contar desde el siguiente al de la notificación, procediendo en este plazo a la firma del contrato.

El arrendador, transcurrido el plazo de treinta días naturales desde la notificación sin que el arrendatario hubiera procedido a firmar el contrato de arrendamiento propuesto, deberá formalizar el nuevo contrato de arrendamiento en el plazo de ciento veinte días naturales a contar desde la notificación al arrendatario cuyo contrato se extinguió.

Si el arrendador no hubiese hecho la notificación prevenida u omitiera en ella cualquiera de los requisitos exigidos o resultaran diferentes la renta pactada, la persona del nuevo arrendatario o las restantes condiciones esenciales del contrato, tendrá derecho el arrendatario cuyo contrato se extinguió a subrogarse, por ministerio de la Ley, en el nuevo contrato de arrendamiento en el plazo de sesenta días naturales desde que el arrendador le remitiese fehacientemente copia legalizada del nuevo contrato celebrado seguido a tal efecto, estando legitimado para ejercitar la acción de desahucio por el procedimiento establecido para el ejercicio de la acción de retracto.

El arrendador está obligado a remitir al arrendatario cuyo contrato se hubiera extinguido, copia del nuevo contrato celebrado dentro del año siguiente a la extinción, en el plazo de quince días desde su celebración.

El ejercicio de este derecho preferente será incompatible con la percepción de la indemnización prevista en el apartado anterior, pudiendo el arrendatario optar entre uno y otro.

12. La presente disposición transitoria se aplicará a los contratos de arrendamiento de local de negocio para oficina de farmacia celebrados antes del 9 de mayo de 1985 y que subsistan el 31 de diciembre de 1999. [340]

---

[340] Añadido apartado e número 12 por disposición adicional 8 de Ley 55/1999 de 29 de diciembre de 1999, con vigencia desde 01/01/2000

**Disposición Transitoria Cuarta.** *Contratos de arrendamiento asimilados celebrados con anterioridad al 9 de mayo de 1985.* 1. Los contratos de arrendamiento asimilado a los de inquilinato a que se refiere el art. 4.2 del Texto Refundido de la Ley de Arrendamientos Urbanos de 1964 y los asimilados a los de local de negocio a que se refiere el art. 5.2 del mismo texto legal, celebrados antes del 9 de mayo de 1985 y que subsistan a la entrada en vigor de la presente Ley, continuarán rigiéndose por las normas del citado Texto Refundido que les sean de aplicación, salvo las modificaciones contenidas en los apartados siguientes de esta disposición transitoria.

2. Los arrendamientos asimilados al inquilinato se regirán por lo estipulado en la disposición transitoria 3ª. A estos efectos los contratos celebrados por la Iglesia Católica y por Corporaciones que no persigan ánimo de lucro, se entenderán equiparados a aquéllos de los mencionados en la regla 2 a) del apartado 4 a los que corresponda un plazo de extinción de quince años. Los demás se entenderán equiparados a aquéllos de los mencionados en la citada regla 2ª a los que corresponda un plazo de extinción de diez años [341].

3. Los arrendamientos asimilados a los de local de negocio se regirán por lo estipulado en la disposición transitoria tercera para los arrendamientos de local a que se refiere la regla 2ª del apartado 4 a los que corresponda una cuota superior a 190.000 pesetas [342].

4. Los arrendamientos de fincas urbanas en los que se desarrollen actividades profesionales se regirán por lo dispuesto en el apartado anterior [343].

**Disposición Transitoria Quinta.** *Arrendamientos de viviendas de protección oficial.* Los arrendamientos de viviendas de protección oficial que subsistan a la entrada en vigor de la presente Ley continuarán rigiéndose por la normativa que les viniera siendo de aplicación.

**Disposición Transitoria Sexta.** *Procesos judiciales.* 1. El Título V de la presente Ley será aplicable a los litigios relativos a los contratos

---

[341] Véase art. 4.2 LAU de 1964

[342] Véase art. 5.2 LAU 1964

[343] Véase RDLeg. 1175/1990, de 28 de septiembre, por el que se aprueban las Tarifas y la Instrucción del Impuesto sobre Actividades Económicas

de arrendamiento de finca urbana que subsistan a la fecha de entrada en vigor de esta Ley.

2. Se exceptúa lo establecido respecto al valor de la demanda y a la conformidad de las sentencias, que será inmediatamente aplicable a los recursos de casación en los litigios sobre contratos de arrendamientos de local de negocio en los que la sentencia de la Audiencia Provincial se haya dictado después de la entrada en vigor de la presente Ley.

**Disposición Transitoria Séptima.** *Aplicación de las medidas en zonas tensionadas.* [344] 1. La regulación establecida en el apartado 7 del artículo 17 se aplicará a los contratos que se formalicen desde la entrada en vigor de la Ley 12/2023, de 24 de mayo, por el derecho a la vivienda, y una vez se encuentre aprobado el referido sistema de índices de precios de referencia, de acuerdo con lo previsto en la disposición adicional primera de la Ley 12/2023, de 24 de mayo, por el derecho a la vivienda y lo establecido en la disposición adicional segunda del Real Decreto-ley 7/2019, de 1 de marzo, de medidas urgentes en materia de vivienda y alquiler.

2. La resolución del Departamento ministerial competente en materia de vivienda que apruebe el referido sistema de índices de precios de referencia se realizará por ámbitos territoriales, considerando las bases de datos, sistemas y metodologías desarrolladas por las distintas comunidades autónomas y asegurando en todo caso la coordinación técnica.

## DISPOSICIÓN DEROGATORIA

**Disposición Derogatoria Única.** *Disposiciones que se derogan.* Quedan derogados, sin perjuicio de lo previsto en las disposiciones transitorias de la presente Ley, el Decreto 4104/1964, de 24 de diciembre, por el que se aprueba el Texto Refundido de la Ley de Arrendamientos Urbanos de 1964, los arts. 8 y 9 del Real Decreto Ley 2/1985 de 30 abril, sobre Medidas de Política Económica, y cuantas disposiciones de igual o inferior rango se opongan a lo establecido en esta Ley.

---

[344] Añadida por disposición final 1 apartado 6 de Ley 12/2023 de 24 de mayo de 2023, con vigencia desde 26/05/2023

También queda derogado el Decreto de 11 de marzo de 1949. Esta derogación producirá sus efectos en el ámbito territorial de cada Comunidad Autónoma cuando se dicten las disposiciones a que se refiere la disposición adicional 3ª de la presente Ley.

## DISPOSICIONES FINALES

**Disposición Final Primera.** *Naturaleza de la Ley.* La presente Ley se dicta al amparo del art. 149.1 8ª de la Constitución Española.

**Disposición Final Segunda.** *Entrada en vigor.* La presente Ley entrará en vigor el día 1 de enero de 1995.

El apartado 3 de la disposición transitoria 2ª entrará en vigor el día siguiente al de la publicación de la presente Ley en el «Boletín Oficial del Estado».

Los traspasos de local de negocio producidos a partir de la fecha señalada en el párrafo anterior se considerarán producidos a partir de la entrada en vigor de la Ley.

**Disposición Final Tercera.** *Publicación por el Gobierno de los Índices de Precios al Consumo a que se refiere esta Ley.* El Gobierno, en el plazo de un mes desde la entrada en vigor de la presente Ley, publicará en el «Boletín Oficial del Estado» una relación de los Índices de Precios al Consumo desde el año 1954 hasta la entrada en vigor de la misma.

Una vez publicada la relación a que se refiere el párrafo anterior, el Instituto Nacional de Estadística, al anunciar mensualmente las modificaciones sucesivas del Índice de Precios al Consumo, hará constar también la variación de la proporción con el índice base de 1954 [345].

**Disposición Final Cuarta.** *Compensaciones por vía fiscal.* El Gobierno procederá, transcurrido un año a contar desde la entrada en vigor de la Ley, a presentar a las Cortes Generales un proyecto de

---

[345] Véase Orden 28 diciembre 1994, Acuerdo del Consejo de Ministros de 23 de diciembre de 1994, por el que se hacen públicos los Índices de Precios de Consumo, a los efectos previstos en la disposición final tercera de la Ley 29/1994, de 24 de noviembre, de Arrendamientos Urbanos

Ley mediante el que se arbitre un sistema de beneficios fiscales para compensar a los arrendadores, en contratos celebrados con anterioridad al 9 de mayo de 1985 que subsistan a la entrada en vigor de la Ley, mientras el contrato siga en vigor, cuando tales arrendadores no disfruten del derecho a la revisión de la renta del contrato por aplicación de la regla 7ª del apartado 11 de la disposición transitoria 2ª de esta Ley.

**II. Decreto 4104/1964, de 24 de diciembre, por el que se aprueba el Texto Refundido de la Ley de Arrendamientos Urbanos.**

*Última reforma de la presente disposición realizada por Ley 29/1994, de 24 de noviembre, de arrendamientos urbanos, que la deroga. No obstante mantiene su vigor para los contratos celebrados con anterioridad al 9 de mayo de 1985, con las salvedades contenidas en las disposiciones transitorias 2ª, 3ª, 4ª y 6ª de la citada Ley de 1994.*

## PREÁMBULO

El art. 4 a) de la Ley 40/1964, de 11 de junio, autorizó al Gobierno para que, a propuesta del Ministro de Justicia, publicara, en el plazo de seis meses, un texto refundido de la Ley de Arrendamientos Urbanos. Al hacer uso de esta autorización se ha desistido de dar una nueva estructura al texto legal, más acomodada a la naturaleza, trascendencia y contenido de sus preceptos, así como a la lógica coordinación y subordinación que entre ellos existe, porque, bien meditadas las cosas, tal cambio radical en la sistemática de la Ley podría contribuir más a entorpecer y dificultar la misión del intérprete, habituado a encontrar la norma en el lugar en que durante tantos años la hallaba, que a simplificar el manejo de sus disposiciones. De aquí que, salvo en algunos casos excepcionales, se haya conservado fielmente el plan seguido por las Leyes de 22 de diciembre de 1955, según fue articulada por Decreto de 13 de abril de 1956, y 11 de junio último, habiéndose limitado la refundición a insertar en el texto articulado de la primera los preceptos modificados o adicionados por la segunda, a adaptar la numeración de las subdivisiones de algunos pocos artículos y la de ciertas disposiciones transitorias al orden expositivo estimado más correcto y a unificar la nomenclatura de las referencias internas de la Ley.

En su virtud, de conformidad con el dictamen del Consejo de Estado, a propuesta del Ministro de Justicia y previa deliberación del Consejo de Ministros en su reunión del día 23 de diciembre de 1964,

DISPONGO

**Único.** Se aprueba el siguiente Texto Refundido de la Ley de Arrendamientos Urbanos, en uso de la autorización concedida al efecto por el art. 4 a) de la Ley 40/1964, de 11 de junio.

## TEXTO REFUNDIDO DE LA LEY DE ARRENDAMIENTOS URBANOS

### CAPÍTULO PRIMERO
ÁMBITO DE APLICACIÓN DE LA LEY, CLASES Y CARACTERÍSTICAS DE LOS CONTRATOS QUE REGULA

**1.** 1. El arrendamiento que regula esta Ley es el de fincas urbanas, y comprende el de viviendas o inquilinato y el de locales de negocio, refiriéndose esta última denominación a los contratos de arriendo que recaigan sobre aquellas otras edificaciones habitables cuyo destino primordial no sea la vivienda, sino el de ejercerse en ellas, con establecimiento abierto, una actividad de industria, comercio o de enseñanza con fin lucrativo [346].

2. Regula, asimismo, los subarriendos y cesiones de viviendas y de locales de negocio, así como el arrendamiento de viviendas amuebladas [347].

3. El arrendamiento de fincas urbanas construidas al amparo de leyes especiales protectoras se regirá por las normas particulares de éstas, y en lo no previsto en ellas, por las de la presente Ley, que se aplicará íntegramente cuando el arrendamiento deje de estar sometido a dichas disposiciones particulares. La excepción no alcanzará a cuestiones de competencia y procedimiento, en las que se estará por entero

---

[346] Aplicable a los contratos concertados con anterioridad a 1 de enero de 1995, subsistentes a esa fecha

[347] Aplicable a los contratos concertados con anterioridad a 1 de enero de 1995, subsistentes a esa fecha

a lo dispuesto en esta Ley, sin perjuicio de lo prevenido en la segunda de sus disposiciones [348].

**2.** 1. Quedan excluidos de la presente Ley y se regirán por lo pactado y por lo establecido con carácter necesario en el Código Civil o en la legislación foral, en su caso, y en las leyes procesales comunes, los arrendamientos, cesiones y subarriendos de viviendas o locales de negocio, con o sin muebles, de fincas cuyo arrendatario las ocupe únicamente por la temporada de verano, o cualquier otra, aunque los plazos concertados para el arrendamiento fueran distintos.

2. Igualmente quedan excluidos de lo dispuesto en esta Ley, rigiéndose por lo pactado y por las leyes comunes, los arrendamientos de locales para casinos o círculos dedicados al esparcimiento o recreo de sus componentes o asociados.

3. Se excluye también el uso de las viviendas y locales que los porteros, guardas, asalariados, empleados y funcionarios tuvieren asignados por razón del cargo que desempeñen o del servicio que presten.

4. Asimismo quedan excluidos de esta Ley y se atemperarán a lo dispuesto en la vigente legislación sobre arrendamientos rústicos aquellos contratos en que, arrendándose una finca con casa-habitación, sea el aprovechamiento del predio con que cuente la finalidad primordial del arriendo. Se presumirá, salvo prueba en contrario, que el objeto principal del arrendamiento es la explotación del predio cuando la contribución territorial de la finca por rústica sea superior a la urbana [349].

**3.** 1. El arrendamiento de industria o negocio, de la clase que fuere, queda excluido de esta Ley, rigiéndose por lo pactado y por lo dispuesto en la legislación civil, común o foral. Pero sólo se reputará existente dicho arrendamiento cuando el arrendatario recibiere, además del local, el negocio o industria en él establecido, de modo que el objeto del contrato sea no solamente los bienes que en el mismo se enumeren, sino una unidad patrimonial con vida propia y susceptible

---

[348] Véase disposición transitoria 5ª Ley 29/1994, de 24 de noviembre, de Arrendamientos Urbanos

[349] Aplicable a los contratos concertados con anterioridad a 1 de enero de 1995, subsistentes a esa fecha

de ser inmediatamente explotada o pendiente para serlo de meras formalidades administrativas.

2. Cuando, conforme a lo dispuesto en el número anterior, el arrendamiento no lo fuere de industria o negocio, si la finalidad del contrato es el establecimiento por el arrendatario de su propio negocio o industria, quedará comprendido en la presente Ley y conceptuado como arrendamiento de local de negocio, por muy importantes, esenciales o diversas que fueren las estipulaciones pactadas o las cosas que con el local se hubieren arrendado, tales como viviendas, almacenes, terrenos, saltos de agua, fuerza motriz, maquinaria, instalaciones y, en general, cualquiera otra destinada a ser utilizada en la explotación del arrendatario.

3. No obstante lo dispuesto en el número 1, el arrendamiento de la industria o negocio de espectáculos que en 1 de enero de 1947 excediera de dos años de duración o que antes de la entrada en vigor de la presente Ley se haya celebrado por plazo igual o superior, quedará sujeto a las normas que esta Ley establece sobre prórroga obligatoria del arrendamiento de local de negocio, con las especialidades contenidas en el art. 77, y a los particulares sobre la renta establecida en el art. 104 [350].

**4.** 1. El contrato de inquilinato no perderá su carácter por la circunstancia de que el inquilino, su cónyuge o pariente de uno u otro hasta el tercer grado, que con cualquiera de ellos conviva, ejerza en la vivienda o en sus dependencias una profesión, función pública o pequeña industria doméstica, aunque sea objeto de tributación.

2. Los locales ocupados por la Iglesia Católica, Provincia, Municipio, Entidades benéficas, Asociaciones piadosas, Sociedades o Entidades deportivas comprendidas en el art. 32 de la Ley de Educación Física, Corporaciones de Derecho público y, en general, cualquier otra que no persiga lucro, se regirán por las normas del contrato de inquilinato [351].

---

[350] Aplicable a los contratos concertados con anterioridad a 1 de enero de 1995, subsistentes a esa fecha

[351] Aplicable a los contratos concertados con anterioridad a 1 de enero de 1995, subsistentes a esa fecha. No obstante, véanse disposición transitoria 1 y 4 Ley 29/1994, de 24 de noviembre, de Arrendamientos Urbanos

**5.** 1. El contrato de arrendamiento de local de negocio no perderá su carácter por la circunstancia de que el arrendatario, su familia o personas que trabajen a su servicio tengan en él su vivienda.

2. Se regirán por las normas aplicables al arrendamiento de local de negocio:

1º) El de los locales ocupados por las personas a que se refiere el art. 4 del número 2, cuando estén destinados al ejercicio de actividades económicas.

2º) El de los depósitos y almacenes, en todo caso, aunque el arrendatario sea una de las personas señaladas en el art. 4 del número 2.

3º) El de los locales destinados a escritorios y oficinas cuando el arrendatario se valga de ellos para ejercer actividad de comercio, de industria o de enseñanza con fin lucrativo, o para el desarrollo de las actividades mencionadas en el apartado 1º de este número, aunque dichos locales no se hallaren abiertos al público [352].

## CAPÍTULO II
### NATURALEZA DE LOS DERECHOS QUE CONCEDE ESTA LEY

**6.** 1. Los beneficios que la presente Ley otorga a los inquilinos de viviendas, con o sin muebles, y a los subarrendatarios de las mismas serán irrenunciables, considerándose nula y sin valor ni efecto alguno cualquier estipulación que los contradiga.

2. No obstante, serán renunciables, salvo el de prórroga, los concedidos a los que fueren de viviendas que, ocupadas por primera vez en las fechas que se indican, devengaren mensualmente en la respectiva fecha tope como renta del inquilinato una cantidad no inferior a la que seguidamente se expresa:

| | |
|---|---|
| Hasta el 30 septiembre 1939 | 500 ptas. |
| Del 1 octubre 1939 al 1 enero 1942 | 1000 ptas. |
| Del 2 enero 1942 al 31 diciembre 1946 | 2.000 ptas. |

---

[352] Aplicable a los contratos concertados con anterioridad a 1 de enero de 1995, subsistentes a esa fecha. No obstante, véase disposición transitoria 1 Ley 29/1994, de 24 de noviembre, de Arrendamientos Urbanos

| Del 1 enero 1947 al 31 diciembre 1956 | 3000 ptas. |
| Del 1 enero 1957 al 31 diciembre 1959 | 5000 ptas. |
| A partir del 1 enero 1960 | 6000 ptas. |

La precedente escala será de aplicación en poblaciones de más de un millón de habitantes.

En las restantes se aplicarán en dicha escala las siguientes reducciones en los tipos de renta:

| En poblaciones de menos de 20.000 habitantes | 60 por 100 |
| De 20.000 a 100.000 | 50 por 100 |
| De 100.000 a 250.000 | 40 por 100 |
| De 250.000 a 500.000 | 30 por 100 |
| De 500.000 a 1.000.000 | 20 por 100 |

La renuncia a que se refiere este párrafo deberá ser expresa y escrita.

3. Serán asimismo renunciables los beneficios que la Ley confiere al arrendador, lo sea de vivienda o de local de negocio, y a los arrendatarios y subarrendatarios de estos últimos, salvo el de prórroga del contrato de arrendamiento, cuyo derecho no podrá ser renunciado por el arrendatario [353].

**7.** Los beneficios que la presente Ley concede serán aplicables a los inquilinos, arrendatarios y subarrendatarios extranjeros, siempre que éstos prueben la existencia del principio de reciprocidad en los países respectivos a favor de los inquilinos, arrendatarios y subarrendatarios españoles [354].

**8.** En aquellos casos en que la cuestión debatida, no obstante referirse a las materias que esta Ley regula, no aparezca expresamente

---

[353] Aplicable a los contratos concertados con anterioridad a 1 de enero de 1995, subsistentes a esa fecha. No obstante, véanse disposición transitoria 1 y 4 Ley 29/1994, de 24 de noviembre, de Arrendamientos Urbanos

[354] Véase art. 13 CE

prescrita en la misma, los Tribunales aplicarán sus preceptos por analogía [355].

**9.** El ejercicio de los derechos y el cumplimiento de las obligaciones previstas en esta Ley se acomodará a las reglas de la buena fe.

Los Jueces y Tribunales rechazarán las pretensiones que impliquen manifiesto abuso o ejercicio anormal de un derecho o constituyan medio para eludir la aplicación de una norma imperativa, que deberá prevalecer en todos los casos frente al fraude de la Ley [356].

## CAPÍTULO III
DEL SUBARRIENDO [357]

### SECCIÓN PRIMERA
*Subarriendo de viviendas*

**10.** El subarriendo de vivienda exigirá siempre la autorización expresa y escrita del arrendador y la entrega al subarrendatario del mobiliario adecuado y suficiente para casa-habitación, salvo en el caso previsto en el art. 18.

**11.** 1. Las viviendas podrán subarrendarse total o parcialmente. El subarriendo total recaerá sobre todas las habitaciones, con inclusión de las destinadas a los servicios, y habrá de celebrarse con una sola persona. El subarriendo parcial podrá serlo de una o más habitaciones y con distintas personas.

---

[355] Aplicable a los contratos concertados con anterioridad a 1 de enero de 1995, subsistentes a esa fecha

[356] Aplicable a los contratos concertados con anterioridad a 1 de enero de 1995, subsistentes a esa fecha. Véanse arts. 6 y 7 CC y art. 147 Ley 29/1994, de 24 de noviembre, de Arrendamientos Urbanos

[357] Aplicable a los contratos concertados con anterioridad a 1 de enero de 1995, subsistentes a esa fecha

2. Se presumirá, sin admitirse prueba en contrario, que es parcial el subarriendo cuando el inquilino siga habitando la vivienda y que es total cuando no permanezca en ella.

**12.** 1.El precio del subarriendo total no excederá del doble del que corresponda al arrendamiento, siendo a cargo del subarrendatario el pago de los suministros y servicios de la vivienda, incluso el de los que pudieran pertenecer al inquilino.

2. En el subarriendo parcial no podrá percibir el inquilino por cada habitación objeto del mismo un alquiler superior a la cantidad que resulte de dividir el doble de la renta asignada al piso por el número de habitaciones no destinadas a servicios con que cuente, ni aun a pretexto de hallarse comprendidos los de agua, luz, gas, calefacción, teléfono o cualquier otro de naturaleza análoga, los cuales serán siempre a cargo del subarrendador.

3. La determinación de la renta del arrendamiento para fijar la del subarriendo se hará tomando como base la que proceda conforme a esta Ley, aunque la que figure en el contrato del inquilino con el arrendador sea superior.

**13.** 1. La renta legal del subarriendo podrá elevarse o reducirse proporcionalmente al incremento o disminución que, conforme a esta Ley, experimente la renta del arrendamiento.

2. Durante la vigencia del contrato de subarriendo, total o parcial, podrá revisarse el precio a instancia del subarrendatario, y si ejercitada la oportuna acción resultare que paga cantidades superiores a las que autoriza esta Ley, podrá optar entre resolver el contrato con abono por el inquilino de lo indebidamente cobrado, o por esto último, sin resolución de aquél. En este caso, con preferencia a cualquier otro acreedor del inquilino, podrá el subarrendatario obtener el resarcimiento descontando al hacer sus pagos periódicos la mitad de lo que, periódicamente también, hubiese satisfecho de más, sin que hasta obtener el completo abono de tales responsabilidades pueda ser compelido a abandonar la vivienda por vencimiento del contrato.

3. Si ejercitada la acción revisoria resultare el mobiliario insuficiente o inadecuado, el ocupante de la vivienda subarrendada podrá continuar en ella, obligando al inquilino a reponer los muebles que faltaren, con devolución de la mitad de lo que hubiere percibido por merced

del subarriendo si el cumplimiento fuere parcial, y de toda ella, si total. Además, hasta que se complete o reponga el mobiliario, podrá limitar sus pagos al importe de la renta de arrendamiento y obtener el resarcimiento en el modo y con las ventajas establecidas en el número anterior, sin que en el interregno quepa tampoco obligarle a desocuparla por haber vencido el plazo del subarriendo.

4. Los plazos establecidos en los arts. 101 y 106 serán aplicables a la facultad que al subarrendador confiere el número 1 de este artículo y, en todo caso, a la acción revisoria del subarrendatario.

**14.** 1. La autorización del arrendador para subarrendar no dará lugar al aumento de la renta; pero aquél tendrá derecho a participar en el precio del subarriendo en la cuantía que convenga con el inquilino, siempre que al autorizarle reserve su participación y fije la cuantía o porcentaje de ésta.

2. El arrendador y el subarrendador vendrán obligados a declarar a la Hacienda la participación en el precio del subarriendo que perciba el primero. Y cuando la cantidad declarada sea inferior a la que el arrendador perciba, o no se haya formulado declaración, el subarrendatario podrá reducir, en la cuantía no declarada, la renta del subarriendo, ejercitando el derecho y con los efectos que el art. 103 concede al arrendatario.

**15.** En los subarriendos totales o parciales, el arrendador podrá exigir del subarrendatario el abono directo de la renta y de su participación en el precio del subarriendo, en cuyo caso, al hacer éste el pago al subarrendador, hará el oportuno descuento. Cuando el arrendador no lo exigiere así, el pago hecho por el subarrendatario al inquilino será liberatorio, sin perjuicio de la acción que asista al arrendador contra el inquilino para reclamarle la renta y la participación que en su caso corresponda, pero no la resolución del contrato de arrendamiento por la falta de pago de aquélla.

**16.** Compete al arrendador acción directa contra el subarrendatario para exigirle la reparación de los deterioros que éste hubiera causado dolosa o negligentemente en la vivienda, sin perjuicio de la que le asiste contra el inquilino, pudiendo ejercitarlas simultáneamente. El inquilino que resultare condenado podrá repetir contra el causante de los daños.

**17.** 1. El inquilino que subarriende total o parcialmente su vivienda no podrá, dentro de la misma o de distinta población, ceder otra en subarriendo, y si, a sabiendas de que incumple esta prohibición, el arrendador de la segunda vivienda consiente que sea subarrendada, el subarrendatario de ella, mientras la habite, tendrá acción contra ambos para exigir la resolución del contrato de inquilinato del subarrendador y el otorgamiento del mismo a su favor, bajo idénticas condiciones que en él figuren. Los casos de igualdad se resolverán en favor del subarrendatario que con mayor número de familiares habite en la vivienda.

2. Podrá el subarrendatario ejercitar la acción a que se refiere el número anterior si transcurridos tres meses desde la fecha de la notificación al arrendador del hecho que la determina, éste no ejercita la que le compete.

3. Cuando la prohibición que impone este artículo la vulnere el subarrendador sin el consentimiento del arrendador, podrá éste resolver el contrato de inquilinato; pero deberá respetar al subarrendatario en el disfrute de la vivienda por el tiempo que faltare de cumplir, sin que durante el mismo quepa exigirle otra cantidad como renta que la estipulada entre arrendador e inquilino. En tales casos, el subarrendador estará obligado además al abono de los daños y perjuicios que hubiere causado.

**18.** 1. No obstante lo dispuesto en el art. 10, podrá el inquilino subarrendar parcialmente la vivienda sin necesidad de consentimiento del arrendador ni de prestación de mobiliario, siempre que no exceda de dos el número de subarrendatarios que con el cónyuge y los hijos sometidos a su potestad vayan a ocupar la vivienda, que no se altere el destino de ésta y que, en el término de treinta días naturales siguientes a la fecha de celebración del respectivo contrato de subarriendo, lo notifique el inquilino de modo fehaciente al arrendador con la expresión del nombre del subarrendatario.

2. Será de aplicación a estos subarriendos la limitación de renta que se establece en el número 2 del art. 12.

3. Por razones de higiene o moralidad podrán las autoridades administrativas limitar, en cada caso, el número de personas extrañas al inquilino que al amparo de este artículo ocupen la vivienda.

**19.** En ningún caso el subarriendo de viviendas dará lugar a su transformación en local de negocio.

**20.** El subarrendatario no podrá, a su vez, en ningún caso, celebrar contrato de subarriendo.

**21.** 1. Los preceptos de esta Sección no serán aplicables al inquilino que, al amparo de lo previsto en el número 1 del art. 4, ejerza en la vivienda la industria doméstica de hospedaje.

2. Cuando los huéspedes sean más de dos, será necesaria la autorización expresa y escrita del arrendador.

## SECCIÓN SEGUNDA
### *Subarriendo de locales de negocio*

**22.** 1. El subarriendo de locales de negocio exigirá siempre la autorización expresa y escrita del arrendador.

2. El precio del subarriendo de locales de negocio será libremente pactado.

3. Se aplicará a esta clase de subarriendos lo dispuesto en los arts. 15, 16 y 20 para el de viviendas.

# CAPÍTULO IV
## CESIÓN DE VIVIENDA Y TRASPASO DE LOCAL DE NEGOCIO

## SECCIÓN PRIMERA
*Cesión de vivienda*

**23.** 1. Queda prohibido el contrato de cesión de vivienda a título oneroso, aunque en él se comprenda mobiliario o cualquier otro bien o derecho.

2. La cesión gratuita no surtirá efectos frente al arrendador sin el consentimiento expreso del mismo [358].

**24.** 1. No obstante lo dispuesto en el artículo anterior, el inquilino que hubiere celebrado el contrato de arrendamiento podrá subrogar en los derechos y obligaciones propios del mismo a su cónyuge, así como a sus ascendientes, descendientes, hermanos legítimos o naturales e hijos adoptivos menores de 18 años al tiempo de la adopción que con él convivan habitualmente en la vivienda arrendada con dos años de antelación, o de cinco años cuando de hermanos se trate. La convivencia por estos plazos no se exigirá cuando se trate del cónyuge.

2. Esta cesión deberá ser notificada de modo fehaciente al arrendador, para su eficacia, dentro de los dos meses de realizada.

3. Las Comunidades Autónomas se entienden subrogadas en los contratos de arrendamiento de los bienes inmuebles que se transfieran por la Administración del Estado y de sus Organismos autónomos, sin que tal subrogación implique alteración en las condiciones de los mismos. [359]

4. Idéntica subrogación procede cuando la transferencia se haya producido previamente a favor de los Entes Preautonómicos en los

---

[358] Aplicable a los contratos concertados con anterioridad a 1 de enero de 1995, subsistentes a esa fecha. Véanse disposición transitoria 4 y 6 Ley 29/1994, de 24 de noviembre, de Arrendamientos Urbanos

[359] Añadido apartado 3 por art. único de Ley 2/1984 de 24 de enero de 1984, con vigencia desde 14/02/1984

términos previstos en la disposición final 4ª de la Ley 32/1981, de 10 de julio. [360]

5. Lo dispuesto en el párrafo 3º será asimismo aplicable en el supuesto de que se transfiera la titularidad de los contratos de arrendamiento a favor del Estado, así como en aquellos en que la transferencia tenga lugar entre los Entes Territoriales [361] . [362]

**25.** 1. La cesión de vivienda realizada por el inquilino dará derecho al arrendador que no la hubiere consentido expresamente para resolver el contrato de inquilinato; pero deberá también demandar al cesionario, quien podrá excepcionar aduciendo el consentimiento expreso del actor. Esta acción llevará implícito, si prosperase, el lanzamiento del cesionario, y no estará sujeta a caducidad sino en el caso de haberse notificado fehacientemente al arrendador por el cedente o cesionario el contrato de cesión. En tal supuesto, el plazo de caducidad será el de dos meses computados desde la fecha de la notificación. Caducada la acción, será aplicable lo dispuesto en el número 1 del artículo siguiente.

2. El cesionario lanzado de la vivienda por esta causa podrá obtener del cedente la devolución del precio que hubiese pagado por la cesión [363] .

**26.** 1. Cuando el arrendador hubiere consentido la cesión, no prosperará la acción que le confiere el número 1 del artículo anterior, quedando subrogado el cesionario en los derechos y obligaciones del inquilino cedente.

2. De haber mediado precio, el cesionario, conservando la acción que para obtener su devolución le asiste, podrá dirigirla simultánea-

---

[360] Añadido apartado 4 por art. único de Ley 2/1984 de 24 de enero de 1984, con vigencia desde 14/02/1984

[361] Los apartados 2 a 4 serán plicables a los contratos concertados con anterioridad a 1 de enero de 1995, subsistentes a esa fecha. Véanse disposición transitoria 2 y disposición final 2 Ley 29/1994, de 24 de noviembre, de Arrendamientos Urbanos

[362] Añadido apartado 5 por art. único de Ley 2/1984 de 24 de enero de 1984, con vigencia desde 14/02/1984

[363] Aplicable a los contratos concertados con anterioridad a 1 de enero de 1995, subsistentes a esa fecha

mente contra el arrendador y el cedente, y serán ambos responsables del pago, sean cuales fueren los pactos entre ellos [364].

**27.** Los anteriores preceptos se aplicarán también cuando la cesión recaiga sobre los derechos y obligaciones del subarrendatario, en cuyo caso podrá resolverse el contrato de subarriendo a instancia del subarrendador o del arrendador que no la hubiere consentido; pero también deberá demandarse al cesionario, que podrá excepcionar conforme a lo dispuesto en el art. 25, respondiendo del pago el arrendador y el inquilino, solidariamente con el subarrendatario, de haber consentido la cesión [365].

**28.** 1. La acción que al amparo de los anteriores preceptos ejercite el cesionario no se suspenderá una vez emprendida, ni aun en el caso del art. 362 de la Ley de Enjuiciamiento Civil.

2. Tampoco será aplicable el art. 114 de la Ley de Enjuiciamiento Criminal en lo que respecta a la suspensión del pleito exclusivamente; pero para las responsabilidades civiles que en su caso se impongan en la causa, serán de abono las indemnizaciones que esta Sección establece, y viceversa [366].

## SECCIÓN SEGUNDA
*Traspaso de local de negocio* [367]

**29.** El traspaso de locales de negocio consistirá, a efectos de esta Ley, en la cesión mediante precio de tales locales, sin existencias, hecha

---

[364] Aplicable a los contratos concertados con anterioridad a 1 de enero de 1995, subsistentes a esa fecha

[365] Aplicable a los contratos concertados con anterioridad a 1 de enero de 1995, subsistentes a esa fecha

[366] Aplicable a los contratos concertados con anterioridad a 1 de enero de 1995, subsistentes a esa fecha

[367] Aplicable a los contratos concertados con anterioridad a 1 de enero de 1995, subsistentes a esa fecha. No obstante véanse dtrs. 2, 3, 4 y 6 Ley 29/1994, de 24 de noviembre, de Arrendamientos Urbanos

por el arrendatario a un tercero, el cual quedará subrogado en los derechos y obligaciones nacidos del contrato de arrendamiento.

**30.** El arrendatario de los locales expresados en los apartados 2º y 3º del art. 5.2 no tendrá derecho de traspaso.

**31.** 1. Mientras subsista, no se reputará traspaso la asociación que, exclusivamente entre sí, realicen los hijos del titular arrendatario del local de negocio que hubiere fallecido, aunque forme parte de ella el cónyuge sobreviviente.

2. Tampoco se considerará traspaso la cesión que del local de negocio o del negocio mismo efectúe el arrendatario a una cooperativa u otra unidad sindical, constituida con mayoría de los productores obreros que en él estuvieran empleados, pero sí se reputará existente el traspaso cuando la que hubiere adquirido el local lo ceda a otro.

3. Cuando por ministerio de la Ley una empresa individual deba convertirse en cualquier forma de sociedad, no se reputará causado el traspaso del local de negocio que ocupare.

4. No se reputará causado el traspaso en los casos de transformación, fusión o escisión de sociedades mercantiles, pero el arrendador tendrá derecho a elevar la renta como si el traspaso se hubiera producido. [368]

**32.** Serán requisitos necesarios para la existencia legal del traspaso los siguientes:

1º) Que el arrendatario lleve legalmente establecido, precisamente en el local objeto del mismo, y explotándolo ininterrumpidamente, el tiempo mínimo de un año.

2º) Que el adquirente contraiga la obligación de permanecer en el local, sin traspasarlo, el plazo mínimo de otro año, y destinarlo durante este tiempo por lo menos, a negocio de la misma clase al que venía ejerciendo el arrendatario.

3º) La fijación de un precio cierto por el traspaso.

4º) Que el arrendatario notifique fehacientemente al arrendador o, en su defecto, a su apoderado, administrador y, en último término, al

---

[368] Dada nueva redacción apartado 4 por art. 19 de Ley 19/1989 de 25 de julio de 1989 redactándose posteriormente con contenido idéntico por disp. adic. 13ª RDLey 7/1989 y Ley 5/1990, con vigencia desde 01/01/1990

que materialmente cobre la renta, su decisión de traspasar y el precio convenido.

5º) Otorgarse el traspaso por escritura pública, en la cual deberá consignarse, bajo la responsabilidad del arrendatario, haber cumplido el requisito anterior y la cantidad por la que se ofreció el traspaso al arrendador.

6º) Que dentro de los ocho días siguientes al otorgamiento de la escritura, el arrendatario notifique de modo fehaciente al arrendador o, en su defecto, a las personas que menciona el apartado 4º, la realización del traspaso, el precio percibido, el nombre y domicilio del adquirente y que éste ha contraído la obligación establecida en el apartado 2º.

La falta de cualquiera de estos requisitos facultará al arrendador a no reconocer el traspaso.

**33.** 1. En el caso de ejecución judicial o administrativa se notificará de oficio al arrendador la mejor postura ofrecida en la subasta o, en su caso, la cantidad por la que el ejecutante pretenda la adjudicación. La aprobación del remate o de la adjudicación quedará en suspenso hasta que transcurra el plazo señalado para ejercicio del derecho de tanteo.

2. En el mismo caso, la obligación de contraer el compromiso a que se refiere el apartado 2º del artículo anterior se consignará en los edictos anunciadores de la subasta.

3. La entrega del local al rematante o adjudicatario llevará consigo el lanzamiento del ejecutado, en su caso.

**34.** El adquirente por traspaso, transcurrido un año desde la fecha del otorgamiento de la escritura, estará facultado para realizarlo, con sujeción siempre a las reglas establecidas en esta sección.

**35.** 1. Sin perjuicio de lo dispuesto en los artículos anteriores, se reconoce al arrendador de local de negocio el derecho de tanteo, que podrá utilizar dentro de los treinta días, a partir del siguiente a aquel en que el arrendatario le notifique su decisión de traspasar y el precio que le ha sido ofrecido.

2. Consecuentemente y hasta que transcurra este plazo, no podrá el arrendatario concertar con un tercero el traspaso.

**36.** 1. También se reconoce en favor del arrendador el derecho de retracto sobre el local de negocio traspasado por el arrendatario cuando éste no le hubiere hecho la preceptiva oferta o hubiere realizado el traspaso por precio inferior al que le notificó.

2. Este derecho lo tendrá igualmente el arrendador cuando el traspaso del local se hiciera por dación o adjudicación en pago de deuda.

3. En cualquier caso será aplicable lo dispuesto en el art. 1518 del Código Civil.

4. La acción habrá de ejercitarla el arrendador precisamente dentro de los treinta días siguientes a contar de aquel en que le fuera notificada por el arrendatario la realización del traspaso. Y si la notificación no le hubiere sido hecha, así como en los casos de dación o adjudicación en pago, desde que tenga conocimiento de la transmisión y de sus condiciones esenciales.

**37.** Los coarrendadores no podrán ejercitar los derechos de tanteo y retracto individualmente, pero si alguno de ellos no deseare usarlos se entenderá que renuncia en beneficio del coarrendador que quisiera tantear o retraer.

**38.** El propietario que adquiera sin existencias el local de negocio, a virtud de los derechos de tanteo o retracto, no vendrá obligado a continuar ejerciendo industria o comercio en dicho local.

**39.** 1.El arrendador que no hubiere ejercitado su derecho de tanteo o de retracto dentro de los treinta días hábiles señalados en los arts. 35 y 36, sobre el local de negocio traspasado, podrá reclamar del arrendatario la participación en el precio que con él convenga.

2. De no haber acuerdo entre ellos, dicha participación será de un 30 por 100, si el local de negocio se construyó o habitó por primera vez antes del 18 de julio de 1936; de un 20 por 100, si después del 17 de julio de 1936 y antes del 2 de enero de 1942, y de un 10 por 100, de haberse construido o habitado por primera vez después del 1 de enero de 1942. Estos porcentajes experimentarán el aumento de un 50 por 100 cuando el arrendatario, por traspaso de un local de negocio, lo traspasare a su vez antes de transcurrir tres años desde la fecha del otorgamiento de la escritura a que se refiere el apartado 5º del art. 32.

3. Las cantidades representativas de dichos porcentajes serán retenidas del precio del traspaso por el cesionario, para su abono al arrendador. En los casos de dación y adjudicación en pago de deudas, la entrega al arrendador de la participación en el precio será a cargo del adquirente.

**40.** El tanteo, retracto y participación en el precio del traspaso a que se refiere esta Sección serán preferentes sobre cualquier otro derecho similar a excepción del de condueño del negocio.

**41.** 1. Para que el traspaso del local de negocio obligue al arrendador cuando el arrendatario, al realizarlo, venda existencias, mercaderías, enseres o instalaciones de su propiedad que en él hubiere, o el negocio mismo, será menester que se observen las anteriores reglas, y además, que tanto en la preceptiva oferta al arrendador como en la escritura que solemnice la cesión, se consigne el precio del traspaso del local separadamente del que corresponda a los restantes bienes transmitidos.

2. En estos casos, y aunque la transmisión se debiera a dación o adjudicación en pago de deudas, conservará el arrendador los derechos de tanteo y retracto, bien que referidos al local exclusivamente, y si no hiciere uso de ellos, su participación recaerá también únicamente sobre el precio de traspaso del local.

3. Cuando el arrendador ejercite los derechos de tanteo o de retracto en los traspasos a que se refiere el número1 de este artículo, tendrá derecho a deducir del precio atribuido al local los porcentajes de participación establecidos en el art. 39. Pero si ejercita dichos derechos únicamente sobre el local, no podrá hacer deducción alguna.

**42.** Cada traspaso que se efectúe conforme a lo dispuesto en esta Sección dará derecho al arrendador a aumentar la renta en la cuantía que convenga con el cesionario, o a falta de acuerdo en un 15 por 100 de la renta que satisfaga el arrendatario en el momento de realizarse el traspaso.

## CAPÍTULO V
DEL ARRENDAMIENTO DE VIVIENDAS AMUEBLADAS [369]

**43.** El contrato por el que se arrienden conjuntamente la vivienda y el mobiliario adecuado y suficiente para servir de casa-habitación se regirá por los preceptos de los arts siguientes y en todo lo demás por los generales de esta Ley.

**44.** 1. En los contratos de esta clase se determinará separadamente la parte de renta correspondiente a la vivienda y al mobiliario. En su defecto, se entenderá que corresponde a éste la mitad de la renta total estipulada.

2. La parte de renta relativa al mobiliario no podrá exceder del importe de la renta que legalmente corresponda a la vivienda. Si excediere de este límite, el inquilino, mientras continúe vigente el arriendo, podrá pedir la revisión de la renta pactada o la novación del contrato, dejándolo subsistente sólo respecto de la vivienda, así como el reintegro de las cantidades que indebidamente hubiere abonado el arrendador por tal concepto.

**45.** Si fuere insuficiente o inadecuado el mobiliario entregado al inquilino, éste, mientras subsista el contrato, podrá exigir del arrendador el complemento de aquél y el reintegro de las cantidades que indebidamente le hubiese abonado por dicha causa.

**46.** Ni aun con el consentimiento del arrendador podrán subarrendarse total o parcialmente las viviendas a que se refiere este capítulo, y si el subarriendo se concertase con autorización de aquél, podrán los subarrendatarios, mientras habiten las viviendas, con preferencia si fueren varios para el de más familia, ejercitar la acción que se regula en los números 1 y 2 art. 17.

---

[369] Aplicable a los contratos concertados con anterioridad a 1 de enero de 1995, subsistentes a esa fecha

## CAPÍTULO VI
### DERECHOS DE TANTEO Y RETRACTO DEL INQUILINO Y DEL ARRENDATARIO DE LOCAL DE NEGOCIO [370]

**47.** 1. En los casos de ventas por pisos, aunque se transmitan por plantas o agrupados a otros, podrá el inquilino o arrendatario utilizar el derecho de tanteo sobre el piso o locales que ocupare, en el plazo de sesenta días naturales, a contar del siguiente al en que se le notifique en forma fehaciente la decisión de vender o ceder solutoriamente la vivienda o local de negocio arrendado, el precio ofrecido por cada piso o local de negocio, las condiciones esenciales de la transmisión y el nombre, domicilio y circunstancias del comprador.

2.Cuando en la finca sólo existiere una vivienda o local de negocio, su arrendatario tendrá el mismo derecho.

3 De igual facultad gozará el inquilino en caso de adjudicación de vivienda por consecuencia de división de cosa común, exceptuados los supuestos de división y adjudicación de cosa común adquirida por herencia o legado, y de adquisiciones realizadas antes de 1 enero 1947 [371].

En la escritura deberá consignarse el precio asignado a cada vivienda.

**48.** 1.En los mismos casos a que se refiere el artículo anterior podrá el inquilino o arrendatario ejercitar el derecho de retracto, con sujeción a lo dispuesto en el art. 1518 del Código Civil, cuando no se le hubiere hecho la notificación prevenida en el artículo precedente o se omitiere en ella cualquiera de los requisitos exigidos, resultare inferior el precio efectivo de la transmisión, menos onerosas las restantes condiciones esenciales de ésta o la transmisión se realizare a persona distinta de la consignada en la notificación para el tanteo.

2. El derecho de retracto caducará a los sesenta días naturales, contados desde el siguiente a la notificación que, en forma fehaciente, deberá hacer en todo caso el adquirente al inquilino o arrendatario de

---

[370] Capítulo (arts. 47 a 55) aplicable, excepto el art. 47.3, a los contratos concertados con anterioridad a 1 de enero de 1995, subsistentes a esa fecha

[371] Véase disposición transitoria 2 Ley 29/1994, de 24 de noviembre, de Arrendamientos Urbanos

las condiciones esenciales en que se efectuó la transmisión, mediante entrega de copia de la escritura o documento en que fuere formalizada.

**49.** Los efectos de la notificación prevenida en el art. 47 caducarán a los 180 días naturales siguientes a la misma. Pasado este plazo no podrá intentarse nuevamente la transmisión hasta transcurridos dos años desde la notificación del tanteo.

**50.** El derecho de tanteo o retracto del inquilino o arrendatario tendrá preferencia sobre cualquier otro derecho similar, con excepción del de retracto reconocido al condueño de la vivienda o local de negocio transmitido.

**51.** 1. El retrayente o el que hubiera adquirido por derecho de tanteo, así como su heredero o legatario, no podrá transmitir por actos "inter vivos" el piso adquirido hasta que transcurran dos años desde la adquisición, salvo si hubiere venido a peor fortuna.
2. El incumplimiento de esta prohibición producirá la resolución del contrato originario y el de la segunda transmisión, a instancia de parte perjudicada.

**52.** El adquirente por actos "inter vivos" de una finca urbana compuesta de pisos o departamentos no podrá enajenar como fincas independientes los que al tiempo de la adquisición estuviesen arrendados hasta transcurridos cuatro años desde dicha adquisición, salvo si hubiere venido a peor fortuna.

**53.** 1. Aparte de la acción de simulación que podrá ejercitar, si procediere, todo arrendatario o inquilino, podrá este último, cuando no hubiere ejercitado el derecho de tanteo o retracto, impugnar la transmisión efectuada en los casos siguientes:
1º) Cuando se hubiere infringido lo dispuesto en el artículo anterior.
2º) Cuando el precio de la transmisión, incluido, en su caso, el importe de las cargas exceda de la capitalización de la renta anual que en el momento de la transmisión pague el inquilino a los siguientes tipos:

Al 3 por 100, cuando hubiere sido ocupada la vivienda por primera vez antes de 1 de enero de 1942, y al 4,5 por 100 si lo fuere con posterioridad. Sin embargo, no podrá ejercitarse la acción impugnatoria, cualquiera que sea el precio efectivo de la transmisión, cuando de la finca transmitida que conste de una sola vivienda formen parte terrenos de mayor valor que el que realmente corresponda a lo edificado.

2. La acción impugnatoria caducará a los sesenta días naturales, contados desde el siguiente de la notificación prevenida en el número 2 del art. 48, cuya notificación será siempre obligatoria.

3. Caso de prosperar dicha acción, no podrá el adquirente negar la prórroga del contrato al inquilino impugnante fundándose en la causa 1ª del art. 62.

**54.** 1. En las ventas por pisos a que se refiere este capítulo deberá respetarse el orden de prelación que establece el art. 64 en cuantos casos hubiere en la finca pisos de características análogas, entendiéndose que la analogía existe cuando el inmueble contare con dos o más pisos de renta, superficie, orientación y altura semejantes o parecidas.

2. Del mismo modo cuando la transmisión de viviendas se cause por donación, deberá respetarse lo dispuesto en el número anterior.

**55.** 1. Para inscribir en el Registro de la Propiedad los documentos de adquisición de las fincas urbanas a que se refiere este capítulo, deberá justificarse que han tenido lugar, en sus respectivos casos, las notificaciones prevenidas en los arts. 47 y 48, con los requisitos exigidos. La falta de justificación constituirá derecho subsanable con suspensión de la inscripción, pudiéndose tomar anotación preventiva con vigencia de 180 días naturales que se convertirá en inscripción si dentro de dicho plazo de vigencia se acreditare haberse practicado las notificaciones en forma legal.

2. Cuando el piso transmitido no estuviere arrendado, para que sea inscribible la adquisición, deberá el transmitente declararlo así en la escritura de venta, bajo pena de falsedad en documento público.

## CAPÍTULO VII
### TIEMPO DE DURACIÓN DE LOS CONTRATOS A QUE ESTA LEY SE REFIERE

**56.** Durante el plazo estipulado en el contrato, el arrendatario o subarrendatario, lo sea de vivienda o de local de negocio, vendrá obligado al pago de la renta, y si antes de su terminación lo desaloja, deberá notificar su propósito por escrito al arrendador o subarrendador con treinta días de antelación, por lo menos, e indemnizarle con una cantidad equivalente a la renta que corresponda al plazo que, según el contrato, quedare por cumplir [372].

**57.** Cualquiera que sea la fecha de la ocupación de viviendas, con o sin mobiliario, y locales de negocio, llegado el día del vencimiento del plazo pactado, éste se prorrogará obligatoriamente para el arrendador y potestativamente para el inquilino o arrendatario, aun cuando un tercero suceda al arrendador en sus derechos y obligaciones. Se aplicará igual norma en los casos de extinción de usufructo, sin perjuicio de lo prevenido en el art. 114 causa 12ª [373].

**58.** 1. Al fallecimiento del inquilino titular del contrato de arrendamiento, su cónyuge, descendientes, con preferencia los hijos varones menores de edad, las hijas solteras y los mayores impedidos físicamente, hijos adoptivos que hubieran sido adoptados antes de cumplir los 18 años, ascendientes y hermanos, con preferencia las hermanas solteras, tanto en el parentesco legítimo como en el natural, que con aquél hubiesen convivido habitualmente en la vivienda con dos años de antelación a la fecha del fallecimiento, podrán subrogarse en los derechos y obligaciones del arrendamiento. No será necesaria la convivencia de los que estuviesen sometidos a la patria potestad del fallecido

---

[372] Aplicable a los contratos concertados con anterioridad a 1 de enero de 1995, subsistentes a esa fecha

[373] Aplicable a los contratos concertados con anterioridad a 1 de enero de 1995, subsistentes a esa fecha

y, respecto al cónyuge bastará la mera convivencia sin exigencia en el plazo de antelación [374].

2. Cuando fueren varios los beneficiarios del derecho a que se refiere el número anterior, sólo uno de ellos podrá utilizarlo. A falta de acuerdo entre los mismos, se observará el orden de prelación establecido en el número anterior, con preferencia, dentro de cada grupo, de la proximidad de grado, de la legitimidad y, en su caso, del doble vínculo de la consanguinidad, resolviéndose los casos de igualdad a favor del que tuviere mayor número de cargas familiares, con prioridad del sexo femenino. Los padres septuagenarios serán preferibles a los descendientes.

3. En el caso de arrendamiento de local destinado por el arrendatario al ejercicio de su profesión facultativa y colegiada, al fallecimiento del titular del contrato podrán subrogarse en los derechos y obligaciones del arrendamiento, en primer lugar, su cónyuge, y en su defecto o renuncia, sus hijos, siempre que aquél o éstos ejerzan la misma profesión que el arrendatario fallecido y en el propio local.

4. La subrogación deberá notificarse fehacientemente al arrendador dentro de los 90 días siguientes a la fecha del fallecimiento del inquilino.

Si el arrendador no recibiese en tiempo tal notificación, podrá requerir a los ocupantes de la vivienda para que se le comunique la subrogación del beneficiario con advertencia de que, transcurridos treinta días sin recibir esta última notificación tendrá lugar la resolución del contrato de arrendamiento, lo que así efectivamente sucederá si no se notificare la subrogación en este último plazo [375].

**59.** Al fallecimiento del subrogado en la vivienda por actos "inter vivos" o "mortis causa", sólo podrá continuar ocupándola con el mismo carácter su cónyuge o descendientes legítimos, naturales o adoptivos, sin que se autoricen ulteriores subrogaciones, debiendo observarse

---

[374] La STC 222/1992 ha declarado inconstitucional el apartado 1 en la medida en que excluye del beneficio de la subrogación "mortis causa" a quien hubiere convivido de modo marital y estable con el arrendatario fallecido

[375] Véanse dtrs. 1 y 2 Ley 29/1994, de 24 de noviembre, de Arrendamientos Urbanos

en cuanto a convivencia, orden de prelación y notificación, lo precep-tuado en el artículo anterior [376].

**60.** 1. Por el hecho de la muerte del arrendatario del local de negocio ocurrida vigente el contrato, aunque sea por prórroga legal, el heredero sustituirá en todos sus derechos y obligaciones al arrenda-tario fallecido.

2. A falta de heredero o de su deseo de sustituir al arrendatario fallecido, el socio podrá continuar el arrendamiento, aun en el supues-to de una sociedad civil. De este último beneficio disfrutarán las enti-dades españolas que absorban los negocios de sociedades extranjeras domiciliadas en España.

3. Lo dispuesto en los dos números anteriores será aplicable a dos transmisiones, de modo que fallecido el primer sustituto del arrendata-rio podrá tener lugar la segunda y última subrogación.

4. Cada transmisión que se efectúe conforme a este artículo dará derecho al arrendador a aumentar la renta en los términos expresados en el art. 42 [377].

**61.** Lo dispuesto en los arts. 57 y siguientes no será de aplicación en los contratos de subarriendo de locales de negocio o de viviendas en que, salvo lo establecido para el de estas últimas en los casos que prevén los números 2 y 3 del art. 13, sólo obligarán al subarrendador por el plazo pactado [378].

---

[376] Véase disposición transitoria 2 Ley 29/1994, de 24 de noviembre, de Arrenda-mientos Urbanos

[377] Véanse disposición transitoria 2 Ley 29/1994, de 24 de noviembre, de Arrenda-mientos Urbanos

[378] Aplicable a los contratos concertados con anterioridad a 1 de enero de 1995, subsistentes a esa fecha

# CAPÍTULO VIII
## EXCEPCIONES A LA PRÓRROGA [379]

## SECCIÓN PRIMERA
### *Disposición general*

**62.** No tendrá derecho el inquilino o arrendatario a la prórroga legal en los siguientes casos:

1º) Cuando el arrendador necesite para sí la vivienda o local de negocio o para que los ocupen sus ascendientes o descendientes legítimos o naturales.

2º) Cuando el arrendador proyecte el derribo de la finca para edificar otra que cuente, cuando menos, con un tercio más de las viviendas que, en aquélla hubiere y una, como mínimo si no las hubiere en el edificio que se pretende derribar, respetando al propio tiempo el número de los locales de negocio si en el inmueble a derribar los hubiere.

3º) Cuando la vivienda no esté ocupada durante más de seis meses en el curso de un año, o el local de negocio permanezca cerrado por plazo igual, a menos que la desocupación o cierre obedezca a justa causa.

4º) Cuando el inquilino ocupe dos o más viviendas en la misma población y el uso de todas ellas no sea indispensable para atender a sus necesidades. En este caso, si los arrendadores fuesen varios, el derecho de denegación de prórroga corresponderá al primero que lo ejercite; si fuere uno solo, corresponderá al inquilino el derecho de señalar la vivienda o viviendas que haya de desalojar, y si no lo hace dentro del plazo de treinta días siguientes al en que fuese requerido en forma fehaciente por el arrendador, podrá éste denegarle la prórroga respecto de cualesquiera de ellas. En el caso de que sólo una de las viviendas la disfrute a título de arrendamiento, carecerá el inquilino de la dicha facultad de elección.

5º) Cuando el inquilino, en un plazo de seis meses inmediatamente anteriores a la fecha de la presentación de la demanda, hubiese tenido a

---

[379] Capítulo VIII (arts. 63 a 94) aplicable a los contratos concertados con anterioridad a 9 de mayo de 1985, así como a los posteriores si en ellos hubiese pacto de prórroga forzosa de forma expresa o tácita

su libre disposición, como titular de un derecho real de goce o disfrute, una vivienda desocupada y apta para la satisfacción de sus necesidades y de características análogas a la arrendada.

## SECCIÓN SEGUNDA
*De la causa primera de excepción a la prórroga*

### SUBSECCIÓN PRIMERA
*Viviendas*

**63.** 1. Si se tratase de vivienda, para que proceda la denegación de prórroga por la causa primera, el arrendador habrá de justificar la necesidad de la ocupación.

2. Se presumirá la necesidad, sin perjuicio de aquellos otros casos en que se demuestre, cuando la persona para la que se reclame la vivienda se halle en alguno de los casos siguientes:

1º) Si habitando fuera del término municipal en que se encuentre la finca necesitare domiciliarse en él.

2º) Cuando residiendo en la misma población en que radique la finca por aumento de sus necesidades familiares resultare insuficiente la vivienda que ocupe.

3º) En el caso de que contraiga matrimonio y deba residir en la localidad en que esté situada la finca.

4º) Cuando, domiciliado en el lugar en que se hallare la finca, por causas absolutamente ajenas a su voluntad se vea obligado a desalojar la vivienda que habitare.

3. Se presumirá, salvo prueba en contrario, no acreditada la necesidad cuando con seis meses de antelación a ser notificada la negativa de prórroga se hubiera desalojado vivienda de características análogas en edificio propiedad del arrendador o del familiar de éste para quien se reclame.

**64.** 1. En las fincas arrendadas por pisos, el arrendador que intentare la denegación al amparo del caso 1º del art. 62 deberá ejercitar su derecho sobre la vivienda que se halle habitualmente deshabitada, siempre que constituya medio adecuado a sus necesidades. En defecto de las de esta clase, sobre la que no sirva de hogar familiar; sucesivamente, sobre la ocupada por familia menos numerosa, y en último lugar, sobre las correspondientes a funcionarios públicos o del Movimiento, en activo o jubilados, pensionistas y quienes, además de vivir en ellas, ejerzan en las mismas profesión u oficio por el que satisfagan contribución. El clero secular ocupará, en el orden de prelación, el mismo lugar que el funcionario público. Los casos de igualdad se resolverán en favor del inquilino más antiguo.

2. El derecho de los funcionarios y del clero secular que menciona el número anterior se entenderá referido al lugar de su destino.

3. A los efectos de lo dispuesto en el número 1 de este artículo, el arrendador, como acto previo a la denegación de prórroga, podrá requerir a los inquilinos para que manifiesten fehacientemente las circunstancias de posposición que en ellos concurren, y si no lo hicieren dentro de los treinta días siguientes se entenderá que aceptan las que les atribuye el arrendador, salvo prueba en contrario.

**65.** 1. La denegación de prórroga se practicará mediante requerimiento, en forma fehaciente, del arrendador al inquilino afectado, haciéndole saber el nombre de la persona que necesitare la vivienda, la causa de necesidad en que se funde y las circunstancias de posposición concurrentes en los demás inquilinos, todo ello con un año de antelación.

2. Para que el requerimiento sea válido no será preciso que la causa de necesidad exista en la fecha del requerimiento, pero sí al cumplirse el año del mismo.

3. El inquilino deberá contestar de modo fehaciente al arrendador dentro del plazo de treinta días hábiles si acepta o no la denegación de prórroga En el primer caso, podrá el arrendador instar el lanzamiento, en su día, ante Juez competente, por los trámites de ejecución de sentencia en los juicios de desahucio. En el segundo, el inquilino deberá exponer las causas en que se funde su oposición, y si no lo hiciere dentro del referido plazo, podrá el arrendador anticipar el ejercicio de su acción y presentar su demanda transcurridos seis meses desde la fecha del requerimiento, entendiéndose, además reducida a la mitad la indemnización que pudiera corresponderle.

**66.** Si el inquilino desalojare la vivienda dentro de los seis meses siguientes a la fecha del requerimiento, deberá el arrendador indemnizarle con dos anualidades de renta, y sólo con una si la desalojare dentro del año. En ambos casos, el inquilino podrá reclamar mayor indemnización si justificare en el plazo de tres meses desde que hubiere desalojado que los perjuicios son superiores. Cuando sin mediar justa causa el inquilino dejare transcurrir el plazo de un año sin desalojar la vivienda, perderá todo derecho a indemnización.

**67.** No obstante lo dispuesto en el artículo anterior, los Tribunales, atendidas las circunstancias personales de cada caso, podrán ampliar hasta por seis meses el plazo que para desalojar la vivienda se señala al inquilino y acordar el abono por el arrendador de indemnización, que no rebasará del importe de seis mensualidades de renta, si resultaren de equidad las razones en mérito de las cuales no desalojó aquél la vivienda dentro del año.

**68.** 1. Si durante los tres meses siguientes de haber desalojado la vivienda no fuese ocupada por la persona para quien se reclamó, podrá el inquilino recuperarla dentro de otro plazo igual, reputándose a estos efectos subsistentes el contrato primitivo, y hasta transcurridos tres años, contados desde la fecha en que el inquilino volviese a la vivienda, no podrá el arrendador intentar su ocupación.

2. Del mismo modo, si ocupada la vivienda por el arrendador o por persona para quien la reclamare fuese arrendada o cedido su goce o uso a un tercero dentro de los tres años siguientes, podrá el inquilino desalojado instar su recuperación, adquiriendo nuevamente vigencia el contrato primitivo. La acción para el ejercicio de este derecho se extinguirá a los tres meses siguientes a haber transcurrido los tres años. Hasta pasados tres años desde que el inquilino volviese a la vivienda no podrá el arrendador intentar de nuevo la ocupación con fundamento de esta causa.

3. Todo ello sin menoscabo del derecho del inquilino a reclamar los daños y perjuicios que le hubieren sido causados.

**69.** El arrendador que sea propietario de una sola vivienda podrá ejercitar el derecho de denegación de prórroga con sujeción a las normas establecidas en los anteriores artículos.

## SUBSECCIÓN SEGUNDA
*Locales de negocio*

**70.** Para que proceda la primera causa de excepción a la prórroga de arrendamiento de local de negocio deberán concurrir los siguientes requisitos:

1º) Que se justifique debidamente la necesidad de la ocupación.

2º) Que se practique el requerimiento de denegación de prórroga en los términos prevenidos en el art. 65.

3º) Que el que aspire a ocupar el local de negocio se halle establecido en actividad de comercio o industria con un año de antelación, cuando menos, a la fecha en que se practique el requerimiento.

4º) Que el arrendatario sea indemnizado por el arrendador en la cuantía que libremente convengan, y de no haber acuerdo, en la forma que establece el art. 73 del número 3, salvo que se tratase de arrendamiento comprendido en el número 2 del art. 5, en que la indemnización será de dos anualidades de renta.

**71.** El mero deseo o la conveniencia para el arrendador de ampliar su negocio no será causa bastante para denegar la prórroga del arriendo.

**72.** Cuando en una misma finca exista más de un local de negocio de análogas características que satisfaga las necesidades mercantiles o industriales del arrendador, deberá ejercitarse el derecho de denegación de prórroga contra el arrendatario más moderno.

**73.** 1. Cuando medie acuerdo entre arrendador y arrendatario sobre el importe de la indemnización a percibir por este último, deberá serle entregado en el plazo comprendido entre la notificación del arrendador y el día en que desaloje el local. Y si transcurrido dicho plazo el arrendador no realiza el pago, se tendrá por prorrogado el contrato sin que pueda volver a reclamar el local hasta transcurridos cinco años desde la fecha en que requirió al arrendatario, todo ello sin perjuicio de la acción que a éste compete para resarcirse de los daños y perjuicios que le hubieren sido causados.

2. Cuando el arrendatario que hubiere prestado conformidad al percibo de la indemnización convenida con el arrendador no desaloje

el local dentro del plazo marcado, perderá el derecho a la misma y vendrá obligado a resarcirle de los perjuicios que su demora origine.

3. Si no mediare acuerdo sobre el importe de la indemnización a abonar por el arrendador, se determinará por la Junta de Estimación, que a estos efectos tendrá en cuenta el precio medio en traspaso de locales destinados al mismo negocio del arrendatario y sitos en la zona comercial en que éste se hallare, como también la existencia o inexistencia en la expresada zona de locales desalquilados y adecuados al referido negocio, además de cuantas circunstancias considere oportuno. El importe de la indemnización, cuando el arrendatario hubiere adquirido el local por traspaso, no será nunca inferior a lo que hubiese satisfecho por el mismo.

4. Será aplicable lo dispuesto en el número 1 cuando la indemnización a satisfacer por el arrendador la señale la Junta de Estimación, computándose el plazo para el pago y para que el arrendatario desaloje el local desde la fecha en que fuere notificada la resolución.

**74.** El subarrendatario de local de negocio tendrá derecho a partir por igual con el arrendatario la indemnización que proceda cuando el arrendador use del derecho que este capítulo le reconoce en los anteriores arts, exceptuándose aquellos casos en que por pacto expreso entre arrendatario y subarrendatario se disponga otra cosa.

**75.** 1. El local reclamado conforme al art. 70 deberá ser ocupado y abierto al público por la persona para quien se interesó dentro de los seis meses de haber sido desalojado por el arrendatario; si la ocupación no se verificase en el plazo señalado, tendrá el arrendatario derecho a recuperarlo dentro de otro plazo igual, readquiriendo vigencia el contrato primitivo. Hasta transcurridos tres años, contados desde la fecha en que el arrendatario volviere al local, no podrá el arrendador intentar la ocupación.

2. Del mismo modo, si ocupado el local por el arrendador o por la persona para quien lo reclamare fuese arrendado o cedido su goce o uso a un tercero dentro del plazo de tres años, podrá el arrendatario desalojado instar su recuperación por volver a regir el contrato primitivo, extinguiéndose la acción para el ejercicio de este derecho a los tres meses siguientes al transcurso de los tres años. Hasta transcurridos tres años desde que el arrendatario recupere el local no podrá el

arrendador intentar de nuevo la ocupación, cualquiera que sea la causa de necesidad en que se funde

## SUBSECCIÓN TERCERA
*Disposición común a las viviendas y a los locales de negocio*

**76.** 1. Cuando el Estado, la Provincia, el Municipio y las Corporaciones de Derecho Público tengan que ocupar sus propias fincas para establecer sus oficinas o servicios, no vendrán obligados a justificar la necesidad, bien se trate de viviendas o de locales de negocio, pero sí a respetar lo dispuesto, tanto para éstos como para aquéllas, sobre preaviso, indemnizaciones y plazos para desalojar.

2. Para que las Corporaciones de Derecho Público gocen del beneficio de exención de prueba será requisito indispensable que tengan reconocido tal carácter por Ley y además que la declaración de necesidad se haga por el Ministro correspondiente.

3. De ser arrendatarios las entidades a que se refiere el número 1, será de aplicación lo establecido en las subsecciones anteriores, según se trate de locales que tengan la consideración de viviendas o de negocio en la presente Ley.

## SUBSECCIÓN CUARTA
*Industria o negocio de espectáculos*

**77.** En los arrendamientos de industria o negocio de espectáculos sujetos a prórroga legal, conforme a lo dispuesto en el número 3 del art. 3, no será exigible para su denegación el previo ejercicio de la industria a que se refiere el apartado 3º del art. 70, y la indemnización prevista en el apartado 4º del mismo artículo será en todo caso la equivalente a una anualidad de renta.

## SECCIÓN TERCERA
*De la causa segunda de excepción a la prórroga*

**78.** Para que proceda la segunda causa de excepción a la prórroga del contrato de arrendamiento de vivienda o local de negocio será necesario:

1º) Que el arrendador contraiga, comunicándolo por escrito al Gobernador civil de la provincia, el compromiso de que las obras de reedificación se realizarán en el plazo que previamente deberá ser señalado por dicha autoridad y que la reedificación se verificará de modo que la nueva finca cuente al menos con una tercera parte más del número de viviendas de que disponga aquélla, respetando al propio tiempo el número de locales de negocio si en el inmueble a derruir los hubiere. Y cuando la finca careciera de viviendas o las que existieran fueran dependencias del local o locales de negocio con que cuente, que se compromete a que la reedificada disponga de una o más viviendas susceptibles de ser utilizadas con independencia plena de los locales de negocio.

2º) Que autorizada que sea por el Gobernador civil la demolición, y con un año de antelación por lo menos al día en que proyecta iniciarla, lo notifique en forma fehaciente a todos los arrendatarios del inmueble, bien lo sean de vivienda o de local de negocio, insertando copia literal de la mencionada autorización del Gobernador y la expresión de la fecha en que han de ser iniciadas las respectivas obras.

**79.** 1. No prosperará la acción ejercitada al amparo de la causa segunda de excepción a la prórroga si el Gobernador civil de la provincia no autoriza la demolición del inmueble, sin que esta autorización, cuando la conceda, prejuzgue la procedencia de aquélla.

2. Los Gobernadores civiles, previos los asesoramientos que estimen oportunos, atendiendo a la normalidad o escasez de viviendas que hubiere en cada localidad, a las disponibilidades de mano de obra y de materiales de construcción y especialmente a la existencia o inexistencia de viviendas desalquiladas de renta semejante a las del inmueble que se fuere a derruir, concederán o denegarán sin ulterior recurso la referida autorización. Darán preferencia a las encaminadas a aumentar, en la mínima proporción que se establece, el número de viviendas de renta más económica, y caso de igualdad en la renta,

a aquellas edificaciones en que el aumento fuere a ser mayor, con prioridad para las que resulten de más amplitud.

3. Caducado el plazo que para iniciar las obras de demolición hubiere conferido el Gobernador civil sin que fueran emprendidas, su autorización no producirá efecto alguno.

**80.** 1. Las obras de demolición habrán de iniciarse dentro de los dos meses siguientes a ser totalmente desalojada la finca.

2. Transcurrido este plazo sin empezarlas, los inquilinos y arrendatarios podrán volver a ocupar las viviendas y locales de negocio que en ella tuvieran, sin obligación de pago de las mensualidades transcurridas y con derecho a exigir del arrendador, por acción que caducará a los seis meses siguientes de haber vuelto a la finca, indemnización equivalente al importe de aquellas mensualidades.

**81.** 1. Los inquilinos y arrendatarios que deseen instalarse en el inmueble reedificado, antes de desalojar el que vaya a derruirse, suscribirán con el arrendador documento que detalle la extensión superficial de las viviendas o locales de negocio que ocupen, su renta, el número de unas y de otros que existan en el inmueble y un domicilio para oír las notificaciones que les haga el arrendador.

2. El incumplimiento de esta obligación, de ser imputable al arrendador, hará aplicable lo dispuesto en el art. 87, y si al inquilino o arrendatario, implicará la pérdida de su derecho a instalarse en la finca reedificada.

3. Asimismo perderá el derecho de ocupación de vivienda o local de negocio en la finca reedificada y el arrendador quedará en libertad de disponer del que le corresponda, el inquilino o arrendatario que tenga a su disposición vivienda o local de negocio en el modo previsto en el apartado 5º del art. 62.

4. El inquilino o arrendatario que no desee instalarse en el inmueble reedificado entregará al arrendador documento expresivo de su decisión, y al momento de desalojar deberá ser indemnizado por aquél con el importe de seis mensualidades de la renta que viniere pagando.

5. En los casos en que edificaciones destinadas a viviendas o locales de negocio cuenten con más de cien años de antigüedad, cuyo grado de vetustez, deficiente estado de edificación y evidentes razones higiénicas y sociales hagan necesaria su renovación, el Gobernador

civil, a solicitud del propietario, con audiencia de los inquilinos y arrendatarios, y habida cuenta además lo dispuesto en el número 2 del art. 79, concederá o denegará la autorización para demoler. Caso de concederla, serán de aplicación las normas de esta sección para el derecho de retorno, pero con la modificación siguiente:

a) Los inquilinos podrán optar, en forma alternativa, por una indemnización en metálico no inferior a diez anualidades de la renta revalorizada, o por que el arrendador ponga a su disposición vivienda en renta adecuada a sus necesidades y posibilidades económicas, situada en la misma población, o bien por que se le reserve, para ocuparla el arrendamiento y en igualdad de condiciones que un tercero, una vivienda en la finca reconstruida.

b) El arrendatario, en los casos de locales de negocio tendrá derecho a optar entre una indemnización del 50 por 100 de lo que normalmente se abone por traspaso en locales similares de la misma zona, señalada por la Junta de Estimación, o, en su defecto, a ocupar en arrendamiento, en igualdad de condiciones que un tercero, un local de negocio en la finca reconstruida de análogas características al que venía disfrutando.

En todo caso, la obligación de desalojar quedará subordinada a la entrega o puesta a disposición del inquilino o arrendatario de las contraprestaciones a que hubiere optado, las que cuando impliquen reserva de vivienda o local de negocio en el inmueble reedificado se consignaren documentalmente antes de desalojar, dando lugar su incumplimiento por parte del propietario o por quien le hubiere sustituido en sus derechos y obligaciones a la adecuada indemnización de perjuicios.

**82.** 1. Reconstruida la finca, se reservarán en ella a los inquilinos y arrendatarios con derecho a instalarse en la misma las viviendas y locales de negocio que a cada uno corresponda. Y en el domicilio que hubieren designado al efecto, el arrendador les notificará notarialmente que en el plazo de treinta días siguientes al recibo de la notificación pueden ocupar los que le hubiere asignado, detallando sus características, extensión, la renta y circunstancias que la determinan, así como el número total de viviendas y locales de negocio que existen en el inmueble.

2. Si los arrendatarios no ocuparen dentro del plazo los locales de negocio y viviendas que les hubiere asignado el arrendador, perderán

el derecho a volver a la finca, y aquél quedará en libertad para alquilarlos a otros.

**83.** 1. Cada vivienda o local de negocio asignado, conforme al artículo anterior, dispondrá, por lo menos, de una extensión superficial no inferior a las tres cuartas partes de la correspondiente al que anteriormente ocupaba el inquilino o arrendatario, de iguales instalaciones y servicios, y estará situado a altura y posición análogas.

2. La analogía de posición se entenderá únicamente referida a la situación interior o exterior de la vivienda o local de negocio asignado.

**84.** La renta exigible a los inquilinos y arrendatarios procedentes del inmueble derruido, cuando al reedificarse se cumplan todas las condiciones reclamadas en esta sección, será la que pagaren al momento de desalojar aquél, incrementada en un 5 por 100 del capital invertido en la reconstrucción, o sea, sin comprender el valor del solar, pero sí lo gastado en la demolición.

**85.** Cuando las viviendas o locales de negocio asignados a los arrendatarios de que trata el artículo anterior no reúnan las características mínimamente exigidas por el art. 83, aquéllos tendrán derecho a las reducciones de renta siguientes:

1ª) Un 10 por 100 si el local de negocio o la vivienda asignada está en planta distinta de la que ocupaba en el inmueble derruido. Ello sin perjuicio de lo establecido en el artículo siguiente para los arrendatarios de locales de negocio.

2ª) Si la superficie fuere inferior a la mínima exigida o contara con menos instalaciones y servicios que la vivienda o local de negocio anterior, la renta será la misma que la pagada en la finca derruida, y el 50 por 100 de ésta si la reducción de superficie equivale a más de la mitad.

3ª) El 40 por 100 de dicha renta anterior cuando ocupando en la finca demolida vivienda o local de negocio al exterior el asignado fuese interior.

**86.** El arrendatario procedente de la finca demolida que ocupare en ella local de negocio sito en la planta baja y al exterior, tendrá

salvo que incurriere en el incumplimiento a que se refiere el art. 87, en cuyo supuesto se aplicará lo dispuesto en este artículo, y el arrendamiento quedará sujeto en todo caso a las disposiciones de la presente Ley.

**91.** 1. Cuando el derribo afectare a edificaciones provisionales, para que proceda la excepción segunda a la prórroga sólo será necesario que el arrendador participe su propósito de modo fehaciente a los inquilinos y arrendatarios con un año de antelación al día en que proyectare iniciar la demolición, y que al momento en que desalojen la finca indemnice a los primeros con seis mensualidades de renta y con la de un año a los arrendatarios de local de negocio.

2. Se reputarán edificaciones provisionales los barracones, casetas, chozas y chabolas y se presumirá que lo es, salvo prueba en contrario, cualquiera otra edificación de naturaleza análoga en cuya construcción no sea preceptiva, conforme a las disposiciones vigentes, la intervención de técnicos.

**92.** El propietario que se proponga efectuar obras para elevar o adicionar la construcción, que tengan por objeto aumentar el número de viviendas y que hagan inhabitable temporalmente la vivienda o local de negocio ocupados por el inquilino o arrendatario, podrá realizarlas siempre que obtenga previamente autorización del Gobernador civil de la provincia y notifique fehacientemente a los inquilinos o arrendatarios su propósito y la concesión de la autorización gubernativa con seis meses de antelación, por lo menos, al día que proyecte comenzar las obras. Estas deberán iniciarse dentro de dos meses, a contar desde el día en que quede desalojada la vivienda o local de negocio, teniendo en otro caso el inquilino o arrendatario los derechos que le reconocen los arts. 80 y siguientes. El arriendo quedará en suspenso por el tiempo que duren las obras.

**93.** Lo dispuesto en los arts. 78 y siguientes será de aplicación aun en el caso de que el arrendador fuere el Estado, la Provincia, el Municipio, la iglesia Católica u otras Corporaciones de Derecho público.

**94.** El cumplimiento de las obligaciones a que, conforme a este capítulo, queda sometido el derecho de negar la prórroga del contrato de arrendamiento de viviendas y locales de negocio por la segunda excepción que se establece será obligatorio aun en el caso de que cambie la persona del titular que hubiere comenzado a ejercitarlo, y si este cambio se produjere hallándose pendiente de consumación el derecho del arrendador, ejercitado al amparo de la primera causa de excepción a la prórroga, para que pueda proseguir en su ejercicio el nuevo titular será indispensable que la vivienda o local de negocio hubiere sido reclamado precisamente para él o para un ascendiente o descendiente que por consanguinidad lo fuere común de ambos.

## CAPÍTULO IX
### DE LA RENTA, SU REVISIÓN Y DE LA FIANZA

## SECCIÓN PRIMERA
*Renta de las viviendas y locales de negocio en general*

## SUBSECCIÓN PRIMERA
*Renta base*

**95.** 1. La renta de las viviendas y locales de negocio cuyo arrendamiento subsista el día en que comience a regir esta Ley será la que en tal fecha cobrare el arrendador, con todos los incrementos que viniere percibiendo, revalorizada, en su caso, la de los locales de negocio y viviendas comprendidas en el número 2 del art. 6, conforme a las disposiciones de los números 1 al 10 art. 96, y sujeta la de las restantes viviendas a lo prevenido en el número 11 del mismo artículo.

2. Las cantidades asimiladas a la renta, comprendida la diferencia en el coste de los servicios y suministros que viniere percibiendo el arrendador, seguirán haciéndose efectivas en tal concepto y deberán figurar separadamente en los recibos en tanto no queden absorbidas en la renta, conforme a las disposiciones del artículo siguiente [380].

---

[380] Véase disposición transitoria 2 Ley 29/1994, de 24 noviembre, de Arrendamientos Urbanos y art. 96.10 de la presente Ley.

**96.** 1. La renta de las viviendas comprendidas en el número 2 del art.6 y de los locales de negocio en situación de prórroga legal se revalorizará, en su caso, a instancia del arrendador, multiplicando la contractual, aumentada con los incrementos legales que se indican en el número 2, por los índices señalados en el 3, ambos de este artículo.

2. Los incrementos legales a que se refiere el número anterior serán exclusivamente aquellos que el arrendador tenga derecho a cobrar en virtud de lo establecido en el art. 118 de la Ley de 31 de diciembre de 1946, en relación con el Decreto de 17 de mayo de 1952, y en los Decretos de 6 de marzo de 1953, en relación con el de 9 de abril de 1954, 30 de noviembre de 1956, 22 de julio de 1958 y 6 de septiembre de 1961, háyanse o no aplicado en su día por el arrendador.

3. Los índices de revalorización a que se refiere el número1 de este artículo serán los siguientes:

| . | Viviendas | Locales de negocio |
|---|---|---|
| Contratos celebrados hasta el 17 julio 1936, inclusive: | 4 | 3 |
| Contratos celebrados desde el 18 julio 1936 hasta el 31 diciembre 1941, ambos inclusive: | 3 | 2 |
| Contratos celebrados desde el 1 enero 1942 hasta el 31 diciembre 1946, ambos inclusive: | 2 | 1,50 |
| Contratos celebrados desde 1 enero 1947 hasta el 31 diciembre 1951, ambos inclusive: | 1,50 | 1,30 |
| Contratos celebrados desde el 1 enero 1952 hasta el 11 mayo 1956, ambos inclusive: | 1,25 | 1,20 |

Las rentas de los contratos concertados después del 11 de mayo de 1956, no serán objeto de revalorización, salvo lo dispuesto en la disposición transitoria 17ª.

4. Al incremento que tenga lugar por la revalorización será aplicable la reducción del 10 por 100 en poblaciones de menos de 50.000 habitantes para viviendas y locales de negocio.

5. En los casos en que la suma de la renta legal y las cantidades asimiladas a ella sea igual o superior a la renta revalorizada, dicha suma constituirá la única renta, y en tal concepto tendrá que pagarla el inquilino o arrendatario en lo sucesivo. En los demás supuestos, la diferencia entre renta legal y renta revalorizada será percibida por el arrendador a razón de un 10 por 100 de dicha diferencia en cada semestre, a partir de 1 de enero de 1965. Cuando la diferencia sea inferior al 25 por 100 de la renta legal, el aumento se hará efectivo en su totalidad el primer año.

6. En tanto no se efectúe el pago total, el inquilino o arrendatario estará obligado a satisfacer los aumentos de renta y las cantidades asimiladas a ésta previstos en esta Ley, siempre que la suma de la renta, aumentos y cantidades asimiladas no exceda del importe de la merced incrementada conforme a los números 1, 2, 3 y 4.

7. La cantidad que resulte de la revalorización irá adquiriendo el concepto de renta, a todos los efectos de esta Ley, a medida que el arrendador vaya percibiendo los aumentos autorizados por la misma, salvo en los supuestos previstos en los arts. 81 número 5, y 100, en que se considerará como renta la revalorizada.

9. Lo establecido en los números anteriores se entiende sin perjuicio de la aplicación, en todo caso, de lo dispuesto en el art. 100.

10. A los efectos de la aplicación de los números anteriores, se entenderá:

a) Por "renta contractual" la pactada inicialmente en el contrato que dio origen al arrendamiento. En los casos de duda se estará a la declarada a efectos fiscales.

b) Por "renta legal", la que, al comenzar a regir la presente Ley, cobrare el arrendador con todos los incrementos que viniere percibiendo, sin incluir las cantidades asimiladas a la renta.

c) Por "renta revalorizada", la que resulte de aplicar las reglas que se contienen en los números 1, 2, 3 y 4 del presente artículo.

11. En los arrendamientos de locales ocupados por el Estado, Provincia o Municipio que no estén destinados a vivienda la revalorización de la renta se hará con arreglo a los números 1, 2, 3 y 4 de este artículo, si bien el plazo a que se refiere el número 5.2 será anual en lugar de semestral.

12. En las viviendas no comprendidas en el número 2 del art. 6, el Gobierno, teniendo en cuenta la evolución de las circunstancias económicas del país, determinará los porcentajes de incremento de la

renta, así como la forma y plazos en que los mismos han de ser abonados por el inquilino, sin que en ningún caso pueda exceder la suma de tales incrementos de la cantidad que resultaría de aplicar a dichas viviendas los índices señalados en el número 3 del presente artículo, expresamente para viviendas, y debiendo comenzar su aplicación a partir de 1 enero 1965.

El Gobierno, una vez finalizada la revalorización total de la renta de estas viviendas, determinará igualmente la forma y proporción en que los inquilinos han de hacer efectivas las obligaciones a que se refieren los arts. 99 número 1, 102 número 1, y 108 números 1 y 2 [381].

**97.** La renta de las viviendas y locales de negocio que se arrienden después de la entrada en vigor de esta Ley será la que libremente estipulen las partes, aun cuando hubieren sido ocupados con anterioridad a esa fecha [382].

## SUBSECCIÓN SEGUNDA
*Elevación y reducción de la renta base*

**98.** La renta de las viviendas y locales de negocio a que se refieren los arts anteriores podrá ser objeto de aumento o reducción por acuerdo de las partes [383].

**99.** 1. La renta de las viviendas y locales de negocio mencionados en el art. 95 no podrá ser incrementada por la sola voluntad del arrendador, sino en los casos establecidos en esta Ley, y particularmente en los siguientes:

1º) Por creación o elevación de impuestos o arbitrios por el Estado, Provincia o Municipio que graven directamente la propiedad urbana. Las diferencias por estos conceptos podrán derramarse por el arren-

---

[381] Véanse dtrs. 2 y 3 Ley 29/1994, de 24 noviembre, de Arrendamientos Urbanos

[382] Aplicable a los contratos concertados con anterioridad a 1 de enero de 1995, subsistentes a esa fecha. No obstante, véanse dtrs. 2 y 3 Ley 29/1994, de 24 noviembre, de Arrendamientos Urbanos

[383] Aplicable a los contratos concertados con anterioridad a 1 de enero de 1995, subsistentes a esa fecha

dador entre los inquilinos y arrendatarios en la forma fijada por las disposiciones vigentes.

2º) Cuando por expiración del plazo por el cual se concedió cesare la exención tributaria total o parcial que gozare la finca, en cuyo caso podrá el arrendador reclamar de sus inquilinos y arrendatarios la diferencia existente entre lo que le hubiere correspondido pagar sin dicha exención y lo que pagare al término de la misma.

3º) Si la Hacienda, en virtud de resolución firme dictada en expediente instruido de oficio por el Servicio de Catastro urbano, asignare a la vivienda o local de negocio una renta superior a la que satisfaga el inquilino. El importe de la elevación no podrá exceder, en estos casos, de la diferencia entre la renta que se pague y la asignada por la Hacienda. Y si la diferencia rebasare el 25 por 100 de la renta que se satisfaga, el exceso sólo podrá hacerse efectivo por anualidades sucesivas a razón de un 5 por 100, como máximo, sobre la renta que estuviere vigente al dictarse la resolución. Para la efectividad de este incremento será indispensable que en el expediente instruido por la Hacienda se conceda audiencia al inquilino o arrendatario, o se le notifique fehacientemente por el arrendador la existencia de dicho expediente, para que pueda comparecer en el mismo y formular alegaciones.

4º) Cuando se realicen obras conforme al art. 114 causa 7ª párrafo 3º y siguientes, en que el aumento será el que determine la autoridad judicial.

5º) Si el inquilino subroga en los derechos y obligaciones dimanantes del contrato de inquilinato a uno de los parientes señalados en el art. 24. El importe de la elevación no podrá exceder, en este caso, del 15 por 100 de la renta.

6º) Cuando, sin haberse estipulado en el contrato, el inquilino, su cónyuge de uno u otro hasta el tercer grado que con cualquiera de ellos conviva ejerza en la vivienda o en sus dependencias una pequeña industria doméstica sujeta a tributación. La cuantía del aumento no podrá exceder del 15 por 100 de la renta a que se refiere el art. 95.

7º) Cuando no se requiera, conforme al art. 21, autorización expresa y escrita del arrendador para el ejercicio de la industria doméstica de hospedaje, en la que la participación del arrendador será del 10 por 100 por cada huésped. Cuando sea precisa la autorización del arrendador, el importe de la elevación se fijará de común acuerdo

8º) Cuando el inquilino haga uso de la facultad prevista en el art. 18, el importe de la elevación no podrá exceder por cada subarriendo del 20 por 100 de la renta vigente en la fecha de aquél.

9º) En los traspasos del art. 42, en que, a falta de acuerdo, el aumento será del 15 por 100.

10º) Cuando el arrendatario de local de negocio lo destine a otra clase distinta del que viniere ejerciendo, en cuyo supuesto el aumento será del 10 por 100 de la renta.

2. En los contratos anteriores al 12 de mayo de 1956, comprendidos en el número 1 del art. 96, una vez que la suma de la renta, de las cantidades asimiladas a ella y de sus incrementos alcance el límite de la renta revalorizada y se haya realizado el pago total a que se refiere el número 6 del mismo artículo, no regirán las causas de elevación de renta previstas en los apartados 1º, 2º y 3º del número anterior, ni las repercusiones por aumento de coste de los servicios y suministros del art. 102 ni la contribución a los gastos y pagos del art. 108, salvo lo establecido en la disposición adicional 6ª [384].

**100.** 1. La renta y las cantidades asimiladas a ella de las viviendas comprendidas en el número 2 art. 6 y de los locales de negocio que se encuentren en período de prórroga legal, se adaptarán cada dos años a las variaciones del coste de la vida, mediante Decreto aprobado en Consejo de Ministros, que aplicará a la renta revalorizada el índice ponderado fijado por la Dirección General de Estadística, si las partes no hubieren convenido de modo expreso otro sistema de actualización.

2. Si la adaptación implicare un aumento de la renta revisada; será deducible del incremento el importe de las elevaciones a que se refiere el art. 99 número1 apartados 1º y 3º, exigidas, en su caso, por el arrendador durante el bienio a que se contraiga la adaptación.

3. Si ésta implicare una reducción de la renta, no se aplicará a las viviendas comprendidas en el art. 95, mientras no se dé el supuesto aludido en el número 2 art. 99.

4. La renta de las viviendas no comprendidas en el número 2 art. 6 y los incrementos de la misma a que se refieren los arts. 95, 96 número 11, y 99 número 1, quedarán sujetos a igual régimen, pero mediante la ponderada aplicación de los índices de coste de la vida y de los

---

[384] Véanse dtrs. 2 y 3 Ley 29/1994, de 24 noviembre, de Arrendamientos Urbanos

sueldos y jornales y oída la Organización Sindical. En cuanto a las cantidades asimiladas a la renta de estas viviendas, el arrendador podrá seguir haciéndolas efectivas, y no serán objeto de la adaptación hasta que el Gobierno, una vez finalizada la revalorización total de aquélla, haga uso de la facultad que le concede el párrafo 2º del número 11 del art. 96, y en la forma y proporción que determine [385].

**101.** 1. La facultad del arrendador para elevar la renta o conceptos que a la misma se asimilan podrá ejercitarla en cualquier tiempo, pero sin que en ningún caso la elevación tenga efecto retroactivo.

2. El ejercicio de dicha facultad estará sujeto a las reglas siguientes:

1ª) El arrendador notificará por escrito al inquilino o arrendatario la cantidad que, a su juicio, deba pagar éste como aumento de renta y la causa de ello.

2ª) Dentro de los treinta días siguientes, el inquilino o arrendatario comunicará al arrendador, también por escrito, si acepta o no la obligación de pago propuesta, interpretándose su silencio como aceptación tácita.

3ª) Caso de aceptación expresa o tácita, el arrendador, al siguiente período de renta que proceda, podrá girar el recibo incrementándolo con la cantidad que hubiere propuesto, y su pago será obligatorio para el inquilino o arrendatario. El importe de la elevación habrá de figurar separadamente de la cantidad que constituía la renta anterior.

4ª) No obstante la aceptación tácita del inquilino o arrendatario, si la cantidad girada resultase superior a la que autoriza este capítulo, podrá aquél pedir la revisión de la renta satisfecha y la devolución de lo indebidamente pagado en el plazo señalado en el art. 106.

5ª) Cuando el inquilino o arrendatario rechazare la elevación propuesta y ésta fuere legítima, el arrendador podrá optar entre reclamarle las diferencias desde el día en que debieron serle satisfechas, o resolver el contrato si fuera temeraria la oposición de aquél. No procederá la resolución si el demandado consignare, antes de contestar a la demanda, las diferencias reclamadas. En ambos casos la acción caducará dentro

[385] Véanse dtrs. 2 y 3 Ley 29/1994, de 24 noviembre, de Arrendamientos Urbanos

de los tres meses, a contar desde el día en que la negativa se hubiese producido [386].

**102.** 1. Los aumentos por coste de los servicios y suministros podrán ser exigidos por el arrendador a los inquilinos y arrendatarios comprendidos en el art. 95 del modo fijado en las disposiciones vigentes.

2. Lo dispuesto en el número anterior se entiende sin perjuicio de la aplicación de lo prevenido en los arts. 96 número 6, 99 número 2, y 100 número 4 [387].

**103.** Cuando la renta declarada a efectos fiscales sea inferior a la percibida, el inquilino o arrendatario podrá reducirla a la cuantía declarada, cuya reducción subsistirá hasta que el arrendador declare la renta que hubiera venido percibiendo y, en todo caso, durante el plazo mínimo de dos años.

### SECCIÓN SEGUNDA
*Renta en casos especiales*

**104.** La renta de los arrendamientos incluidos en los números 2 y 3 del art. 3 será revisable cada cinco años por la Junta de Estimación, a instancia del arrendador o del arrendatario, teniendo en cuenta al efecto cuantos factores puedan conducir a la determinación de la renta justa [388].

---

[386] Aplicable a los contratos concertados con anterioridad a 9 de mayo de 1985, subsistentes a esa fecha

[387] Véanse dtrs. 2 y 3 Ley 29/1994, de 24 noviembre, de Arrendamientos Urbanos

[388] Aplicable a los contratos concertados desde 9 de mayo de 1985 a 1 de enero de 1995, subsistentes a esa fecha, y en los que no se hubiese pactado prórroga forzosa

## SECCIÓN TERCERA
*Fianza*

**105.** 1. A la celebración de los contratos comprendidos en esta Ley será obligatoria la exigencia y prestación de fianza en cantidad equivalente a una mensualidad de renta en el arrendamiento o subarriendo total de viviendas y de dos en el arrendamiento de viviendas amuebladas y en el arrendamiento o subarriendo total de locales de negocio. En los subarriendos parciales la fianza será igual a la mitad de la renta que corresponda al arrendamiento.

2. Quedan exceptuados de esta obligación los arrendamientos de locales al Estado, Provincia o Municipio cuya renta haya de ser satisfecha con cargo a sus respectivos presupuestos [389].

## SECCIÓN CUARTA
*Caducidad de acciones*

**106.** 1. Las acciones dimanantes de los derechos que reconoce este capítulo tendrán un plazo de caducidad de tres meses a partir del hecho que las motive.

2. Este plazo no será aplicable a los derechos establecidos en los arts. 101 y 103 [390].

---

[389] Aplicable a los contratos concertados con anterioridad a 1 de enero de 1995, subsistentes a esa fecha

[390] Aplicable a los contratos concertados con anterioridad a 1 de enero de 1995, subsistentes a esa fecha

## CAPÍTULO X
### OBRAS DE CONSERVACIÓN Y MEJORA

**107.** Las reparaciones necesarias a fin de conservar la vivienda o local de negocio arrendado en estado de servir para el uso convenido serán de cargo del arrendador [391].

**108.** 1. No obstante lo dispuesto en el artículo anterior, en las viviendas y locales de negocio relacionados en el art. 95 podrá exigir el arrendador del inquilino o arrendatario, en compensación parcial del importe de las obras de reparación comprendidas en el art. 107 o de las que realice por determinación de cualquier organismo o autoridad competente, el abono del 12 por 100 anual del capital invertido. Dicho porcentaje se distribuirá entre todos los inquilinos y arrendatarios, si aquéllas son comunes, o entre los afectados, si se limitan a la vivienda o local de negocio que ocupen, en proporción a las rentas que satisfagan, sin que en ningún caso pueda exceder el aumento, que no tendrá el concepto de renta y sí el de asimilado a ésta del 50 por 100 de la renta anual, el cual se hará efectivo por recibos complementarios mensuales [392]

2. Del mismo modo le asistirá al arrendador el derecho regulado en el número anterior sobre el importe de las contribuciones especiales establecidas por los Ayuntamientos y abonadas por el arrendador.

3. Lo dispuesto en los números anteriores se entiende sin perjuicio de la aplicación de lo prevenido en los arts. 95.2; 96.6; 99.2, y 100.4 [393].

**109.** 1. A los efectos prevenidos en el precedente artículo, el arrendador, una vez terminadas las obras o pagadas las contribuciones especiales, notificará a los inquilinos o arrendatarios por escrito: la naturaleza y alcance de las mismas, su importe, el del porcentaje de interés que corresponda al capital invertido o pagado y la participación

---

[391] Aplicable a los contratos concertados con anterioridad a 1 de enero de 1995, subsistentes a esa fecha

[392] Dada nueva redacción apartado 1 por art. 1 apartado 2 de Ley 46/1980 de 1 de octubre de 1980 , con vigencia desde 14/10/1980

[393] Véanse dtrs. 2 y 3 Ley 29/1994, de 24 noviembre, de Arrendamientos Urbanos

con que cada uno de aquéllos deba contribuir en la cantidad representativa de dicho interés.

2. En todo lo demás, relativo a la aceptación u oposición al aumento por los inquilinos o arrendatarios, se estará a lo dispuesto en las reglas 2ª y 5ª del art. 101.2 [394].

**110.** 1. Cualquiera que fuere la fecha en que haya sido habitada la finca, cuando requerido el arrendador para la ejecución de reparaciones necesarias ordenadas por autoridad competente, a fin de conservar la vivienda o local de negocio en estado de servir para su uso, dejare transcurrir treinta días sin comenzarlas, o tres meses sin terminarlas, el inquilino o arrendatario podrá ejecutarlas o proseguirlas por sí.

2. El inquilino o arrendatario podrá en todo momento realizar las reparaciones urgentes encaminadas a evitar daño inminente o incomodidad grave.

3. En ambos casos el arrendador vendrá obligado a abonar su importe de una sola vez al inquilino o arrendatario que lo hubiese satisfecho, dentro de los quince días siguientes al en que fuere requerido para ello, sin perjuicio de recabar el aumento correspondiente en los términos prevenidos en el art. 108, cuando sea de aplicación [395].

**111.** Las obras de reparación que tengan su origen en daño doloso o negligentemente producido por el inquilino o arrendatario o por las personas que con él convivan, serán de su cargo, pudiendo el arrendador reclamarles su importe, sin perjuicio de ejercitar, cuando los daños fueren dolosos, la acción que autoriza la causa 7ª del art. 114 [396].

**112.** 1. La realización de obras de mejora autorizará al arrendador para elevar la renta cuando las efectúe de acuerdo con el respectivo inquilino o arrendatario, o de los tres quintos de éstos cuando se trate de obras de mejora comunes.

---

[394] Véanse dtrs. 2 y 3 Ley 29/1994, de 24 noviembre, de Arrendamientos Urbanos

[395] Aplicable a los contratos concertados con anterioridad a 9 de mayo de 1985 y subsistentes a 1 de enero de 1995

[396] Aplicable a los contratos concertados con anterioridad a 9 de mayo de 1985 y subsistentes a 1 de enero de 1995

2. Los inquilinos o arrendatarios no conformes vendrán también obligados a abonar la cuantía del aumento convenido por los demás con el arrendador en proporción a las rentas que, respectivamente, satisfagan.

3. No requerirá el acuerdo reclamado en el número 1 de este artículo la instalación por parte del arrendador de aquellos aparatos contadores de los servicios o suministros que existan en la vivienda o local de negocio.

4. Salvo estipulación escrita en contrario, las obras de mejora a que se refiere este artículo quedarán en beneficio de la finca [397].

**113.** A los efectos de la distribución del aumento autorizado en los arts. 108 y 112, se reputará que el arrendador es inquilino o arrendatario de la vivienda o local que ocupe, así como de los desalquilados [398].

## CAPÍTULO XI
CAUSAS DE RESOLUCIÓN Y SUSPENSIÓN DE LOS CONTRATOS
A QUE SE REFIERE ESTA LEY

## SECCIÓN PRIMERA
*Causas de resolución del arrendamiento*

**114.** El contrato de arrendamiento urbano, lo sea de vivienda o de local, de negocio, podrá resolverse a instancia del arrendador por alguna de las causas siguientes:

1ª) La falta de pago de la renta o de las cantidades que a ésta se asimilan.

Cuando proceda la resolución por esta causa se tendrá en cuenta lo dispuesto en los capítulos anteriores y en el Decreto 17 octubre 1940, relativo a los obreros y empleados españoles que se encuentren

---

[397] Aplicable a los contratos concertados con anterioridad a 9 de mayo de 1985 y subsistentes a 1 de enero de 1995

[398] Aplicable a los contratos concertados con anterioridad a 9 de mayo de 1985 y subsistentes a 1 de enero de 1995

en paro forzoso, así como las disposiciones complementarias cuya vigencia se reitera. La exención de pago, cuando proceda con arreglo al citado Decreto y disposiciones complementarias, se producirá aunque la renta de la vivienda rebase de 300 pesetas mensuales, siempre que la diferencia en más se deba a la aplicación de los aumentos que autoriza esta Ley, y comprenderá las cantidades que, según lo dispuesto en los dos capítulos precedentes, corresponda abonar al inquilino en situación de paro, de las cuales podrá resarcirse el arrendador por derrama, que se hará conforme al art. 8 de dicho Decreto. En estos casos, el arrendador deberá hacer las notificaciones de que tratan los dos capítulos anteriores a la Cámara de la Propiedad respectiva y ésta se subrogará en los derechos que se confieren al inquilino.

Cuando el inquilino que se hallare en la situación de paro a que se refiere el párrafo anterior tuviese subarrendada total o parcialmente la vivienda, al amparo de lo dispuesto en esta Ley, la exención de pago de renta se limitará a la diferencia que exista entre la merced del subarriendo o subarriendos y la del arrendamiento.

2ª) El haberse subarrendado la vivienda o el local de negocio o la tenencia de huéspedes, de modo distinto al autorizado en el Capítulo III.

3ª) Cuando en el supuesto previsto en el art. 21 o en los subarriendos parciales de vivienda, aunque se hubieren celebrado éstos con autorización expresa y escrita del arrendador, perciba el subarrendador rentas superiores a las que autoriza la presente Ley.

Notificado fehacientemente el arrendador por cualquiera de los subarrendatarios de ser abusiva la renta percibida por el subarrendador, dentro de los treinta días siguientes deberá ejercitar la acción resolutoria del arriendo, y si no lo hiciere, el subarrendatario que primero hubiere hecho la notificación, continúe o no en la vivienda, tendrá acción contra el arrendador y el subarrendador para subrogarse como inquilino en los derechos y obligaciones de dicho subarrendador, el cual será lanzado de la vivienda. Esta acción caducará a los tres meses de la fecha en que pudo ejercitarse.

El mismo derecho asistirá a los huéspedes de que trata el art. 21.

4ª) Cuando concurra la causa 2ª A) del art. 117, y requerido el subarrendador por el arrendador, dentro de los dos meses siguientes, no se hubiere ejercitado la acción resolutoria contra el subarrendatario.

5ª) La cesión de vivienda o el traspaso de local de negocio realizado de modo distinto del autorizado en el Capítulo IV de esta Ley

6ª) La transformación de la vivienda en local de negocio, o viceversa, o el incumplimiento por el adquirente en traspaso de la obligación que le impone el apartado 2º del art. 32.

7ª) Cuando el inquilino o arrendatario, o quienes con él convivan, causen dolosamente daños en la finca, o cuando lleven a cabo, sin el consentimiento del arrendador, obras que modifiquen la configuración de la vivienda o del local de negocio, o que debiliten la naturaleza y resistencia de los materiales empleados en la construcción.

Cuando el inquilino, antes de iniciar las obras, entregare o pusiere a disposición del arrendador la cantidad necesaria para volver la vivienda a su primitivo estado, no procederá esta causa si aquéllas no debilitan la naturaleza y resistencia de los materiales empleados en la construcción de la finca, y su cuantía no excede del importe de tres mensualidades de renta.

Cuando el arrendatario se proponga realizar obras en el local arrendado para mejora de sus instalaciones o servicios, adaptándolos a las necesidades de su negocio, y no obtenga el consentimiento del arrendador, podrá ser autorizado judicialmente para llevarlas a cabo, siempre que pruebe que las obras proyectadas no debilitan la naturaleza y resistencia de los materiales empleados en la construcción de la finca, y que no afectarán, una vez realizadas, al uso de ésta por los demás ocupantes, obligándose, además, a pagar la elevación de la renta que la autoridad judicial determine, si así lo pide el arrendador y aquélla lo estima justo.

Las obras realizadas quedarán en beneficio de la finca. El arrendatario estará obligado, respecto de las que no hayan supuesto mejora del inmueble, a reponer el local al estado anterior, si así lo exigiere el arrendador a la terminación del arriendo por cualquier causa, debiendo afianzar el cumplimiento de esta obligación, si también lo exigiere el arrendador, en la forma y cuantía que señale la autoridad judicial.

Se presumirá, salvo prueba en contrario, la necesidad de realizar las obras cuando las mismas vengan expresamente impuestas por decisión administrativa.

Las normas comprendidas en los tres párrafos anteriores serán de aplicación al arrendamiento de viviendas en cuanto a las obras que el inquilino se proponga realizar de su cuenta para establecer o mejorar las instalaciones o servicios.

8ª) Cuando en el interior de la vivienda o local de negocio tengan lugar actividades que de modo notorio resulten inmorales, peligrosas, incómodas o insalubres.

La resolución del contrato por causa de notoria incomodidad no procederá en los siguientes casos:

1º. Cuando los locales estuvieren arrendados con destino a oficinas o servicios del Estado, Provincia, Municipio, Iglesia Católica o Corporaciones de Derecho público.

2º. Cuando se destinaren a Colegios o Escuelas públicas o particulares, siempre que estas últimas se hallaren constituidas y desenvolvieren su labor ajustándose a las disposiciones vigentes.

3º. Cuando se dedicaren a consultorios públicos, casas de socorro e instituciones piadosas o benéficas de cualquier clase que fueren.

Esta acción podrá ejercitarse por el arrendador a su iniciativa o a la de cualquiera de los inquilinos o arrendatarios.

La acción deberá obligatoriamente ejercitarla el arrendador cuando lo soliciten la mayoría de los inquilinos o arrendatarios que vivan en la finca, y si se desestima y fuere el arrendador condenado en costas, le asistirá el derecho de repetir contra aquellos inquilinos o arrendatarios que le hubiesen requerido para el ejercicio de dicha acción.

9ª) La expropiación forzosa del inmueble, dispuesta por autoridad competente, según resolución que no dé lugar a ulterior recurso.

En este caso podrá la administración proceder al lanzamiento por la vía administrativa, previa la indemnización a los inquilinos o arrendatarios de la finca expropiada, que nunca será inferior a las dispuestas en la sección segunda Capítulo VIII de esta Ley, declarándolas y haciéndolas efectivas por dicha vía administrativa. El lanzamiento en estos casos tendrá lugar previo apercibimiento por plazo que nunca será inferior al de dos meses.

10ª) La declaración de ruina de la finca, acordada por resolución que no dé lugar a recurso y en expediente contradictorio tramitado ante la autoridad municipal, en el cual hubieren sido citados al tiempo de su iniciación todos los inquilinos y arrendatarios.

Cuando el peligro de ruina se declare inminente por la autoridad competente, aunque la resolución no fuere firme, podrá disponer la gubernativa que la finca sea desalojada.

11ª) Por no cumplirse los requisitos o no reunirse las circunstancias exigidas en el Capítulo VII para la prórroga forzosa del contrato o por concurrir alguna de las causas de denegación de la misma señaladas en el art. 62.

12ª) En los casos de extinción de usufructo, cuando el titular dominical pruebe que las condiciones pactadas para el arrendamiento por el usufructuario anterior fueron notoriamente gravosas para la propiedad [399].

**115.** El inquilino o arrendatario de local de negocio podrá resolver el contrato antes del tiempo pactado por cualquiera de las siguientes causas:

1ª) Las perturbaciones de hecho o de derecho que en la vivienda o local de negocio arrendado o en las cosas de uso necesario y común en la finca realice el arrendador, ello sin perjuicio de cualquier otra acción que pudiera asistirle.

2ª) Por no efectuar el arrendador las reparaciones necesarias, a fin de conservar la vivienda o el local de negocio, sus instalaciones o servicios o las cosas de uso necesario o común en la finca en estado de servir para lo pactado en el contrato.

3ª) La falta de prestación por el arrendador de los servicios propios de la vivienda o local de negocio, ya aparezcan especificadas en el contrato, ya resulten de las instalaciones con que cuente la finca [400].

**116.** Cuando se dé lugar a alguna de las causas de resolución de que trata el artículo anterior, el inquilino o arrendatario perjudicado podrá optar entre dar por terminado el contrato o exigir que cese la perturbación, que se ejecuten las reparaciones o que se presten los servicios o suministros, y, en cualquier caso, tendrá derecho, además, al abono por el arrendador de las indemnizaciones siguientes:

1º) En el primer caso del artículo anterior, a una cantidad que no podrá ser nunca inferior al importe de una mensualidad de renta, y que guardará proporción con la importancia o gravedad de la perturbación. Cuando ésta se debiere a obras encaminadas precisamente a aumentar el número de las viviendas con que cuente la finca, los inqui-

---

[399] Véanse disposición adicional 5 y disposición transitoria 6 Ley 29/1994, de 24 noviembre, de Arrendamientos Urbanos

[400] Aplicable a los contratos concertados con anterioridad a 1 de enero de 1995, subsistentes a esa fecha

linos o arrendatarios no tendrán derecho al abono de indemnización alguna, pero sí a dejar en suspenso sus respectivos contratos, con los efectos establecidos en el art. 119.

2º) En el segundo caso del precedente artículo la cantidad que proceda, atendida la importancia y trascendencia del daño o incomodidad que la no reparación origina en el uso de la cosa arrendada.

3º) En el tercer caso del artículo anterior, sea cual fuere la causa de la no prestación, e incluso de ser debida a fuerza mayor, si el incumplimiento afectare al servicio de calefacción a cargo del arrendador y el mismo no se diere en absoluto o se prestare en forma notoria y ostensiblemente irregular o deficiente, la indemnización será del 20 por 100 del importe anual de la renta, salvo que esta prestación apareciere especificada separadamente en el contrato, en cuyo caso, de haberse satisfecho su precio, la indemnización será igual a lo que por él hubiere pagado. Y tanto en uno como en otro caso, si el arrendador hubiere percibido diferencias por el coste del servicio, vendrá obligado a reintegrarlas.

Cuando el incumplimiento de que trata el párrafo anterior resultare de entidad menor y el perjudicado demostrare haber tenido necesidad de emplear medios de calefacción supletorios, la indemnización se limitará al importe del gasto que le origine su entretenimiento, pero no la adquisición de aquéllos.

Si el incumplimiento del arrendador fuera total o afectare a los restantes servicios o suministros, la indemnización será igual al 5 por 100 del importe anual de la renta.

El derecho al percibo de las indemnizaciones a que se refiere este artículo en ningún caso eximirá de la obligación de pagar la renta y las cantidades que conforme a esta Ley se asimilan a ella [401].

---

[401] Aplicable a los contratos concertados con anterioridad a 1 de enero de 1995, subsistentes a esa fecha

## SECCIÓN SEGUNDA
*Causas de resolución del subarriendo* [402]

**117.** Podrá resolverse el contrato de subarriendo por haberse resuelto a su vez el contrato de arrendamiento y además por las siguientes causas.

A) Para el subarrendador:

1ª. La falta de pago de la renta pactada por el subarriendo.

2ª. El subarriendo o la cesión realizados por el subarrendatario, sin perjuicio de lo dispuesto en el art. 27.

3ª. La transformación de la vivienda subarrendada en local de negocio o viceversa.

4ª. En los casos 7º y 8º del art. 114, sustituida la referencia a inquilino o arrendatario por la de subarrendatario.

5ª. El vencimiento del plazo contractual, sin perjuicio de lo dispuesto en los números 2 y 3 del art. 13.

B) Para el subarrendatario:

Las señaladas en los números 2 y 3 art. 13 y las que según el art. 115 permiten al inquilino o arrendatario de local de negocio obtener la resolución, entendiendo referidas la primera y la segunda a las perturbaciones y omisiones imputables al arrendador o al subarrendador, y la tercera, a los servicios y suministros a cargo de cualquiera de ambos.

Será aplicable además lo dispuesto en el art. 116, y las indemnizaciones se calcularán sobre la merced que pague el subarrendatario, siendo su abono a cargo del subarrendador, quien, en su caso, podrá repetir contra el arrendador.

## SECCIÓN TERCERA
*Causa de resolución común al arrendamiento y al subarriendo*

**118.** 1. La pérdida o destrucción de la vivienda o local de negocio será causa común de resolución de todos los contratos a que se refiere este Capítulo

---

[402] Aplicable a los contratos concertados con anterioridad a 1 de enero de 1995, subsistentes a esa fecha

2. Se equipara a la destrucción el siniestro que para la reconstrucción de la vivienda o local de negocio haga preciso la ejecución de obras cuyo costo exceda del 50 por 100 de su valor real al tiempo de ocurrir aquél, sin que para esta valoración se tenga en cuenta la del suelo.

## SECCIÓN CUARTA
*Causa de suspensión de los contratos*

**119.** Cuando la autoridad competente disponga la ejecución de obras que impidan que la finca siga habitada, todos los contratos a que se refiere este capítulo se reputarán en suspenso por el tiempo que duren aquéllas, quedando asimismo suspendida por igual período la obligación de pago de rentas.

## CAPÍTULO XII
JURISDICCIÓN, COMPETENCIA, PROCEDIMIENTO Y RECURSOS [403]

## SECCIÓN PRIMERA
*Jurisdicción y competencia*

**120.** El conocimiento y resolución de los litigios que puedan suscitarse al amparo de esta Ley corresponderá a los Juzgados y Tribunales de la jurisdicción ordinaria.

**121.** 1. Aunque medie sumisión expresa a la jurisdicción de otro Juzgado será competente en todo caso el que correspondiere al lugar en que se hallare la finca, entrando el asunto a turno de reparto donde hubiere varios de igual categoría.

---

[403] Véase disposición transitoria 5 Ley 29/1994, de 24 de noviembre, de Arrendamientos Urbanos

derecho a ocupar local de igual situación y extensión superficial en la reconstruida cuando demostrare el perjuicio que a su explotación le cause la ocupación de otro de distinta situación, cuya acción, que caducará a los treinta días de haber ocupado el asignado por el arrendador, tendrá en cuanto al ocupante del local que correspondiese a dicho arrendatario los efectos establecidos en el número 2 del art. 88.

**87.** Si al reedificar se incumpliere el compromiso contraído ante el Gobernador civil de la provincia por el arrendador, no será exigible otra renta a los inquilinos y arrendatarios procedentes del inmueble derruido que la que en éste pagaren; ello sin perjuicio de la aplicación, en su caso, de lo dispuesto en los artículos anteriores. Y la renta legal de los locales y viviendas de que puede libremente disponer el arrendador será la del local de negocio o, en su caso, vivienda que tuviera la renta más baja en el inmueble derruido, incrementada según la regla del art. 84, pero reconociendo únicamente al capital invertido el interés del 2,5 por 100.

**88.** 1. Si el arrendador incumpliere la obligación de reserva que le impone el art. 82, los inquilinos y arrendatarios procedentes del inmueble derruido podrán optar entre exigirle la indemnización de cinco anualidades de la renta que al desalojar pagasen o de reclamar las viviendas o locales de negocio que elijan en el inmueble reedificado por la renta que satisficieren en el derruido.
2. Esta acción llevará implícito el lanzamiento del ocupante de local de negocio o vivienda elegido, sin perjuicio del derecho de dicho ocupante a obtener del arrendador, de ignorar su incumplimiento, la indemnización de daños y perjuicios que proceda.

**89.** Las acciones establecidas en los arts. 85, 87 y 88, así como la de impugnar la renta por simulación del capital invertido o de la superficie edificada, caducarán al año de reintegrarse en la finca el inquilino o arrendatario procedente del inmueble derruido. En el caso del número 1 del art. 88, el plazo del año se contará desde que quede totalmente ocupada la finca reconstruida.

**90.** La renta de todas las viviendas y locales de negocio de que pueda disponer el arrendador libremente será la que previene el art. 97,

2. Para el conocimiento de todos los asuntos a que esta Ley se refiere en que sea parte el Estado o los establecimientos de Instrucción y de Beneficencia general serán únicamente competentes los Juzgados de las poblaciones donde exista Audiencia.

**122.** [404] Los Jueces de Primera Instancia conocerán de cuantos litigios se promuevan en ejercicio de las acciones que se funden en derechos reconocidos por esta Ley.

**123.** [405] (Derogado)

**SECCIÓN SEGUNDA**
*Procedimiento de primera instancia*

**124.** Cuando el juicio se promueva para resolver el contrato de arrendamiento o de subarriendo de vivienda o local de negocio por falta de pago de la renta o de las cantidades que a tenor de los apartados IX y X se asimilan a ella, se sustanciará conforme a lo dispuesto para el desahucio en los arts. 1571 a 1582 de la Ley de Enjuiciamiento Civil, pero se tendrá en cuenta lo dispuesto en el art. 147.

**125.** [406] Cuando la acción ejercitada sea distinta de la que trata el artículo anterior, el proceso se sustanciará por las normas establecidas para los juicios de cognición.

**126.** [407] Cuando se accione de retracto, el procedimiento será el del Título XIX, del Libro II, de la Ley de Enjuiciamiento Civil,

---

[404] Dada nueva redacción por art. 3 apartado 1 de Ley 10/1992 de 30 de abril de 1992, con vigencia desde 06/05/1992

[405] Derogado por art. 3 apartado 2 de Ley 10/1992 de 30 de abril de 1992, con vigencia desde 06/05/1992

[406] Dada nueva redacción por art. 3 apartado 3 de Ley 10/1992 de 30 de abril de 1992, con vigencia desde 06/05/1992

[407] Dada nueva redacción por art. 3 apartado 4 de Ley 10/1992 de 30 de abril de 1992, con vigencia desde 06/05/1992

ajustándose a lo prevenido en esta Ley especial de Arrendamientos Urbanos.

**127.** 1. Sin otra excepción que en los juicios de desahucio por falta de pago, podrá el actor acumular las acciones contra los distintos inquilinos de una misma finca, aunque lo sean por contratos diferentes, siempre que aquéllos se fundamenten en hechos comunes a todos ellos. [408]

2. En igual caso podrá acumular las acciones que le competen contra los distintos arrendatarios de los locales de negocio existentes en el inmueble.

3. No obstante, unos y otros podrán litigar con representaciones y defensa diferentes.

**128.** [409] El demandado podrá formular reconvención sobre materia propia de esta Ley, salvo que el juicio fuere de desahucio por falta de pago de las rentas o de las cantidades que a ellas se asimilan. Formulada la reconvención, se dará traslado al actor por plazo de tres días para que conteste concretamente sobre la reconvención así planteada.

**129.** 1. De la demanda del arrendador instando la resolución del contrato por la causa 3ª del art. 114, cuando obedezca a la notificación a que se refiere el párrafo 2º de dicha causa, deberá darse traslado al huésped o subarrendatario que hubiere hecho la notificación y éste se hallará activamente legitimado para ser parte en el juicio, coadyuvando con representación y defensa propias en la acción resolutoria, según escrito procesalmente articulado como tal demanda, del que se dará traslado al actor por igual plazo que para la contestación y previamente al que se otorgue al demandado para contestar a ambos escritos.

2. La sentencia podrá decretar la resolución del arriendo tanto en razón a lo alegado por el demandante como por el coadyuvante en la acción, valorando el Juez en conciencia las pruebas practicadas.

---

[408] Dada nueva redacción apartado 1 por art. 3 apartado 5 de Ley 10/1992 de 30 de abril de 1992, con vigencia desde 06/05/1992

[409] Dada nueva redacción por art. 3 apartado 6 de Ley 10/1992 de 30 de abril de 1992, con vigencia desde 06/05/1992

3. Si el arrendador notificado silencia en su demanda este extremo y en virtud de ello no es emplazado el notificante, podrá éste durante el año siguiente a la sentencia firme que se hubiere dictado ejercitar la acción subrogatoria establecida en el párrafo 2º de la causa 3ª del art. 114, que llevará implícito el lanzamiento del inquilino, aunque sea persona distinta del que subarrendó.

## SECCIÓN TERCERA
*Recursos*

**130.** [410] (Derogado)

**131.** [411] Contra la sentencia dictada se dará recurso de apelación.

**132 a 134.** [412] (Derogados)

**135.** [413] Contra la sentencia que dicte la Audiencia Provincial no se dará ulterior recurso. Por excepción, en los litigios sobre contratos de arrendamiento de local de negocio, cuya renta contractual exceda de un millón de pesetas, se dará el recurso de casación por las causas y trámites establecidos en la Ley de Enjuiciamiento Civil. No se dará recurso de casación cuando la sentencia se haya dictado en juicio de desahucio por falta de pago.

**136 a 139.** [414] (Derogados)

---

[410] Dejado sin contenido por art. 3 apartado 7 de Ley 10/1992 de 30 de abril de 1992, con vigencia desde 06/05/1992

[411] Dada nueva redacción por art. 3 apartado 8 de Ley 10/1992 de 30 de abril de 1992, con vigencia desde 06/05/1992

[412] Derogado por disposición final 3 de Ley 10/1968 de 20 de junio de 1968, con vigencia desde 11/07/1968

[413] Dada nueva redacción por art. 3 apartado 9 de Ley 10/1992 de 30 de abril de 1992, con vigencia desde 06/05/1992

[414] Derogado por art. 2 de Ley 18/1974 de 27 de junio de 1974, con vigencia desde 19/07/1974

**140.** [415] Los recursos interpuestos al amparo de los precedentes artículos tendrán tramitación preferente, tanto ante los Juzgados de Primera Instancia y las Audiencias como ante el Tribunal Supremo.

**141.** [416] (Derogado)

## SECCIÓN CUARTA
*Ejecución de sentencias*

**142.** [417] La sentencia dictada en el juicio a que se refiere el art. 124 se ejecutará según lo establecido en la sección tercera título XVII, libro II de la Ley Procesal, pero se tendrá en cuenta lo dispuesto en el art. 107, y además que los plazos del art. 1.596 de la Ley de Enjuiciamiento Civil se entenderán exclusivamente referidos a las viviendas y locales de negocio y ampliados a dos meses en uno y otro caso, que serán excepcionalmente prorrogables por otros dos cuando el Juez, por razones de equidad o personales del demandado, lo considere procedente.

**143.** 1. La ejecución de la sentencia dictada en el proceso mencionado en el art. 125, de figurar en ella pronunciamiento que obligue a desalojar la vivienda se acomodará asimismo a los trámites señalados para el lanzamiento en la sección cuarta, tít. XVII, libro II Ley de Enjuiciamiento Civil y los plazos para desalojar serán de cuatro meses, prorrogados excepcionalmente por el Juez por otros dos, todo ello sin perjuicio de lo establecido en la causa 10ª art. 110, en el supuesto a que se refiere.

---

[415] Dada nueva redacción por art. 1 de Ley 18/1974 de 27 de junio de 1974, con vigencia desde 19/07/1974

[416] Dejado sin efecto por art. 3 apartado 10 de Ley 10/1992 de 30 de abril de 1992, con vigencia desde 06/05/1992

[417] Dada nueva redacción por art. 3 apartado 11 de Ley 10/1992 de 30 de abril de 1992, con vigencia desde 06/05/1992

2. De no figurar en la sentencia pronunciamiento que obligue a desalojar la vivienda, su ejecución se ajustará a los trámites de las dictadas en juicio verbal.

**144.** [418] En los restantes casos, la sentencia se ejecutará conforme a lo dispuesto en la Ley procesal común.

### SECCIÓN QUINTA
*Disposiciones comunes y generales*

**145.** En cuanto a representación y defensa regirán las disposiciones actualmente vigentes en los juicios respectivos, si bien cuando el interesado, en los casos en que la Ley lo autoriza, no haga uso del derecho de comparecer y defenderse por sí mismo, habrá de valerse de Abogado o Procurador.

**146.** La cuantía litigiosa la determinará la renta anual, para cuya fijación se estará siempre a lo pactado por escrito, computándose, en su caso, los aumentos que autorice esta Ley. En defecto de estipulación escrita, a la que resulte del último pago realizado por el inquilino o arrendatario que sea parte en la litis, y de ser dudosa o imposible la determinación de la renta, se estimará ésta no superior a 5000 pesetas anuales.

**147.** En los procesos a que se refieren los arts. 120 y 142 se tendrán en cuenta las reglas siguientes:

1ª) El demandado podrá enervar la acción si en cualquier momento anterior a ser notificado de la sentencia que no dé lugar a ulterior recurso, él u otra persona en su nombre, aunque obre sin su consentimiento, paga al actor o pone a su disposición en el Juzgado el importe de las cantidades en cuya inefectividad se sustente la demanda y el de las que en dicho instante debiere.

Sólo cuando el pago o la consignación se realice hasta el mismo día señalado para el juicio y antes de su celebración, podrá éste

---

[418] Dada nueva redacción por art. 3 apartado 12 de Ley 10/1992 de 30 de abril de 1992, con vigencia desde 06/05/1992

proseguirse por las costas, y en tal caso, si el demandado intentare acreditar el ofrecimiento de las rentas al actor con anterioridad a la presentación de su demanda, se admitirán otras pruebas procedentes en derecho, además de las que autoriza el párrafo 2º del art. 1579 de la Ley procesal. Lo mismo se hará cuando, aun sin mediar el pago o la consignación, la acción se inspirare en la falta de abono de las diferencias o participaciones a que se refieren los apartados IX y X y el demandado impugne su legitimidad.

2ª) En los arrendamientos de vivienda, cualquiera que fuere su renta, y en los de local de negocio, si no excede de 12.000 pesetas anuales, podrá el demandado rehabilitar de plena vigencia el contrato y evitar el lanzamiento si hasta el momento mismo en que fuera a practicarse, él u otra persona en su nombre, aunque obre sin su consentimiento, paga al actor o pone a su disposición, depositándolo incluso en poder del encargado de ejecutar la diligencia, que en todo caso lo tomará y dará recibo, el importe de las cantidades que por principal debiera en dicho instante, el 25 por 100 del mismo y los intereses legales, a contar éstos desde la fecha de la demanda, en las sumas vencidas.

En tales casos se suspenderá el lanzamiento, y de haberse hecho cargo el Juzgado de las sumas pagadas por el demandado, requerirá al actor para que dentro del quinto día las reciba, procediendo a ingresarlas en el establecimiento correspondiente si transcurrido dicho plazo no lo hace.

Dentro de los diez días siguientes podrá el demandante instar que, de cuenta del demandado, se tasen las costas y gastos legítimos que con ocasión del juicio hubiere realizado.

Practicada la tasación, de resultar su importe igual o superior al 25 por 100 depositado por el demandado, se le entregará al demandante; más si fuere inferior, se reintegrará al demandado la diferencia, archivándose sin más las actuaciones, tanto en uno como en otro caso, sin perjuicio del derecho del actor a reclamar la diferencia ejercitando la oportuna acción personal.

Cuando el actor deje transcurrir los diez días sin instar la tasación, el Juzgado, de oficio y a cargo del demandado, liquidará las costas judiciales exclusivamente, y entregando a este último la diferencia, si la hubiere, archivará asimismo las actuaciones.

3ª) Cuando por la reiteración con que se haga uso del beneficio a que la precedente regla se refiere resulte aplicable el art. 9 de la presente Ley, no tendrá efectos enervatorios la consignación efectuada, a cuyo fin el actor podrá, en el curso del litigio, alegar dicha reiteración y practicar prueba para acreditarla.

**148.** 1. Será requisito indispensable para que el inquilino, arrendatario o subarrendatario puedan disfrutar de los plazos que para desalojar la vivienda o local de negocio establece este capítulo, que paguen o consignen la renta que hubieren venido abonando a la iniciación del litigio, en el plazo y modo previstos en el contrato. En otro caso no disfrutarán de más plazos que los establecidos en el art. 1596 de la Ley de Enjuiciamiento Civil.

2. Igualmente en todos los procesos que lleven aparejado el lanzamiento, para que el inquilino o arrendatario puedan utilizar los recursos de que trata la sección tercera de este capítulo, habrán de acreditar, al interponerlos, tener satisfechas las rentas vencidas con arreglo a lo que vinieren pagando a la iniciación del litigio o consignarlas en el Juzgado o Tribunal.

3. Lo dispuesto en los dos párrafos precedentes no será de aplicación en los casos de exención de pago de la renta contemplados en la causa 1ª del art. 114.

4. Durante la sustanciación de los recursos interpuestos por el inquilino o arrendatario vendrán éstos obligados al pago o consignación de la renta. El incumplimiento de esta obligación dará lugar a la caducidad del recurso siempre que, requerido por el Juez o Tribunal que conozca del mismo, no cumpliere tal obligación en el término de cinco días.

**149.** *Apartado 1 (Derogado)* [419]

*Apartado 2 (Derogado)* [420]

En los juicios de desahucio por falta de pago, las costas se impondrán al demandado cuando se declare haber lugar al mismo o que éste

---

[419] Dejado sin contenido apartado 1 por art. 3 apartado 13 de Ley 10/1992 de 30 de abril de 1992, con vigencia desde 06/05/1992

[420] Dejado sin contenido apartado 2 por art. 3 apartado 13 de Ley 10/1992 de 30 de abril de 1992, con vigencia desde 06/05/1992

hubiere procedido de no mediar el pago o la consignación y al actor en caso contrario. [421]

**150.** La Ley de Enjuiciamiento Civil será subsidiariamente aplicable en materia de procedimiento.

**151.** Cuando la acción, aunque propia de la relación arrendaticia urbana, no se fundamente en derechos reconocidos en esta Ley, el litigio se sustanciará conforme a lo dispuesto en las leyes procesales comunes.

## SECCIÓN SEXTA
*De la Junta de Estimación*

**152.** 1. La Junta de Estimación a que se refiere esta Ley se constituirá, bajo la presidencia del Juez municipal o comarcal, según proceda, del término o comarca correspondiente al lugar en que radique la finca. Serán vocales de esta Junta un propietario de finca urbana sita en el mismo término municipal que el inmueble y un comerciante o industrial clasificado en la misma tarifa y epígrafe tributario que el arrendatario o que explote negocio análogo. La Delegación de Hacienda, la Cámara de la Propiedad Urbana y la Organización Sindical facilitarán al Juez las relaciones de unos y otros. En caso de no existir en el término municipal o comarcal personas que reúnan las expresadas condiciones, podrá el Juez disponer que dichos vocales sean de otro, preferentemente de los colindantes. Todos serán designados por el Juez mediante insaculación por sorteo entre los incluidos en las relaciones reclamadas, pudiendo recusarlos las partes una sola vez y por el solo hecho de formular la recusación.

2. La Junta de Estimación actuará a instancia de parte mediante escrito dirigido al Juez municipal o comarcal y habrá de emitir resolución dentro de los treinta días de ser aquél presentado adoptándose los acuerdos por mayoría.

---

[421] Renumerado apartado 3 por art. 3 apartado 13 de Ley 10/1992 de 30 de abril de 1992 como apartado único, con vigencia desde 06/05/1992

En caso de conformidad de los dos vocales y siempre que la valoración resultare manifiestamente desproporcionada y contradictoria respecto de los dictámenes y peritaciones solicitadas por el Presidente de la Junta, podrá éste decidir sin atenerse al acuerdo adoptado en tales casos por los vocales en resolución motivada.

3. Se oirá a las partes por término común de diez días, dentro del cual formularán sus alegaciones y aportarán pruebas, pudiendo, además, disponer el Juez las diligencias o peritaciones que considere necesarias, corriendo los gastos que se originen por mitad a cargo del arrendador y del arrendatario, quienes, en todo caso, habrán de abonar en la misma forma una cantidad equivalente al 0,50 por 100 del importe de la valoración efectuada, en su caso, y del 3 por 100 de la renta anual fijada cuando la revisión de la misma se trate. Las cantidades así recaudadas se destinarán a cubrir los gastos que origine la actuación de las Juntas de Estimación, en la forma que disponga el Gobierno.

4. Las resoluciones que dicte la Junta de Estimación serán definitivas y ejecutorias sin ulterior recurso, pero podrán ser impugnadas en el juicio declarativo correspondiente, dentro de los tres meses siguientes a su notificación.

## DISPOSICIONES TRANSITORIAS

Letra A). *Disposiciones generales*

**Disposición Transitoria Primera.** 1. Sin otras excepciones que las que resulten de sus propios preceptos, lo dispuesto en esta Ley será de aplicación no sólo a los contratos que se celebren a partir de su vigencia, sino también a los que en dicho momento se hallaren en vigor.

2. Sin embargo, cuando a la promulgación de la Ley de Bases de 22 de diciembre de 1966 el inquilino o arrendatario hubiere accedido de modo fehaciente, con fecha posterior a la celebración del contrato, a desalojar definitivamente la vivienda o local de negocio, no será de aplicación lo dispuesto en la misma.

**Disposición Transitoria Segunda.** 1. El ejercicio de los derechos reconocidos en la legislación precedente, cuando se hubiese iniciado extrajudicial o judicialmente antes de la vigencia de la presente Ley, se regirá en todos sus aspectos y consecuencias por aquella legislación.

2. Si el procedimiento judicial estuviere iniciado a la entrada en vigor de la presente Ley, serán aplicables las normas procesales de la legislación anterior, siendo de aplicación en los restantes casos el procedimiento judicial establecido en la presente.

Letra B). *Disposiciones referentes al arrendamiento de locales para casinos y círculos de recreo*

**Disposición Transitoria Tercera.** Los arrendamientos comprendidos en el número 2 del art. 2 quedan prorrogados por el plazo de un año, a contar de la vigencia de esta Ley, transcurrido el cual se podrán ejercitar las acciones pertinentes con sujeción al Derecho común, si bien para el desahucio por vencimiento del término deberá mediar el oportuno requerimiento con antelación de seis meses.

Letra C). *Disposiciones referentes al subarriendo*

**Disposición Transitoria Cuarta.** a) Cuando una vivienda o local de negocio se hallare total o parcialmente subarrendada en 1 octubre 1946 por plazo no inferior al de seis meses, precisamente anteriores a esta fecha, aunque el arrendador no hubiere autorizado el subarriendo, si antes de ese día no promovió el desahucio por dicha causa, no podrá a su amparo obtener la resolución del contrato hasta que cambie la persona del subarrendatario. Y el cambio no se entenderá causado si se tratare de viviendas, porque a la muerte del subarrendatario prosigan el subarriendo sus familiares dentro del segundo grado que con él convivieren con tres meses de anterioridad al óbito, siendo de aplicación, cuando lo subarrendado fuere un local de negocio, lo establecido en el art. 60, bien que referido a la persona del subarrendatario. En los casos a que se refiere el párrafo anterior, el arrendador, a partir de la vigencia de esta Ley, y mientras subsista el subarriendo, podrá exigir del inquilino o arrendatario un sobreprecio equivalente al 80 por 100 más del importe de la renta que en 1 octubre 1946 pagare, de ser aquel total conforme a las prescripciones del Capítulo III, y del 40 por 100 si parcial. La falta de pago de estos porcentajes se reputará como inefectividad de la renta, y serán exigibles con independencia de cualquier otro aumento que autorice esta Ley.

b) El arrendador que por escrito y con anterioridad a la vigencia de los preceptos de esta Ley hubiera autorizado el subarriendo total o parcial, no tendrá derecho a participar en el precio del mismo, ni a reclamar los sobreprecios establecidos en la letra anterior, pero sí al pago de lo que hubiere pactado por consentirlo.

c) Aunque por escrito y en fecha anterior a la vigencia de los preceptos de esta Ley contare el inquilino con la autorización del arrendador para ceder o traspasar su vivienda, no podrá cederla más que a las personas que menciona el art. 24, entendiéndose sustituida esta facultad por la de subarriendo total, que comprenderá el parcial. Tampoco en estos casos tendrá el arrendador derecho al percibo de participación alguna en los precios del subarriendo ni a exigir el aumento que autoriza el párrafo a) de esta disposición.

d) Siempre que el arrendador perciba sobreprecio por el subarriendo en virtud de lo establecido en la letra a) de esta disposición, o en los casos de las dos letras anteriores, tendrá los derechos y obligaciones que le asignan los apartados III y XI, pero no le asistirá acción resolutoria del contrato de inquilinato, aunque cambie la persona del subarrendatario, y la facultad que le otorga el art. 15 se limitará al importe de la renta y del sobreprecio, si se hallare autorizado a percibirlo, y al de la renta exclusivamente en los casos que fueren de aplicación las dos letras anteriores de esta disposición.

e) El arrendador que hallándose en el caso de la letra a) de esta disposición, y sin serle de aplicación lo dispuesto en las b) y c), se abstuviere de percibir sobreprecio alguno, además de poder obtener la resolución del contrato de inquilinato al producirse el cambio del subarrendatario en el modo exigido en la letra a) citada, tendrá los derechos que confiere esta Ley al arrendador que autorice el subarriendo, sin que le sean exigibles las obligaciones que impone al mismo.

f) El subarrendador deberá cumplir siempre las obligaciones que le impone esta Ley, y le asistirán las acciones que le competen a tenor de la misma, salvo contra el arrendador que se hallare en el caso de la letra anterior, y la resolutoria del contrato de subarriendo por expiración del plazo pactado para el mismo, que no procederá en los celebrados con anterioridad a la vigencia de los preceptos de la Ley de 31 de diciembre de 1946, por ser de aplicación, en cuanto a ellos, ya sean totales o parciales, la prórroga obligatoria para el subarrendador y facultativa para el subarrendatario, o para los que por muerte de éste le continuaren. El subarrendatario, sea cual fuere la fecha del subarriendo, disfrutará de las acciones que le confiere esta Ley, salvo las referidas al arrendador que se hallare comprendido en la letra anterior de esta disposición.

g) El beneficio de prórroga otorgado a los subarrendatarios en los párrafo anteriores cesará en los casos 1º, 3º, 4º y 5º del art. 62, siendo de aplicación los siguientes preceptos del Capítulo VIII, que desarrollan el caso 1º, sustituyéndose la mención que se hace de arrendador e inquilino o arrendatario por la de "subarrendador" y "subarrendatario", respectivamente, y reduciéndose, en todo caso, el plazo de preaviso y el importe de la indemnización a tres meses. Será también aplicable el art. 64 y lo dispuesto en el art. 72, de ser varios los locales que hubiere subarrendado el reclamante

**Disposición Transitoria Quinta.** Las variaciones introducidas en el Capítulo III sólo serán aplicables a los supuestos en él previstos que se produzcan a partir de la vigencia de la presente Ley.

Las situaciones jurídicas creadas al amparo de lo dispuesto en el art. 27 texto articulado de la Ley de 31 de diciembre de 1946 subsistirán únicamente mientras sigan conviviendo con el inquilino las mismas personas extrañas a su familia que con él convivieren el día en que entre en vigor esta Ley, pero con obligación para el inquilino de notificar en forma fehaciente al arrendador en el término de cuatro meses, contados desde el siguiente al día antes indicado, el nombre de aquellas personas y de los hijos que con cada una de ellas convivan.

El porcentaje autorizado en el párrafo 1º del referido artículo quedará elevado a partir de la vigencia de la presente Ley al 20 por 100 de la renta, sin perjuicio de cualquier otro aumento autorizado por este texto legal; si se incumpliera por el inquilino la obligación de notificar en el plazo señalado, el porcentaje se elevará al 30 por 100.

Letra D). *Disposiciones referentes a la cesión de viviendas, traspaso de local de negocio y arrendamiento de viviendas amuebladas*

**Disposición Transitoria Sexta.** Las situaciones jurídicas producidas al amparo de los apartados IV y V del texto articulado de la Ley de 31 de diciembre 1946 subsistirán con la extensión y en los términos que les reconociera la legislación precedente, pero sujetándose, en cuanto al ejercicio de las acciones encaminadas a hacerlas valer, a lo dispuesto en la presente Ley.

**Disposición Transitoria Séptima.** Las modificaciones introducidas en el art. 25 en el plazo de caducidad de la acción resolutoria del contrato por cesión, y en el cómputo del mismo no serán de aplicación a las verificadas antes de la entrada en vigor de esta Ley.

**Disposición Transitoria Octava.** El arrendatario de local de negocio que con anterioridad a la vigencia de los preceptos de esta Ley tuviere reconocido por escrito el derecho de traspaso, podrá ejercitarlo libremente y sin someterse a lo dispuesto en el Capítulo IV; pero el inmediato adquirente por traspaso habrá de cumplir lo ordenado en este último Capítulo

**Disposición Transitoria Novena.** Los porcentajes de participación a que se refiere el art. 39.2 se mantendrán mientras la renta no quede totalmente revalorizada a tenor del art. 96, pero una vez alcanzado el límite de la revalorización el porcentaje de participación será de un 25 por 100 en el precio del traspaso, que experimentará el aumento del 50 por 100 a que se refiere el último inciso del citado art. 39,2.

Letra E). *Disposiciones referentes al tiempo de duración de los contratos y a las excepciones a la prórroga*

**Disposición Transitoria Décima.** Los beneficios reconocidos en los arts. 58 y 59 serán aplicables a los contratos de inquilinato vigentes en el momento de empezar a regir esta Ley cualquiera que sea el número de subrogaciones que se hubiesen producido con anterioridad.

Se concede un plazo de cuatro meses, siguientes a la fecha indicada en el párrafo anterior, para notificar al arrendador cuál es la persona titular del arriendo a virtud de subrogación nacida al amparo de la legislación precedente.

**Disposición Transitoria Décimo primera.** Las dos subrogaciones a que se refiere el número 3 art. 60 serán aplicables a los contratos de arrendamiento de locales de negocio actualmente vigentes, cualquiera que hubiere sido el número de las subrogaciones anteriores.

**Disposición Transitoria Décimo segunda.** Lo dispuesto en el número 4º del art. 58 y en el 3º del 60 será aplicable aunque el fallecimiento del inquilino, del arrendatario o de alguno de sus sucesivos herederos subrogados hubiere ocurrido antes de la vigencia de esta Ley, salvo que en la fecha de su entrada en vigor hubiere recaído sentencia firme que declare resuelto el contrato.

**Disposición Transitoria Décimo tercera.** El plazo a que se refiere el apartado 3º del art. 62 deberá computarse a partir de fecha posterior a la vigencia de esta Ley.

**Disposición Transitoria Décimo cuarta.** Cuando con anterioridad a la vigencia de la presente Ley se hubiera arrendado un local construido para servir de casa-habitación, con el fin de ejercer en el actividad industrial, comercial o de enseñanza, con fin lucrativo, aunque a tenor de lo dispuesto en este texto legal merezca el arrendamiento la calificación de «local de negocio», podrá el arrendador negarse a la prórroga, al amparo de la causa 1ª del art. 62, cumpliendo lo establecido en los arts. 63, 64, 65, 67, 68, 73 números 1 y 2, y 74, que serán aplicables con las siguientes modificaciones:

a) Cuando el arrendatario no tuviera en él su casa-habitación, a efectos del orden de prelación del art. 64, el local se entenderá situado entre las viviendas que no sirvan de hogar familiar y la ocupada por familia menos numerosa. Mas si le sirviere de casa-habitación, se considerará comprendido en el grupo de las viviendas correspondientes a quienes, habitando en ellas, ejerzan en las mismas profesión u oficio que sea objeto de tributación.

b) El art. 65 será de aplicación, salvo en lo relativo a la indemnización que percibirá el arrendatario, lo cual se establecerá según lo dispuesto en los arts. 70.4 o, en su caso, 73.4 y siguientes, cuyos preceptos se aplicarán sin otra modificación que en cuanto al plazo en que deberá ocuparse el local, para lo que se estará a lo prevenido en el art. 68. Será competente el Juez de Primera Instancia para conocer de las demandas que se promuevan al amparo de lo dispuesto en esta disposición.

Letra F). *Disposiciones referentes a la renta, a su revisión y a la fianza*

**Disposición Transitoria Décimo quinta.** Las nuevas asimilaciones a locales de negocio establecidas en el número 2 del art. 5 sólo surtirán efecto a partir de la entrada en vigor de esta Ley, en los términos, respecto de la renta, previstos en el art. 96, si bien el plazo a que se refiere el número 5 del párrafo 2º, será anual en lugar de semestral.

**Disposición Transitoria Décimo sexta.** Las modificaciones introducidas por el art. 99 serán de aplicación cuando los hechos en él previstos se hayan iniciado después de la vigencia de la presente Ley, salvo lo preceptuado en los apartados 3º y 6º del número 1 del mismo, que serán aplicables aun cuando la asignación por la Hacienda de renta superior a la satisfecha por el inquilino o arrendatario o la aplicación de la vivienda al destino especificado en el referido apartado 6º hubieren tenido lugar antes de la entrada en vigor de esta Ley.

**Disposición Transitoria Décimo séptima.** Sin perjuicio de lo prevenido en el art. 100, las rentas de los arrendamientos de vivienda y local de negocio concertados después de 11 de mayo de 1956 y antes de 1 de julio de 1964, una vez que lleven cinco años de prórroga legal, podrán ser elevadas en los porcentajes que señale el Gobierno, previo informe de la Organización Sindical y audiencia del Consejo de Estado, teniendo en cuenta a estos efectos la variación de los índices ponderados de vida publicados por el Instituto Nacional de Estadística, correspondientes al período comprendido entre el año en que el contrato entró en la fase de prórroga legal y el día 30 de junio de 1964, en función de la variación que puedan experimentar sueldos y jornales y en consideración al destino del local arrendado y fecha de su primera ocupación.

**Disposición Transitoria Décimo octava.** La renta de las viviendas y locales de negocio que hubiere sido objeto de reducción al amparo de lo dispuesto en el art. 133 del texto articulado de la Ley de Arrendamientos Urbanos de 31 de diciembre de 1946 podrá ser incrementada por el arrendador, a partir de la entrada en vigor de esta Ley, en la misma cantidad a que ascendió la reducción, siempre que concurran los requisitos a que se refiere el art. 103 de este texto legal, que, a partir de la vigencia de esta Ley, será aplicable con efectos retroactivos

**Disposición Transitoria Décimo novena.** Las variaciones introducidas por el art. 105 sólo serán aplicables a los contratos que se perfeccionen después de la entrada en vigor de esta Ley.

**Disposición Transitoria Vigésima.** En los contratos a que se refieren los números 2 y 3 del art. 3 que estuvieren en vigor el día en que comience a regir la presente Ley, de no haber acuerdo entre los interesados para revis4ar la renta, podrá serlo, a instancia del arrendador, dentro de los seis meses, a partir del día indicado por la Junta de Estimación prevista en el Capítulo XII. Si el arrendatario considera gravosa la renta asignada por la Junta, podrá desistir del arrendamiento dentro de los treinta días siguientes de serle notificada, cualquiera que fuere el plazo que, conforme al contrato, le quedare por cumplir; pero en todo caso vendrá obligado al abono de la señalada desde el día de la notificación hasta aquel en que entregare al arrendador el objeto del arrendamiento.

Letra G). *Disposiciones referentes a las causas de resolución de los contratos*

**Disposición Transitoria Vigésimo primera.** Las modificaciones efectuadas en el Capítulo XI sólo serán aplicables a los hechos previstos en él, cuya producción se haya iniciado después de la entrada en vigor de la presente Ley.

## DISPOSICIONES ADICIONALES

**Disposición Adicional Primera.** Hasta que el Gobierno, por considerar aumentada la disponibilidad de viviendas, decrete lo contrario, ningún local destinado anteriormente a hogar familiar podrá ser dedicado en lo sucesivo, de modo principal, a otros fines.

Los Ayuntamientos se abstendrán de otorgar licencias de obras para instalación de nuevos establecimientos mercantiles e industriales en edificios ya construidos, así como toda clase de permisos y autorizaciones encaminadas a la apertura de los mismos, sin que se acredite previamente, y con certificado expedido por la Fiscalía de la vivienda correspondiente, que no se produce la transformación prohibida por esta disposición. El mismo documento exigirán las Delegaciones de Hacienda antes de autorizar la correspondiente alta en la contribución.

Cuando la prohibición establecida en esta disposición se infringiere, entrará en aplicación lo dispuesto en los párrafos 2º y siguientes letra b) de la segunda de estas disposiciones adicionales, aunque el Gobierno no haya hecho uso de la autorización a que el mismo se refiere.

**Disposición Adicional Segunda.** Queda autorizado el Gobierno para que, si las circunstancias lo aconsejan, disponga por Decreto la adopción gradual, en todo o en parte del territorio nacional y plazas de soberanía, de las siguientes medidas:

a) El alquiler obligatorio de aquellas viviendas que, susceptibles de ser ocupadas, no lo fueran por nadie. A tales fines, el Gobernador civil de la provincia, comprobando sumariamente las denuncias que se le formulen, concederá al propietario el plazo de un mes para que se ocupen, precisamente como casa-habitación y no como escritorio, oficina, depósito, almacén o local de negocio. Y transcurrido dicho plazo sin hacerlo, dentro de los quince días que sigan, acordará aquella autoridad que sea ocupada por el primer aspirante a inquilino, en turno riguroso de antigüedad, que se hallare dispuesto a pagar como renta la exigida por el arrendador, si no fuera superior a la última declarada a fines fiscales o a la que sirva de base al tributo, de no haberse formulado declaración, y el aspirante advendrá inquilino de la vivienda, con los derechos y deberes que le impone esta Ley, aunque el arrendador se niegue a otorgarle contrato, en cuyo caso la renta se determinará conforme a los datos fiscales que se expresan.

b) El desahucio por causa de necesidad social de aquellas viviendas ocupadas que, sin mediar justa causa, se hallaren habitualmente deshabitadas, o el de las que no sirvan de casa-habitación, oficinas o local de negocio del arrendador, o si se hallaren alquilados, de su inquilino o arrendatario. Los Tribunales, al resolver, tendrán en cuenta, además de aquellas circunstancias personales del demandado que determinen la existencia o inexistencia de causa justa, lo siguiente:

1º) Si es realmente útil la ocupación en razón a la proximidad o alejamiento del núcleo urbano en que la escasez de viviendas se produce; y

2º) Si por ser la vivienda de características parecidas o semejantes a las que normalmente sirven en la localidad de casa-habitación, permanentemente ocupada, procede acordar que así sea. El desahucio lo instará el Ministerio Fiscal a excitación del Gobernador civil de la provincia y previa sumaria investigación de la denuncia que hará esta Autoridad. Se deducirá ante el Juez de Primera Instancia respectivo y habrán de ser llamados al juicio, como parte demandada, el propietario o titular, y de hallarse alquilada la vivienda, también el inquilino. Su tramitación se acomodará a lo dispuesto en el Capítulo XII para los procedimientos atribuidos a la competencia de aquellos Juzgados cuando se ejercita ante ellos acción resolutoria del contrato; pero las costas, si la demanda se desestima, no se impondrán nunca al actor. Cuando se estime la demanda por sentencia firme y ejecutoria se procederá al lanzamiento del ocupante en el plazo de quince días improrrogables.

Para su efectiva ocupación o, en su caso, alquiler, se aplicará lo prevenido en la letra a) de esta disposición.

Tan luego se adopte alguna de las medidas de que trata la presente disposición se procederá a la constitución en los Gobiernos Civiles de un registro público y gratuito de aspirantes a inquilinos, que comprenderá todos los de la provincia que en tal caso se hallaren, clasificados por localidades, y en el cual figurará, junto a cada aspirante, la renta que estuviere dispuesto a pagar.

El Gobierno podrá disponer además la adopción de cuantas medidas fueren necesarias para la mayor eficacia de las que se dejan enunciadas.

Lo dispuesto en la letra b) de esta disposición se entiende sin perjuicio de lo previsto en el apartado 3º del art.62.

**Disposición Adicional Tercera.** El Gobierno, previo informe de la Organización Sindical, con audiencia del Consejo de Estado, y teniendo en cuenta las mutaciones habidas en la economía nacional, podrá elevar o reducir el tope de la renta señalada en el número 2 del art. 6, para que los inquilinos de viviendas ocupadas por primera vez a partir de 1 de enero de 1960 puedan renunciar válidamente a los beneficios concedidos por esta Ley.

**Disposición Adicional Cuarta.** Mientras subsistan las actuales circunstancias de escasez de viviendas, y hasta que el Gobierno disponga la vigencia plena del número 2 del art. 12, la división que en el mismo se establece para la fijación de la merced del subarriendo parcial se hará tomando como dividendo el cuádruplo de la renta.

**Disposición Adicional Quinta.** El Gobierno podrá disponer que quede sin efecto la acción impugnatoria regulada en el art. 53 y la facultad prevista en el art. 18 sobre subarriendos sin consentimiento del arrendador, cuando considere que las circunstancias así lo aconsejan.

**Disposición Adicional Sexta.** El Gobierno también podrá disponer que quede sin efecto total o parcialmente lo prevenido en el número 2 del art. 99 cuando resulte contrario a la equidad que el arrendador continúe soportando por sí solo las cargas a que dicho precepto se refiere, así como para determinar la forma y proporción en que los inquilinos y arrendatarios deban contribuir al levantamiento de dichas cargas.

**Disposición Adicional Séptima.** Se autoriza al Gobierno para extender la derrama establecida en el art. 8 del Decreto de 17 de octubre de 1940, en la cuantía, forma y proporción que se estimen oportunas, a las Cámaras Oficiales de Comercio, Industria y Navegación y otros Organismos que puedan considerarse afectados.

**Disposición Adicional Octava.** El Gobierno, a propuesta del Ministro de Justicia, podrá dictar por Decreto, además de aquellas disposiciones expresamente citadas en esta Ley, las que considere necesarias para la mejor ejecución, desarrollo y cumplimiento de los preceptos de la misma.

## DISPOSICIONES FINALES

**Disposición Final Primera.** 1. El presente texto refundido entrará en vigor el día 1 de enero de 1965, rigiendo en esta materia hasta el 30 de junio de 1964 el texto articulado de la Ley de Bases de Arrendamientos Urbanos de 22 de diciembre de 1955, aprobado por Decreto de 13 de abril de 1956, y a partir de 1 de julio de 1964, el referido texto articulado, con las modificaciones y adiciones introducidas en él por la Ley de 11 de junio de 1964, todo ello hasta la entrada en vigor del presente texto refundido.

2. La fecha de entrada en vigor de la Ley a que se refieren los arts. 3 número 3, 95, 96 y 97 y las disposiciones transitorias 7ª, 11ª, 12ª y 15ª a 18ª de este texto refundido es la de 1 de julio de 1964.

**Disposición Final Segunda.** Quedan derogadas todas las disposiciones especiales dictadas en materia de arrendamientos urbanos, con excepción de las contenidas en las leyes especiales protectoras de la construcción de fincas urbanas y sus disposiciones complementarias, de las demás aludidas en la presente Ley y de las siguientes: Ley de 23 de septiembre 1939 en los casos cuya aplicación está establecida; Decretos de 3 de febrero, 13 de abril y 25 de mayo de 1945 y 21 de marzo de 1952, sobre competencia y procedimiento administrativo de desahucio; Decreto de 3 de octubre de 1947, sobre aplicación y cumplimiento de la letra a) de la disposición transitoria 23ª texto articulado de la Ley de 31 de diciembre de 1946; Decreto de 22 de septiembre y Orden Ministerial de 23 de octubre de 1947 y Decreto de 22 de abril de 1949, con normas singulares sobre arrendamientos de fincas urbanas en la ciudad de Cádiz; Decreto de 11 de marzo de 1949 sobre "papel de fianzas"; Orden Ministerial de 12 de diciembre de 1947, sobre destino y aplicación de las cantidades a que se refiere el art. 96 del texto articulado antes citado; Orden Ministerial de 22 de febrero y Decreto de 26 de mayo de 1950, aclaratorio de los arts. 71 y 79, respectivamente, del mismo texto articulado; Ley de 16 de diciembre de 1954, sobre hipoteca mobiliaria y prenda sin desplazamiento de posesión; Decreto de 26 de julio de 1956, por el que se desarrolla lo dispuesto en los arts. 98 número 1, y 102 del presente texto articulado; Decreto-Ley de 14 de septiembre y Decreto de 28 de septiembre de 1956, sobre aplicación de la disposición transitoria 8ª del mismo texto; Decretos de 30 de noviembre de 1956 y 22 de julio de 1958, dictados en aplicación de la disposición adicional 6ª dtexto articulado aprobado por Decreto de 13 de abril de 1956; Ley de 12 de mayo de 1956 y disposiciones complementarias sobre ordenación urbanística; Decreto de 22 de febrero de 1957, aclaratorio del art. 7 de este texto articulado; Decreto de 18 de octubre de 1957, sobre instalación de antenas receptoras de televisión; Decretos de 28 de marzo de 1958, 29 de enero de 1959 y 15 de diciembre de 1960, sobre aplicación de las medidas señaladas en el apartado b) de la disposición adicional 2ª del texto articulado últimamente citado; Ley de 24 de abril y Decreto de 22 de julio de 1958 sobre préstamos a los inquilinos para la adquisición de sus viviendas; Decreto de 10 de octubre de 1958, sobre facultades de los Gobernadores civiles en materia de vivienda; Decreto de 31 de octubre de 1958, complementario del art. 62 número 3 del mismo texto; Decreto de 8 de enero de 1959 sobre aplicación del art. 76 y de la disposición adicional 1ª de igual texto; Decreto de 17 de noviembre de 1960, sobre viviendas construidas al amparo de la Ley de 25 de junio de 1935; Decreto de 6 de septiembre de 1961, sobre revisión quinquenal de las rentas, y art. 32 de la Ley 77/1961, de 23 de diciembre, sobre Educación Física.

Seguirán igualmente en vigor las disposiciones dictadas para la defensa del patrimonio artístico o histórico nacional.

### III. Real Decreto-Ley 2/1985, de 30 de abril, sobre Medidas de Política Económica. (Fragmento)

...

**9.** *Supresión de la prórroga forzosa en los contratos de arrendamientos urbanos.* [422] *(Derogado)*1. Los contratos de arrendamiento de viviendas o locales de negocio que se celebren a partir de la entrada en vigor del presente Real Decreto-ley tendrá la duración que libremente estipulen las partes contratantes, sin que les sea aplicable forzosamente el régimen de prórroga establecido por el art. 57 de la Ley de Arrendamientos Urbanos, texto refundido aprobado por Decreto 4104/1964, de 24 de diciembre, y sin perjuicio de la tácita reconducción prevista en el art. 1.566 del Código Civil.

2. Dichos contratos, salvo lo dispuesto en el apartado anterior se regularán por las disposiciones vigentes sobre arrendamientos urbanos.

...

---

[422] Derogado por disposición derogatoria única de Ley 29/1994 de 24 de noviembre de 1994, con vigencia desde 01/01/1995

**IV. Real Decreto 515/1989, de 21 de abril, sobre Protección de los Consumidores en cuanto a la información a suministrar en la Compraventa y Arrendamiento de Viviendas.**

La Ley 26/1984, de 19 de julio, General para la Defensa de los Consumidores y Usuarios, consagra como un derecho básico de los consumidores y usuarios «la información correcta sobre los diferentes productos o servicios» y la educación o divulgación para facilitar el conocimiento sobre su adecuado uso, consumo o disfrute [art. 2.1, d)], señalando expresamente que éste, junto con los demás derechos de los consumidores y usuarios, serán protegidos prioritariamente cuando guarden relación directa con productos o servicios de uso común, ordinario y generalizado (art. 2.2).

La vivienda constituye en la actualidad uno de estos productos de uso ordinario y generalizado. Su utilización mediante compra o en arrendamiento, constituye una actividad no sólo cotidiana, sino de gran trascendencia en la vida del consumidor. La propia Ley 26/1984 (citada), parece entenderlo como se desprende del hecho significativo de la mención expresa a la vivienda en tres de sus artículos que son: Los arts. 5.2, j), 10.1, c) y 13.2 en los que se tratan aspectos como los materiales de construcción, gastos que pueden repercutir en el comprador y documentación a entregar en la adquisición de una vivienda.

El presente Real Decreto, surge así ante la necesidad de regular de forma sistemática un aspecto de especial trascendencia para el consumidor o usuario, como es la información que ha de serle suministrada en la adquisición o arrendamiento de una vivienda.

Asimismo, y de acuerdo con lo establecido en el art. 22 de la citada Ley 26/1984, de 19 de julio, han sido oídos en consulta, tanto las Asociaciones de Consumidores y Usuarios, como de Empresarios relacionados con este sector.

En su virtud, a propuesta del Ministro de Sanidad y Consumo, de acuerdo con el Consejo de Estado y previa deliberación del Consejo de Ministros, en su reunión del día 21 de abril de 1989,

DISPONGO:

**1.** 1. El presente Real Decreto es de aplicación a la oferta, promoción y publicidad que se realice para la venta o arrendamiento de viviendas que se efectúe en el marco de una actividad empresarial o profesional, siempre que aquellos actos vayan dirigidos a consumidores, conforme a los términos del artículo primero apartados 2 y 3, de la Ley 26/1984, de 19 de julio, General para la Defensa de los Consumidores y Usuarios.

A los efectos de este Real Decreto se consideran arrendamientos los que se hallan sujetos a la Ley de Arrendamientos Urbanos.

2. Este Real Decreto no será de aplicación a las ventas que se efectúen mediante subasta pública, judicial o administrativa.

**2.** Sin perjuicio del cumplimiento de la Ley 34/1988, de 11 de noviembre, General de Publicidad, toda oferta, promoción y publicidad dirigida a la venta o arrendamiento de viviendas se ajustará a las verdaderas características, condiciones y utilidad de la vivienda, expresando siempre si la misma se encuentra en construcción o si la edificación ha concluido.

**3.** 1. La oferta, promoción y publicidad dirigida a la venta o arrendamiento de viviendas se hará de manera que no induzca ni pueda inducir al error a sus destinatarios de modo tal que afecte a su comportamiento económico, y no silenciará datos fundamentales de los objetos de la misma.

2. Los datos, características y condiciones relativas a la construcción de la vivienda, a su ubicación, servicios e instalaciones, adquisición, utilización y pago que se incluyan en la oferta promoción y publicidad serán exigibles aun cuando no figuren expresamente en el contrato celebrado.

**4.** Quienes realicen las actividades sujetas a este Real Decreto deberán tener a disposición del público, y en su caso, de las autoridades competentes, la información siguiente:

1. El nombre o razón social, domicilio y, en su caso, los datos de la inscripción en el Registro Mercantil, del vendedor o arrendador.

2. Plano general del emplazamiento de la vivienda y plano de la vivienda misma, así como descripción y trazado de las redes eléctrica, de agua, gas y calefacción y garantías de las mismas, y de las medidas de seguridad contra incendios con que cuente el inmueble.

3. Descripción de la vivienda con expresión de su superficie útil, y descripción general del edificio en el que se encuentra, de las zonas comunes y de los servicios accesorios.

4. Referencia a los materiales empleados en la construcción de la vivienda, incluidos los aislamientos térmicos y acústicos, y del edificio y zonas comunes y servicios accesorios.

5. Instrucciones sobre el uso y conservación de las instalaciones que exijan algún tipo de actuación o conocimiento especial y sobre evacuación del inmueble en caso de emergencia.

6. Datos identificadores de la inscripción del inmueble en el Registro de la Propiedad o expresión de no hallarse inscrito en el mismo.

7. Precio total o renta de la vivienda y servicios accesorios y forma de pago.

**5.** 1. Cuando se promocionen viviendas para su venta se tendrá a disposición del público o de las autoridades competentes, además:

1. Copia de las autorizaciones legalmente exigidas para la construcción de la vivienda y de la cédula urbanística o certificación acreditativa de las circunstancias urbanísticas de la finca, con referencia al cumplimiento de las operaciones reparcelatorias o compensatorias, así como de la licencia o acto equivalente para la utilización u ocupación de la vivienda, zonas comunes y servicios accesorios.

2. Estatutos y normas de funcionamiento de la Comunidad de Propietarios, en su caso, así como información de los contratos de servicios y suministros de la comunidad.

Si la Comunidad de Propietarios ya está funcionando se facilitará un extracto de cuentas y obligaciones de la vivienda objeto de la venta.

3. Información en cuanto al pago de los tributos de todas clases que graven la propiedad o utilización de la vivienda.

4. Forma en que está previsto documentar el contrato con sus condiciones generales y especiales, haciendo constar de modo especialmente legible lo siguiente:

a) Que el consumidor no soportará los gastos derivados de la titulación que correspondan legalmente al vendedor.

b) Los arts. 1280, 1º y 1279 del Código Civil.

c) El derecho a la elección de Notario que corresponde al consumidor, sin que éste pueda imponer Notario que, por su competencia territorial, carezca de conexión razonable con alguno de los elementos personales o reales del negocio.

5. En el caso de que la vivienda o las zonas comunes o elementos accesorios no se encuentren totalmente edificados se hará constar con toda claridad la fecha de entrega y la fase en que en cada momento se encuentra la edificación.

6. Cuando se trate de primera transmisión se indicará el nombre y domicilio del Arquitecto y el nombre o razón social y domicilio del constructor.

**6.** 1. La información será especialmente detallada y clara en cuanto al precio de venta, debiéndose tener a disposición del público y de las autoridades competentes una nota explicativa que contendrá los siguientes datos:

1.º Precio total de la venta que se entenderá que incluye en su caso, los honorarios de Agente y el IVA, si la venta se halla sujeta a este impuesto. En otro caso se indicará la cuota que corresponda por el Impuesto de Transmisiones Patrimoniales y Actos Jurídicos Documentados.

2.º Forma de pago. En el caso de preverse aplazamientos se indicará el tipo de interés aplicable y las cantidades que corresponderá abonar por principal e intereses y fecha de vencimiento de unos y otros.

3.º Medios de pago admisibles para las cantidades aplazadas.

4.º Si se prevé la subrogación del consumidor en alguna operación de crédito no concertada por él, con garantía real sobre la propia vivienda, se indicará con claridad el Notario autorizante de la correspondiente escritura, fecha de ésta, datos de su inscripción en el Registro de la Propiedad y la responsabilidad hipotecaria que corresponde a cada vivienda, con expresión de vencimientos y cantidades.

5.º Garantías que deberá constituir el comprador por el precio o la parte de él, aplazado.

2. En la nota explicativa se hará constar que del importe total de la venta se deducirá cualquier cantidad entregada a cuenta por el adquirente o por cuenta del adquirente antes de la formalización de la operación.

**7.** En el caso de que la vivienda no se encuentre totalmente terminada se deberá tener a disposición del público y de las autoridades competentes copia del documento o documentos en los que se formalizan las garantías entregadas a cuenta según la Ley 57/1968, de 27 de julio.

**8.** Cuando se entreguen folletos o documentos similares se harán constar siempre en los mismos, al menos, los datos sobre ubicación y los contenidos en los núms. 1, 3, 4, 6 y 7 del artículo cuarto y los de los arts. 6º y 7º, con indicación del período de validez que tienen las menciones expresadas. También se harán constar los lugares en los que se encuentra a disposición del público, la información a que se refieren los artículos anteriores.

**9.** A la firma del contrato todo adquirente de vivienda comprendido en el ámbito de aplicación del presente Real Decreto tiene derecho a recibir a costa del vendedor copia de los documentos a que se refieren los artículos anteriores.

**10.** Los documentos contractuales de compra-venta o arrendamiento de viviendas deberán ir redactados con la debida claridad y sencillez, sin referencia o remisión a textos o documentos que no se faciliten previa o simultáneamente a la celebración del contrato.

Igualmente deberán responder a los principios de buena fe y justo equilibrio de las contraprestaciones, lo que entre otras, implica la prohibición de inclusión de cláusulas que:

A) No reflejen con claridad u omitan, en los casos de pago diferido, la cantidad aplazada, el tipo de interés anual sobre los saldos pendientes de amortización y las condiciones de amortización de los créditos concedidos y las cláusulas que de cualquier forma faculten al vendedor a incrementar el precio aplazado durante la vigencia del contrato.

B) Impongan un incremento del precio por servicios, accesorios, financiación, aplazamientos, recargos, indemnizaciones o penalizaciones que no correspondan a prestaciones adicionales efectivas que puedan ser libremente aceptadas o rechazadas por el comprador o arrendatario con independencia del contrato principal. A tales efectos:

1. Las reformas de obra motivadas en causas diligentemente no previsibles en el momento de la aprobación de los proyectos de urbanización o construcción que hayan de originar modificación del precio estipulado, serán previamente comunicadas a los adquirentes

quienes deberán dar su conformidad a la cuantía exacta que la reforma produzca.

2. Las reformas que propongan los adquirentes serán asimismo objeto de formalización documental que contendrá sucinta descripción de su contenido y concretas repercusiones que deriven en el precio y plazo de entrega que hubiesen sido pactados.

C) Supongan la repercusión al comprador o arrendatario de fallos, defectos o errores administrativos o bancarios que no les sean directamente imputables.

D) Impongan, en la primera venta de viviendas, la obligación de abonar los gastos derivados de la preparación de la titulación que por Ley o por naturaleza corresponden al vendedor (obra nueva propiedad horizontal, hipotecas para financiar su construcción o su división o cancelación).

**11.** 1. Sin perjuicio de las competencias que correspondan a otros Departamentos Ministeriales, dentro de sus atribuciones específicas, el incumplimiento de cualquiera de los preceptos contenidos en la presente disposición se considerará infracción en materia de protección al consumidor, de acuerdo con lo establecido en el art. 34 de la Ley 26/1984, de 15 de julio (citada), General para la Defensa de los Consumidores y Usuarios, cuya tipificación específica se contempla en los arts. 3º y 5º del Real Decreto 1945/1983, de 22 de junio, que regula las infracciones y sanciones en materia de defensa del consumidor y de la producción agroalimentaria.

2. Las infracciones a que se refiere el presente artículo se calificarán como leves, graves y muy graves, atendiendo a los criterios establecidos en el art. 35 de la Ley 26/1984, de 19 de julio (citada), así como en los arts. 6º, 7º y 8º del Real Decreto (citado) 1945/1983, de 22 de junio.

3. Las infracciones a que se refiere el presente Real Decreto serán sancionadas con multa, de acuerdo con la graduación establecida en el art. 36 de la Ley 26/1984, de 19 de julio.

## DISPOSICIONES ADICIONALES

**Disposición Adicional Primera.** La publicidad, promoción y oferta de viviendas de protección oficial se regirán por las correspondientes normas de su legislación específica y, en lo no previsto en ella, por lo dispuesto en el presente Real Decreto.

**Disposición Adicional Segunda.** Lo establecido en este Real Decreto será de aplicación supletoria respecto de las Comunidades Autónomas que estatutariamente hayan asumido la competencia plena sobre la defensa de los consumidores y usuarios, excepto los arts. 3º, apartado 2, y 10, que tendrán vigencia en todo el Estado, en virtud de lo dispuesto en la regla 8ª del art. 149.1, de la Constitución Española.

## DISPOSICIÓN TRANSITORIA

**Disposición Transitoria.** La venta o arrendamiento de viviendas construidas y habitadas en el momento de la entrada en vigor del presente Real Decreto se ajustarán a las exigencias contenidas en el mismo, excepto los arts. 4º 2, en cuanto se refiere al trazado de las instalaciones de los servicios y el art. 5º 1, 1).

A los efectos del presente Real Decreto, la venta precedida de la reforma completa o rehabilitación de la vivienda se considerará primera transmisión.

## DISPOSICIÓN DEROGATORIA

**Disposición Derogatoria.** Quedan derogadas cuantas disposiciones de igual o inferior rango se opongan a lo establecido en la presente disposición.

## DISPOSICIÓN FINAL

**Disposición Final.** Este Real Decreto entrará en vigor a los seis meses de su publicación.

**V. Real Decreto 297/1996, de 23 de febrero, sobre inscripción en el Registro de la Propiedad de los Contratos de Arrendamientos Urbanos.**

El apartado 2 de la disposición adicional segunda de la Ley 29/1994, de 24 de noviembre, de Arrendamientos Urbanos, dispone que se establecerán reglamentariamente los requisitos de acceso de los contratos de arrendamientos urbanos al Registro de la Propiedad.

En el desarrollo de esta disposición adicional se ha tenido en cuenta que no hay motivos ni bases legales bastantes para estimar alterados los principios generales de nuestro ordenamiento inmobiliario registral, que exigen, como regla, la titulación pública de los derechos inscribibles y su reflejo en el Registro por medio del asiento principal de inscripción. Por lo demás, se ha estimado que el fomento de esta inscripción por medio de las normas facilitadoras de este Real Decreto debe alcanzar a todos los arrendamientos urbanos, sean de vivienda o de uso distinto a ésta, a cuyo fin se ha incluido una reducción de los aranceles notariales y registrales del 25 por 100.

En su virtud, a propuesta del Ministro de Justicia e Interior, de acuerdo con el Consejo de Estado y previa deliberación del Consejo de Ministros en su reunión del día 23 de febrero de 1996,

DISPONGO:

**1.** *Ámbito de aplicación.* El presente Real Decreto será de aplicación exclusivamente a la inscripción en el Registro de la Propiedad de los arrendamientos urbanos celebrados a partir del día 1 de enero de 1995.

**2.** *Títulos inscribibles.* Serán títulos suficientes para practicar la inscripción del arrendamiento en el Registro de la Propiedad la escritura pública notarial o la elevación a escritura pública del documento privado de este contrato.

**3.** *Descripción de la finca.* 1. Cuando la finca arrendada conste inscrita bajo folio registral independiente, se consignarán por el Notario, incluso si no aparecen reflejados en el documento privado del contrato, todos los datos sobre la población, calle, número y situación dentro del edificio de la finca arrendada, superficie y linderos de ésta.

Se consignarán también los datos de inscripción en el Registro de la Propiedad y, en su caso, el número correlativo que tuviere asignado la finca arrendada en la propiedad horizontal, así como la cuota de comunidad correspondiente a la misma cuando se haya pactado que los gastos generales sean a cuenta del arrendatario.

2. Si la finca arrendada no coincide con la que tiene abierto folio registral y es una parte de ésta, se describirá aquélla con las mismas circunstancias expresadas en el apartado anterior, pero no será necesario describir el resto del edificio o vivienda.

**4.** *Otros datos del título.* Se harán constar en éste, además de la identidad de los contratantes, la duración pactada, la renta inicial del contrato y las demás cláusulas que las partes hubieran libremente acordado.

**5.** *Modificaciones posteriores.* Los títulos señalados en el art. 2 permitirán la inscripción en el Registro de la Propiedad de los subarriendos, cesiones, subrogaciones, prórrogas y cualesquiera otras modificaciones de los arrendamientos inscritos.

**6.** *Inscripción en el Registro.* 1. El contrato inicial y sus modificaciones serán objeto de asiento de inscripción en el folio registral abierto a la finca arrendada.

2. No será obstáculo que suspenda la inscripción del contrato la circunstancia de que la finca arrendada no forme folio registral independiente en el Registro, siempre que el edificio en su conjunto o la totalidad de la finca figuren inscritos a nombre del arrendador. Bastará en este caso, sin necesidad de segregación o de constitución previa de la propiedad horizontal, que la finca arrendada haya quedado suficientemente delimitada con expresión de su superficie, situación y linderos. La inscripción se practicará entonces en el folio abierto para la totalidad del edificio o de la finca.

No obstante, cuando a juicio del Registrador, la claridad de los asientos así lo requiera, o cuando lo solicite el presentante, la inscripción del arrendamiento de parte de la finca registral se practicará en folio independiente, bajo el mismo número y el de orden correlativo que le corresponda. La apertura del nuevo folio se hará constar por nota de referencia al margen de la inscripción de dominio.

**7.** *Cancelación.* 1. Conforme a lo dispuesto en el art. 353, apartado 3, del Reglamento Hipotecario, se cancelarán de oficio por el Registrador de la Propiedad las inscripciones de los arrendamientos urbanos de duración inferior a cinco años, cuando hayan transcurrido ocho años desde la fecha inicial del contrato y no conste la prórroga convencional de éste.

2. Por el mismo procedimiento se cancelarán de oficio las inscripciones de los demás arrendamientos urbanos, una vez que haya transcurrido el plazo pactado y no conste en el Registro la prórroga del contrato.

3. La copia del acta notarial por la que el arrendatario notifica al arrendador su voluntad de no renovar el contrato, en los casos comprendidos en el párrafo primero del art. 10 de la Ley 29/1994, será título suficiente para la cancelación del arrendamiento.

4. Del mismo modo podrá cancelarse la inscripción en los supuestos comprendidos en dicho párrafo primero del art. 10 de la Ley 29/1994, mediante la presentación de la copia del acta notarial por la que el arrendador notifique al arrendatario su voluntad de no renovar el contrato, siempre que la notificación se haya hecho en tiempo oportuno y personalmente por el Notario en la forma prevenida por el art. 202 del Reglamento Notarial.

**8.** *Reducción de aranceles.* Los contratos de arrendamiento de fincas urbanas que se destinen a vivienda o a usos distintos del de vivienda, así como sus modificaciones, se beneficiarán de una reducción del 25 por 100 de los honorarios notariales y registrales que resulten de aplicación conforme al núm. 2 de sus respectivos aranceles.

## DISPOSICIONES FINALES

**Disposición Final Primera .** *Normativa supletoria.* En todo lo no previsto en este Real Decreto seguirán aplicables las normas notariales y registrales en vigor.

**Disposición Final Segunda** . *Entrada en vigor.* El presente Real Decreto entrará en vigor el mismo día de su publicación en el "Boletín Oficial del Estado".

# ÍNDICE ANALÍTICO